古典文獻研究輯刊

十 編

潘美月・杜潔祥 主編

第 3 冊

陳振孫之文學及其《直齋書錄解題》集錄考證（二）

何廣棪 著

國家圖書館出版品預行編目資料

陳振孫之文學及其《直齋書錄解題》集錄考證（二）／何廣
棪 著－初版－台北縣永和市：花木蘭文化出版社，2010
〔民99〕
282 面；19×26 公分
（古典文獻研究輯刊 十編；第3冊）
ISBN：978-986-254-141-8（精裝）
1.（宋）陳振孫　2.學術思想　3.中國文學　4.私藏目錄
5.研究考訂　6.南宋
018.8524　　　　　　　　　　　　　　　　　99001855

ISBN - 978-986-254-141-8

9 789862 541418

古典文獻研究輯刊
十 編　第三 冊　　　　　　　ISBN：978-986-254-141-8

陳振孫之文學及其《直齋書錄解題》集錄考證（二）

作　　　者　何廣棪
主　　　編　潘美月　杜潔祥
總 編 輯　杜潔祥
企劃出版　北京大學文化資源研究中心
出　　　版　花木蘭文化出版社
發 行 所　花木蘭文化出版社
發 行 人　高小娟
聯絡地址　台北縣永和市中正路五九五號七樓之三
　　　　　　電話：02-2923-1455／傳眞：02-2923-1452
網　　　址　http://www.huamulan.tw 信箱 sut81518@ms59.hinet.net
印　　　刷　普羅文化出版廣告事業
初　　　版　2010 年 3 月
定　　　價　十編 20 冊（精裝）新台幣 31,000 元

陳振孫之文學及其《直齋書錄解題》集錄考證（二）

何廣棪　著

羅江東甲乙集十卷、後集五卷、湘南集三卷

《羅江東甲乙集》十卷、廣棪案：《文獻通考》作「《羅隱甲乙集》十卷」。《後集》五卷、《湘南集》三卷，廣棪案：《文獻通考》無此二書，而有「《讒書》五卷」。唐鄉貢進士新城羅隱昭諫撰。隱舉進士不第，更辟諸鎮幕府，羅紹威待以從叔。晚依吳越，奏授給事中。廣棪案：《文獻通考》闕以上數句。

廣棪案：《郡齋讀書志》卷第十八〈別集類〉中著錄：「《羅隱甲乙集》十卷，《讒書》五卷。」《通志》卷七十〈藝文略〉第八〈別集〉五〈五代〉著錄：「《羅隱集》二十卷，又《羅隱江東後集》三卷，又《吳越掌記集》五卷。」《四庫闕書目》著錄：「《羅隱甲乙集》十卷。」徐松編輯本。《秘書省續編到四庫闕書目》卷二〈集類·別集〉著錄：「《羅隱甲乙集》十卷，闕。又《外集》一卷，闕。又《四六集》一卷，又《後集》五卷。」葉德輝考證本。《宋史》卷二百八〈志〉第一百六十一〈藝文〉七〈別集類〉著錄：「羅隱《湘南應用集》三卷，又《淮海寓言》七卷、《甲乙集》三卷、《外集詩》一卷、《啟事》一卷、《讒本》三卷、《讒書》五卷。」各書所著錄與《解題》有所異同，可資參證。隱，《舊唐書》卷一百八十一〈列傳〉第一百三十一附〈羅弘信〉，載：「(羅)威性明敏，達於吏道。伏膺儒術，招納文人，聚書至萬卷。每花朝月夕，與賓佐賦咏，甚有情致。錢塘人羅隱者，有當世詩名，自號江東生。威遣使賂遺，敘其宗姓，推為叔父。隱亦集其詩寄之。威酷嗜其作，目己所為曰《偷江東集》，凡五卷，今鄴中人士諷詠之。」《舊五代史》卷二十四〈梁書〉二十四〈列傳〉第十四隱本傳亦載：「羅隱，案《唐才子傳》：隱字昭諫。(《舊五代史考異》)餘杭人。案：《澗泉日記》作新城人。詩名於天下，尤長於詠史，然多所譏諷，以故不中第，大為唐宰相鄭畋、李蔚所知。隱雖負文稱，然貌古而陋。畋女幼有文性，嘗覽隱詩卷，諷誦不已，畋疑其女有慕才之意。一日，隱至第，鄭女垂簾而窺之，自是絕不詠其詩。唐廣明中，因亂歸鄉里，節度使錢鏐辟為從事。案《唐新纂》：羅隱初為吳令，後以羅昭威薦，為錢鏐所辟。據《薛史》，則隱自歸里即為鏐從事，後復為紹威薦也。與《新纂》異。開平初，太祖以右諫議大夫徵，不至，魏博節度使羅紹威密表推薦，乃授給事中。年八十餘，終於錢塘。案《澗泉日記》云：唐光啟三年，吳越王表奏為錢塘令，遷著作郎，辟掌書記。天祐三年，充判官。梁開平二年，授給事中。三

年，遷發運使。是年卒，葬於定山鄉。金部郎中沈崧銘其墓。(《舊五代史考異》) 有文集數卷行於世。《永樂大典》卷五千六百七十八。案《唐才子傳》云：隱所著《讒書》、《讒本》、《淮海寓言》、《湘南應用集》、《甲乙集》、《外集》、《啓事》等，並行于世。(《舊五代史考異》)」足供參證。

《甲乙集》皆詩；《後集》廣棪案：《文獻通考》作「《後集》五卷」。**有律賦數首；《湘南集》者，長沙幕中應用之文也。**

　　案：《四庫全書總目》卷一百五十一〈集部〉四〈別集類〉四著錄：「《羅昭諫集》八卷，浙江巡撫採進本。唐羅隱撰。……考《吳越備史》隱本傳云：『隱有《江東甲乙集》、《淮海寓言》及《讒書》、《後集》，並行於世。鄭樵《通志‧藝文略》載《羅隱集》二十卷、《後集》三卷，又有《吳越掌記集》三卷。至陳振孫《書錄解題》，則《甲乙集》僅十卷，而《後集》反有五卷，又多《湘南集》三卷。且註《甲乙集》皆詩，《後集》有律賦數首，《湘南集》乃長沙幕中應用之文。隱又有《淮海寓言》及《讒書》等，求之未獲云云。據此，則不特《吳越掌記集》不傳，即《淮海寓言》、《讒書》二種，振孫且不得見矣。此本爲康熙初彭城知縣張瓚所刻。後有瓚〈跋〉云：『昭諫諸集，今不復見，僅得《江東集》鈔本於邑人袁英家。嗣後得《甲乙集》刻本，合而讀之，雖全集不獲盡睹，窺豹者已得一斑矣。』蓋出於後人所掇拾，非舊帙也。所載詩四卷，又有雜文一卷。詩與毛晉所刻《甲乙集》合，雜文則不知原在何集。其《湘南集》僅存〈自序〉一篇，列於卷中。〈序〉謂『湘南文失落於馬上軍前，僅分三卷，而舉業祠祭亦與焉』。今雜文既無長沙應用之作，亦無舉業祠祭之文。惟諸啓多作於湖南，或即《湘南集》中之遺歟？《文苑英華》有隱〈秋雲似羅賦〉一篇，蓋即《後集》之律賦，此本失載，則所採亦尚遺漏矣。第七卷末一篇爲〈廣陵妖亂志〉。前十一篇疑即《淮海寓言》之文也。第八卷有〈兩同書〉十篇，〈唐志〉著錄。其說以儒道爲一致，故曰兩同。似乎《讒書》之外，又有此書者。其異同則不可考矣。」可供參考。

隱又有《淮海寓言》、《讒書》等，求之未獲。

《讒書》刊于新城縣。隨齋批注。

　　案：《讒書》五卷，最早著錄者爲《郡齋讀書志》，隨齋批注亦謂：「《讒

書》刊于新城縣。」是公武，隨齋均獲見此書。《淮海寓言》七卷，〈宋志〉著錄，元人辛文房《唐才子傳》卷第九〈羅隱〉載：「所著《讒書》、《讒本》、《淮海寓言》、《湘南應用集》、《甲乙集》、《外集》、《啓事》等，並行於世。」是《淮海寓言》元時猶在，惜直齋「求之未獲」耳。

投知小錄三卷

《投知小錄》三卷，唐神策判官部陽秦韜玉中明撰。田令孜客。中和二年特賜及第。

廣棪案：《新唐書》卷六十〈志〉第五十〈藝文〉四〈別集類〉著錄：「秦韜玉《投知小錄》三卷，字中明，田令孜神策判官、工部侍郎。」《郡齋讀書志》、〈通志略〉著錄同。《宋史》卷二百八〈志〉第一百六十一〈藝文〉七〈別集類〉著錄：「《秦韜玉集》三卷。」疑爲同一書。《郡齋讀書志》卷第十八〈別集類〉中著錄：「秦韜玉《投知小錄》三卷。右唐秦韜玉字中明，京兆人。有詞藻，工歌吟，險而好進，爲田令孜所善。僖宗幸蜀，令孜引爲工部侍郎。中和二年，賜進士第，編入春榜。」韜玉，兩《唐書》無傳。《唐才子傳》卷第九〈秦韜玉〉載：「韜玉，字中明，京兆人。父爲左軍軍將。韜玉少有詞藻，工歌吟，恬和瀏亮。慕柏耆爲人，然險而好進，諂事大閹田令孜。巧宦，未期年，官至丞郎，判鹽鐵，保大軍節度判官。僖宗幸蜀，從駕。中和二年，禮部侍郎歸仁紹放榜，牧敕賜進士及第，令於二十四人內安排，編入春榜。令孜引擢工部侍郎。韜玉歌詩，每作人必傳誦。〈貴公子行〉云：『堦前莎毯綠未捲，銀龜噴香挽不斷。亂花織錦柳撚線，妝點池臺畫屏展。主人功業傳國初，六親聯絡馳朝車。鬪雞走狗家世事，抱來皆佩黃金魚。卻笑書生把書卷，學得顏回忍飢面。』又瀟水出道州九疑山中；湘水出桂林海陽山中，經靈渠，至零陵，與瀟水合，謂之瀟湘，爲永州，永，二水也，清泚一色。高秋八九月，才丈餘，淺碧見底。過衡陽，抵長沙，入洞庭。韜玉賦詩云：『女媧羅裙長百尺，擔在湘江作山色。』又云：『嵐光楚岫和空碧，秋染湘江到底清。』由是大知名，號爲絕唱。今有《投知小錄》三卷行於世。」足資參證。部陽，縣名，在今陝西關中道。故《郡齋讀書志》、《唐才子傳》稱韜玉爲京兆人。

鳳策聯華三卷

《鳳策聯華》三卷，唐虞部郎中淮南從事秋浦顧雲垂象撰。

　　廣棪案：《新唐書》卷六十〈志〉第五十〈藝文〉四〈別集類〉著錄：「《集遺具錄》十卷，顧雲，字垂象，池州人。虞部郎中，高駢淮南從事。」《崇文總目》卷五〈別集類〉一著錄：「《苕川總載集》十卷。」錢東垣輯釋本。所著錄均非此書。《通志》卷七十〈藝文略〉八〈別集〉四〈唐〉著錄「顧雲《苕川總載集》十卷，又《集遺具錄》十卷，又《鳳策聯華》三卷、《玉秉集》一卷，又《編遺》十卷。」《宋史》卷二百八〈志〉第一百六十一〈藝文〉七〈別集類〉著錄：「顧雲《集遺》十卷，又《賦》二卷、《啓事》一卷、《苕一作昭。亭雜筆》五卷、《纂新》十卷、《苕一作昭。川總載》十卷。又著錄：「顧雲《編藁》十卷，又《鳳策聯華》三卷。」是雲著述甚富贍。雲，兩《唐書》無傳。《唐詩紀事》卷六十七「顧雲」條載：「雲，字垂象，池州鹺賈之子也。風韻詳整，與杜荀鶴、殷文圭友善，同隸業九華。咸通中登第，爲高駢淮南從事。師鐸之亂，退居雪川，杜門著書。宰相杜某，奏雲與盧知猷、陸希聲、錢翊、馮渥、司空圖等，分修宣、懿、德三朝實錄，皆一時之選也。書成，加虞部外郎。乾寧初卒。有文號《鳳策聯華編藁》、《昭亭雜筆》。」足供參考。

多以擬古爲題，蓋行卷之文也。

　　案：《玉海》卷第五十五〈藝文·著書·雜著〉載：「《書目》三卷，顧雲撰，並〈序〉。有〈續魏徵遺表〉、〈代尉遲敬德答隱太子箋〉、〈補十八學士寫象贊〉、〈安西護府重築碎葉城碑〉，大抵皆因舊事而作。《崇文目·別集類》。」是此書多以擬古爲題。《唐詩紀事》卷六十七「顧雲」條載：「雲著述目爲《鳳策聯華》。雲初下第，鄭谷有詩勉之云：『《鳳策聯華》是國華，春來偶爲上仙槎。鄉連南渡思菰米，淚滴東風避杏花。吟聒暮鶯歸廟院，睡消遲日寄僧家。一般情緒應相信，門靜莎深樹影斜。』」是此書乃行卷之文也。

雲，咸通十五年進士。

　　案：《登科記考》卷二十三載：「唐僖宗惠聖恭定孝皇帝咸通十五年甲午，十一月庚寅，大赦，改元爲乾符。《舊書·本紀》。進士三十人：顧雲，《永樂大典》引《池州府志》：『顧雲字垂象，一字士龍，貴池人。咸通十五年進士第。』」可參證。

聲書十卷

《聲書》_{廣梭案：《文獻通考》作「《贄書》」、《宋志・別集類》作「《聲書》」，均形}近而誤。十卷，唐天復進士沈顏可鑄撰。_{廣梭案：《文獻通考》無此句。}

廣梭案：《新唐書》卷六十〈志〉第五十〈藝文〉四〈別集類〉著錄：「沈顏《聲書》十卷。」《崇文總目》、_{錢東垣輯釋本。}《郡齋讀書志》、〈通志略〉、〈宋志・雜家類〉同。顏，兩《唐書》、《新》、《舊五代史》均無傳。其〈傳〉見吳任臣《十國春秋》卷第十一〈吳〉十一〈列傳〉，惟內容幾全據《郡齋讀書志》。

傳師_{廣梭案：《文獻通考》「傳師」上有「顏」字。}之孫，仕偽吳，順義中為翰苑。名「聲」者，以元結聲叟自況也。_{廣梭案：《文獻通考》無以上四句。}其文歔欷，而〈自序〉之語，極其矜負。

案：《郡齋讀書志》卷第十八〈別集類〉中著錄：「《沈顏聲書》十卷。右偽吳沈顏字可鑄，傳師之孫。天復初進士，為校書郎。屬亂離，奔湖南，辟巡官，吳國建，為淮南巡官、禮儀使、兵部郎中、知制誥、翰林學士。順義中卒。顏少有辭藻，琴棊皆臻妙。場中語曰『下水船』，言為文敏速，無不載也。性閑淡，不樂世利。嘗疾當時文章浮靡，倣古著書百篇，取元次山『聲叟』之說附己志而名書。其〈自序〉云：『自孟軻以後千餘年，經百千儒者，咸未有聞焉。天厭其極，付在鄙子。』其誇誕如此。」《解題》所述，遠較《郡齋讀書志》簡略。

李後主集十卷

《李後主集》十卷，江南國主李煜重光撰。

廣梭案：《崇文總目》卷五〈別集類〉二著錄：「《李煜集》十卷。」_{錢東垣輯釋本。}《郡齋讀書志》、〈通志略〉、〈宋志〉同。煜字重光，初名從嘉。其〈傳〉見《新五代史》卷六十二〈南唐世家〉第二附〈李昇〉、《十國春秋》卷第十七〈南唐〉三〈後主本紀〉。《郡齋讀書志》卷第十八〈別集類〉中著錄：「《李煜集》十卷。右偽唐主李煜重光也，璟之子。少聰悟，喜讀書屬文，工書畫，知音律。建隆三年嗣偽位。開寶八年，王師克金陵，封違命侯。太平興國三年，終隴西郡公，贈吳王。江鄰幾《雜

志》云爲秦王廷美所毒而卒。」可供參考。

田霖四六集一卷

《田霖四六集》一卷，南唐田霖撰。

　　廣棪案：《文獻通考》卷二百三十三〈經籍考〉六十〈集別集〉著錄：「《田霖四六集》一卷。晁氏曰：『南唐田霖撰。』」惟《郡齋讀書志・別集類》無此條，是馬端臨將「陳氏曰」誤作「晁氏曰」也。田霖，生平無可考。

扈載集十卷

《扈載集》十卷，後周翰林學士范陽扈載仲熙撰。少俊，早達，年三十六以死。廣棪案：《文獻通考》誤作「晁氏曰」。

　　廣棪案：《崇文總目》卷五〈別集類〉二著錄：「《扈載文集》二十卷。」《宋史》卷二百八〈志〉第一百六十一〈藝文〉七〈別集類〉著錄：「《扈載集》五卷。」所著錄卷數均與《解題》不同。載字仲熙，北燕人。《舊五代史》卷一百三十一〈周書〉二十二〈列傳〉第十一、《新五代史》卷三十一〈周臣傳〉第十九有傳。《舊五代史》載本傳曰：「扈載，少好學，善屬文，賦、頌、碑、贊尤其所長。廣順初，隨計於禮部，文價爲一時之最，是歲昇高等。《冊府元龜》卷八百四十一。載因遊相國寺，見庭竹可愛，作〈碧鮮賦〉題其壁。世宗聞之，遣小黃門就壁錄之，覽而稱善，因拜水部員外郎，知制誥，遷翰林學士，賜緋。案：載以賦受知，據《宋史・李穀傳》則載之遷官，當由王朴薦之。（《舊五代史考異》）《宋史・李穀傳》：『扈載以文章馳名，樞密使王朴薦令知制誥，除書未下，朴詣中書言之，穀曰：「斯人命薄，慮不克享耳。」朴曰：「公在衡石之地，當以材進人，何得言命而遺才。」載遂知制誥、遷翰林學士，未幾卒。世謂朴能薦士，穀能知人。』（殿本）而載已病，不能謝，居百餘日，乃力疾入直學士院。世宗憐之，賜告還第，遣太醫視疾。《永樂大典》卷一萬四千八百二十七。載爲翰林學士，年三十六卒。載始自解褐至終纔四年，而與劉衮皆有才無命，時論惜之。《冊府元龜》卷九百三十一。」可供參證。

其子蒙，顯於國初。

案：《宋史》卷二百六十九〈列傳〉第二十八扈蒙本傳曰：「扈蒙字日用，幽州安次人。曾祖洋，涿州別駕。祖智周，盧龍軍節度推官。父曾，內園使。蒙少能文，晉天福中，舉進士，入漢爲鄑縣主簿。趙思綰叛，遣郭從義討之。郡縣吏供給皆戎服趨事，蒙冠服褒博，舉止舒緩，從義頗訝之。轉運使李穀謂曰：『蒙文學名流，不習吏事。』遂不之問。周廣順中，從歸德軍節度趙暉爲掌書記，召爲右拾遺、直史館、知制誥。蒙從弟載時爲翰林學士，兄弟並掌內外制，時號『二扈』。」據是，則蒙乃扈載從兄，直齋誤也。《宋史》蒙本傳又曰：「宋初，由中書舍人遷翰林學士，坐請託於同年仇華，黜爲太子左贊善夫人，稍遷左補闕，掌大名市征。六年，復知制誥，充史館修撰。開寶中，受詔與李穆等同修《五代史》，詳定《古今本草》。五年，連知貢舉。……太宗即位，召拜中書舍人，旋復翰林學士。與李昉同修《太祖實錄》。太平興國四年，從征太原還，轉戶部侍郎，加承旨。雍熙三年，被疾，以工部尙書致仕。未幾，卒，年七十二。贈右僕射。」是蒙顯於宋初。

別集類中 <small>廣梭案：盧校本作卷五十〈別集類〉中。</small>

趙韓王遺稿十卷

《趙韓王遺稿》十卷，<small>廣梭案：《文獻通考》作「《趙韓王集》三卷。」</small>丞相韓忠獻王范陽趙普則平撰。<small>廣梭案：《文獻通考》此句作「《遺稿》凡十卷。」</small>普開國元臣，不以文著，而〈彗星〉、〈班師〉二疏，天下至今傳誦。末有劉昌言所撰〈行狀〉。案：《館閣書目》惟有《奏議》一卷，今麻沙書坊刊本，奏議止數篇，餘皆表狀之屬也。

> 廣梭案：《郡齋讀書志》第十九〈別集類〉下著錄：「《趙韓王集》三卷。」《讀書附志》卷下〈別集類〉二著錄：「《趙韓王文集》五卷。」所著錄書名、卷數均與《解題》異。《宋史》卷二百八〈志〉第一百六十一〈藝文〉七〈別集類〉著錄：「趙普《奏議》一卷。」則與《中興館閣書目》

同。普字則平，幽州薊人。淳化三年七月卒，賜諡忠獻。眞宗咸平初，追封韓王。《宋史》卷二百五十六〈列傳〉第十五有傳，並載其雍熙三年所撰之〈班師疏〉。《文獻通考》卷二百三十三〈經籍志〉六十〈集別集〉著錄此條下引巽巖李氏〈遺稿序〉曰：「王禹偁嘗賦詩哭普，謂其章疏與夏訓、商謨相表裏。〈本傳〉獨載普〈諫伐幽州〉，辭多刪潤，每恨弗見其全。網羅搜索久，乃得普遺文，而〈幽州之奏〉咸在。後有〈論星變〉及〈薦張齊賢〉二奏，其言諄諄，要本於仁。嗚呼，賢矣！禹偁褒讚諒不爲私，而史官簡編，誠可歎息，乃次第其遺文，以傳於世。其四六表狀往往見《禹偁集》，蓋禹偁代作也。雖禹偁代作，必普之心聲云耳，因弗敢棄。顧草疏決不止此，當博求而附益之。」巽巖，李燾也。《郡齋讀書志》著錄：「《趙韓王集》三卷。右皇朝趙普字則平，薊州人，其父遷洛陽，占籍焉。乾德中，代范質爲平章事，太平興國六年及端拱初，三入相。薨，封眞定王，諡忠獻，卒年七十一。普初少學術，太學勉之，晚年頗該博。」《讀書附志》著錄：「《趙韓王文集》五卷。右韓忠獻王趙普之文也。《讀書志》云：『《文集》三卷』。而敘述甚略。希弁所藏《文集》一冊，列劉昌言所作〈行狀〉于前，〈記〉一，〈表疏〉二十九，附〈手詔〉、〈批答〉五，〈奏狀〉、〈箚子〉二十五，附〈御詩〉二十一，〈啓狀〉十，〈詞帖〉三。希弁又得其〈謝請班師批答〉一表於《國史》本傳，〈賀平江南〉一表及〈與諸公遺書〉於《國朝文粹》，通六十八篇。以太宗皇帝御製〈神道碑〉冠于帙首，并〈行狀〉爲一卷，次以〈記〉，又次以〈表疏〉，又次以〈奏狀〉、〈箚子〉，又次以〈啓狀〉、〈詞帖〉，成五卷。〈碑〉稱『晚歲酷愛讀書，經史百家，常存几案，強記默識，經目諳心，碩學老儒，宛有不及。』又爲之〈銘〉曰：『經綸宏異，學識通該。』〈傳〉亦稱：『普初以吏道聞，寡學術。及爲相，太祖常勸以讀書。晚年手不釋卷，諡以忠獻，取慮國忘家、薦可替否之法也。追封韓王，配享太祖皇帝廟庭。』」足供參證。

徐常侍集三十卷

《徐常侍集》三十卷，左散騎常侍廣陵徐鉉鼎臣撰。廣棪案：《文獻通考》無此句。其二十卷，仕江南所作；餘十卷，歸朝後所作也。

廣梭案：《郡齋讀書志》卷十八〈別集類〉中著錄：「《徐鉉集》三十卷」與《解題》同。《通志》卷七十〈藝文略〉第八〈別集〉五〈宋〉著錄：「《徐鉉集》二十卷。」蓋仕南唐時所撰之集也。《宋史》卷二百八〈志〉第一百六十一〈藝文〉七〈別集類〉著錄：「《徐鉉集》三十二卷。」則較多二卷。鉉字鼎臣，揚州廣陵人。太平興國八年爲右散騎常侍，《宋史》卷四百四十一〈列傳〉第二百〈文苑〉三有傳，謂「鉉有《文集》三十卷，《質疑論》若干卷」。〈宋志〉所多二卷，或即《質疑論》也。《郡齋讀書志》載：「《徐鉉集》三十卷。右僞唐徐鉉字鼎臣，廣陵人。仕楊溥，爲祕書郎，直宣徽北院，掌文翰。李昇時，知制誥。璟、煜時，累遷翰林學士。歸朝，爲直學士院、給事中、散騎常侍。淳化初，坐累黜靜難軍司馬。鉉初至京師，見御毛褐者，輒哂之。邠苦寒，竟以冷氣入腹而卒。鉉幼能屬文，尤精小學，嘗謂爲文速則意思雄壯，緩則體勢疏慢，故未嘗沈思。《集》有陳彭年〈序〉。」孫猛《郡齋讀書志校證》曰：「《徐鉉集》三十卷，原本所據底本脫此六字，李富孫據袁本補，臥雲本，《宛委》本不脫。〈經籍考〉卷六十作《徐常侍集》三十卷，標題乃本《書錄解題》卷十七。沈錄何校本何焯批語云：『後十卷皆入宋以後所作。』按何氏語據陳彭年〈徐公集序〉，〈序〉謂鉉仕江南所作，手勒成二十卷，其餘存者，其壻吳淑編爲十卷，通三十卷。」可供參證。

所撰廣梭案：《文獻通考》「李煜」上有「國主」二字。**〈李煜墓銘〉，婉嫩**廣梭案：《文獻通考》作「婉微」。**有體，《文鑑》取之。**

案：鉉此文載呂祖謙《宋文鑑》卷一百三十九〈墓誌〉，篇名作〈吳王李煜墓誌銘〉。其文有云：「惟王天骨秀穎，神氣清粹，言動有則，容止可觀，精究六經，旁綜百氏。常以爲周、孔之道，不可暫離，經國化民，發號施令，造次於是，始終不渝。酷好文辭，多所述作。一游一豫，必頌宣尼；載笑載言，不忘經義。洞曉音律，精別雅鄭，窮先王制作之意，審風俗淳薄之原，爲文論之，以續〈樂記〉。所著文集三十卷，雜說百篇，味其文，知其道矣。至於弧矢之善，筆札之工，天縱多能，必造精絕。本以惻隱之性，仍好竺乾之教，草木不殺，禽魚咸遂。賞人之善，常若不及；掩人之過，唯恐其聞。以至法不勝姦，威不克愛。以厭兵之俗，當用武之世。孔明罕應變之略，不成近功；偃王躬仁義之行，終於亡國。道有所在，復何媿歟？」眞婉嫩有體矣！

咸平集五十一卷

《咸平集》五十一卷，<small>廣棪案：《文獻通考》作「田表聖《咸平集》五十卷。」</small>
右諫議大夫漢嘉田錫表聖撰。太平興國三年進士第二人。<small>廣棪案：《文獻通考》闕此二句。</small>

> 廣棪案：《郡齋讀書志》卷第十九〈別集類〉下著錄：「《田表聖咸平集》五十卷。右皇朝田錫字表聖，其先京兆人，唐末徙於蜀。國初，與胡旦、何士宗齊名。中太平興國三年進士第。歷相臺、桐廬、淮陽、海陵四郡守，知制誥，終於諫議大夫。范仲淹、司馬光讀其書，皆稱其直諒，蘇軾亦以比賈誼云。」〈宋志〉亦作五十卷。錫，嘉州洪雅人。太平興國三年進士高第，咸平五年擢右諫議大夫。《宋史》卷二百九十三〈列傳〉第五十二有傳，云錫「所著有《咸平集》五十卷」。疑《解題》衍「一」字。

范文正公誌其墓。<small>廣棪案：《文獻通考》闕此句。</small>

> 案：范仲淹撰有〈田司徒墓誌銘〉，曰：「公諱錫，字表聖，世為京兆人。唐德之衰，徙家於蜀。昔武王封舜之後於陳，春秋時公子完如齊，子孫遂大食采於田而命氏焉。厥後將有穰苴，相有千秋，斯可謂之著矣。大王父易直，王父誠，皆隱君子也，文而不耀。父懿，因公之貴，累贈尚書左司郎中。郎中善教於家，嘗命公曰：『汝讀聖人之書，而學其道，慎無速為，期二十年，可以從政矣。』公服其訓，拳拳然博通群書。東游長安，與昌黎、韓丕復居驪山白鹿觀數年，器志大成，拔王府薦，有聲於京師。太宗皇帝親策天下進士，擢公第二人。時太平興國三年秋也。釋褐除將作監丞，通判宣城郡。召還，改著作郎，俄拜右拾遺，直史館，賜五品服，出為河北轉運使，改知相州，就除左補闕，移桐廬郡，遷起居舍人，還判登聞院，尋以本官知制誥，進兵部員外郎充職，以直言改戶部郎中，出守淮陽，以留獄之謗，左降海州團練副使。起為工部員外郎，直集賢院，移戶部郎中。真宗皇帝即位，遷吏部郎中，判審官院，兼通進銀臺封駁司，賜金紫，求出典海陵郡。還臺，兼侍御史知雜，拜右議大夫，史館修撰。以咸平六年十二月十一日終於私第，享年六十四。公自白衣已有意於風化，上書闕下，請復鄉飲。又請修籍田禮。及在朝廷，知無不言。太宗初既取太原，攻范陽未下，帝怒不賞平晉之功，中外囂然而不敢言者。獨公上書論諫，理意深切，帝感悟，書褒答，賜內

帑錢五十萬。僚友謂公曰：『今日之事解矣，宜少晦以遠讒忌。』公曰：
『事君之誠，惟恐不竭，矧天植其性，豈一賞可奪耶？』在河朔暨相州，
累章論邊事。至桐廬郡，以吳越之邦入朝廷未久，人阻禮教，邈如也。
而公下車建孔子廟，教人《詩》、《書》，天子賜九經以佑之。自是睦人舉
孝，秀登搢紳者比比焉。在郡聞禁中火，拜章極言，上嘉之。及還，眷
遇愈隆。會乾明節，館閣中多進歌詩，帝獨喜公之辭，乃依韻和賜。令
宰相宣付公。又上封禪書，謂：『五代之亂，人如豺虎，不圖復見太平，
宜崇檢玉之禮，以答天意。』公在西掖，會京畿大旱，禱祀無應，遂抗
言切於時政，故有宛邱之行。咸平初出使秦隴回，上三章，言陝西數十
州苦於靈夏之役，朝廷爲之戚然。出海陵之初，以星文示變，拜疏請降
詔，責躬上奉天誡。眞宗皇帝嘉其意，屢召對便殿，及行，降中使撫安，
仍加寵賚。爰有翰林學士承旨宋公白，舉公賢良方正，以副天下之望。
一日，召對久之，且曰：『陛下以皇王之道爲心，臣請採經史中切於治體
者上資聖覽。』帝深然之。乃具以進。詔答曰：『卿能演清淨之風，述理
亂興亡之本，備觀鑒戒，朕心渙然。』所撰三十編，皆隱其目。公奉事
兩朝，由遺補歷御史，至諫議大夫，前後章疏凡五十有一。嘗謂諸子曰：
『吾每言國家事，天子聽納，則人臣之幸，不然禍且至矣，亦吾之分也。』
及終，有遺表，陳邦國安不忘危之意，其家弗預焉。天子恒然，命中使
賻之。有〈制〉痛悼，贈尙書工部侍郎；二子改大理評事。持喪中，並
給月俸，哀榮之禮，可謂至矣。後以二子登朝，累贈兵部尙書。寶元二
年四月二十四日，與夫人合葬於泗州臨淮縣歸化鄉之重崗原，禮也。公
娶楊氏，再娶奚氏，封江陵縣君，能循法度以配君子。長子曰慶遠，今
爲駕部員外郎；次曰慶餘，今爲比部郎中，並克奉堂構，有能政於四方。
女三人：長適王氏，次適龐氏，季適張氏，皆以婦道稱。公動必以禮，
言必以法，賢不肖皆憚服之。出家二十年，未嘗趨權貴之門，在貶廢中，
樂得其心，晏如也。著文章成三十卷，目之曰《咸平集》，行於世。論者
曰：『在大禹時，皋陶矢厥謨；在湯武時，伊尹、周公爲之訓誥。故教化
紀綱莫盛於三代，而子孫有天下皆數百年。秦滅《詩》、《書》，其風不紹。
至西漢得賈誼、董仲舒，其言可以追先王之烈，而弗克施，使後世王者，
無復起三代之心，由漢始也。皇宋定天下，太宗銳意太平；眞宗之初，
復親擢俊乂，如田公之徒，並見獎用，惜乎不終其才，豈皇天之意特厚

於古歟！』仲淹幼聞高風，未嘗獲遊其門。今駕部書先君之舊業，索文
於江外，仲淹敢約而修之，又采舊老之言而作銘曰：嗚呼田公，天下之
正人也。言甚危，命甚奇，盡心而弗疑，終身而無違。嗚呼賢哉！吾不
得而見之。范仲淹撰。」

東坡序其奏十篇，所謂憂治世而危明主者也。廣棪案：《文獻通考》闕此二
句。**今**廣棪案：《文獻通考》無「今」字。**首卷有奏議十二篇，即東坡所序。**
館臣案：此句原本脫去，今據《文獻通考》增入。　廣棪案：元抄本、盧校本無此句。
　　案：《宋史》卷二百八〈志〉第一百六十一〈藝文〉七〈別集類〉著錄田
　　錫「《奏議》二卷」，蘇軾〈序〉曰：「故諫議大夫贈司徒田公表聖〈奏議〉
　　十篇。嗚呼田公！古之遺直也，其盡言不諱，蓋自敵以下，受之有不能
　　堪者，而況於人主乎？吾是以知二宗之聖也。自太平興國以來，至於咸
　　平，可謂天下大治，千載一時矣，而田公之言，常若有不測之憂近在朝
　　夕者，何哉？古之君子，必憂治世而危明主，明主有絕人之資，而治世
　　無可畏之防。夫有絕人之資，必輕其臣；無可畏之防，必易其民，此君
　　子之所甚懼也。方漢文時，刑措不用，兵革不試，而賈誼之言曰：『天下
　　有可長太息者，有可流涕者，有可痛哭者。』後世不以是少漢文，亦不
　　以是甚賈誼，由此觀之，君子之憂治世而危明主，法當如是也。誼雖不
　　遇，而其所言略已施行，不幸早世，功烈不著於時，然誼嘗建言，使諸
　　侯王子孫各以次受分地，文帝未及用，歷孝景至武帝，而主父偃舉行之，
　　漢室以安。今公之言，十未用五六也，安知來世不有若偃者舉而行之歟？
　　願廣其書于世，必有與公合者，此亦忠臣孝子之志也。眉山蘇軾撰。」
　　可參考。

錫之子孫亡顯者。
　　案：《宋史‧田錫傳》載：「（咸平）六年冬，病卒，年六十四。遺表勸上以
　　慈儉守位，以清淨化人，居安思危，在治思亂。上覽之惻然，謂宰相李沆
　　曰：『田錫，直臣也。朝廷少有闕失，方在思慮，錫之章奏已至矣。若此諫
　　官，亦不可得。』嗟惜久之，特贈工部侍郎。錄其二子，並為大理評事，
　　給奉終喪。」是錫之二子被錄為大理評事，亦不能謂「子孫亡顯者」。

端平初，南充廣棪案：《文獻通考》無「南充」二字。**游似景仁**廣棪案：《文獻通
考》無「景仁」。**為成都漕，**館臣案：原本作「為成憲」，今據《文獻通考》改正。

奏言朝廷方用端拱，咸平之舊紀元，而臣之部內乃有端拱、咸平之直臣，宜褒表之以示勸，願下有司議諡。

案：《宋史》卷四百一十七〈列傳〉第一百七十六〈游似〉載：「游似字景仁，利路提點刑獄仲鴻之子。嘉定十四年進士，歷官爲大理司直，升大理寺丞，遷太常丞兼權兵部郎官。遷祕書丞兼權考功郎中、直祕閣、夔路轉運判官，移潼川提點刑獄兼提舉常平。請封諡田錫，從之。」即記此事。成都漕，即指任夔路轉運判官。

博士徐清叟直翁、考功黃朴誠甫<small>廣棪案：《文獻通考》無「直翁、考功黃朴誠甫」八字。</small>**議諡曰獻翼云。** <small>廣棪案：《文獻通考》無「云」字。</small>

案：徐清叟，《宋史》卷四百二十〈列傳〉有傳。《宋人傳記資料索引》載：「徐清叟，字直翁，號德壹，浦城人，榮叟弟。嘉定七年進士，累遷太常博士，入對，疏請惜名器，進人才。其意蓋欲裁抑史彌遠恤典，召用眞德秀，魏了翁也。官至參知政事，資政殿大學士，卒諡忠簡。清叟父子兄弟，皆以風節相尚，而清叟劾罷袁甫，於公論少貶云。」黃朴，《宋史》無傳。《宋人傳記資料索引》載：「黃朴字成父，福州侯官人。紹定二年進士第一，歷著作郎，進吏部郎、知泉州，終廣東提舉常平。」考洪咨夔《平齋集》卷十六〈外制〉有〈校書郎黃朴除著作郎仍兼崇政殿說書制〉。卷二十公外制有〈黃朴改差知泉州制〉，然均未記及朴曾任考功郎。《解題》所載，足補文獻所未及。

今漢嘉田氏子孫，不知存亡，<small>廣棪案：《文獻通考》作「在亡」。</small>**而文集板之在州者，亦燼於兵燼矣，可為永慨！**<small>廣棪案：《文獻通考》無最後一句。</small>

案：《宋史》卷二百八〈志〉第一百六十一〈藝文〉七〈別集類〉著錄：「《田錫集》五十卷，又《別集》二卷、《奏議》二卷、《魏野草堂集》二卷，又《鉅鹿東觀集》十卷。」是〈宋志〉猶著錄此書及錫其他著作。《四庫全書總目》卷一百五十二〈集部〉五〈別集類〉五著錄：「《咸平集》三十卷，<small>兩江總督採進本。</small>宋田錫撰。錫有《奏議》，已著錄。考《奏議》乃明安磐所輯，其文已全載此《集》中。然《宋史·藝文志》載錫《奏議》二卷。《文獻通考》載錫《咸平集》五十卷。此本載〈奏議〉一卷、〈書〉三卷、〈賦〉五卷、〈論〉三卷、〈箴銘〉二卷、〈詩〉六卷、〈頌〉、〈策〉、〈笏〉、〈記〉、〈表〉、〈狀〉七卷、〈制誥〉、〈考詞〉三卷。以〈奏

議〉與〈詩文集〉合爲一編，僅三十卷，則亦後人重輯之本，非其舊也。錫常慕魏徵、李絳之爲人，以獻納爲己任。《國老談苑記》太宗幸龍圖閣閱書，指西北架一漆畫篋，上親自署鑰者，謂學士陳堯叟曰：『此田錫之奏疏也。』愴然者久之。則當時已重其言。故其沒也，范仲淹作〈墓誌〉，司馬光作〈神道碑〉，而蘇軾序其〈奏議〉，亦比之賈誼。爲之操筆者皆天下偉人，則錫之生平可知也。詩文乃其餘事，然亦具有典型。其氣體光明磊落如其爲人，固終非洴涊者所得彷彿焉。」是此三十卷本，殊非宋本之舊也。

廣平公集一百卷

《廣平公集》一百卷，翰林學士文安公大名宋白太素撰。

　　廣棪案：《崇文總目》卷五〈別集類〉二著錄：「《宋白文集》一百卷。」錢東垣輯釋本。《郡齋讀書志》、〈通志略〉、〈宋志〉著錄同。白字太素，大名人。太平興國八年任翰林學士，卒諡文安。《宋史》卷四百三十九〈列傳〉第一百九十八〈文苑〉一有傳。《郡齋讀書志》卷第十九〈別集類〉下著錄：「《宋文安集》一百卷。右皇朝宋白字素臣，開封人。年十二，善屬文。建隆二年進士，調嘉州玉津令。從太宗平晉，獻〈頌〉，上嘉之，累擢翰林學士。祥符中卒，諡文安。白之文頗浮麗，而理致或不工。典貢舉，取王禹偁、田錫、胡旦，時稱得人。」可供參考。

柳仲塗集十五卷

《柳仲塗集》十五卷，廣棪案：《文獻通考》作「《柳仲塗集》一卷」。如京使大名柳開仲塗撰。廣棪案：《文獻通考》無此句。

　　廣棪案：《崇文總目》卷五〈別集類〉二著錄：「《河東先生集》十五卷，柳開撰。」錢東垣輯釋本。〈通志略〉、《讀書附志》、〈宋志〉著錄同。惟《郡齋讀書志》卷第十九〈別集類〉下著錄：「《柳仲塗集》一卷。」應誤。開字仲塗，大名人。眞宗即位任如京使。《宋史》卷四百四十〈列傳〉第一百九十九〈文苑〉二有傳。

開，開寶六年進士，廣棪案：《文獻通考》無此句。歷廣棪案：《文獻通考》「歷」

上有「仲塗」二字。**知常、潤州，以殿中侍御史換崇儀使，又歷八郡**廣棪案：《文獻通考》作「七郡」。**以卒。**

　　案：《郡齋讀書志》著錄：「《柳仲塗集》一卷。右皇朝柳開字仲塗，大名人。開寶六年進士。太平興國中，上書願備邊用，換崇儀使，知寧邊軍。徙全、桂二州，貶復州團練副使。居久之，復官。歷環、邠、曹、邢、代、忻、滄七州。咸平四年，終如京使。」可供參證。

門人張景為〈行狀〉及〈集序〉。廣棪案：《文獻通考》此句下有「《集》凡十五卷」六字。

　　案：《郡齋讀書志》曰：「《集》乃門人張景所編。」《讀書附志》卷下〈別集類〉三著錄：「《河東先生文集》十五卷。右如京使知滄州河東伯柳開字仲塗之文也。《郡齋讀書志》云：『《柳仲塗集》一卷。』希弁所藏乃十五卷。咸平三年張景〈序〉云：『緝其遺文，得九十六首，成十五卷，命之曰《河東先生集》。』〈行狀〉附于後，亦景所撰也。開著書號東郊野夫，又號補亡先生，作二〈傳〉以見意。開垂絕，語景曰：『吾十年著一書，可行於世。』景為名之曰《默書》，辭義稍隱，讀者難遽曉，今載《文集》第一卷第一篇，凡六百二十三言。」考張景，《宋史翼》卷二十六〈列傳〉第二十六〈文苑〉一有傳。其〈傳〉曰：「張景字晦之，江陵公安人。羈丱能言，嗜學尤力。未冠，涉通藝文，頗班班言當世務。貧不治產，往從崇儀使解人柳開，開以文自名，而薦寵士類。一見歡甚，悉出家書畀之，由是屬辭益有法度。開每曰：『今日在朝廷挈囊薦笏，誰踰晦之者？』即厚遣使如京師。」是景乃開之門人。景所撰開〈行狀〉曰〈故如京使金紫光祿大夫檢校使司空知滄州軍州事兵馬鈐轄兼御史大夫上柱國河東縣開國伯食邑九百戶柳公行狀〉，其辭曰：「公諱開，字仲塗。曾祖佺，祖舜卿，皆不仕。考承翰為監察御史，以公贈秘書少監。世居魏。公生于晉開運末，幼而卓異，舉狀奇之。周顯德末，少監為南樂令，公年十三，夜與家人眾立於庭廡間，有盜入其室，皆驚畏不能動。公呼走取劍，盜踰垣而出，公從而揮之，斷其足之二指，聞者歎其膽略之異焉。初唐末搆亂，朱、李扼河相持，魏為干戈之地，文儒蕩然。學者名為儒，不知為儒之謂。公凡誦經籍，不從講學，不由疏義，悉曉其大旨。注解之流，多為其指摘。是後百家之說，漢魏迄隋唐間文史，悉能閱之。天水趙生，老儒也。持韓愈文數十篇授公，曰：『質而不麗，意若難曉，子詳

之何如？』公一覽不能舍，歎曰：『唐有斯文哉？其餘不足觀也。』因爲文章，直以韓爲宗尙。時韓之道獨行於公，遂名肩愈，字紹元。又有意於子厚矣。韓之道大行於今，自公始也。公方以述撰爲志，博採世之逸事，居魏郭之東，著《野史》，自號東郊野夫，作〈東郊野夫傳〉。年踰二十，慕文中子王通，讀經且不得見，故經籍之篇有亡其辭者輒補之，自號補亡先生，傳遂改今名今字，其意謂開古聖賢之道於時也，必欲開之爲塗矣。今《野史》、《補亡》雖且不存，而野夫先生二〈傳〉俱在，足以觀其志焉。公爲布衣，神貌奇偉，尙氣自信，不顧小謹。凡所結交，皆求豪傑。有出於人者，視齷齪俗儒輩，不與言。故大諫范公杲方好古學，少有大名，特愛公文，常口誦於朝野間，爲公之譽，世因稱爲柳、范，時有名之士咸望公求交焉。故閣老王公祐方守魏，公以書謁之，時王公與陶穀、扈載齊名，未嘗以文許人。得公書，謂公曰：『不意子之文出於今世，眞古之文章也。』自是學者益大信於公。公一日與所友者坐酒肆，酣飲，其側有一士人亦與人酌，氣貌稍異，語言時若可聽。公問之，士人通姓名，即至自京師，以貧不能葬父母，暨家之數喪，聞府主王公祐名士也，將求之以襄其事。公召以與同席，審之得實，意甚可愍，謂之曰：『生之費將用幾也？』曰：『得二十萬錢爲可。』公潛計，復謂曰：『且就舍，吾爲生謀之。』公雖大族，然以重義好施，頗耗其家。以是人故，竭其資畜，得白金百餘兩，錢數萬，遺之。議者以郭元振之義不能遠過。以是四方之士游魏者，畢歸之，故聲名煊赫于遠邇。及游場屋，攜文詣故兵部尙書楊公昭儉，楊公曰：『子之文章，世無如者，已二百餘年矣。』崖相盧公方在翰林，一見公，謂奇士無敵。開寶六年，太祖御講武殿，復試禮部貢士。公年二十有七，一舉登進士第。太祖方注意刑政，去州郡馬步使立號，新立司寇參軍。八年，公釋褐，首其任于宋州。九年，以治獄稱職，遷錄事參軍。太宗即位，四年，親平晉，擢公爲贊善大夫。公從駕，督楚、泗八州芻粟，皆先期集事，太宗嘉之。會常、潤二州群盜起，命公知常州。公至，使諭盜曰：『吾來，汝速歸，歸則生，又厚賞。汝不歸，將盡死矣。』遂設奇捕獲，咸戮之。賊懼，稍稍有歸者。公撫慰之，給庫府衣物，私出緡錢益之，自解衣加其酋首，皆致于左右。或說公曰：『寇不可近，且虞或變之禍也。』公曰：『彼失所則爲盜，得其所則吾民矣。始懼死而我親愛之，出其望也。我亦赤心

感之，未歸者，盡思歸我矣。』果如其言，不半歲，闔境肅寧。遷殿中丞。明年，移知潤州，拜監察御史。潤人熟公治常之跡也，畏公如神明。太平興國九年詔歸，出貝州，加殿中侍御史。明年，坐與兵馬都監執公事爭鬪，貶上蔡令，時雍熙二年也。公在常州，多所殺戮，蔡人畏公之名也。公即蔡，悉召父老與言。政有害民者，以利除之。民有詞訟，非故鬪至傷者，必盡其理而赦之。民皆曰：『公非不能震畏，實愛我之深也。』督租賦不以刑，勸諭相約而已。民懷公仁，莫敢逋負。明年春，大舉兵取幽、冀，公率民饋糧從軍。初，王師將之涿州，數與契丹戰。有渠帥領萬餘騎，與我帥米信相持不懈，忽遣使來欲降。公知之，謂人曰：『兵法云：無約而請和者，謀也。彼必有謀，急攻之必勝。』時米信遲，越二日，約未定，渠帥驟引騎來戰。後聞之，蓋矢乏徵于幽州也。其見機如此。公自涿州還闕下，乃上書乞從邊軍效死。太宗憐之，復得殿中侍御史。使河北，多言邊事，太宗頗納之。又上書曰：『臣以幽州未歸，北敵未滅，望陛下于河北用兵之地，賜臣步騎數千，令臣統帥行伍。況臣今年四十，膽氣方高，比之武夫，粗識機便，如此則得盡臣子忠孝之道。』明年，詔文臣中有武略知兵者，公奉詔，改崇儀使，知寧邊軍。公至，治以仁愛，士卒專訓練，明賞罰。冬十二月，沿邊州郡相馳告，以契丹將犯邊，急設備。居數日，連受八十餘牒，公獨不告。時宣徽使郭公守文主軍陣，公馳書陳五事，料契丹必不犯邊。契丹果不動，其料敵如此。寧邊者，定州博野縣也。以其控要始建軍，以公涖之。白萬德者，鎮州眞定人也，爲契丹貴人，沿界蕃族七百餘帳，皆萬德往來轄之，博野之豪傑，或爲萬德姻屬。故人者往往出入界上，以見萬德。公潛知之，乃陰結豪傑，漸與親密，夜引豪傑入臥內，與之飲。謂曰：『汝能爲我說萬德，則幽州可立取，汝必爲貴人也。』豪傑許諾，公使謂萬德曰：『中原失幽、薊六十餘年，今朝廷大興師眾，必將取之。爾生中國，則朝廷爲父母之邦，奈何棄禮義而事北敵；爾能南歸，則分茅列土，爲公爲侯，世世不絕，功在史冊，非爾何人也。』萬德大喜，使豪傑請約。公再使謂萬德曰：『必也順動。爾始終受敵，文命可先示我，我崇儀之命亦爲爾質。』豪傑去未返，會有詔罷公歸闕。其夜豪傑返，公曰：『爾遽止，吾去矣。』因歎曰吾將使萬德爲內應，而密奏于上。我先以輕騎直走，掩其不備，命諸將分道提精兵疾入，則幽州可下也。不集吾事，非天矣夫！』

抵闕下，去知全州，端拱元年也。全民方苦蠻寇，先是全西溪洞有粟氏者，聚族五百餘口，率常殺掠民，擄民婦女，以至戶無積糧，野無耕牛，皆爲粟氏攘奪。雖隻雞斗粟，悉致民。今朝廷遣使臣置峽口、香煙、羊狀等七寨禦之，不能制其爲患。公至，乃出府庫帛製衣，造銀滯暨巾帽數百副，選豪吏之勇辨可使者，得三人，俾入溪洞，諭粟氏曰：『天子擇我來此，爾輩倚山恃險而害我民，爾出，當與爾賞，與爾屋，爲爾居，與爾田，爲爾業，不然，將益兵深入，盡滅爾類矣！』粟氏懼，留衙吏二人爲質，其人與粟氏酋長五人俱出，公賜以衣帽、銀帶、緡錢，親犒勞撫慰，謂吏民曰：『粟氏如此不爲爾患，可犒之。』吏民爭以鼓樂飲粟氏。居數日，公命粟氏乘馬還洞口，約日并族而出。至日，酋長先率數十人來歸，不月，攜老幼盡數百口俱至。公賞犒如一，遂營室而使聚居焉。作〈時鑑〉一篇，刻石以誡之。酋長詣京師，太宗命五酋首皆全之，上佐官，至今被命服，有俸給而完其族也。太宗以公爲能，賜錢三十萬。淳化元年，移知桂州。明年，詔歸。明年，爲黥徒訴入臺獄，貶滁州團練副使。初，公治全也，有僧暨吏教全人誣告公，公劾之，撻其背，黥而送京師。至是，二人謂罪不至此，故公當之。明年，詔還，復得崇儀使，賜錢三十萬。命公知環州，州與吐蕃接。先是，吐蕃常與環人貿易，環人悉詐其斗枰，其物直之增減，與漢價不類。蕃漢民多以此鬭，官司黨漢而虐蕃，故蕃情常怨於我。公至，平其斗枰，一其物直，擒民之欺蕃者刑之，蕃情翕然愛公。每見公，出歡呼號喜。明年春，移郴州。民方困輦饋，初運稍絕，再運又起而發其半。富民大賈悉蕩其業，轉運使又遣使至，第三運皆赴環州，百姓惶駭，聚數千人爭赴州署號訴，曰：『力已不逮，願就死矣！』公與使起立，屬聲諭之曰：『爾無慮，必爲罷之。』因命吏遺書於運使曰：『聞近離環州，知其糧草如不增，大兵可有四年之蓄。今蠶農方作，再運半發，老幼疲敝，畜乘殆竭，奈何人苦之。如不罷開，即馳詣闕，言於上。』前三日，吏迴罷之，邠民大呼叩頭感公，多泣下者，闔境圖公像而拜之。冬詔歸，邠民擁城門不得出，因夜潛去。時曹民多訟，屢構大獄。至道元年，以公知曹州，不數月，辭鬭咸息。公上書言祖父暨叔母而下，皆未定葬，願得近魏官謀葬也。許之。秋八月，賜錢二十萬，移邢州。明年，葬尊幼二十三喪，求假歸魏。公遍撫其柩盡哀，而聲不絕者數日，皆自誌其墓。魏人以公孝愛之厚，可化於

世也。明年，太宗升遐，加如京使。明年，今上改元咸平，公秩滿入覲，尋出知代州。既受命，又上書言邊事，及諫減省職官，訓練士卒。書奏，上頗悅之。公至代，代城多壞不葺。公曰：『昔太宗躬被戎衣，而有此地咫尺。寇敵至，何以禦之？』將帥恥不能先公之謀，皆沮其議。曰：『邊寇不動，勞民不可。』公曰：『俟其動，何及也！』力奏而葺之。諸將怨公，公謂姪滉曰：『吾觀昴星有光雲氣，多從北來，犯我境上，寇將至也。吾聞師克在和，今諸將怨我，若有動，彼必搆危於我也。』因奏曰：『代爲重地，臣不材，不可居，願得一小郡治之。』明年夏，移忻州。』秋，契丹果動。九月上書，乞聖駕起河北。十一月郊祀畢，十二月車駕幸魏。敵騎悉引去。明年春正月，車駕還京師。上以契丹入寇，皆由雄霸滄州路，詔公知滄州，兼兵馬鈐轄。二月，公受命，疽發于其首，自忻乘肩舁至并州。二月有六日，卒于并，年五十有四。公之仕也，積階至金紫檢校，至司空，兼秩至御史大夫，勳至上柱國，爵至河東縣伯，食邑至九百戶。公病亟，命筆曰：『吾十年著一書，意今未畢，可傳于世。吾將死矣！』門人張景名其書曰《默書》，其言淵深而宏大，非上智不能窺其極。公以默而著之，後必有默而觀之，默而行之者。默之義遠矣哉！公以大儒名於天下，學者以公爲蓍龜，得公一顧，聲名四出。公好賓客，樂道人善，不以己之能，而揚人之不能也。嘗謂張景曰：『吾於《書》，止愛〈堯典〉、〈禹貢〉、〈洪範〉，斯四篇，非孔子不能著之，餘則立言者可跂及矣！《詩》之〈大雅〉、〈頌〉，《易》之爻象，其深焉，餘不爲深也。』公於經籍皆極聖人之心臂，況經之下哉！歷代之興亡治亂，星辰、氣候、山川、地理，如示諸掌。頗究《陰符》、《素書》、孫武之術，故其道不滯於物，其爲大賢人也。天下用文治，公足以立制度，施教化，而建不拔之功；天下用武功，公足以詰戎兵，戡奸宄，而收無敵之效，眞偉人哉！昂所撰〈柳仲塗集序〉曰：『一氣爲萬物母，至於陰陽開闔，噓吸消長，爲晝夜，爲寒暑，爲變化，爲死生，皆一氣之動也，庸不知幹之而致其動者，果何物哉？不知其何物，所以爲神也。人之道不遠是焉。至道無用，用之者有其動也。故爲德，爲教，爲慈愛，爲威嚴，爲賞罰，爲法度，爲立功，爲立言，亦不知用之而應其動者，又何物也？夫至道潛于至誠，至誠蘊於至明，離潛發蘊，其至而不知所至者，非神乎哉？堯舜之揖讓，湯武之征伐，周公之制禮樂，孔子之作經典，孟軻之拒楊

墨，韓愈之排釋老，大小雖殊，皆出於不測，而垂於無窮也。先生生于晉末，長于宋初，極五代之橫流，扶百世之大教，續韓孟而助周孔，非先生孰能哉？先生之道，非常儒可道也；先生之文，非常儒可文也。離其言於前跡，會其旨於前經，破昏蕩疑，拒邪歸正，學者宗信，以仰以賴，先生之用可測乎？藏其用於神矣！然其生不得大位，不克著之於事業，而盡在於文章。文章蓋空言也，先生豈徒爲空言哉？足以觀其志矣。今緝其遺文，得共九十六首，編成十五卷，命之曰《河東先生集》。』先生名氏、官爵暨行事，備之〈行狀〉，而繫于《集》後。咸平三年夏五月己巳，門人張景述。」足供參考。

本朝為古文自開始，然其體艱澀。

案：《宋史》開本傳載：「既就學，喜討論經義。五代文格淺弱，慕韓愈、柳宗元爲文，因名肩愈，字紹先。既而改名字，以爲能開聖道之塗也。著書自號東郊野夫，又號補亡先生，作二〈傳〉以見意。尚氣自任，不顧小節，所交皆一時豪傑。范杲好古學，尤重開文，世稱爲『柳、范』。」《四庫全書總目》卷一百五十二〈集部〉五〈別集類〉五著錄：「《河東集》十五卷、《附錄》一卷，浙江鮑士恭家藏本。宋柳開撰。……今第就其文而論，則宋朝變偶儷爲古文，實自開始。惟體近艱澀，是其所短耳。盛如梓《恕齋叢談》載開論文之語曰：『古文非在詞澀言苦，令人難讀。在於古其理，高其意。』王士禎《池北偶談》譏開『能言而不能行』。非過論也。又尊崇揚雄太過，至比之聖人，持論殊謬。要其轉移風氣，於文格實爲有功。謂之明而未融則可。王士禎以爲初無好處，則已甚之詞也。」是北宋古文自柳開始，惟其文體每近艱澀，是其短也。

為人忼慨，喜功名，急義。史亦稱其傲狠廣棪案：《文獻通考》作「傲很」。強愎云。

案：《宋史》開本傳載：「性倜儻重義。在大名，嘗過酒肆飲，有士人在旁，辭貌稍異，開詢其名，則至自京師，以貧不克葬其親，聞王祐篤義，將丐之。問所費，曰：「二十萬足矣。」開即罄所有，得白金百餘兩，益錢數萬遣之。」其忼慨急義可知。《宋史》本傳又載：「父承翰，乾德初監察御史。開幼穎異，有膽勇。周顯德末，侍父任南樂，夜與家人立庭中，有盜入室，眾恐不敢動，開裁十三，亟取劍逐之，盜踰垣出，開揮

刀斷二足指。」《四庫全書總目》「《河東集》十五卷」條亦載：「蔡絛《鐵圍山叢談》記其在陝右爲刺史，喜生膾人肝，爲鄭文寶所按，賴徐鉉救之得免。則其人實酷暴之流。」是本傳及《鐵圍山叢談》均記開傲狠強愎事蹟，或可信也。

穆參軍集三卷

《穆參軍集》三卷，泰州司法參軍東平穆脩伯長撰。脩，祥符二年經明行脩進士。仕不遇，困窮以死。

> 廣棪案：《宋史》卷四百四十二〈列傳〉第二百一〈文苑〉四載：「穆脩字伯長，鄆州人。幼嗜學，不事章句。眞宗東封，詔舉齊、魯經行之士，脩預選，賜進士出身，調泰州司理參軍。負才，與衆齟齬，通判忌之，使人誣告其罪，貶池州。中道亡至京師，叩登聞鼓訴冤。不報。居貶所歲餘，遇赦得釋，迎母居京師，間出遊句以給養。久之，補潁州文學參軍，徙蔡州。明道中，卒。」同書卷二百八〈志〉第一百六十一〈藝文〉七〈別集類〉著錄：「《穆脩集》三卷。」足資參證。

師事陳搏，傳其《易》學，以授李之才，之才傳邵雍。

> 案：《解題》卷一〈易類〉著錄：「《皇極經世》十二卷、《敍篇系述》二卷，處士河南邵雍堯夫撰。其學出於李之才挺之，之才受之穆修伯長，修受之种放明逸，放受之陳搏。蓋數學也。」與此同。

而尹洙兄弟亦從之學古文，且傳其《春秋》學。

> 案：《四庫全書總目》一百五十二〈集部〉五〈別集類〉五著錄：「《穆參軍集》三卷、《附錄遺事》一卷，_{大學士于敏中家藏本。}宋穆修撰。……其文章則莫考所師承，而歐陽修〈論尹洙墓誌書〉，謂其學古文在洙前。朱子《名臣言行錄》亦稱洙學古文於修，而邵伯溫《辨惑》稱修家有唐本《韓》、《柳集》，募工鏤版，今《柳宗元集》尚有修〈後序〉。蓋天資高邁，沿溯於韓、柳而自得之。宋之古文，實柳開與修爲倡。然開之學，及身而止，修則　傳爲尹洙，再傳爲歐陽修，而宋之文章於斯極盛。則其功小不尠矣。」惟又曰：「葉適《水心集》譏呂祖謙《宋文鑑》所收修〈法相院鐘記〉、〈靜勝亭記〉二篇爲『腐敗齷齪』，亦言之已甚。惟第三卷之首

載〈亳州魏武帝帳廟記〉一篇，稱『曹操建休功，定中土，垂光顯盛大之業於來世。』又稱『惟帝之雄，使天濟其勇，尚延數年之位，豈強吳、庸蜀之不平。』又稱『至今千年下，觀其書，猶震惕耳目，悚動毛髮，使人凜其遺風餘烈。』又稱『高祖於豐沛，光武於南陽，廟象咸存，威德弗泯。其次則譙廟也』云云。其獎篡助逆，可謂大乖於名教。至述守臣之言，有『吾臨此州，不能導爾小民心知所奉，是亦吾過』云云。顯然以亂賊導天下，尤為悖理。尹洙《春秋》之學稱受於修，是於《春秋》為何義乎？自南宋以來，無一人能摘其謬，殊不可解。今承睿鑒指示，使綱常大義，順逆昭然，允足立天經而定人紀。豈可使之仍廁簡牘，貽玷汗青。謹刊除此文，以彰袞鉞。其他作則仍錄之，用不沒其古文一脈蓽路藍縷之功。」足供參考。

或曰《太極圖》亦脩所傳於陳摶、种放者。

案：《宋元學案補遺》卷九〈百源學案補遺〉上「參軍穆先生修」條載：「穆修字伯長，汶陽人，賜進士第，累官潁州文學參軍，徙蔡州。先生性正直，剛介寡合。自五代文敝，宋初柳開始為古文。其後復尚聲偶。先生獨以古文稱。嘗傳數學于李挺之。《姓譜》。梓材謹案：晁景迂為〈傳易堂記〉云：「至有宋，華山希夷先生陳摶圖南以《易》授終南种徵君放明逸；明逸授汶陽穆參軍修伯長，而武功蘇舜欽子美亦常從游。伯長授青州李之才挺之，挺之授河南邵康節先生雍堯夫。據此，先生《易》學又得之种明逸矣。又景迂為〈李挺之傳〉亦云：『伯長之《易》受之种徵君明逸，徵君受之希夷先生陳圖南。』與漢上所云陳摶以《先天圖》傳种放，放傳穆修，修傳李之才，之才傳邵雍合，是即《宋史》所本。」可供參證。

今其遺文傳世者僅如此。門人祖無擇為之〈序〉。

案：《宋史》穆修本傳載：「慶曆中，祖無擇訪得所著詩、書、序、記、誌等數十首，集為三卷。」考無擇字擇之，上蔡人，進士高第。《宋史》卷三百三十一〈列傳〉第九十有傳。其〈傳〉曰：「無擇為人好義，篤於師友，少從孫明復學經術，又從穆修為文章。兩人死，力求其遺文彙次之，傳於世。」是修《集》乃無擇所編次。此書有無擇〈序〉，曰：「積于中者之謂道，發于外者之謂文，有道有文，然後可以為君子。道有用舍，文有否泰，然用舍否泰在命，不在道與文也。君子不以其命之窮而輟于為道，道之不

行而不廢于學文，故雖身危于當時，而名顯于後世者，由此也。河南穆公諱修，字伯長，天平人，少舉進士，有名廣場中。眞宗封泰山之年，詔齊魯諸生以經明行修，公實在其選。越三年，就銓調補泰州司理參軍，居職以直自任，無與合者，人皆憚忌，卒誣之罪，遂貶池州。再逢恩徙蔡、穎二州爲文學掾，卒不復用。明道元年秋九月，終于家。如公可謂命之窮，道之不行也已，而未嘗廢文。文凡有作，莫不要諸聖賢而立言，合諸仁義以爲質，平時所見于簡策者，殆踰數十萬言，時人得之，且愛且學。及公之歿，無擇求遺文于嗣子熙，得詩五十六，書、序、記、誌、祭文總二十，與無擇昔藏增多詩一十二、書、序各一，又從其舊友而求之，往往知愛而不知傳，故無獲焉，姑類次是以爲三卷，題曰《河南穆公集》云。時慶曆三年春，南康清修閣中序。」可參考。

江南小集二卷

《江南小集》二卷，廣校案：《文獻通考》作「《种明逸集》六卷。」工部侍郎終南种放明逸撰。廣校案：《文獻通考》無此句。

　　廣校案：《崇文總目》卷五〈別集類〉二著錄：「《种隱君小集》二卷。」錢東垣輯釋本。〈通志略〉、《讀書附志》同。惟《郡齋讀書志》卷第十九〈別集類〉下著錄：「《种明逸集》六卷。」《宋史》卷二百八〈志〉第一百六十一〈藝文〉七〈別集類〉著錄：「《种放集》十卷。」與此不同。放字明逸，河南洛陽人。大中祥符四年拜工部侍郎。《宋史》卷四百五十七〈列傳〉第二百一十六〈隱逸〉上有傳。

淳化中有李介者，序之於九江，故以為名。廣校案：《文獻通考》作「名《江南小集》，凡二卷。」

　　案：《讀書附志》卷下〈別集類〉一著錄：「《种隱君江南小集》二卷。右种放字明逸之文也。……《集》凡二百九十四篇，乃淳化三年李介所編者。〈序〉謂以所集之地定名，故曰《江南小集》云。」可供參證。介，生平無可考。

《館閣書目》別有《正集》十卷，廣校案：《文獻通考》「卷」下有「云」字，元抄本、盧校本同。盧校注：「『云』，《通考》有。」大略與此同。原註：《正集》

名《豹林》。

案：《中興館閣書目・集部・別集類》著錄：「《种放集》十卷。《書錄解題》
十七。」趙士煒輯考本。〈宋志〉所著錄之《种放集》十卷，應即此本。《宋
史》放本傳載：「未幾父卒，數兄皆干進，獨放與母俱隱終南豹林谷之東
明峰，結草爲廬，僅庇風雨。」其《正集》原名《豹林》，殆本此。

小畜集三十卷、外集二十卷

《小畜集》三十卷、《外集》二十卷，廣校案：《文獻通考》作「王元之《小畜
集》三十卷」。知制誥濟陽王禹偁元之撰。廣校案：《文獻通考》無此句。

廣校案：《崇文總目》卷五〈別集類〉二著錄：「《小畜集》三十卷。」錢
東垣輯釋本。《郡齋讀書志》同。《通志》卷七十〈藝文略〉第八〈別集〉五
〈宋〉著錄：「王禹偁《小畜集》三十卷，又〈別集〉二十卷。」與《解
題》同。《宋史》卷二百八〈志〉第一百六十一〈藝文〉七〈別集類〉著
錄：「王禹偁《小畜集》三卷，又《外集》二十卷、《承明集》十卷、〈別
集〉十六卷。」疑〈宋志〉之《小畜集》三卷乃三十卷之誤。禹偁字元
之，濟州鉅野人。端拱二年知制誥。《宋史》卷二百九十三〈列傳〉第五
十二有傳。《宋史》本傳謂禹偁「有《小畜集》二十卷」，其卷數亦誤。

自爲之〈序〉，廣校案：《文獻通考》此句上有「元之文」三字。略曰：閱平生
所爲文，類而第之，得三十卷。將名其集，以《易》筮之，遇〈乾〉之
〈小畜〉，象曰「君子以懿文德」，未能行其施，但可懿文而已。

案：禹偁〈自序〉曰：「淳化二年，歲在辛卯，禹偁自制誥舍人貶商州團練
副使。至道二年乙未歲，又自翰林學士黜守滁上，得尙書工部郎中。明年
十二月，移知廣陵。又明年三月，今上嗣位，復以刑部郎中入西掖。咸平
二年，守本官知齊安郡，年四十有六，髮白目昏，居常多病，大懼沒世而
名不稱矣。因閱平生所爲文，散失焚棄之外，類而第之，得三十卷，將名
其集，以《周易》筮之，遇〈乾〉（☰ 乾下乾上）」之〈小畜〉（☰ 乾下巽上）。〈乾〉
之象曰：『君子以自強不息。』是禹偁修辭立誠，守道行己之義也。〈小畜〉
之象曰：『風行天上，小畜，君子以懿文德。』說者曰：『未能行其施，故
可懿文而已。』是禹偁位不能行道，文可以飾身也，《集》曰《小畜》，不
其然乎？咸平三年十二月晦日，太原王禹偁序。」可參證。

《外集》者，其曾孫汾裒輯遺文，得三百四十首。

　　案：《宋史》禹偁本傳載：「曾孫汾舉進士甲科，仕至工部侍郎，入元祐黨籍。」汾輯《外集》二十卷，《四庫全書總目》卷一百五十二〈集部〉五〈別集類〉五著錄：「《小畜集》三十卷，<small>鴻臚寺少卿曹學閔家藏本。</small>《小畜外集》七卷，<small>兵部侍郎紀昀家藏本。</small>宋王禹偁撰。……陳振孫《書錄解題》所載《外集》三百四十首，其曾孫汾所裒輯者，則久佚不傳。此殘本為河間紀氏閱微草堂所藏。僅存第七卷至第十三卷，而又七卷前闕數頁，十三卷末〈集賢錢侍郎知大名府序〉惟有篇首二行，計亦當闕一兩頁。原帙籤題，即曰《小畜外集》殘本上下二冊，知所傳止此矣。其中〈次韻和朗公見贈詩〉及題下自註，『朗』字皆闕筆，知猶從宋本影鈔也。凡詩四十四篇，雜文八篇，論議五篇，傳三篇，箴、贊、頌九篇，代擬二十篇，序十二篇，共一百一篇。較原帙僅三之一。」是《小畜外集》，至清乾隆間僅存七卷，而中且有殘闕也。

又有《承明集》十卷、《奏議集》三卷、《後集詩》三卷，未見。<small>館臣案：《宋史·藝文志》無《奏議集》、《後集詩》，而有〈別集〉十六卷。</small>

　　案：《宋史》禹偁本傳謂：「有《小畜集》二十卷、《承明集》十卷、《集議》十卷、《詩》三卷。」又《秘書省續編到四庫闕書目》卷二〈集類·別集〉著錄：「《王禹偁奏議》十三卷。」<small>葉德輝考證本。</small>足供參證。惟《奏議集》，《解題》稱三卷，《秘書省續編到四庫闕書目》謂十三卷，未知孰是。

乖崖集十二卷、附錄一卷

《乖崖集》十二卷、《附錄》一卷，樞密直學士忠定公鄆城張詠復之撰。<small>館臣案：《宋史》詠字復之。原本作「詠之」，誤。今改正。</small>乖崖其自號也。

　　廣棪案：《郡齋讀書志》卷第十九〈別集類〉下著錄：「《張乖崖集》十卷。」〈宋志〉同。詠字復之，濮州鄆城人。太宗時擢樞密直學士，卒諡忠定。《宋史》卷二百九十三〈列傳〉第五十二有傳。其〈傳〉曰：「自號乖崖，以為『乖』則違眾，『崖』不利物。有《集》十卷。」《宋史》等所著錄均此《集》舊本也。

錢希白為〈墓誌〉，

案:《郡齋讀書志》著錄:「《張乖崖集》十卷。右皇朝張詠字復之,濮州人。太平興國中進士。累擢至樞密直學士、御史中丞、禮部尚書,卒年七十。少好擊劍,兼通術數,爲文尚氣,不事雕飾,自號乖崖。公知益州,恩威並著,至今畏之。錢易所撰〈墓誌〉、李畋所纂〈語錄〉附於後。」是此《集》舊本已有錢撰〈宋故樞密直學士禮部尚書贈右僕射張公墓誌銘〉曰:「公諱詠,字復之,族本居鄆,占籍于澶之臨黃,家世遷徙,今爲濮之鄄城人也。曾祖立,祖母李氏;祖鐸,祖母馬氏,皆潛德不耀,肥遯丘園。考諱景先,以公爲秘書丞,特授大理評事致仕。淳化四年秋卒,以公貴,累贈太常卿;妣謝氏,追封新昌郡太夫人。咸平中,合葬于鄄城。公幼負奇骨,不爲兒戲。既長,出閭里,奮然就學。太平興國四年秋,詣大名,舉進士。今相國上谷公寇準,即其友也。共以書白尹,薦張覃爲解首,故河朔間有廉遜之風焉。明年春,試于便坐,擢上第,除廷尉,評知鄂州之崇陽。六年郊祀,轉將作丞。雍熙元年大禮,遷佐著作。三考既理,民疏其善,固留之,公判而絕之,民不敢留。解任,除太子中允,通判麟州。時夏臺未安,邊鄙方聳,公多以兵法從事;洎西戎即敘,亦公之有畫焉。端拱元年籍田,轉秘書丞。二年春,充禮部考試官,畢通判相州。上言具慶之下,不便迎養,乞督濮之市征,詔從之。旨甘從志,歡于菽水,雖摧木之茸,斯不爲愧。明年,詔赴闕,賜五品服,知浚儀縣,振北部之風,凜然可畏。未幾,出爲荊湖北路轉運使,即故樞密宋公、文靖李公,與今上谷相國之所荐也。章善癉惡,知無不爲。淳化四年郊禋,轉太常博士。其年夏,詔赴闕,賜對長春殿,賜金紫。翌日,除虞部郎中;浹旬,授樞密直學士,賜錢五十萬,始判銀臺通進司,兼門下封駁事,仍摠三班院。五年八月,出知益州。中謝日,面賜金一百四十觔,國家以大軍未集,留半歲不遣。公潛使人納于內帑,至秋,有詔督行,遂馳驛而往,終不復言。至道二年,就轉兵部郎中,丁太夫人憂,隨凶訃,除起復之命,重方面之寄也。今上嗣位,就拜左諫議大夫,學士如故。歷四年歸闕,得告拜墳域于濮上,尋徵爲給事中、戶部使。七旬,授御史中丞。咸平二年春,與故禮部尚書溫公,同知貢舉;其年夏,改工部侍郎,知杭州。五年冬,替知永興。明年春,轉刑部侍郎,復爲樞密直學士,再知益州。景德二年,就轉吏部。明年解政還輦下,復管三班院,兼判登聞檢院。時瘍發于腦,難于晨櫛,拜

章求外任養疴，遂知金陵，後兼充江南東路撫使。值東封，轉左丞。既滿，民留再任，就拜工部尙書；祀汾陰，加禮部尙書，而厥疾增劇，乞還京。自草奏書，乞分司洛下，詔不許，出知陳州。至大中祥符八年八月一日，棄館舍于理所，享年七十，詔贈尙書左僕射。前夫人唐氏，先公而卒；繼室太原郡夫人王氏，即故河陽三城節度使、同中書門下平章事顯之女也，以天禧二年終于陳州之私第，咸擅女德，崇婦道，而配于公。子從質，衛尉丞。公之棄世後二十八日，以哀毀搆疾而殂。孫曰約，曰綜，曰緯，皆奏授將作主簿；曰紳，尙幼。女一人，適故翰林院學士王公禹偁之子，奉禮郎嘉祐。祥符九年十月卒。外孫曰壽，今任鄆城簿。以天禧四年八月二十九日，權葬于陳州宛邱縣、孝悌鄉、謝村里，禮也。公累階至正奉大夫，累勳至上柱國，累爵至開國公，累食邑至三千七百戶，食實封至四百戶，五福俱集。少多奇節，歷八座之重，受二聖之知，所恨者不至三事，晚嬰奇疾耳！公生平以剛正自立，智識深遠，海內之士無一異議。不事產業，聚典籍百家近萬卷，博覽無倦。副本往往手寫。至于卜筮、醫藥、種樹之書，亦躬自詳校。自少學劍，頗得妙術，無敵于兩河間。好奕碁，精射法，飲酒至數斗不亂。惡人諂事，不喜俗禮，士有坦白無他腸者，親之若昆弟；有包藏叵測者，疾之若仇讎。公之臨民也，吏不敢欺，始若摘發，而頤指之間，終存仁恕之道。公之決獄也，人莫能測。初若疑誤，而片言之下，窮盡幽隱之跡，著文不雕篩，咸摭實事。《集》十卷，白謂之乖崖公。公之典貢舉也，盡得寒士，杜絕請託，禮闈舊風，翕然復振。任臺丞也，拜白簡，彈執事之失，言者人甚危之，而公正色不顧，有風憲紀綱。牧餘杭也，時值歲歉，人多以私鹽犯禁，而公皆異斷之，不過二十罰。于是，日數百輩，警邏莫戢。巡檢使已下簪笏，入而啓之曰：『法既亂矣！將何爲禁！』公怡然撫之曰：『當夜會飲，與爾等言之。』其夕自行酒，謂之曰：『錢塘十萬人，飢者將八九，苟不以私鹽自活，或一旦蜂聚數千輩，盡其死命，擾其不飢者，爾等將奈何？吾俟其秋田有成，則約之以法。』于是皆服高識，聞之泣下。是歲杭人直至秋成，無一夫爲盜。復有民家子與壻爭，其家聚口：『先人遺命，候分時，壻當與七分，子與三分，手澤之誓固明焉。』公命酌之曰：『汝父，智人也。況汝父死之日，子方三歲，故托養于壻。壻已四十，苟子有七分之約，則子死于壻之手矣。今當七分歸子，三分歸壻。』壻

與子皆號慟再拜，仰如神明。兩任坤維也，悉寇盜之後，兵火之餘，公
理殘破，禦權要，無毫髮敢動者。時屯軍尙多，賊熾未息，城中窘迫，
無旬日之糧。公乃封府庫，牓城門賤鹽貴米，俾博易之。相次儲備悉周，
始安川蜀矣。在建康也，多回祿之災，人不安堵。公得其竊發者，折脛
而斬之，火是後絕。公爲理之道，皆此類也。其服仁行義，危言極諫，
諒摽之史官，此不具載易。咸平二年，貢部生也，以孤見收，擢之高第，
求言投報，徒鏤肝骨。今春，得公弟殿中丞訧書一通，敍公之美，見託
爲誌，且恩館之下，固不可邈，乃淚筆方礎，庶存萬一。銘曰：『有大夫，
磊磊落落。不爲股肱，忽遷舟壑。愛子繼亡，令孫胡托。錢塘遺愛，益
郡清風。金陵奇政，奸盜消蹤，惟陳臥理，積瘵而終。霜碣號秋，銀旌
建夕。宰木宵寒，佳城晝閟。萬古千齡，此焉爲適。』」可供參考。

韓魏公為〈神道碑〉。廣棪案：《文獻通考》無以上各句。

案：韓魏公即韓琦，琦有〈故樞密直學士禮部尙書贈左僕射張公神道碑
銘〉，曰：「故樞密直學士禮部尙書贈左僕射張公，以魁奇豪傑之才，逢
時自奮，智略神出，勳業赫赫，震暴當世，誠一代之偉人也。某向守大
名，其孫堯夫主簿元城，一日具書來告曰：『堯夫之曾祖昔事太宗、眞宗
朝，勞勤內外，有大名于天下，而自葬距今歷年久矣，墓碑之刻缺然未
立，請書其實以表神道，固祖烈之益光也。』某嘗總領史局，觀所載公
文武大節，頗亦詳矣。然其絕異之政，與夫遺愛之迹，較然著于人聽者，
猶未完悉。今得與鉅賢論次而發揚之，以昭示于後世，誠所願已。公諱
詠，字復之，世本鄆人，後徙居澶之臨黃。及公葬其先于鄧城，故爲濮
之鄧城人。曾祖諱立，祖諱鐸，遭唐末與五代之亂，皆潛養德業，退處
無悶。父諱景，以儒行自富，鄉里稱之。公登朝，授大理評事，累贈太
常卿。公少倜儻，有大志，尙氣節，重然諾，爲學必本仁義，不喜浮靡。
太平興國四年秋，與忠愍寇公同赴大名舉。議將首荐，公以同郡張覃素
有文行，即率寇上書，請以覃爲冠，一府欽嘆，遂如公言，士論多之。
明年春，擢進士第，授大理評事，知鄂州崇陽縣事。六年遇郊恩，改將
作監丞。雍熙初，遷著作佐郎，歲滿，擢太子中允，通判麟州事。端拱
籍田恩，轉秘書丞，代歸通判相州事。公以親老辭，得監濮州稅，俄遷
知開封府浚儀縣事，賜五品服。時寇公與文靖李公，故樞密副使宋公湜，
連荐其才，擢荆湖北路轉運使。淳化初，改就太常博士，制置使稱其能，

詔褒美之。太宗素知公可用，召還，超拜虞部郎中，賜三品服。未逾旬，擢爲樞密直學士，知通進銀臺司，兼門下封駁事，勾當三班院。時張永德爲并代帥，小校犯法，杖之而死，有詔按罪。公封還詔書，曰：『永德方被邊寄，若責一小校，遂摧辱之，臣恐帥體輕，而小人慢上矣。』不納，既而果有營卒脅訴其大校者，上始悟公言，面加慰勞。四年冬，東、西兩川旱民飢，吏失救恤，寇大起。五年正月，賊首李順陷成都府，詔遣昭宣使王繼恩充招安使，率兵討之，復命公知成都府事。五月，繼恩破賊，收成都。上留公至秋始遣行，時關中率民負糧以餉川師，道路不絕。公至府，問城中所屯兵尚三萬人，而無半月之食。公訪知鹽價素高，而廩有餘積，乃下其估，聽民得以米易鹽。於是民爭趨之，未踰月，得米數十萬斛，軍中喜而呼曰：『前所給米皆雜糠土，不可食，此一一精好，此翁眞善幹國事者。』公聞而喜曰：『吾令可行矣。』時益雖收復諸郡，餘寇尚充斥，繼恩恃功，驕恣不復出，兵日以娛燕爲事，軍不戢，往往剽奪民財，公于是悉擒招安司素用事吏，至廷面數其過，將盡斬之，吏皆股栗求活。公曰：『汝帥聚兵玩寇，不肯出，皆汝輩爲之。今能亟白乃帥，分其兵，尚可免死。』吏呼曰：『唯公所命，兵不分，願就戮。』公釋之，繼恩即日分兵鄰州，當還京師者悉遣之。不數日，減城中兵半，既而諸軍請食馬芻粟，公命以錢給之。繼恩訴曰：『馬不食錢，給錢何也？』公聞召繼恩，謂曰：『今賊餘黨所在尚多，民不敢出。招安使頓兵城中，不即討。芻粟，民所輸，今城外皆寇也，何由得之？』繼恩懼，即時出城討賊。公計軍食有二歲備，乃奏罷陝西運糧。上喜曰：『向益州日以乏糧爲請，詠至方踰月，已有二歲備。此人何事不能了，朕無慮矣！』公以順黨始皆良民，一旦爲賊脅從，復其間有瘦弱偶掛盜籍者，當示以恩信，許其自新，即揭牓諭之。已而首者相踵，公皆釋其罪，使歸田里。一日，繼恩械賊數十人，請公行法。公詢之，悉皆前所自首者，復縱之。繼恩恚而問公，公曰：『前日李順脅民爲賊，今日僕化賊爲民，不亦可乎？』公度繼恩日橫，不能改，亟以狀聞，願選忠實不倚者與繼恩共事，庶不敢獨任。上乃命入內內侍省押班衛紹欽充同招安使，自是繼恩兇勢爲屈，未幾，二人者皆召歸，就以劍門關總管上官正爲招安使，順之餘黨，公撫安于內，正擒討於外。再閱月，而兩川平。至道二年，改兵部郎中，繼丁父與母新昌郡太夫人謝氏憂，皆起復。三年秋，西川都巡檢使韓景

祐爲所部廣武卒劉旰所逐，率眾掠懷安軍，破漢州。公方與僚屬會大慈寺，報至，飲讌如故，舉城憂之。賊又掠邛，蜀將趨益，公適會客。報者愈急，公復不問。其夕，始召上官正謂曰：『賊始發不三四日，破數郡，勢方銳不可擊。今人得所掠，氣驕，敢逼吾，賊乃送死耳！請出兵。比至方井，當遇賊，破之必矣。』正既受教，及行。公爲出送于郊，激其盡力。正至方井，果遇賊，一戰斬旰首，餘黨盡平，眾益服公料敵制勝，人所不及。眞宗即位，遷諫議大夫。咸平初，召拜給事中，充戶部使，改御史中丞。承天節大臣主齋會被酒，不如禮，公彈奏之無所憚。二年，與溫公仲舒同知貢舉，俄以工部侍郎知杭州事。時歲飢，民冒禁販鹽，捕獲者數百人，公悉寬其罰，官屬執言不可。公曰：『錢塘十萬家，飢殍如此，若鹽禁益嚴，則聚而爲盜，患益甚矣！俟秋成敢爾，當痛以法繩之。』境內卒以無擾。歲將滿，杭人詣闕請留，有詔褒其善政。五年冬，改知永興軍府事。初公之自蜀還也，詔以諫議大夫牛冕代公，公聞之，曰：『冕無撫馭才，其能綏輯乎？』始踰年，果至神衛大校王均之亂，逐冕，據益州，後雖討平之，而民尚未寧。會益守馬公知節徙延安，上以公前治蜀，長于安集，威惠在人，復以公爲樞密直學士，遷刑部侍郎，知益州事。蜀民聞之，皆鼓舞相慶，如赤子久失父母，而知復來鞠我也。公知民信己，易嚴以寬，凡一令之下，人情無不慰愜，蜀郡復大治。轉運使黃觀以政迹聞，賜詔加獎。就改吏部侍郎，命謝濤巡撫于蜀，上遣濤諭公曰：『得卿在蜀，朕無西顧之憂。』因詔公與濤議鑄景德大鐵錢于嘉邛州，一當小鐵錢十，銅錢一，於今便之。景德三年召還，復掌三班院，兼判登聞檢院。時因瘍生于腦，不能巾櫛。求知穎州。上以公名臣，有人望，兩守益都，政無及者，不當屈于小郡。以眞定府、青州皆大都也，聽公自擇。公皆不就。上曰：『昇州可乎？』公即拜命。大中祥符元年東封，恩轉尚書左丞。時金陵多火災，居者不安，公廉知皆奸民所爲，潛捕得之，乃命先折其脛，斬之以狥，火患遂絕。中使祠茅山，還言城中有黃雀蔽日而墜，空中聞水聲。上視占書，主民勞，謂輔臣曰：『但守臣得人，此固無患。今詠在彼，又何虞也。』三年春，秩滿，昇民請留，遷工部尚書，再任。俄以江東旱，命兼昇、宣等十州安撫使，祀汾陰，恩加禮部尚書，以瘍疾甚，上章求分司兩京。上閔之，亟令代還，不能朝，懇請便郡，差知陳州事。終于八年八月一日，年七十。上嘗稱公有

將相器，以疾未及用，至是大痛惜之，命優贈官。仁宗朝追諡忠定。公天賦正直，濟以剛果，始終挺然無所屈撓。自力學筮仕，則有澤及天下之心，而以富貴為薄。逸人傅霖，高蹈之士，與公素善，公嘗與夜會，劇談時，諸鄰多病癘者，一夕頓愈。逮登第，與傅詩，有『巢由莫相笑，心不為輕肥』之句，此見公之志也。嘗訪三峰陳先生摶，一見公，厚遇之，顧謂弟子曰：『此人于名利淡然無情，達必為公卿，不達則為帝王師。』其為高人推重如此。早學擊劍，遂精其術，兩河間人無敵者。生平勇于為義，遇人艱急，苟情有可哀，必極力以濟，無所顧惜。當官，凡所設施，動有遠識。始時人或不能測，其後卒有大利，民感無窮。至自奉養，逮於服玩之具，則寡薄儉陋，雖寒士不若也。公退闢靜室，焚香燕坐，聚書萬卷，往往手自校正，旁無聲色之好，臨事明決，出人意外。凡斷事以辭者，人皆集錄，於今傳之。在餘杭，有富民病將死，子方三歲，乃命其婿主其貲，而與婿遺書曰：『他日欲分財，即以十之三與子，而以七與婿。』子時長立，果以財為訟，婿持其遺書詣府，請如元約。公閱之，以酒酹地曰：『汝之婦翁，智人也。時以子幼，故以此屬汝，不然子死汝手矣！』乃命以其財三與婿，而七與其子，皆泣謝而去，服公明斷。前後治益，愛利之政，不可悉紀，舉其大者，則公嘗以蜀地素狹，游手者眾，事寧之後，生齒日繁，稍遇水旱，則民必艱食。時米斛直錢三十六，乃按諸邑田稅，使如其價，歲折米六萬斛。至春，城中細民，計口給券，俾輸無估糶之，奏為永制，逮今七十餘年，雖時有災饉，米甚貴，而益民無餒色者，皆公之賜也。蜀風尚侈，好邀游。公從其俗，凡一歲之內游觀之所，與夫飲饌之品，皆著為常法，後人謹而從之則治，違之則人情不安，輒以累罷去。嘗寫其真，自號乖崖子，復為贊曰：『乖則違眾，崖不利物。乖崖之名，聊以表德。』及公之亡也，蜀民聞之，皆罷市號慟。得公遺像，置天慶觀之仙游閣，建大齋會，事之如生，至今不懈。昔召公分陝而治，民愛而思之，嘗聽訟于棠下，戒勿翦伐。羊公在襄陽，立碑峴首，民戴遺德，過輒墮淚。後歷千餘年，能繼其風，凜然如存者，獨公一人而已。公有清鑒，善臧否人物。凡所荐辟，皆方廉恬退之士。嘗曰：『彼好奔競者，將自得之，何假吾舉。』益不貢士者凡二十年，學校頹替，公察郡人張及、李畋、張逵者，皆有學行，鄉里所服，遂延獎加禮，敦勉就舉。後三人悉登科，歷美官，於是西川學者知勸，

文風日振，由公之誘掖也。文章雄健，有氣骨，稱其爲人。嘗爲〈聲賦〉，梁公周翰覽而歎曰：『二百年來不見此作矣！』有《文集》十卷，公以某年某月某日葬于陳州之某地，夫人唐氏，先公而亡；繼王氏，故河陽三城節度使、同中書門下平章事顯之女，封太原郡夫人，天禧三年終于陳之私第。子從質，衛尉寺丞。公亡未踰月，哀毀而卒。一女，適故翰林學士王公禹偁子奉禮郎嘉祐，孫幾人，某爲某官。銘曰：『太行峙朔，洪河瀉天。河山之間，實生大賢。賢不徒出，惟聖偶焉。發爲事業，文武之全。兩治西蜀，荐綏南夏。易亂以寧，即荒而化。夫惟管、蕭，尚足王霸。如公之才，不宰天下。而俾惠澤，止濡一方。錫民父母，遺國棟梁。有煒公蹟，日星之光。何假斯文，始傳其芳。』」可參考。

近時郭森卿宰崇陽刻。此《集》舊本十卷，今增廣，并《語錄》爲十二卷。

案：此書有郭森卿〈序〉，云：「故禮部尚書忠定張公以直道事太宗、眞宗，雖不登相位，而眷倚特隆，天下誦其事業，而鮮有知其文者。今觀其文，大抵脫去翰墨畦逕，無屬辭綴文之迹，而磊磊落落，實大於四國。國初踵五季文氣之陋，柳仲塗、穆伯長輩，力爲古文以振之。公初不聞切磨於此，而當時老於文學者，稱其秉筆爲文，有三代風。蓋其光明碩大之學，尊王庇民之道，英華發外，而經奇典雅，得於天韻之自然，殆非言語文字之學所能到也。崇陽本公遺民也，後之君子欲誦其詩，讀其書，將於是乎取，而無傳焉可乎？森卿初至邑會，舊尹三山陳侯樸授一編書，乃公遺文，欲刊之縣齋而未果，屬使成之。讀其歌詩，有古樂府風氣，律句得唐人體，若聲賦之作，又其傑然雄偉者，田揭以冠編首。或者以〈小英歌〉等不類公作，然其詞艷而不流，政自不害爲宋廣平〈梅花賦〉耳！《語錄》，舊傳有三卷，今採摭傳記，僅爲一卷以附焉。《遺事》所載未備，輒以所聞增廣，又於石刻中增收詩八篇；好事者有爲公〈年譜〉，亦加刪次，別爲一卷。尚論其世者，宜有取爾。舊本得之通城楊君津家，凡十卷。今爲十二卷，其會稡訂證，實屬之尉曹孫君惟寅，而使學生存中參異。外有韓魏公所作〈神道碑〉、內翰王公〈送公宰崇陽序〉、李巽巖〈祠堂記〉、項平庵〈北峰亭記〉，此其人皆知公之深者，爰並錄之，覽者得其詳焉。」是則此《集》舊本凡十卷，新本所增《語錄》一卷，《遺事》一卷。其《附錄》一卷，所收有〈神道碑〉、〈送公宰崇陽序〉、〈祠堂記〉、〈北峰亭記〉等。《四庫全書總目》卷

一百五十二〈集部〉五〈別集類〉五亦著錄此書，曰：「《乖崖集》十二卷、〈附錄〉一卷，衍聖公孔昭煥家藏本。宋張詠撰。詠事蹟具《宋史》本傳。其《集》宋代有兩本。一本十卷，見於趙希弁《讀書附志》，所稱『錢易〈墓誌〉、李畋〈語錄〉附於後者』是也。一本十二卷，見於陳振孫《書錄解題，》所稱『郭森卿宰崇陽刻此〈集〉，舊本十卷，今增廣并語錄為十二卷者』是也。此本前有森卿〈序〉，蓋即振孫所見之本。〈序〉稱於世刻中增詩八篇，別附以韓琦〈神道碑〉、王禹偁〈送宰崇陽序〉、李燾〈祠堂記〉、項安世〈北峰亭記〉。今檢勘並合。惟所稱刪次〈年譜〉別為一卷者，則已不見。蓋傳寫有所脫佚矣。」是則《四庫全書》本亦非宋刻完本也。

武夷新集二十卷、別集十二卷

《武夷新集》二十卷、《別集》十二卷，廣棪案：《文獻通考》作「《楊文公刀筆》十卷。」原本作「《武夷集》二十卷、〈別集〉十二卷」，而盧校本作「《武夷新集》二十卷、〈別集〉十二卷」今據之以補「新」字。**翰林學士文公浦城楊億大年撰。**

　　廣棪案：《崇文總目》卷五〈別集類〉二著錄：「《武夷集》二十卷，楊億撰。」錢東垣輯釋本。《通志》卷七十〈藝文略〉第八《別集》五〈宋〉著錄：「楊億《武夷集》二十卷，又《蓬山集》五十四卷。」《宋史》卷二百八〈志〉第一百六十一〈藝文〉七〈別集類〉著錄：「楊億《蓬山集》五十四卷，又《武夷新編集》二十卷、《穎陰集》二十卷、《刀筆集》二十卷、《別集》十二卷、《汝陽雜編》二十卷、《巒坡遺札》十二卷。」〈宋志〉所著錄《新集》、〈別集〉，其卷數亦與《解題》同。億字大年，建州浦城人。景德三年召為翰林學士，卒諡文。《宋史》卷三百五〈列傳〉第六十四有傳。

案本傳：所著《括蒼》、《武夷》、《穎陰》、《韓城》、《退居》、《汝陽》、《蓬山》、《冠鼇》等集，及《內外制》、《刀筆》，共一百九十四卷。《館閣書目》猶有一百四十六卷。今所有者，惟此而已。

　　案：《宋史》億本傳載：「留心釋典禪觀之學，所著《括蒼》、《武夷》、《穎陰》、《韓城》、《退居》、《汝陽》、《蓬山》、《冠鼇》等集，及《內外制》、《刀筆》，共一百九十四卷。」《中興館閣書目·集部·別集類》著錄：「楊億《蓬山集》五十四卷、《武夷新編》二十卷、《穎陰集》二十卷、《刀筆

集》二十卷、〈別集〉十二卷、《汝陽雜編》二十卷。《書錄解題》十七。」趙
士煒輯考本。凡一百四十六卷。〈宋志〉所著錄則較《中興館閣書目》多《鑾
坡遺札》十二卷。

《武夷新集》者，億初入翰苑，當景德丙午，明年，條次十年詩筆而序
之。〈別集〉者，祥符五年避讒佯狂，歸陽翟時所作也。

案：《宋史》億本傳載：「（景德）三年，召爲翰林學士。」是億入翰苑，在
景德三年丙午；則其編成《武夷新集》，在四年丁未。又本傳載：「（大中
祥符）五年，以疾在告，遣中使致太醫視之，億拜章謝，上作詩批紙尾，
有『副予前席待名賢』之句。以久疾，求解近職，優詔不許，但權免朝
直。億剛介寡合，在書局，唯與李維、路振、刁衎、陳越、劉筠輩厚善。
當時文士，咸賴其題品，或被貶議者，退多怨誹。王欽若驟貴，億素薄
其人，欽若銜之，屢抉其失；陳彭年方以文史售進，忌億名出其右，相
與毀訾。上素重億，皆不惑其說。億有別墅在陽翟，億母往視之，因得
疾，請歸省，不待報而行。上親緘藥劑，加金帛以賜。億素體羸，至是，
以病聞，請解官。有嗾憲官劾億不俟命而去，授太常少卿，分司西京，
許就所居養療。」是〈別集〉，祥符五年歸陽翟後避讒畏譏時撰。

〈君可思賦〉居其首，亦見〈傳〉。

案：《宋史》億本傳曰：「嘗作〈君可思賦〉，以抒忠憤。」則〈賦〉亦撰
於歸居陽翟後，然《宋史》本〈傳〉未載。

餘書疏皆作其弟倚酬答。倚亦景德中進士。

案：《宋史》億本傳載：「弟倚，景德中舉進士，得第三等及第；以億故，
升爲第二等。」《別集》所載書疏，皆與弟酬答之篇，惜《別集》已佚，
無由得見矣。

中山刀筆集三卷

《中山刀筆集》三卷，廣棪案：《文獻通考》作「《劉中山刀筆》二卷」。翰林學
士大名劉筠子儀撰。廣棪案：《文獻通考》無此句。皆廣棪案：《文獻通考》「皆」
上有「刀筆」二字。四六應用之文。

廣棪案：《郡齋讀書志》卷第十九〈別集類〉下著錄：「《劉中山刀筆》二

卷。」惟《郡齋讀書志》之二卷，疑爲三卷之誤，《宋史》卷二百八〈志〉第一百六十一〈藝文〉七〈別集類〉著錄亦作三卷。劉筠字子儀，大名人。眞宗時任翰林學士。《宋史》卷三百五〈列傳〉第六十四有傳。

筠與楊大年同時，號「楊劉」，詩號「西崑體」。別_{廣梭案：《文獻通考》無}**「別」字。有《冊府應言集》十卷、《榮遇集》十二卷、《表奏》六卷、《沘川集》**廣梭案：元抄本、盧校本「沘」作「肥」。**四卷，見《館閣書目》。**

案：《郡齋讀書志》著錄：「《劉中山刀筆》二卷、《沘川集》四卷。右皇朝劉筠字子儀，大名人。咸平元年進士，三遷右正言、直史館，以司諫知制誥，出知鄧、陳兩州，召入翰林爲學士。嘗草丁謂、李迪罷相制，既而又命草制，復留丁謂，筠不奉詔，遂出知盧州。再召爲學士，月餘以疾知潁州，後召入翰林，加承旨。未幾，進戶部、龍圖閣學士，再知盧州。爲人不苟合，學問宏博，文章以理爲主，辭尙緻密，尤工篇詠，能侔揣情狀，音調凄麗。自景德以來，與楊億以文章齊名，號爲「楊、劉」，天下宗之。《刀筆集》并《沘川集》，有黃鑑〈序〉。」《宋史》筠本傳亦載：「筠，景德以來，居文翰之選，其文辭善對偶，尤工爲詩。初爲楊億所識拔，遂後與齊名，時號『楊劉』。凡三入禁林，又三典貢部，以策論升降天下士，自筠始。性不苟合，臨事明達，而其治尙簡嚴。然晚爲陽翟同姓富人奏求恩澤，清議少之。著《冊府應言》、《榮遇》、《禁林》、《肥川》、《中司》、《汝陰》、《三入玉堂》凡七集。」《中興館閣書目·集部·別集類》著錄：「劉筠《冊府應言集》十卷、《榮遇集》十二卷、《表奏》六卷、《肥川集》四卷、《中山刀筆》三卷。《書錄解題》十七。」趙士煒輯考本。均足供參證。

滑稽集四卷

《滑稽集》四卷，翰林學士吳越錢易希白撰。多譎諷之詞。

廣梭案：《宋史》卷二百六〈志〉第一百五十九〈藝文〉五〈小說類〉著錄：「錢易《洞微志》三卷，又《滑稽集》一卷、《南部新書》十卷。」《秘書省續編到四庫闕書目》卷二〈集類·別集〉著錄：「錢希白《滑稽集》五卷。輝按：〈宋志·子部·小說類〉有錢易《滑稽集》一卷。陳《錄》云：『《滑稽集》四卷，錢易希白撰。』」葉德輝考證本。是此書或作一卷及

五卷。錢易字希白，吳越錢惟演從弟，眞宗時擢至翰林學士。《宋史》卷三百一十七〈列傳〉第七十六附〈錢惟演〉。其〈傳〉謂「易才學贍敏過人，數千百言，援筆立就。又善尋尺大書行草，及喜觀佛書，嘗校《道藏經》，著《殺生戒》，有《金閨》、《瀛州》、《西垣制集》一百五十卷，《青雲總錄》、《青雲新錄》、《南部新書》、《洞微志》一百三十卷」，惟未著錄此書。

淳化癸巳自序。

案：淳化，太宗年號，癸巳爲四年（993）。此書及易〈自序〉均已佚。

擁旄集五卷、伊川集五卷

《擁旄集》五卷、《伊川集》五卷 館臣案：《文獻通考》作三卷。樞密使思公吳越錢惟演希聖撰。

廣棪案：《通志》卷七十〈藝文略〉第八〈別集〉五〈宋〉著錄：「《錢文僖集》十卷，錢惟演。又《伊川集》五卷，又《典懿集》三十卷，又《擁旄集》五卷。」《宋史》卷二百六〈志〉第一百六十一〈藝文〉七〈別集類〉亦著錄：「錢惟演《擁旄集》五卷。」又：「錢惟演《伊川集》五卷。」與《解題》同。惟演字希聖，仁宗時拜樞密使，《宋史》卷三百一十七〈列傳〉第七十六有傳。其〈傳〉載：「太常張瓌按，《諡法》敏而好學曰『文』，貪而敗官曰『墨』，請諡文墨。其家訴于朝，詔章得象等覆議，以惟演無貪黷狀，而晚節率職自新，有惶懼可憐之意，取《諡法》追悔前過曰『思』，改諡曰思。」故《解題》稱思公。

易，倧之子；惟演，俶之子也。

案：《宋史·錢惟演》載：「易字希白。始，父倧嗣吳越王，爲大將胡進思所廢，而立其弟俶。」又載：「錢惟演字希聖，吳越王俶之子也。」《解題》所記與《宋史》同。

惟演文集甚多，此特其二集爾， 廣棪案：《文獻通考》「爾」作「耳」。**出鎮河陽、河南時所作也。**

案：〈通志略〉著錄惟演文集凡四種，五十卷，亦云多矣。《宋史》惟演本傳載：「宰相馮拯惡其爲人，因言：『惟演以妹妻劉美，乃太后姻家，不可

與機政，請出之。』乃罷爲鎮國軍節度觀察留後，即日改保大軍節度使、知河陽。踰年，請入朝，加同中書門下平章事、判許州。未即行，冀復用，侍御史鞫詠奏劾之，惟演乃亟去。天聖七年，改武勝軍節度使。明年來朝，上言先壠在洛陽，願守宮鑰。即以判河南府，再改泰寧軍節度使。是《擁旄》、《伊川》二集作於天聖七年前後知河陽及判河南府時也。

全集未見。

案：是直齋未見《錢文僖集》十卷、《典懿集》三十卷。

臨川集三十卷、二府集二十五卷、年譜一卷

《臨川集》三十卷、《二府集》二十五卷、《年譜》一卷，_{廣校案：《文獻通考》作「晏元獻《臨川集》三十卷、《紫微集》一卷」。}**丞相臨淄元獻公臨川晏殊同叔撰。**_{廣校案：《文獻通考》無此句。}

廣校案：《郡齋讀書志》卷第十九〈別集類〉下著錄：「晏元獻《臨川集》三十卷、《紫微集》一卷。」《通志》卷七十〈藝文略〉第八〈別集〉五〈宋〉著錄：「晏相《臨川集》三十卷。_{晏殊。}」《中興館閣書目・集部・別集類》著錄：「《晏殊集》二十八卷、《臨川集》三十卷、《詩》二卷、《二府集》十五卷、《二府別集》十二卷、《北海新編》六卷、《平臺集》一卷。」_{趙士煒輯考本。}《宋史》卷三百一十一〈列傳〉第七十〈晏殊〉載：「《文集》二百四十卷，及刪次梁、陳以後名臣述作，爲《集選》一百卷。」同書卷二百八〈志〉第一百六十一〈藝文〉七〈別集類〉著錄：「《晏殊集》二十八卷，又《臨川集》三十卷、《詩》二卷、《二府集》十五卷、《二府別集》十二卷、《北海新編》六卷、《平臺集》一卷。」_{趙士煒輯考本。}趙輯《中興館閣書目》實據〈宋志〉。上述各書著錄晏殊著作，均與《解題》有所異同。殊字同叔，撫州臨川人。仁宗時爲相，卒諡元獻。《宋史》有傳。

其五世孫大正爲《年譜》，_{廣校案：《文獻通考》「《年譜》」下有「一卷」二字。}**言：先元獻嘗自差次起儒館至學士，爲《臨川集》**_{廣校案：《文獻通考》「《臨川集》下有「三十卷」三字。}**；起樞廷至宰席，爲《二府集》。**_{廣校案：《文獻通考》「《二府集》下有「二十五卷」四字。}

案：大正字子中，《宋史》無傳。曹彥約《昌谷集》卷二十〈墓誌〉有

〈朝奉郎致仕晏子中墓誌銘〉載：「誌晏子中之墓，誰其尸之。臭味之同，親契之厚，必予也。誌子中墓者，然方二豎侵陵，救死之不暇，疾病則亂。豈能發潛德以詔後世，顧請者不已，姑撫狀以敘其略。子中姓晏氏，諱大正，慶曆宰相臨淄元獻公五世孫。自幼力學，與寒士遊處。入太學，以勝己者爲師。月書季考之外，宗澗瀍之學，論當世事體，極有本末。當丁卯、戊辰間，天子既討擅兵誤國之罪，以和戎息民。小使既遣，匈奴有桀心。好事者搏手無策，乃欲函致建議者之首，械送歸。附者之眾，臆決附和，不爲中國慮。子中銳然發憤，上書闕下，率同舍爭之，以爲大失人心，重損國體，載之史冊，貽笑萬世。是時子中奏名禮部，當脫去場屋，不以苟得爲喜，而以國論爲憂。議雖不行，識者韙其勇。及對策賜第，擢入乙科，調永州司戶參軍。以學問臨政，郡倚爲重。凡所剖決，既獲事情，而處心坦夷，不以才自恃。零陵令闕，攝事年餘，洗滌吏姦，蠲除橫歛，決累年留滯之訟，爲臺府所推，好訟之徒，不得騁其辯。秩滿論薦，又辟爲成都府路都鈐司幹官，兼入大幕，爲制垣所重，同列過自表襮，不屑意職業，獨以受人羅致，思所以報效。軍國利害，朝夕必究心。參閱案牘，詢究弊政，及被檄按視邊瑣，盡識山川險要，知諸將能否，裨贊其長，不遺餘力，類省差充檢點試卷官，尤稱鑒裁。所取詞賦策論，悉爲聞人。會戊寅，敵兵大入，奪我皀郊，統兵官戰沒，關外洶懼。大帥出駐益昌，子中馳至天水，督諸將力戰，斬其大首領，號三府相公者麾印悉具，兵甲不可勝計。子中當改秩，可以解組。獨念同來賓客，稍稍東歸，置大帥於西陲，義應盡力，遲留幕下，一身之利害不卹也。既授京秩，主管襲慶府東嶽廟。二年書滿，調澤州長沙縣，地大事繁，久失檢柅，姦胥攬戶，囊橐財賦；而下戶貧民，追逮受楚。子中下車之初，首剔其弊，一月之後，塵去鑑明，上官賢重之。已上薦牘，一歲之間，庭無留訟，廣學宮以養士，新聽事以臨民，方將聳動觀瞻，冠倫諸邑，而昊天不弔，子中以微疾逝矣。生於淳熙戊戌九月之壬午，終於寶慶丁亥六月之甲寅，享年纔五十。訃聞，得進一，爲朝奉郎。曾祖紳，故朝請郎，通判德順軍，累贈宣奉大夫；妣胡氏，贈碩人。祖孝稱，未娶早沒，以弟奉直大夫、知永州，累贈正議大夫孝本之子益爲子。妣翟氏宜人。父益，故文林郎，知復州景陵縣，贈通直郎，妣黃氏，贈孺人。子中生相門，簪纓相接，嶄然露頭角，無一毫世祿氣

習，人物偉岸，議論淳實，稠人廣眾中，似不能言者，而又天資好友，立志廉儉。景陵既沒，同產皆早世，選族子賢者爲兄後。姊妹之未嫁者，皆得配名士。族黨子弟，貧不能學者，極力教之。蜀幕號豐腴，歷之者皆爲富家翁，子中取之既廉，又以給族人之在西州者，其後幾不能歸。治裝於大帥之手，而後得行。寓居臨川，即僧舍之廊廡爲室，有田僅數十畝，賣其半以赴長沙。及沒，不能遷柩，而臺府極力濟之，視今之仕者爲何如哉！西邊自中興以來，權歸吳氏，總餉者聽命焉，未至乏供。及開禧變故之後，王人之權始重與制垣抗衡，然而權出吏手，錢入私門，苟逭目前，未有孰何之者。子中既被檄巡邊，邊無宿儲，宣限有闕，縕衣不飽，子中雖不敢言，而王人捉襟見肘，不能自安，造爲謗言，日與戎司相水火，竟逐其帥。其後北騎果來，饑卒自潰，制總二司，始大不咸，乃至互申朝省，縱臾臺評。而兩司寮屬，始有爲法受惡者矣。子中已脫選。尙未旋祝釐岱宗，輿論惜其無辜，歸怨饋餉，今鳴琴一歲，又止於此。曰命也，夫非饋餉者之所爲也。娶豫章趙氏，封孺人。子男一人，瓖習儒業，女五人，長爲某之子十兗之婦，以承務郎前監江陵府沙市鎮；次適從事郎、新袁州分宜縣主簿張應龍；次適同郡黃應翔，餘未行。將以紹定元年十月己酉，葬于臨川縣、長樂鄉南岡之原，祔祖墳也。始予知子中名，接職事于湘中，而不及見。逮持節益昌，子中因邊事過我，知其本末；校文類省，又適共事，見其器識宏遠，議論忠厚，於是始結姻好，非泛然邂逅相遇者。既爲之誌，又從而爲之銘，其辭曰：『吁嗟乎子中！赫赫乎，燁燁乎，其家世也；謙謙乎，抑抑乎。其自持也；切切乎，孜孜乎，其力學也；浩浩乎，瀚瀚乎。其筆力也；磊磊乎，落落乎，其建議也；凜凜乎，粲粲乎，其官業也；隱隱乎，鉉鉉乎，其聲望也；袞袞乎，炭炭乎，謂不可量也；渺渺乎，茫茫乎，何其佉之遽也；暗暗乎，啞啞乎，善良裦氣也；岐岐乎，嶷嶷乎，幸哉猶有子也。』」《宋人傳記資料索引》亦載：「晏大正（1178～1227），字子中，臨川人，殊玄孫，幼力學，與寒士遊處。入太學，喜論當世事。開禧兵敗，韓侂胄與金議和。大正發憤上書，率同舍爭之，以爲人失人心，重損國體。識者韙之。及對策賜第，入乙科，調永州司戶參軍。歷零陵令，辟成都府路都鈐司幹官，終知澤州長沙縣。寶慶三年卒，年五十。」大正所撰殊之〈年譜〉，今人謝巍《中國歷代人物年譜考錄》著錄：「《晏元獻公

年譜》一卷，【譜主】：晏殊，字同叔，謚元獻，撫州臨川人，淳化二年辛卯（公元 991 年）生，致和二年乙未正月丁亥（公元 1055 年）卒，年六十五。【編者】：臨川（宋）晏大正（子中）（譜主五世孫）。【版本】：南宋刊本《臨川集》、《二府集》附〈著錄〉據《直齋書錄解題》卷十七。按：此書久佚，1966 年夏聞撫州發現《晏氏家譜》舊抄本，內收《年譜》，未知即晏大正本否？或即錢大昕《補元史藝文志》著錄《晏氏家譜》本，待訪。」是晏殊《年譜》猶不可得而見。《解題》所載，乃《年譜》之佚文矣。

今案本傳，有《文集》二百四十卷，《中興書目》亦九十四卷，今所刊止此爾。

案：《宋史》殊本傳載有《文集》二百四十卷，《中興書目》輯考本載殊所撰書凡九十四卷，均見前引。

《臨川集》有〈自序〉。

案：《郡齋讀書志》卷第十九〈別集類〉下著錄：「晏元獻《臨川集》三十卷、《紫微集》一卷。右皇朝晏殊字同叔，臨川人。景德二年，張知白薦，得召，錫同進士出身，再試文，擢祕書正字，為昇王府記室，累擢知制誥、翰林學士。寶元三年，拜平章事。四年，坐事，罷知潁川。歷陳、許、雍、洛，以疾歸，侍經席，卒。性剛峻，幼孤篤學，為文溫純應用，尤長於詩，抒情寓物，辭多曠達。當世賢士，如范文正、歐陽文忠皆出其門；女適富鄭公、楊察，世稱其知人。《集》有兩本，一本自作〈序〉。」是公武亦謂《臨川集》有〈自序〉，惜已散佚。

夏文莊集一百卷

《夏文莊集》一百卷，樞密使鄭國文莊公九江夏竦子喬撰。廣棪案：《文獻通考》無此句。

廣棪案：《郡齋讀書志》卷第十九〈別集類〉下著錄：「《夏文莊集》一百卷。」《通志》卷七十〈藝文略〉第八〈別集〉五〈宋〉著錄：「《鄭國文莊公集》一百卷，夏竦。」《宋史》卷二百八〈志〉第一百六十一〈藝文〉七〈別集類〉著錄：「《夏竦集》一百卷。」均與《解題》著錄者相同。

竦字子喬，江州德安人。仁宗慶曆中為樞密使，進鄭國公，卒，賜諡文正。後以劉敞言：「世謂竦姦邪，而諡為正，不可。」乃改諡文莊。《宋史》卷二百八十三〈列傳〉第四十二有傳。

竦父死王事，

案：《宋史》竦本傳載：「父承皓，太平興國初，上〈平晉策〉，補右侍禁，隸大名府。契丹內寇，承皓緣間道發兵，夜與契丹遇，力戰而死，贈崇儀使，錄竦為潤州丹陽縣主簿。」殆記此。

身中賢科，工《文獻通考》：「工」作「又」，形近而誤。**為文辭。**

案：《宋史》竦本傳：「竦資性明敏，好學，自經史、百家、陰陽、律曆，外至佛老之書，無不通曉。為文章典雅藻麗。舉賢良方正，擢光祿寺丞，通判台州。」《郡齋讀書志》亦著錄：「《夏文莊集》一百卷。右皇朝夏竦字子喬，江州德安人。以父死事補官。舉賢良，除光祿丞。累擢知制誥。仁宗屢欲相之，為言者所攻而寢。初封英國公，後改封鄭，諡文莊，貴顯凡四十年。天資好學，自經史、百氏、陰陽、律曆之書，無所不通。善為文章，尤長偶儷之語，朝廷大典策，屢以屬之。為詩巧麗，皆『山勢蜂腰斷，溪流燕尾分』之類。其《集》夏伯孫編次，有宋次道〈序〉。」是《宋史》及《郡齋讀書志》皆記竦舉賢良而工文辭也。

復多材術，而不自愛重，廣校案：《文獻通考》「重」作「至」，屬下句。**甘心姦邪。**

案：《宋史》竦本傳曰：「竦材術過人，急於進取，喜結交，任數術，傾側反覆，世以為姦邪。」《宋史》傳末論曰：「王欽若、丁謂、夏竦，世皆指為姦邪。真宗時，海內乂安，文治洽和，群臣將順不暇，而封禪之議成於謂，天書之誣造端於欽若，所謂以道事君者，固如是耶？竦陰謀猜阻，鈎致成事，一居政府，排斥相踵，何其患得患失也！欽若以贓賄干吏議，其得免者幸矣。然而黨惡醜正，幾敗國家，謂其尤者哉。」所記與《解題》同。

聲伎之盛，冠於承平。

案：《宋史》竦本傳載：「積家財累鉅萬，自奉尤侈，畜聲伎甚眾。」是其證。

夫婦反目，陰慝彰播。皆可為世戒也。

案：《宋史》竦本傳載：「竦娶楊氏，楊亦工筆札，有鈎距。及竦顯，多
內寵，浸與楊不諧，楊悍妒，即與弟婿疏竦陰事，竊出訟之；又竦母與
楊母相詬詈，偕訴開封府，府以事聞，下御史臺置劾，左遷職方員外郎、
知黃州。後二年，徙鄧州，又徙襄州。」即記此事。

呂文靖試卷一卷

《呂文靖試卷》一卷，

廣棪案：《宋史》卷二百八〈志〉第一百六十一〈藝文〉七〈別集類〉著
錄：「《呂申公試卷》一卷。」應為同一書。夷簡於宋仁宗朝曾加右僕射，
封申國公，簡稱申公。

丞相許國文靖公壽春呂夷簡坦夫撰。

案：夷簡字坦夫，先世萊州人。其祖龜祥知壽州，子孫為壽州人。仁宗
朝以右僕射入相，踰年進位司空，辭不拜，徙許國公。卒贈太師、中書
令，諡文靖。《宋史》卷三百一十一〈列傳〉第七十有傳。

咸平二年，壽州應舉，此其程文也。真本藏范太史氏，前有〈家狀〉，
大略與今同。其所習曰〈春秋何論大義〉。「何論」者，當是何晏《論語》
也。其所問各十條，皆非深義，逐條所答，纔數句，或止一言，或直稱
未審。考官二人，花書其上，并批通不。又〈禮行於郊賦〉、〈建侯置守
孰優論〉。其所習又稱〈雜文時務策〉，則不復存。此可以見國初場屋事
體，文法簡寬，士習淳茂，得人之盛，後世反不能及。文盛則實衰，世
變蓋可睹矣。

案：魏了翁《鶴山大全集》卷六十二〈跋〉有〈跋呂文靖公試卷真蹟〉
一文，曰：「文靖公三相仁宗，以才識稱。其卓卓可記者，如納天書於方
中，與夫止玉清營，繕正章懿喪禮，卻契丹借兵，罷宦寺監軍，杜母后
專政之漸，謹人主御樓之拜，發郡國建學宗正睦親之議，此非無素者所
能辨。雖與范、歐異論，晚年乃能同心戮力，以扶王室，是宜子孫之傳，
自惠穆、正獻而後榮陽、右丞、中書、駕部，代有顯人；至成公而以學
問名世，與宋靡已，猗其盛哉！此我太祖太宗之德也，科舉特為之梯航

耳。」又度正《惟善堂槁》卷十五〈跋〉有〈文靖公程文跋代吳侍郎〉一文，曰：「此文靖呂公少時應舉之作也。案〈家狀〉，習《春秋》、《論語》、《墨義》、詩賦、雜文、時務策，今存者惟《春秋》、《論語》、《墨義》各十道，詩、賦、論各一首。賦與論意緒宏遠，已有宰天下之氣。獨經義不工，蓋時未尚經術耳。初公爲小官，伯父文穆公已深器之，薦之眞廟。已而遂相仁宗。公雖長于智慮，然其爲相實以安靜爲本，每不欲有所更張。當時范文正公、歐陽文忠公輩，亦皆不樂之，然公處之泰然，蓋未嘗以爲意也。其後首引范公與之共政。及公易簀，仁宗手詔以人材爲問，公具以對。蓋自韓魏公而下，見于〈慶曆聖德詩〉者，皆公密具以聞者，而世罕知之也。獨歐陽公知之，故于〈范公神道碑〉中具載此意，而忠宣公不悅，歐陽公至變色語之。觀忠宣處元祐，則祖歐陽公之意，攷之行事，與前日大異。蓋晚而後識此意耳。歐陽公又嘗以此語老泉，老泉亦謂此意人無有知者。元祐中，蘇文忠公〈行小申公平章軍國重事制〉，首及烈考相昭陵，清靜寧民，勞謙得士。又謂儀型之老，多其賓客，蓋述歐陽公所以告老泉之意耳。嗚呼！朋黨之論，何代無之。雖仁宗之世亦不免。然卒不能爲患者，蓋當時在位之君子，德量有以勝之耳。公六世孫祖周出示此文，覽之慨然，因爲及此。後之君子，將有取于斯焉。嘉定三年五月。」可供參證。

范文正集二十卷、別集四卷

《范文正集》廣棪案：《文獻通考》作「《范文正公集》」。二十卷、《別集》四卷，參政文正公吳郡范仲淹希文撰。廣棪案：《文獻通考》無此句。

　　廣棪案：《郡齋讀書志》卷第十九〈別集類〉下著錄：「《范文正公集》二十卷、〈別集〉四卷。」〈宋志〉同。《通志》卷七十〈藝文略〉第八〈別集〉五〈宋〉著錄：「《范文正公集》十五卷，范仲淹。又《丹陽編》八卷。」著錄不同。仲淹字希文，其先邠州人，後徙家江南，乃爲蘇州吳縣人。仁宗時任參知政事，卒諡文正。《宋史》卷二百一十四〈列傳〉第七十三有傳。

祥符八年進士曰朱說者，即公也。幼孤，從廣棪案：《文獻通考》闕「從」字。其母適朱氏。其爲兗州推官，始復姓更名。

案：《宋史》仲淹本傳載：「仲淹二歲而孤，母更適長山朱氏，從其姓，名說。少有志操，既長，知其世家，迺感泣辭母，去之應天府，依戚同文學。晝夜不息，冬月憊甚，以水沃面；食不給，至以糜粥繼之，人不能堪，仲淹不苦也。舉進士第，為廣德軍司理參軍，迎其母歸養。改集慶軍節度推官，始還姓，更其名。」即記此事。祥符，真宗年號。集慶軍即兗州。

范文正公尺牘五卷

《范文正尺牘》五卷，其家所傳。在正集之外。

廣棪案：《宋史》卷二百八〈志〉第一百六十一〈藝文〉七〈別集類〉著錄：「《尺牘》二卷。」所著錄卷數不同。錢穀《吳都文粹續集》卷五十五〈詩文集序〉有張栻〈文正公尺牘刊跋〉一篇，曰：「右文正范公帖，得之文定胡公家，以刊於桂林郡者。栻聞君子言有教，動有法，其於文正公見之矣。觀帖雖一時，書帖之間亦足以扶世教而垂後法，非盛德者其能然乎！敢敬志之，以詔來世。淳熙三年元日，廣漢張栻書。」又有朱子〈文正公與兄弟書跋〉，曰：「右范文正公與其兄弟之書，其言近而易知。世之仕者得其說而謹守之，亦足以檢身而及物矣！所謂仕未嘗營私者，必若公之先天下之憂而憂，後天下之樂而樂，事上遇人，一以自信。不擇利害而取舍，然後足以充其名。而其所論親，僚友以絕壅蔽之萌，禁防以杜奸私之漸者，引而伸之，亦非獨效一官者所當知也。某年新安朱熹書。」可供參考。

安陽集五十卷

《安陽集》五十卷，丞相魏國忠獻公安陽韓琦稚圭撰。

盧棪案：《讀書附志》卷下〈別集類〉二著錄：「韓魏王《安陽集》五十卷。右魏忠獻王韓琦之文也。王，安陽人，故以名《集》。王，字稚圭，天聖五年進士第二人，定策三朝，功在國史。神宗皇帝御製〈神道碑〉有云：『薨前一夕，有大星殞于園中，櫪馬皆鳴。』又曰：『公奉詔立皇子，被顧命，立英宗為皇帝，立朕以承祖宗之序，可謂定策元勳之臣矣。』

又爲之〈銘〉曰：『公行不歸，中夕是悼。尙想公儀，淚落苑草。』復御篆十字塡金以冠其額曰：『兩朝顧命定策元勳之碑。』贈尙書令，諡忠獻，取慮國忘家、文賢有成之法也。追封魏王，配享英廟。」足資參證。《宋史》卷二百八〈志〉第一百六十一〈藝文〉七〈別集類〉著錄：「《韓琦集》五十卷。」即此書。琦字稚圭，相州安陽人。英宗時拜右僕射，封魏國公。卒諡忠獻。《宋史》卷三百一十二〈列傳〉第七十一有傳。

文潞公集四十卷、補遺一卷

《文潞公集》四十卷、《補遺》一卷，丞相介休文彥博寬夫撰。

　　廣棪案：《宋史》卷二百六〈志〉第一百六十一〈藝文〉七〈別集類〉著錄：「《文彥博集》二十卷，又《顯忠集》二卷。」與此不同。彥博字寬夫，汾州介休人。仁宗朝封潞國公，遷尙書左僕射，逮事仁、英、神、哲四朝，任將相五十年。《宋史》卷三百一十三〈列傳〉第七十二有傳。《文獻通考》卷二百三十四〈經籍考〉六十一〈集別集〉著錄此條，下引石林葉氏〈序略〉曰：「公平生所爲文章，上自朝廷典冊，至於章奏、議論，下及詞賦、歌詩、閑適之辭，世猶未盡見。兵興以來，故家大族多奔走遷移，於是公之《集》藏於家者，散亡無餘。其少子紳維申稍討求追輯，猶得二百八十六篇，以類編次，爲《略集》二十卷，而屬某爲〈序〉。噫！公之所謂文者遠矣，重德偉度，足以鎭服四夷；精識遠慮，足以錯綜萬務；博聞強識，足以貫通九流；讜論嘉言，足以弼成百度。世之區區事其語言，以一藝自名者，未足以論公也。公未嘗有意於爲文，而因事輒見，操筆立成，簡質重厚，經緯錯出。譬之籧鼓鏞鍾，音節疏緩，雜然竝奏於堂上，不害其與嘖嘖簫韶，舞百獸而諧八音也。昔韓愈論于頓之文曰：『變化若雷霆，浩瀚若江河，正聲諧韶濩，勁氣沮金石。』頓何足以當之，其公之謂歟！」可供參考。

富文忠集二十七卷

《富文忠集》二十七卷，丞相韓國忠公河南弼彥國撰。

　　廣棪案：《郡齋讀書志》卷第十九〈別集類〉下著錄：「《富文忠笏子集》

六卷、《奏議》十二卷、《安邊策》。右皇朝富弼字彥國，河南人。天聖八年中制科。至和二年，召拜同中書門下平章事。元豐中卒，年八十，謚文忠。其爲文章辨而不華，質而不俚。晁以道爲之〈序〉，其略曰：『人孰不仰公使虜之功？上乃拜公樞密副使，而公力辭。至和之末，請立皇嗣之功，人或未聞。公於褒進司徒則一命而不避。公聞人語及北事，便變色若不欲聞者。至青州救災之功，平居喜爲人道之。石介嘗以夔、契方公矣，而嚴事王沂公。薦士後至將相者多矣，而取喜劉槩。數事皆世所罕知者。』又曰：『公於仁宗時言猶雨露也，英宗時言猶海潮也，神宗言猶鳳鳴也。』」可供參考。惟《宋史》卷二百八〈志〉第一百六十一〈藝文〉七〈別集類〉著錄：「《富弼奏議》十二卷，又《笏子》十六卷」，與《解題》、《郡齋讀書志》均不同。弼字彥國，河南人。仁宗時爲相，神宗時進封韓國公致仕，卒贈太尉，謚文忠。《宋史》卷三百一十三〈列傳〉第七十二有傳。

《奉使錄》亦在其末。

案：《解題》卷七〈傳記類〉著錄：「《奉使別錄》一卷，丞相河南富弼彥國撰。慶曆使契丹，歸爲語錄以進，機宜事節則具於此《錄》。又一本有兩朝往來書附於末。」考《宋史》卷二百八〈志〉第一百五十六〈藝文〉二〈傳記類〉著錄：「富弼《奉使語錄》二卷，又《奉使別錄》一卷。」是則《解題》謂「又一本有兩朝往來書附於末」者，殆指《奉使語錄》二卷也。

武溪集二十卷

《武溪集》二十卷，集賢院學士襄公曲江余靖安道撰。

廣棪案：《宋史》卷二百八〈志〉第一百六十一〈藝文〉七〈別集類〉著錄：「《余靖集》二十卷。」即此書。靖字安道，韶州曲江人。仁宗朝任集賢院學士，謚曰襄。《宋史》卷三百二十〈列傳〉第七十九有傳。

徂徠集二十卷

《徂徠集》二十卷，國子監直講魯國石介守道撰。廣棪案：《文獻通考》無此句。

廣棪案：《郡齋讀書志》卷第十九〈別集類〉下著錄：「《徂徠集》二十卷。」
《宋史》卷二百八〈志〉第一百六十一〈藝文〉七〈別集類〉著錄：「《石
介集》二十卷。」與此同。介字守道，兗州奉符人。《宋史》卷四百三十
二〈列傳〉第一百九十一〈儒林〉二有傳。《宋史》載介「丁父母憂，耕
徂徠山下，葬五世之未葬者七十喪。以《易》教授于家，魯人號介徂徠
先生。入為國子監直講，學者從之甚眾，太學繇此益盛」。是介以「徂徠」
名其《集》，殆有由也。

《集》中有〈南京夏尚書啟〉及〈夫子廟上梁文〉，皆為夏竦作。此介
所謂「大姦之去，如距斯脫」者也。廣棪案：《文獻通考》無「也」字。豈當
是時，廣棪案：《文獻通考》闕「是」字。竦之姦廣棪案：《文獻通考》作「竦之姦
邪」。猶未著耶？

案：〈上南京夏尚書啟〉，見《集》卷二十；〈夫子廟上梁文〉，亦見《集》
卷二十。其〈上南京夏尚書啟〉曰：「惟留守尚書光奉制書來尹畿，近伏
惟慶慰。伏以天子之居則謂之京，而汴為東京，洛為西京，宋為南京，
其名尊矣。王者之興必有其地，而堯自唐，虞舜自嬀汭，禹自有夏，湯
自景亳，周自岐山，劉自漢中，李自晉原，國家自歸德，其世長矣。洪
惟太祖開國，授於太宗；太宗靈承，傳之先廟；先廟克光，付與皇帝；
相繼四聖，垂乎百年，德厚流長，本固葉茂。重熙累盛，以至於億萬世，
而浸隆寖昌，莫不由乎肇迹之有先，始封之彌大。壯是王氣，建為大都，
保釐東郊，居守留鑰。常命懿德國老邁臣，若今丞相僕射王公等數人，
迴翔畿甸，莫不自此遷入，為柄輔中書堂。執政五，而三出為南京尹。
伏惟留守尚書，始以賢良方正，能直言極諫，舉次以大禹、益、稷、皋
陶之謨，出納誥命，次以伊尹、伊陟、甘盤、巫咸之義，彌諧機衡。名
書太常，勳在王府。今既承三公而來，亦當躐三公而去。自茲京邑地望
益高，不獨為宋之榮觀，可以使天下之聳動也。介頃由學官登於幕府，
天與其幸，會公之來，喜忭交并，精爽飛越。官守有限，不能奔走麾下，
與公推挽彎轂一日，而至慰邦人徯望之心。瞻望旌旐，不勝踴躍之至。」
又其〈南京夫子廟上梁文〉曰：「日月不盛大，星辰不眾多，無以昌天之
明；山嶽不磅礡，江海不橫瀉，無以彰地之載；制度不恢廓，宮室不壯
麗，無以示聖人之尊。天明不昭，眾庶何所仰也；地載不厚，萬物何所
附也；聖人不尊，臺儒何所法也。況藝祖始興之地，先皇親狩之都，鼎

峙爲京，自四畿相附。而先聖廟齷齪，僻陋不堪其憂，何以壯遠人之望，示四方之則哉！留守尙書公下車日餘，政未及施，首嚴聖祠。豪人承風僾化，相率出錢二百萬，取材於河陽，咸得大木，以新厥居，輪焉奐焉，京邑翼翼。宋人開聾發瞽，共知聖師之尊，且大廟作凡三月，而厥功有成。以十二月二日吉請上梁焉。公命酒食，盛以落之。兒郎偉拋梁東，夫子之道，岱嶽並崇；拋梁西，夫子之道，大華與齊；拋梁南，夫子之道，衡嶽相參；拋梁北，夫子之道，常山比極；拋梁上，夫子之道，如天可仰；拋梁下，夫子之道，如地不瀉。伏願拋梁之後，留守尙書公即入持國鈞，正位台席，行聖師之道，以致君於堯舜之上，下以躋民於仁壽之域，萬斯年兮，主聖臣直。」此二文皆夏辣之姦未著時石介代竦所作也。惟介又撰〈慶曆聖德詩〉，中云：「皇帝聖明，忠邪辨別。舉擢俊良，掃除妖魅。眾賢之進，如茅斯拔。大姦之去，如距斯脫。上倚輔弼，司予調燮。下賴諫諍，維予紀法。左右正人，無有邪孽。予望太平，日不逾浹。」其言大姦者，乃斥竦也。故《郡齋讀書志》謂：「《徂徠集》二十卷。右皇朝石介字守道，兗州奉符人。天聖八年登進士第，遷直集賢院。篤學有大志，嘗謂『時無不可爲，不在其位，則行其言，雖獲禍，至死不悔。』其爲文章，陳古今治亂成敗，以指切當時，無所忌諱。作〈慶曆聖德詩〉，分別邪正，專斥夏竦。其後守道死，竦因誣以北走契丹，請剖棺驗視云。」可供參證。

陸子遹刻於新定廣棪案：盧校本作「新安」。**，述其父放翁之言，曰「老蘇之文不能及」，然世自有公論也。**廣棪案：《文獻通考》無「也」字。

案：陸子遹，《宋史》無傳。《宋人傳記資料索引》載：「陸子遹，山陰人，游子。嘉定間爲溧陽令，俗信巫覡，子遹至，誅其魅，興學校，習禮讓，習俗頓革。寶慶二年知嚴州，創釣臺書院。」可知其生平。放翁，陸游也。《宋史》卷三百九十五〈列傳〉第一百五十四有傳。

歐公所以重介者，非緣其文也。

案：歐陽修《歐陽文忠公集》卷三十四有〈徂徠石先生墓誌銘〉，曰：
「徂徠先生姓石氏，名介，字守道，兗州奉符人也。徂徠，魯東山，而先生非隱者也。其仕嘗位於朝矣，魯之人不稱其官而稱其德，以爲徂徠，魯之望。先生，魯人之所尊，故因其所居山以配其有德之稱，曰徂徠先

生者，魯人之志也。先生貌厚而氣完，學篤而志大，雖在畎畝，不忘天下之憂。以爲時無不可爲，爲之無不至，不在其位，則行其言。吾言用，功利施於天下，不必出乎己；吾言不用，雖獲禍咎，至死而不悔。其遇事發憤作爲文章，極陳古今治亂成敗，以指切當世。賢愚善惡，是是非非，無所諱忌。世俗頗駭其言言，由是謗議喧然，而小人尤嫉惡之，相與出力，必欲擠之死。先生安然，不惑不變曰：『吾道固如是，吾勇過孟軻矣！』不幸遇疾以卒，既卒，而姦人有欲以奇禍中傷大臣者，猶指先生以起事，謂其詐死而北走契丹矣！請發棺以驗。賴天子仁聖，察其誣，得不發棺，而保全其妻子。先生世爲農家，父諱丙，始以仕進，官至太常博士。先生年二十六，舉進士甲科，爲鄆州觀察推官，南京留守推官。御史臺辟主簿，未至，以上書論赦，罷不召。秩滿遷某軍節度掌書記，代其父官於蜀，爲嘉州軍事判官。丁內外艱，去官。垢面跣足，躬耕徂徠之下，葬其五世未葬者七十喪。服除，召入國子監直講。是時兵討元昊，久無功，海內重困，天子奮然思欲振起威德，而進退二三大臣，增置諫官御史，所以求治之意甚銳。先生躍然喜曰：『此盛事也，雅頌吾職，其可已乎！』乃作〈慶曆聖德詩〉，以褒貶大臣，分別邪正，累數百言。詩出，泰山孫明復曰：『子禍始於此矣！』明復，先生之師友也。其後所謂奸人作奇禍者，乃詩之所斥也。先生自閒居徂徠後，官於南京，常以經術教授。及在太學，益以師道自居，門人弟子從之者甚眾。太學之興，自先生始。其所爲文章曰：『某集者若干卷，曰某集者若干卷。』其斥佛老時文，則有〈性說〉、〈中國論〉曰：『去此二者，然後可以有爲。』其戒姦臣、宦女則有〈唐鑑〉，曰：『吾非爲一世鑑也。』其餘喜怒哀樂，必見於文。其辭博辯雄偉，而憂思深遠。其爲言曰：『學者學爲仁義，一有「仁急於利物，義果於有爲」十字惟忠能忘其身；惟篤於自信者，乃可以力行也。』以是行於已，亦以是教於人。所謂堯舜禹湯文武周公孔子孟軻揚雄韓愈氏者，未嘗一日不誦於口，思與天下之士，皆爲周孔之徒，以致其君爲堯舜之君，民爲堯舜之民，亦未嘗一日少忘於心。至其違世驚眾，人或笑之。則口：『吾非狂癡者也。』是以君子察其行而信其言，推其用心而哀其志。先生直講歲餘，杜祁公薦之，天子拜太子中允。今丞相韓公又薦之，乃直集賢院。又歲餘始去太學，通判濮州。方待次於徂徠，以慶曆五年七月某日卒於家，享年四十有一。友人廬陵歐陽脩哭之

以詩，以爲待彼謗焰熄，然後先生之道明矣。先生既歿，妻子凍餒不自勝。今丞相韓公與河陽富公分俸買田以活之。後二十一年，其家始克葬先生於其所。將葬，其子師訥與其門人姜潛、杜默、徐道等來告曰：『謗焰熄矣，可以發先生之光矣，敢請銘。』某曰：『吾詩不云乎，子道自能久也，何必吾銘。』遁等曰：『雖然，魯人之欲也。』乃爲之銘曰：『徂徠之巖巖，與子之德兮，魯人之所瞻。汶水湯湯，與子之道兮，逾遠而彌長。道之難行兮，孔孟一有『亦云』二字。遑遑。一世之屯兮，萬世之光。曰吾不有命兮，安在夫桓魋與臧倉。自古聖賢皆然兮。噫子雖毀其何傷。』」是修所以重介者，在其德業，非緣其文也。

滄浪集十五卷

《滄浪集》十五卷，集賢校理蘇舜欽子美撰。廣棪案：《文獻通考》無此句。

　　廣棪案：《郡齋讀書志》卷第十九〈別集類〉下著錄：「《滄浪集》十五卷。」《通志》卷七十〈藝文略〉第八〈別集〉五《宋》著錄：「《蘇子美集》十五卷。蘇舜欽。」《宋史》卷二百八〈志〉第一百六十一〈藝文〉七〈別集類〉著錄：「《蘇舜欽集》十六卷。」應同爲一書，惟〈宋志〉著錄卷數不同。舜欽字子美，仁宗時以范仲淹薦，召試，爲集賢校理。《宋史》卷四百四十二〈列傳〉第二百一有傳。

舜欽，易簡廣棪案：「易簡」原誤作「簡易」，據《宋史》、元抄本、盧校本改正。之孫，杜祁公衍之婿。坐進奏院用公錢會客，爲王拱辰輩所擠，坐以深文，廢逐而死。廣棪案：《文獻通考》無此數句。

　　案：《宋史》舜欽本傳載：「蘇舜欽字子美，參知政事易簡之孫。……范仲淹薦其才，召試，爲集賢校理，監進奏院。舜欽娶宰相杜衍女，衍時與仲淹、富弼在政府，多引用一時聞人，欲更張庶事。御史中丞王拱辰等不便其所爲。會進奏院祠神，舜與右班殿直劉巽輒用鬻故紙公錢召妓樂，間夕會賓客。拱辰廉得之，諷其屬魚周詢等劾奏，因欲搖動衍。事下開封府劾治，於是舜欽與巽俱坐自盜除名，同時會者皆知名士，因緣得罪逐出四方者十餘人。世以爲過薄，而拱辰等方自喜曰：『吾一舉網盡矣。』」即記此事。

置園蘇州，為滄浪亭，水竹之勝，冠於吳下，至今猶在。<small>廣棪案：《文獻通考》無此數句。</small>

　　案：《宋史》本傳載：「舜欽數上書論朝廷事，在蘇州買水石作滄浪亭，益讀書，時發憤懣於歌詩，其體豪放，往往驚人。善草書，每酣酒落筆，爭為人所傳。及謫死，世尤惜之。」可參證。

嘗答韓持國書，<small>廣棪案：《文獻通考》此句上有「子美既廢逐」一句。</small>具見其意趣，本傳載之。

　　案：《宋史》本傳載：「舜欽既放廢，寓于吳中，其友人韓維責以世居京師而去離都下，隔絕親交。舜欽報書曰：『蒙聞責以兄弟在京師，不以義相就，獨羈外數千里，自取愁苦。予豈無親戚之情，豈不知會合之樂也？安肯舍安逸而甘愁苦哉！昨在京師，不敢犯人顏色，不敢議論時事，隨眾上下，心志蟠屈不開，固亦極矣。不幸適在疑嫌之地，不能決然早自引去，致不測之禍，捽去下吏，人無敢言，友讎一波，共起謗議。被廢之際，喧然未已，更欲置之死地然後為快。來者往往鉤賾言語，欲以傳播，好意相恤者幾希矣。故閉戶不敢與相見，如避兵寇。偷俗如此，安可久居其間！遂超然遠舉，羈泊於江湖之上，不唯衣食之累，實亦少避機穽也。況血屬之多，資人之薄，持國見之矣。常相團聚，可乏衣食乎？不可也。可閉關常不與人接乎？不可也。與人接必與之言，與之言必與之還往，使人人皆如持國則可，不迨持國者必加釀惡言，喧布上下，使僕不能自明，則前日之事未為重也。都無此事，亦終日勞苦，應接之不暇，寒暑奔走塵土泥淖中，不能了人事，羸馬餓僕，日栖栖取辱於都城，使人指背譏笑哀閔，亦何顏面，安得不謂之愁苦哉！此雖與兄弟親戚相遠，而伏臘稍足，居室稍寬，無終日應接奔走之勞，耳目清曠，不設機關以待人，心安閑而體舒放。三商而眠，高舂而起，靜院明窗之下，羅列圖史琴樽以自愉悅，有興則泛小舟出盤、閶二門，吟嘯覽古於江山之間。渚茶、野釀足以銷憂，蓴鱸、稻蟹足以適口。又多高僧隱君子，佛廟勝絕，家有園林，珍花奇石，曲池高臺，魚鳥留連，不覺日暮。昔孔子作《春秋》而夷吳，又曰：「吾欲居九夷。」觀今之風俗，樂善好事，知予守道好學皆欣然願來過從，不以罪人相遇，雖孔子復生，是亦必欲居此也。以彼此較之，孰為然哉！人生內有自得，外有所適，固亦樂矣！何必高位厚祿，役人以自奉養，然後為樂。今雖僑此，亦如仕宦南北，

安可與親戚常相守耶！予窘迫，勢不得如持國意，必使我尸轉溝洫，肉豺豺虎，而後以爲安所義，何其忍耶！《詩》曰：「凡今之人，莫如兄弟。」謂兄弟以恩，急難必相拯救。後章曰：「喪亂既平，既安且寧。雖有兄弟，不如友生。」謂友朋尚義，安寧之時，以禮義相琢磨。予於持國，外兄弟也。急難不相救，又於未安寧之際，欲以義相琢刻，雖古人所不能受，予欲不報，慮淺吾持國也。』」持國，韓維字。《宋史》卷三百一十五〈列傳〉第七十四有傳。

歐陽公序其文，言_{廣棪案：《文獻通考》作「歐公序言」。}**子美之齒少於予，而予學古文反在其後。**_{廣棪案：《文獻通考》無以上兩句。}**同時得罪者，未幾復顯用，舜欽**_{廣棪案：《文獻通考》作「而子美」。}**獨先沒，可哀也。**_{廣棪案：《文獻通考》作「可恨也。」}

　　案：《歐陽文忠公集》卷四十八有〈蘇氏文集序〉曰：「斯文金玉也，棄擲埋沒糞土不能銷蝕，其見遺於一時，必有收而寶之於後世者。雖其埋沒而未出，其精氣光怪，已能常自發見，而物亦不能掩也。故方其擯斥摧挫流離窮厄之時，文章已自行於天下。雖其怨家仇人及嘗能出力而擠之死者，至其文章則不能少毀而揜蔽之也。凡人之情忽近而貴遠，子美屈於今世，猶若此其伸於後世，宜何如也！公其可無恨。予嘗考前世文章政理之盛衰，而怪唐太宗致治幾乎三王之盛，而文章不能革五代之餘習。後百有餘年，韓、李之徒出，然後元和之文始復於古。唐衰，兵亂又百餘年，而聖宋興，天下一定，晏然無事，又幾百年，而古文始盛於今。自古治時少而亂時多，幸時治矣，文章或不能純粹；或遲久而不相及，何其難之若是歟！豈非難得其人歟！苟一有其人，又幸而及出於治世，世其可不爲之貴重而愛惜之歟！嗟！吾子美以一酒食之過，至廢爲民，而流落以死，此其可以歎息流涕，而爲當世仁人君子之職位，宜與國家樂育賢才者惜也。子美之齒少於予，而予學古文反在其後。天聖之閒，予舉進士於有司，見時學者務以言語、聲偶摘裂，號爲時文，以相誇尚。而子美獨與其兄才翁，及穆參軍伯長作爲古歌詩雜文，時人頗共非笑之，而子美不顧也。其後天子患時文之弊，下詔書，諷勉學者以近古，由是其風漸息，而學者稍趨古焉。獨子美爲於舉世不爲之時，其始終自守，不牽世俗趨舍，可謂特立之士也。子美官至大理評事、集賢校理而廢。後爲湖州長史以卒，享年四十有一。其狀貌奇偉，望之昂然，

而即之溫，溫久而愈可愛慕。其材雖高，而人亦不甚嫉忌；其擊而去之者，意不在子美也。」可供參證。

宛陵集六十卷、外集十卷

《宛陵集》六十卷、《外集》十卷，都官員外郎國子監直講宣城梅堯臣聖俞撰。_{廣棪案：《文獻通考》無此句。}

  廣棪案：《郡齋讀書志》卷第十九〈別集類〉下著錄：「梅聖俞《宛陵集》六十卷、《外集》十卷。」與此同。《通志》卷七十〈藝文略〉第八〈別集〉五〈宋〉著錄：「《梅聖俞集》」十五卷。」則不相同。《宋史》卷二百八〈志〉第一百六十一〈藝文〉七〈別集類〉著錄：「《梅堯臣集》六十卷，又《後集》二卷。」則與《解題》微異。堯臣字聖俞，宣州宣城人。仁宗爲國子監直講，累遷尚書都官員外郎。《宋史》卷四百四十三〈列傳〉第二百二〈文苑〉五有傳。其〈傳〉謂堯臣「注《孫子》十三篇，撰《唐載記》二十六卷、《毛詩小傳》二十卷、《宛陵集》四十卷」。又與《解題》著錄不同。

凡五十九卷爲詩，他文賦纔一卷而已。謝景初所集，歐公_{廣棪案：《文獻通考》作「歐陽公」。}爲之〈序〉。

  案：歐陽修所撰〈序〉曰：「予聞世謂詩人少達而多窮，夫豈然哉？蓋世所傳詩者，多出於古窮人之辭也。凡士之蘊其所有，而不得施於世者，多自放於山巔水涯外，見蟲魚草木風雲鳥獸之狀類，往往探其奇怪，內有憂思感憤之鬱積，其興於怨刺，以道霸臣寡婦之所歎，蓋愈窮則愈工，然則非詩之能窮人，殆窮者而後工也。予友梅聖俞，少以蔭補爲吏，累舉進士，抑於有司，困於州縣，凡十餘年，年今五十，猶從辟書爲人之佐，鬱其所畜，不得奮見於事業。其家宛陵，幼習於詩，自爲童子，出語已驚其長老；既長，學乎《六經》仁義之說，其爲文章，簡古純粹，不求苟說於世，世之人徒知其詩而已。然時無賢愚，語詩者必求之聖俞，聖俞亦自以其不得志者，樂於詩而發之，故其平生所作，於詩尤多。世既知之矣，而未有薦於上者。昔王文康公嘗見而歎曰：『二百年無此作矣！』雖知之深，亦不果薦也。若使其幸得用於朝廷，作爲雅頌，以詠歌大宋之功德，薦之清廟，而追〈商〉、〈周〉、〈魯頌〉之作者，豈不偉

歟？奈何使其老不得志，而爲窮者之詩，洒徒發於蟲魚物類覊愁感歎之言，世徒喜其工，而不知其窮之久而將老也，可不惜哉？聖俞詩既多，不自收拾，其妻之兄子謝景初，懼其多而易失也，取其自洛陽至於吳興以來所作，次爲六十卷。予嘗嗜聖俞詩，而患不能盡得之，遽喜謝氏之能次也，輒序而藏之。慶曆六年三月，右正言，知制誥、知滁州事，歐陽脩序。」足供參考。謝景初，《宋史翼》卷三〈列傳〉第三有傳。其〈傳〉曰：「謝景初字師厚，錢塘人。……少奇俊，七歲能文，十三從師受《禮》，通其義，講解無滯。歐陽修、梅堯臣見所爲文，相顧而驚，持以示留守錢惟演，歎曰：『眞奇童也。』……爲文簡重深雄，出言落筆皆有章采，若不經思，而人莫可及。尤喜爲詩，梅堯臣爲酬唱之友，晏殊、杜祁、范仲淹皆器待之。」可見梅、謝情誼。

《外集》者，吳郡宋績臣所序，謂皆《前集》所不載。今考之首卷諸賦，已載《前集》，廣棪案：《文獻通考》句末有「矣」字。不可曉也。

案：《外集》已佚。宋績臣，《宋史》無傳，生平不可考。而其〈序〉則存，曰：「李、杜而下，有詩名世者，比肩並峙，不爲無人，而後世評議騷雅詞章，則必以李、杜爲冠，雖韓愈高才，且相望詠歎不已。唐迄五季，至於今數百年間，日向太平，而文章風雅繼踵輩出，可謂富且盛矣，而名詩者未有先於聖俞，雖宗工大儒如歐陽永叔，嘗景慕畏服，不敢自爲比數，謂當時士無賢愚，語詩者必求之聖俞，雖宗工大儒如歐陽永叔，嘗景慕畏服，不敢自爲比數，謂當時士無賢愚，語詩者必求之聖俞，而又以其詩既多，不自收拾，故其散亡遺失，在前日已爲可惜。永叔嗜聖俞詩而患不能盡得之，乃因其妻之兄子謝景初，取自洛陽至吳興以來所作，既已爲之〈序〉矣，而又書其詩稿之後，褒尚推與，反覆無已。有所謂心得意會而未能至之者，豈服之無斁而猶不足之辭耶？其間贈送寄和，皆一時名士，而長篇麗句，諷詠雅正，旨趣高遠，眞得古詩人之風。今其鏤傳者十無四五，而遺編餘稿，泯沒無聞。予遊宣城，得全集於聖俞家，藏且數年矣，欲廣其傳而未暇。今參考《前集》所不載者，古、律歌詩共四百餘篇。舊稿以爲門類，而不分古、律二體，此更不復詮次，總爲十卷。有志於詩者得之，可共喜也。元符二年四月序。」是《外集》乃績臣所編次，其〈序〉則作於哲宗元符二年己卯（1099）也。《四庫全書總目》卷一百五十三〈集部〉六〈別集類〉六著錄：「《宛陵集》六十卷、

《附錄》一卷，<small>內府藏本。</small>宋梅堯臣撰。……《通考》載《正集》六十卷，又有《外集》十卷。此本爲明姜奇芳所刊，卷數與《通志》合，惟無《外集》，祇有《補遺》三篇，及〈贈答詩文〉、〈墓誌〉一卷，亦不知何人所附。陳振孫謂《外集》多與《正集》複出，或後人刪汰重複，故所錄止此耶？」可供參考。

聖俞爲詩，古澹深遠，有盛名於一時。近世少有喜者，或加毀訾，惟陸務觀重之，此可爲知者道也。自世競宗江西，已看不入眼，況晚唐卑格方錮之時乎？杜少陵猶有<small>廣校案：《文獻通考》作「猶敢」。</small>**竊議妄論者，**<small>廣校案：《文獻通考》無「者」字。</small>**其於宛陵何有？**

　　案：陸游《渭南文集》卷第十五有〈梅聖俞別集序〉，曰：「宛陵先生遺詩及文若干首，實某官李兼孟達所編輯也。先生當吾宋太平最盛時，官京洛。同時多偉人巨公，而歐陽公之文，蔡君謨之書，與先生之詩，三者鼎立，各自名家。文如尹師魯，書如蘇子美，詩如石曼卿輩，豈不足垂世哉！要非三家之比，此萬世公論也。先生天資卓偉，其於詩非待學而工，然學亦無出其右者。方落筆時，置字如大禹之鑄鼎，練句如后夔之作樂，成篇如周公之致太平，使後之能者欲學而不得，欲贊而不能，況可得而譏評去取哉！歐陽公平生常自以爲不能望先生，推爲詩老。王荊公自謂〈虎圖〉詩不及先生包鼎畫虎之作，又賦哭先生詩，推仰尤至，晚集古句，獨多取焉。蘇翰林多不可古人，惟次韻和陶淵明及先生二家詩而已。雖然，使本無此三公，先生何歉，有此三公，亦何以加秋毫於先生。予所以論載之者，要以見前輩識精論公，與後世妄人異耳。會李君來請予序，故書以予之。嘉泰三年正月己卯山陰陸某序。」是務觀甚重宛陵詩也。

尹子漸集六卷

《尹子漸集》六卷，太常博士知懷州河南尹源子漸撰。<small>廣校案：《文獻通考》此上有「師魯之兄」句。</small>**待制**<small>廣校案：《文獻通考》無「待制」二字。</small>**焞彥明，其孫也。**

　　廣校案：《宋史》卷二百八〈志〉第一百六十一〈藝文〉七〈別集類〉著錄：「《尹源集》六卷。」與此同。《宋史》卷四百二十八〈列傳〉第一百八十七〈道學〉二〈尹焞〉載：「尹焞字彥明，一字德充，世爲洛人。曾

祖仲宣七子，而二子有名：長子源字子漸，是謂河內先生；次子洙字師魯，是謂河南先生。源生林，官至虞部員外郎。林生淳。」是洙乃源之弟，淳爲源之孫。

尹師魯集二十二卷

《尹師魯集》二十二卷，館臣案：《文獻通考》作二十卷。直龍圖閣尹洙師魯撰。源之弟也。廣棪案：《文獻通考》無此二句。

廣棪案：《郡齋讀書志》卷第十九〈別集類〉下著錄：「《尹師魯集》二十卷。」《宋史》卷二百八〈志〉第一百六十一〈藝文〉七〈別集類〉著錄：「《尹洙集》二十八卷。洙字師魯，河南人。少與兄源俱以儒學知名。仁宗時直龍圖閣，《宋史》卷二百九十五〈列傳〉第五十四有傳。惟《宋史》洙本傳謂「有〈集〉二十七卷」，所記卷數均與《解題》不同。

其父仲宣，明經入仕。父子皆歐陽公誌其墓。

案：《宋史》卷四百二十八〈列傳〉第一百八十七〈道學〉二〈尹焞〉載：「尹焞字彥明，一字德充，世爲洛人。曾祖仲宣七子，而二子有名：長子源字子漸，是謂河內先生；次子洙字師魯，是謂河南先生。」是仲宣乃源、洙之父。《歐陽文忠公集》卷二十六〈墓誌銘·尙書虞部員外郎尹公墓誌銘〉曰：「公諱仲宣，姓尹氏。尹氏世居太原，無顯者。由公之父贈刑部侍郎諱文化始舉《毛詩》。登某科，以材敏稱於當時，仕至尙書都官郎中，於今人士語尹氏者，往往能稱其名字，由是始有聞人。刑部葬其父於河南，今爲河南人。公舉《周易》，咸平三年中第。歷梓州銅山、鳳翔麟游二主簿，京兆府司理參軍、潞州襄垣主簿。遷汝州、梁懷州武陟二令，又遷蜀州軍事判官。薦其能者數十人。拜大理寺丞、太子中舍、殿中丞、國子博士、尙書虞部員外郎，歷知汝州之葉，鄭州之滎陽，又知大寧監，通判華州。又知資州，有政績。最後知郢州。至州之三日。晨起衣冠。得疾卒。實景祐四年三月七日也，年七十一。以五年十一月二十八日葬壽州。母鄭氏，德興縣太君。妻張氏，壽安縣君。子七人。源、洙、湘、沖、淑、沂、泳。諸孫十餘人。公既卒。許州進士朱生遊資州，資人家家能道公之遺事。及聞公喪，皆巷哭。其吏與民，各以其類之浮屠，發哀受弔。朱生既得公善十餘事，爲作〈遺愛錄〉以遺資人。

朱生未嘗識公者，而言若茲，信矣。嗚呼！善人之爲善也，生不赫赫於
當時，則其遺風餘思在乎人者，必有時而著。公生而爲善，歿也見思。
銘者，所以名其善功以昭後世也。銘曰：『物塞而通，必艱其初。至于大
亨，乃燁而敷。尹氏之先，久窒不耀。自公再世，始發其奧。公不墜德，
有善在人。孰當其興，在子與孫。』」同書二十八〈墓誌銘・尹師魯洙墓
誌銘〉曰：「師魯，河南人，姓尹氏，諱洙。然天下之士識與不識，皆稱
之曰師魯，蓋其名重當世。而世之知師魯者，或推其文學，或高其議論，
或多其材能，至其忠義之節，處窮達，臨禍福，無愧於古君子，則天下
稱師魯者，未必盡知之。師魯爲文章，簡而有法，博學彊記，通知今古。
長於《春秋》。其與人言，是是非非，務窮盡適理乃已，不爲苟止而妄隨，
而人亦罕能過也。遇事無難易，而勇於敢爲。其所以見稱於世者，亦所
以取嫉於人，故其卒窮以死。師魯少舉進士及第，爲絳州正平縣主簿、
河南府戶曹參軍、邵武軍判官，舉書判拔萃。遷山南東道掌書記，知伊
陽縣。王文康公薦其才，召試，充館閣校勘，遷太子中允。天章閣待制
范公貶饒州，諫官御史不肯言。師魯上書，言仲淹，臣之師友，願得俱
貶，貶聖州酒稅，又徙唐州。遭父喪，服除，復得太子中允，知河南縣。
趙元昊反，陝西用兵，大將葛懷敏奏起爲經略判官。師魯雖用懷敏辟，
而尤爲經略使韓公所深知。其後諸將敗於好水，韓公降知秦州，師魯亦
徙，通判濠州。久之，韓公奏，得通判秦州。遷知涇州，又知渭州，兼
涇原路經略部署。坐城水洛與邊臣異議，徙知晉州，又知潞州。爲政有
惠愛，潞州人至今思之。累遷官至起居舍人，直龍圖閣。師魯當天下無
事時，獨喜論兵，爲〈敘燕〉、〈息戍〉二篇，行于先。自西兵起，凡五
六歲，未嘗不在其間。故其論議益精密，而於西事尤習其詳。其爲兵制
之說，述戰守勝敗之要，盡當今之利害。又欲訓士兵代戍卒以減邊用，
爲禦戎長久之策，皆未及施爲。而元昊臣。西兵解嚴，師魯亦去而得罪
矣。然則天下之稱師魯者，於其材能，亦未必盡知之也。初，師魯在渭
州，將吏有違其節度者，欲按軍法斬之而不果。其後吏至京師，上書訟
師魯以公使錢貸部將，貶崇信軍節度副使，徙監均州酒稅。得疾，無醫
藥，舁至南陽求醫，疾革。隱几而坐，顧稚子在前，無甚憐之色。與賓
客言，終不及其私。享年四十有六，以卒。師魯娶張氏，某縣君。有兄
源，字子漸，亦以文學知名。前一歲卒。師魯凡十年間，三貶官。喪其

父，又喪其兄。有子四人，連喪其三。女一，適人，亦卒。而其身終以
貶死。一子三歲，四女未嫁，家無餘貲，客其喪于南陽，不能歸。平生
故人無遠邇，皆往賻之，然後妻子得以其柩歸河南。以某年某月某日，
葬於先塋之次。余與師魯兄弟交，嘗銘其父之墓矣，故不復次其世家焉。
銘曰：『藏之深，固之密。石可朽，銘不滅。』」是歐陽修嘗先後誌仲宣、
師魯父子之墓也。

洙與穆伯長同為古文，范文正公為作〈集序〉。歐公_{廣棪案：《文獻通考》}
作「歐陽公」。亦稱其文簡而有法。

　　案：《宋史》洙本傳載：「洙內剛外和，博學有識度，尤深於《春秋》。自
唐末歷五代，文格卑弱。至宋初，柳開始為古文，洙與穆修復振起之。
其為文簡而有法，有《集》二十七卷。」歐陽修誌其墓，亦謂「師魯為
文章，簡而有法，博學彊記，通知今古，長於《春秋》。范仲淹〈尹師魯
河南集序〉曰：「予觀〈堯典〉、〈舜歌〉而下，文章之作，醇醨迭變，代
無窮乎？惟抑末揚本，去鄭復雅，左右聖人之道者難之。近則唐正元、
元和之間，韓退之主盟于文，而古道最盛；懿、僖以降，浸及五代，其
體薄弱。皇朝柳仲塗起而麾之，髦俊率從焉。仲塗門人能師經探道，有
文於天下者多矣。洎揚大年以應用之才，獨步當世，學者刻辭鏤意，有
希髣髴，未暇及古也。其間甚者，專事藻飾，破碎大雅，反謂古道不適
於用，廢而弗學者。久之，洛陽尹師魯，少有高識，不逐時輩，從穆伯
長游，力為古文。而師魯深於《春秋》，故其文謹嚴，辭約而理精，章奏
疏議，大見風采，士林方聳慕焉。遽得歐陽永叔，從而大振之，由是天
下之文一變，而其深有功於道歟！師魯天聖二年登進士第，後中拔萃科，
從事于西都。時洛守王文正沂公，暨王文康公，並加禮遇，遂引薦於朝，
寘之文館；尋以論事切直，貶監郢州市征，後起為陝西經略判官，屢更
邊任，遷起居舍人，直龍圖閣，知潞州。以前守平涼，日貸公食錢于將
佐，議者不以情，復貶漢東節度副使，歲餘監均州市征。予方守南陽郡。
一旦師魯舁疾而來，相見累日，無一言及後事。家人問之不答。予即告
之曰：『師魯之行，將與韓公稚圭、歐陽永叔述之，以貽後代。君家雖貧，
共當捐俸以資之，君其端心靖神，無或後憂。』師魯舉手曰：『公言盡矣，
我不復云。』翌日往視之，不獲見。傳言曰：『已別矣！』遂隱几而卒。
故人諸生聚而泣之，且歎其精明如是，剛決如是，死生不能亂其心，可

不謂正乎！死而不失其正，君子何少哉！師魯之才之行，與其履歷，則
有永叔爲之〈墓銘〉，稚圭爲之〈墓表〉，此不備載。噫！師魯有心於時，
而多難不壽，所爲文章亦未嘗編次，惟先傳於人者，索而類之，成十卷，
亦足見其志也。故序之。」所序師魯文學成就，爲人及宦歷甚詳。

以剛直數忤時，卒以貶死。死時精明不亂，有過人者。

　　案：《宋史》洙本傳載：「改太常丞、知涇州。以右司諫、知渭州兼領涇
　　原路經略公事。會鄭戩爲陝西四路都總管，遣劉滬、董士廉城水洛，以
　　通秦、渭援兵。洙以爲前此屢困于賊者，正由城砦多而兵勢分也。今又
　　益城，不可，奏罷之。時戩已解四路，而奏滬等督役如故。洙不平，遣
　　人再召滬，不至；命張忠往代之，又不受。於是論狄青械滬、士廉下吏。
　　戩論奏不已，卒徙洙慶州而城水洛。又徙晉州，遷起居舍人、直龍圖閣、
　　知潞州。會士廉詣闕上書訟洙，詔遣御史劉湜就鞫，不得他罪。而洙以
　　部將孫用由軍校補邊，自京師貸息錢到官，亡以償。洙惜其才可用，恐
　　以犯法罷去，嘗假公使錢爲償之，又以爲嘗自貸，坐貶崇信軍節度副使，
　　天下莫不以爲湜文致之也。徙監均州酒稅，感疾，沿牒至南陽訪醫，卒，
　　年四十七。」足供參證。

《書判》一卷

《書判》一卷，尹洙撰。洙，天聖二年進士。後以安德軍節推試書判拔
萃科，中之。前十道是程文，餘當為擬卷。

　　廣棪案：《宋史》卷二百九十五〈列傳〉第五十四〈尹洙〉載：「尹洙字
　　師魯，河南人。少與兄源俱以儒學知名。舉進士，調正平縣主簿。歷河
　　南府戶曹參軍、安國軍節度推官、知光澤縣。舉書判拔萃，改山南東道
　　節度掌書記、知伊陽縣，有能名。」足供參證。

本朝惟余安道亦中是科。

　　案：余安道，生平不可考。

《集》中有〈判詞〉二卷，《文鑑》亦載一二。

　　案：尹洙有《河南先生集》凡二十八卷，其卷二十四、二十五爲〈申狀〉，
　　而非判詞。《宋文鑑》卷第一百二十九〈書判〉，收余靖判詞六篇，王回

判文二篇，而未收尹洙判詞，疑《解題》誤。

又有王回判二道，而回不以此科進。餘未有聞。

案：王回字深父，福州侯官人。嘗舉進士中第，爲衛眞簿，有所不合，稱病自免。治平中，以爲忠武軍節度推官，知南頓縣，命下而卒。回，《宋史》卷四百三十二〈列傳〉第一百九十一〈儒林〉二有傳。《宋文鑑》載王回〈判詞〉二道，一曰：「甲爲縣令，乙與其故人丙醉毆乙，乙詣縣訟丙。令問曰：『傷乎？』曰：『無傷也。』『相識乎？』曰：『故人三十年矣。』『嘗相失乎？』曰：『未也。』『何爲而毆汝乎？』曰：『醉也。』解之使去。有司劾甲故出丙罪。甲曰：『鬪不至傷，赦許在村了奪，耆長則可，縣令顧不可乎？』令親民而毆之於善者也，士所以學爲君子也。今釋一醉忿相毆笞四十之過，全其三十年間未嘗相失之交。毆民於善，而責士以君子之道者也。仲尼爲魯司寇，赦父子之訟；漢馮朝、韓延壽，不肯決昆弟之爭。篤於親而故舊不遺，其義蓋一耳。甲之所爲，於古爲能教，於今爲應法。不可劾。」其二曰：「甲爲出妻，已告其在家嘗出不遜語指斥乘輿。有司言：雖出妻，而所告者未出時事也。或疑薄君臣之禮，隆夫婦之恩，律不應經。指斥乘輿，臣民之大禁，至死者斬；而旁知不告者，猶得徒一年半；所以申天子之尊於海內，使雖遐逖幽陋之俗，猶無敢竊言訕侮者。然《書》稱商、周之盛，王聞小人怨詈，乃皇自恭德，不以風俗既美，而臣民儼然戴上，不待刑也。則此律所禁，蓋出于秦、漢之苛耳。若妻爲夫服斬衰而降，其義甚重，傳《禮》已來，未之有改也。且挾虐犯法，既許自訴，而七出義絕，和離之類，豈有大怨？顧恬藉衽席之所知，喜爲路人，擠之死地，其惡憝矣。宜如有司所論已告夫減所告罪一等，甲同自首。以律附經，竊謂非薄君臣之禮，而隆夫婦之恩也。」觀是二判，則回之爲宦，亦可謂量刑輕判，澤加於民矣。

宋元憲集四十四卷

《宋元憲集》四十四卷，廣棪案：《文獻通考》下有小註：「一作《湜中集》二十卷。」惟據《郡齋讀書志》，應作《緹巾集》爲合。丞相鄭國元憲公安陵廣棪案：元抄本、盧校本「陵」作「陸」。是。宋庠公序撰。

廣棪案：《郡齋讀書志》卷第十九〈別集類〉下著錄：「《緹巾集》二十卷。」《通志》卷七十〈藝文略〉第八〈別集〉五〈宋〉著錄：「《宋元憲公集》五卷，宋庠。又《緹巾集》十二卷。」《宋史》卷二百八〈志〉第一百六

十一〈藝文〉七〈別集類〉著錄：「宋庠《緹巾集》十二卷，又《操縵集》六卷、《連珠》一卷。」所著錄均與《解題》不同。《四庫全書總目》卷一百五十三〈集部〉六〈別集類〉六著錄：「《宋元憲集》四十卷，_{《永樂大典》}本。宋宋庠撰。……《通考》於是集之下又附註曰：『一作《湜中集》_{廣棪案：應為《緹巾集》，下同。}二十卷。』其名又異。然《永樂大典》實祇標《宋元憲集》，則非《湜中集》明甚。故今仍舊目，不取《通考》之名焉。」是《四庫全書》館臣亦未悉《通考》附註之由也。庠字公序，安州安陸人。仁宗時為丞相，英宗即位，封鄭國公，卒諡元憲。《宋史》卷二百八十四〈列傳〉第四十三有傳。

本名郊，字伯庠。天聖二年進士第一。後有忌者讒之，以姓符國號，名應郊天，仁宗命改焉。忌者之力止此，後卒大用，為名臣。

案：《郡齋讀書志》著錄：「《緹巾集》二十卷。右皇朝宋庠字公序，開封雍丘人。天聖中，擢進士第一。入翰林為學士。皇祐元年，拜相。嘉祐中，復為樞密使，封莒國公，以司空致仕。初名郊，字伯庠，御史言其姓符國號，名應郊天，乃改今名。遺命子孫，不得以其文集流傳。」《宋史》庠本傳亦載：「庠初名郊，李淑恐其先己，以奇中之，言曰：『宋，受命之號；郊，交也。合姓名言之為不祥。』帝弗為意，他日以諭之，因改名庠。寶元中，以右諫議大夫參知政事。庠為相儒雅，練習故事，自執政，遇事輒分別是非。」足供參證。而忌庠者則李淑也。

宋景文集一百卷

《宋景文集》一百卷，_{廣棪案：《文獻通考》作「《宋景文集》一百五十卷。}**翰林學士景文公宋祁子京撰。**_{廣棪案：《文獻通考》無此句。}

廣棪案：《郡齋讀書志》卷第十九〈別集類〉下著錄：「《宋景文集》一百五十卷。」〈宋志〉同。《通志》卷七十〈藝文略〉第八〈別集〉五_{〈宋〉}著錄：「「《宋景文公集》七十八卷，_{宋祁。}」所著錄卷數均與《解題》不同。祁字子京，仁宗時任翰林學士，卒諡景文。《宋史》卷二百八十四〈列傳〉第四十三附〈宋庠〉。

庠弟也。自布衣名動場屋，號二宋。天聖二年同登第，祁本首唱，章獻

謂弟不可以先兄，以為第十人，而庠遂魁天下。_{廣棪案：《文獻通考》無以}
上八句。

　　案：《郡齋讀書志》著錄：「《宋景文集》一百五十卷。右皇朝宋祁字子京。
與其兄郊同舉進士，奏名第一，章獻以為弟不可先兄，乃擢郊第一，而
以為第十。當是時，兄弟俱以辭賦妙天下，號『大小宋』。累遷知制誥，
除翰林學士承旨。以文章擅名一時，終不至大用，眾頗惜之。張方平為
之請，諡景文。通小學，故其文多奇字。蘇子瞻嘗謂其淵源皆有考，奇
嶮或難句，世以為知言。《集》有〈出麾小集〉、〈西州猥稿〉之類，合併
而為一。」《宋史》祁本傳亦載：「祁字子京，與兄庠同時舉進士，禮部
奏祁第一，庠第三。章獻太后不欲以弟先兄，乃擢庠第一，而置祁第十。
人呼曰『二宋』，以大小別之。」可參證。

兄弟後皆貴顯。_{廣棪案：《文獻通考》無此句。}景文清約莊重不逮其兄，以
此不至公輔。

　　案：《宋史》祁本傳載：「祁兄弟皆以文學顯，而祁尤能文，善議論，然
清約莊重不及庠，論者以祁不至公輔，亦以此云。」《宋史》顯據《解題》
立說。

所撰《唐書》列傳，不稱良史。

　　案：《宋史》祁本傳載：「修《唐書》十餘，自守亳州，入內外嘗以稿自
隨，為〈列傳〉百五十卷。」無一語評其得失。考《解題》卷四〈正史
類〉「《新唐書》二百二十五卷」條曰：「舊例，修書止著官高一人名銜。
歐公曰：『宋公於我為前輩，且於此書用力久且深，何可沒也。』遂於紀、
傳各著之。宋公感其退遜。今案《舊史》成於五代文氣卑陋之時，紀次
無法，詳略失中，論贊多用儷語，固不足傳世。而《新書》不出一手，
亦未得為全善。本紀用《春秋》例，削去詔令，雖太略，猶不失簡古，
至列傳用字多奇澀，殆類虬戶銑谿體，識者病之。歐公嘗臥聽〈藩鎮傳
序〉曰：『使筆力皆如此，亦未易及也。』然其〈序〉全用杜牧〈罪言〉，
實無宋公一語。然則歐公殆不滿於宋，名銜之著，固惡夫爭名，抑亦以
自表異耶？溫公《通鑑》多據《舊史》，而唐庚子西直謂《新唐書》敢亂
道而宋，名銜之著，固惡夫爭名，抑亦以自表異耶？溫公《通鑑》多據
舊史，而唐庚子西直謂《新唐書》敢亂道而不好，雖過甚，亦不為亡謂

也。劉元城亦謂事增文省,正《新書》之失處云。」是直齋力證《新唐書》不稱良史也。惟《四庫》本《解題》此條後附隨齋批注曰:「文簡云:『〈進唐書表〉自言其文減於前,其事多於舊,此正其所爲不逮遷、固者,顧以自衒何哉!《論語》記夫子與弟子問答,率不過數語,而季氏將伐顓臾,記所詰對甚詳,不如是不足以見體要,各造其極也。今《唐史》務爲省文,而拾取小說私記,則皆附著無棄,其有官品尊崇而不預治亂,又無善惡可垂鑑戒者悉聚,徒繁無補,殆與古作者不侔。始,《唐史》置局時,其同僚約日著《舊史》所無者三事,則固立於不善矣,弊必至於此。然其名臣關國治亂者,如裴度、陸贄、魏徵〈傳〉,悉致其詳,則其有補亦不可掩。』」文簡即程大昌,於直齋爲前輩,文簡評《新唐書》,則認爲得失參半,似較直齋公允矣!

景文《筆記》:「余於爲文似蓬瑗,年五十,知四十九年非;余年六十,始知五十九年非,其庶幾至於道乎!」「每見舊所作文章,憎之必欲燒棄。梅堯臣喜曰:『公之文進矣。』。」

　　案:《宋景文公筆記》上〈釋俗〉載:「余於爲文似蓬瑗。瑗年五十,知四十九年非,余年六十,始知五十九年非,其庶幾至於道乎?天稟余才,纔及中人,中人之流,未能名一世,然自力於當時則綽綽矣。」又載:「每見舊所作文章,憎之必欲燒棄。梅堯叟喜曰:『公之文進矣!』僕之爲詩亦然。」《解題》殆本此。

景文未第時,爲學於永陽僧舍,或問曰:「君好讀何書?」答曰:「余最好〈大誥〉。」故景文爲文謹嚴,至修《唐書》,其言艱,其思苦,蓋亦有所自歟? _{館臣案:「景文《筆記》」以下原本俱脫去,今據《文獻通考》增入。　廣}
_{棪案:盧校本無「景文《筆記》至「蓋亦有所自歟」。}

　　案:《宋景文公筆記》無此條。今人丁傳靖《宋人軼事彙編》卷七〈二宋〉項下亦漏載此條。然《宋景文公筆記》卷上〈釋俗〉另有二條云:「余少爲學,本無師友。家苦貧無書,習作詩賦,未始有志立名於當世也。願計粟米養親,紹家閥耳!年二十四,而以文投故宰相夏公,公奇之,以爲必取甲科,吾亦不知果是歟!天聖甲子,從鄉貢試禮部,故龍圖學士劉公嘆所試辭賦,大稱之,朝以爲諸生冠。吾始重自淬礪,力於學。模寫有名士文章,諸儒頗稱以爲是。年過五十,被詔作《唐書》,精思十餘

年，盡見前世諸著，乃悟文章之難也。雖悟於心，又求之古人，始得其崖略。因取視五十已前所爲文，赧然汗下，知未嘗得作者藩籬，而所效皆糟粕芻狗矣。夫文章必自名一家，然後可以傳不朽，若體規畫圓，準方作矩，終爲人之臣僕，古人譏屋下作屋，信然。陸機曰：『謝朝花於已披，啓夕秀於未振。』韓愈曰：『惟陳言之務去。』此乃爲文之要，五經皆不同體，孔子沒後，百家奮興，類不相沿，是前人皆得此旨。嗚呼！吾亦悟之晚矣。雖然，若天假吾年，猶冀老而成云。」又云：「文有屬對平側用事者，供公家一時宣讀，施行以便，快然久之，不可施於史傳。余修《唐書》，未嘗得唐人一詔、一令可載於傳者，唯捨對偶之文，近高古乃可著於篇。大抵史近古，對偶宜今，以對偶之文入史策，如粉黛飾壯士，笙匏佐鼙鼓，非所施云。」足見祁爲文之謹嚴務古，及其修《唐書》，「其言艱，其思苦」，固亦有所自也。

六一居士集一百五十二卷、附錄四卷、年譜一卷

《六一居士集》一百五十二卷、《附錄》四卷、《年譜》一卷，參政文忠公廬陵歐陽修永叔撰。廣棪案：《文獻通考》無此句。

　　廣棪案：《郡齋讀書志》卷第十九〈別集類〉下著錄：「《歐陽文忠公集》八十卷、《諫垣集》八卷。」《通志》卷七十〈藝文略〉第八〈別集〉五〈宋〉著錄：「《六一居士全集》一百五十卷，歐陽修。又《六一居士別集》二十卷。」周必大〈歐陽文忠公集跋〉載：「成一百五十三卷，別爲〈附錄〉五卷。」《宋史》卷二百八〈志〉第一百六十一〈藝文〉七〈別集類〉著錄：「《歐陽修集》五十卷，又《別集》二十卷、《六一集》七卷、《奏議》十八卷、《內外制集》十一卷、《從諫集》八卷。」所著錄均與《解題》異。歐陽修字永叔，廬陵人。仁宗嘉祐六年，拜參知政事，卒諡文忠。《宋史》卷三百一十九〈列傳〉第七十八有傳。

本朝初爲古文者，柳開、穆修，其後有二尹、二蘇兄弟。歐公本以辭賦擅名場屋，既得韓文，刻意爲之。雖皆在諸公後，而獨出其上，遂爲一代文宗。

　　案：蘇軾〈歐陽文忠公集序〉曰：「自漢以來，道術不出於孔氏，而亂天下者多矣！晉以老、莊亡，梁以佛亡，莫或正之。五百餘年而後得韓愈，

學者以愈配孟子，蓋庶幾焉。愈之後三百有餘年，而後得歐陽子，其學推韓愈、孟子，以達於孔氏，著禮樂仁義之實，以合於大道，其言簡而明，信而通，引物連類，折之於至理，以服人心，故天下翕然師尊之。自歐陽子之存，世之不說者譁而攻之，能折困其身而不能屈其言，士無賢不肖不謀而同曰：『歐陽子，今之韓愈也。』宋興七十餘年，民不知兵，富而教之，至天聖、景祐極矣，而斯文終有愧於古，士亦因陋守舊，論卑而氣弱。自歐陽子出，天下爭自濯磨，以通經學古爲高，以救時行道爲賢，以犯顏納說爲忠，長育成就，至嘉祐末號稱多士，歐陽子之功爲多。嗚呼！此豈人力也哉？非天其孰能使之？」晁公武《郡齋讀書志》亦云：「《歐陽文忠公集》八十卷、《諫垣集》八卷。右皇朝歐陽修字永叔，吉州人。……卒諡文忠。博極群書，好學不倦，尤以獎進天下爲己任，延譽慰藉，極其力而後已。於經術，治其大指，不求異於諸儒。與尹洙皆爲古學，遂爲天下宗匠。」明人錢溥〈歐陽文忠公全集序〉亦曰：「士非文章之難也，而以文章救世爲難，商楹既奠，齊轍不返，而荀、韓、黃、老之術起，斯道遂亡于秦，鑿于漢，而摩于隋唐矣，豈復知有七篇仁義之說哉？幸而韓愈氏出，慨然以斯道爲己任，其文章足以革弊而拯溺，嘗曰：『軻之死，不得其傳焉！』則亦隱然自任其傳矣。後又變而爲五季衰陋之習，雖宋興七十有餘年，而學者亦未易遽復于古。一旦歐陽子出，以文章道德爲宗師。若范仲淹之貶于饒也，一時名士目爲黨人，公在諫院爲〈朋黨論〉以獻，群言遂息，不然，黨鋸之禍成矣。嘉祐學者爭尚怪僻爲奇，文體大壞，公知貢舉，黜險怪而錄雅正，士初喧然騰謗，其後不五六年，文格遂變而復古，不然，弊將若何而止哉？此所謂文章必以救世爲難也。雖然，當是之時，倡而和者，韓有柳宗元、歐陽有蘇氏父子，其他李翺、皇甫湜、張籍之流，曾鞏、尹洙、張文潛、秦少游之輩，聲振而氣從，金春而玉應，文非不美也，而較其救世之功，則若列星之有五行，眾山之於五岳，其功化發育呈露，蓋自有不侔者，宜其崛起於千百載之前，而並耀於千百載之後，而渺焉未有能繼之者。匹大而爲百世師，一言而爲天下法，蓋唯二公有焉。」上述三家皆表彰歐陽修之文，與直齋之說足相發明。

其《集》徧行海內，而無善本，周益公解相印歸，用諸本編校，定爲此本，且爲之《年譜》。自廣校案：《文獻通考》作「曰」，元抄本、盧校本同。《居

士集》、《外集》而下，至於《書簡集》，凡十，各廣_{校案：《文獻通考》作「凡}刊之家塾。其子綸又以所得歐陽氏傳家本，乃公之子棐叔弼所編次者，屬益公舊客曾三異校正，益完善無遺恨矣。《居士集》，歐公手所定也。

案：周必大此〈集跋〉曰：「《歐陽文忠公集》，自汴京，江浙閩蜀皆有之。前輩嘗言公作文，揭之壁間，朝夕改定。今觀手寫〈秋聲賦〉，凡數本；〈劉原父手帖〉亦至再三，而用字往往不同。故別本尤多，後世傳錄既廣，又或以意輕改，殆至訛謬不可讀。盧陵所刊，抑又甚焉。卷帙叢脞，略無統紀，私竊病之。久欲訂正，而患寡陋，未能也。會郡人孫謙益老於儒學，刻意斯文；承直郎丁朝佐博覽羣書，尤長考證。於是徧搜舊本，傍采先賢文集，與鄉賢進士曾三異等互加編校，起紹熙辛亥春，迄慶元丙辰夏，成一百五十三卷，別為〈附錄〉五卷，可繕寫模印。惟《居士集》經公決擇，篇目素定，而參校眾本，有增損其辭至百字者，有移易後章為前章者，皆已附注其下。如〈正統論〉、〈吉州學記〉、〈瀧岡阡表〉，又迥然不同，則收置《外集》。自餘去取因革，粗有據依，或不必存而存之，各為之說，列於卷末，以釋後人之惑。第首尾浩博，隨得隨刻，歲月差互，標注牴牾，所不能免。其視舊本，則有間矣。既以補鄉邦之闕，亦使學者據舊鑒新，思公所以增損移易，則雖與公生不同時，殆將如升堂避席，親承指受，或因是稍悟為文之法，此區區本意也，六月己巳，前進士周必大謹書。」《四庫全書總目》卷一百五十三〈集部〉六〈別集類〉六「《文忠集》一百五十三卷、《附錄》五卷，_{江西巡撫採進本}。」條則曰：「案《宋史‧藝文志》載修所著《文集》五十卷、《別集》二十卷、《六一集》七卷、《奏議》十八卷、《內外制集》十一卷、《從諫集》八卷。諸《集》之中，惟《居士集》為修晚年所自編。其餘皆出後人裒輯。各自流傳，如衢州刻《奏議》，韶州刻《從諫集》，浙西刻《四六集》之類。又有盧陵本、京師舊本、綿州本、宣和吉本、蘇州本、閩本諸名，分合不一。陳振孫《書錄解題》謂修『《集》遍行海內，而無善本』，蓋以是也。此本為周必大所編定。自《居士集》至《書簡集》，凡分十種。前有必大所作〈序〉。陳振孫以為『益公解相印歸，用諸本編校，刊之家塾。其子綸又以所得歐陽氏傳家本，歐陽棐所編次者，屬益公舊客曾三異校正，益完善無遺恨。』然必大〈原序〉又稱：『郡人孫謙益、承直郎丁朝

佐，徧搜舊本，與鄉貢進士曾三異等互相編校，起紹熙辛亥，迄慶元庚辰。』據此，則是書非三異獨校，亦非必大自輯。與振孫所言俱不合。檢書中舊存編校人姓名，有題『紹熙三年十月丁朝佐編次，孫謙益校正』者。有題『紹熙五年十月孫謙益、王伯芻校正』者。又有題『郡人羅泌校正』者。亦無曾三異之名。惟卷末〈考異〉中多有云：『公家定本作某者，似即周綸所得之歐陽氏本。』疑此書編次義例，本出必大。特意存讓善，故〈序〉中不自居其名。而振孫所云『綸得歐陽氏本付三異校正』者，乃在朝佐等校定之後添入刊行，故〈序〉亦未之及歟？」足供參證。

李泰伯退居類藁十二卷、續藁八卷、常語三卷、周禮致太平論十卷、後集六卷

《李泰伯退居類藁》十二卷、《續藁》八卷、《常語》三卷、《周禮致太平論》十卷、《後集》六卷，太學說書南城李覯泰伯撰。

廣棪案：《通志》卷七十〈藝文略〉第八〈別集〉五〈宋〉著錄：「《退居類藁》十二卷，李覯。」《宋史》卷二百八〈志〉第一百六十一〈藝文〉七〈別集類〉著錄：「李泰伯《直講集》三十三卷，又《後集》六卷。」均與《解題》著錄不同。惟趙希弁《讀書附志》卷下〈別集類〉四著錄：「李泰伯《退居類藁》十二卷、《皇祐續藁》八卷、《常語》三卷、《周禮致太平論》十卷、《後集》六卷。」則與《解題》合。覯字泰伯，建昌軍南城人。《宋史》卷四百三十二〈列傳〉第一百九十一〈儒林〉二有傳。《宋史》覯本傳載：「嘉祐中，用國子監奏，召爲海門主簿、太學說書而卒。覯嘗著《周禮致太平論》、《平土書》、《禮論》。門人鄧潤甫，熙寧中，上其《退居類藁》、《皇祐續藁》并《後集》，請官其子參魯，詔以爲郊社齋郎。」可參證。

其〈自序〉曰：「天將壽我歟？所爲固未足也，不然，斯亦足以藉手見古人矣。」

案：覯〈退居類稿序〉曰：「李泰伯以舉茂才罷歸。其明年慶曆癸未秋，因科所著文，自冠迄茲十五年，得草稿二百三十三首，將恐亡散，姑以類辨爲十二卷，寫之。間或應用而爲，未能盡無愧，閔其力之勞，輒不弃去。至於夭淫刻飾，尤無用者，雖傳在人口，皆所弗取。噫！天將壽我乎？所爲固未足也；不然，斯十二卷，庶可藉手見古人矣，故自序云。」

可參證。

《類藁》，慶曆所錄。《續藁》，皇祐所錄。《後集》則門人傅野編。

案：〈退居類稿序〉云：「李泰伯以舉茂才罷歸，其明年慶曆癸未秋，因科所著文，……姑以類辨爲十二卷，寫之。」是《類稿》乃慶曆三年所錄也。《續稿》，《讀書附志》著錄作《皇祐續稿》，是皇祐所錄也。傅野，《宋史》無傳。《宋元學案補遺》卷三〈盱江門人‧縣尉傅先生野〉載：「傅野字亨甫，南城人，學于盱江。蚤有立操，與陳次公俱爲門人稱首。熙寧中，郡以高材淹滯聞，賜粟帛充軍學教授，歷明州定海尉，歸隱于沙溪之東巖，有文集名《通稿》。」《盱江門人錄》梓材謹案：先生嘗編泰伯《後集》六卷，見《直齋書錄解題》。」可考證。

泰伯不喜《孟子》，《常語》專辨之。

案：《宋元學案補遺》卷三〈盱江門人‧縣尉傅先生野〉載：「述《常語》曰：『孟子誠學孔子者也，其有背而違之者，《常語》討之甚明。揚與韓，賢人也，其所以推尊孟子，皆著于其書。二子之尊孟處，《常語》亦尊之矣；所繆者，教諸侯以叛天子，以爲非孔子之志也。又以『盡信書不如無書』之說，爲今之害。故今之儒者，往往由此言而破《六經》，《常語》可不作邪？』」可參證。

嘗舉茂材，不中。世傳閣試論題，有全不記所出者，曰：此必《孟子注》也。擲筆而出。 廣棪案：《文獻通考》無以上數句。

案：《讀書附志》卷下〈別集類〉四著錄：「李泰伯《退居類藁》十二卷、《續藁》八卷、《常語》三卷、《周禮致太平論》十卷、《後集》六卷。右李覯泰伯之文也。覯，盱人。嘗試制科六論不得，其一曰：『吾書未嘗不讀，必《孟子註疏》也。』擲而出。人爲檢視之，果然，遂下第而歸。後以海門簿召赴太學說書以卒。嘗自類其所爲文曰：『天將壽我與，所爲固未足也。不然，斯亦足以藉手見古人矣。』其詳見於《國朝儒學傳》。希弁嘗得〈修梓山寺殿記〉，云『應茂材異等科李覯撰。』然不載於藁中。」可參證。

少微集三十卷

《少微集》三十卷，職方員外郎會稽唐祖之撰。齊澣之後。天聖八年進

士。兩應制科，皆為首選，以切直報罷。居鑑湖東北，去城五里。名其山曰少微。

　　廣棪案：《宋史翼》卷二十六〈列傳〉第二十六〈文苑〉一〈齊唐〉載：「齊唐字祖之，山陰人。唐開元中浙西觀察使澣之後。少貧苦學，應得書皆自寫，誦過一二，則不忘。學識之博，人罕過之。郡從事魏庭堅，聞士也，謂唐曰：『今之士多不讀書？』唐曰：『幸公任意以几上書，令唐一誦之，如何？』庭堅以一秩開示，乃《文選・頭陀寺記》，而唐誦不遺一字。魏大驚服。登天聖八年進士第，嘗進〈龍韜勝略賦〉，士大夫覽者皆震讋。兩應制科，祕閣皆首選。兩對策，皆在第一。當塗忌其切直，復排去。遷著作佐郎，知杭州富陽縣，改祕書丞、太常博士，為南雄州簽判。會交趾進麒麟，唐據史傳非之，斥蠻人紿中國，眾服其博物。以職方員外郎致仕。初鑑湖東北有山，歸然與會稽出禹廟相望，最為山水奇偉之處。唐命其山曰少微，而卜築焉。熙寧七年卒，年八十八。有《學苑精英》三十卷、《少微集》三十卷。《會稽續志》。」足供參證。

其《集》，顧臨為之〈序〉。

　　案：顧臨，《宋史》卷三百四十四〈列傳〉第一百三有傳。《宋人傳記資料索引》載：「顧臨，字子敦，會稽人。學於胡瑗，通經學，長於訓詁。歷官館閣校勘，同知禮院。神宗以臨喜論兵，詔編《武經要略》，因條十事以獻。元祐二年，擢給事中，拜河北都轉運使。蘇軾等言臨資方正，學有根本，封駁議論有古人風，宜留左右，以補闕遺。不報。尋召還，歷翰林學士。紹聖初，知定州，徙天應、河南府，忌者指為黨人，斥饒州居住。卒年七十二。」是臨亦會稽人，皆唐同鄉。惜其所撰〈序〉，已佚。

樂全先生集四十卷、玉堂集二十卷

《樂全先生集》四十卷、《玉堂集》二十卷，廣棪案：《文獻通考》無「《玉堂集》二十卷」六字。**參政文定公南都張方平安道撰。**

　　廣棪案：《宋史》卷二百八〈志〉第一百六十一〈藝文〉七〈別集類〉著錄：「《張方平集》四十卷。」應即為《樂全先生集》四十卷。《讀書附志》卷下〈別集類〉二著錄：「張文定《玉堂集》二十卷。右張文定公方平之文也。公字安道，宋城人。明道二年，以茂材異等，擢為校書

郎。神廟時，參大政。元祐六年，終於太子少師致仕，贈司空，諡文定。公出入兩禁，垂二十年，一時大典，多出其手。劉忠肅嘗序其《玉堂集》二十卷，乃在東坡所序《樂全集》四十卷之外。淳熙九年，錫山尤袤重刻于江西漕臺。」與《解題》同。方平字安道，南京人。神宗時，拜參知政事，卒諡文定。《宋史》卷三百一十八〈列傳〉第七十七有傳。

初舉茂材異等，再舉賢良方正，皆中其科。

案：《宋史》方平本傳載：「張方平字安道，南京人。少穎悟絕倫，家貧無書，從人假三史，旬日即歸之，曰：『吾已得其詳矣。』凡書皆一閱不再讀，宋綬、蔡齊以爲天下奇才。舉茂材異等，爲校書郎、知崑山縣。又中賢良方正，選遷著作佐郎、通判睦州。」即記此事。

識略過人，知蘇洵父子於布衣。

案：《宋史》方平本傳載：「守蜀日，得眉山蘇洵與其二子軾、轍，深器異之。嘗薦軾爲諫官。軾下制獄，又抗章爲請，故軾終身敬事之，敘其文，以比孔融、諸葛亮。」

惡王安石於攷試進士之日，皆人所不能及也。<small>廣棪案：《文獻通考》無「也」字。</small>

案：《宋史》方平本傳載：「晚，受知神宗。王安石用事，嶷然不小屈，以是望高一時。守宋都日，富弼自亳移汝，過見之曰：『人固難知也。』方平曰：『謂王安石乎？亦豈難知者！方平頃知皇祐貢舉，或稱其文學，辟以考校。既入院，凡院中之事，皆欲紛更。方平惡其人，檄使出，自是未嘗與語也。』弼有愧色，蓋弼素亦善安石云。」是方正之知人，又在富弼上也。

壽至<small>廣棪案：《文獻通考》無「至」字。</small>**八十五，薨於元祐中。**

案：《宋史》本傳載：「元祐六年，薨，年八十五。贈司空。遺令毋請諡，尚書右丞蘇轍爲請，乃諡曰文定。」

於當時最爲耆德，然頗爲司馬溫公所不喜。<small>廣棪案：《文獻通考》末句作「然頗不爲司馬公所喜」。</small>

案：《宋史》本傳載：「拜參知政事。御史中丞司馬光疏其不當用，不聽。」是溫公不喜方平之證。

胡文恭集七十卷

《胡文恭集》七十卷，_{廣棪案：盧校注：「聚珍版。」}樞密副使文恭公晉陵胡宿武平撰。

> 廣棪案：《宋史》卷二百八〈志〉第一百六十一〈藝文〉七〈別集類〉著錄：「《胡宿集》七十卷。」應同屬一書。宿字武平，常州晉陵人。英宗時拜樞密副使，卒諡文恭。子宗炎，從子宗愈、宗回。《宋史》卷三百一十八〈列傳〉第七十七有傳。

晉陵之胡，自文恭始人，其猶子宗愈仍執政，子孫為侍從、九卿者以十數。

> 案：《宋史》宿本傳載：「胡氏自宿始大，及宗愈仍世執政，其後子孫至侍從、九卿者十數，遂爲晉陵名族。」《宋史》殆據《解題》也。

紹興初，_{廣棪案：《文獻通考》無「初」字。}世將承公，亦其後也。_{廣棪案：《文獻通考》無「也」字。}至今猶名族。

> 案：《宋史》卷三百七十〈列傳〉第一百二十九〈胡世將〉載：「胡世將字承公，常州晉陵人。宿之曾孫。登崇寧五年進士第。……（紹興）十一年秋，……除資政殿學士致仕，恩數視簽書樞密院事。卒，年五十八，命有司給葬事。」可參證。

臨川集一百卷

《臨川集》一百卷，_{館臣案：《文獻通考》作一百三十卷。}丞相荊國文公臨川王安石介甫撰。_{廣棪案：《文獻通考》無此句。}

> 廣棪案：《郡齋讀書志》卷第十九〈別集類〉下著錄：「王介甫《臨川集》一百三十卷。」卷數不同。《通志》卷七十〈藝文略〉第八〈別集〉五〈宋〉著錄：「《臨川集》一百卷，王安石。又《臨川後集》八十卷。」《宋史》卷二百八〈志〉第一百六十一〈藝文〉七〈別集類〉著錄：「《王安石集》一百卷。」安石字介甫，撫州臨川人。神宗時爲相。初封舒國公，改封荊。諡曰文。《宋史》卷三百二十七〈列傳〉第八十六有傳。

後改封舒王。_{廣棪案：《文獻通考》無此句。}

> 案：《宋史》安石本傳載：「元祐元年，卒，年六十六，贈太傅。紹聖中，

諡曰文，配享神宗廟庭。崇寧三年，又配食文宣王廟，列于顏、孟之次，追封舒王。欽宗時，楊時以為言，詔停之。高宗用趙鼎、呂聰問言，停宗廟配享，削其王封。」是安石舒王之封，高宗時被削。

方嘉祐以前，名重一世，迹其文學、論議、操守，使不至大位，則光明俊偉，不可瑕玼矣。廣棪案：《文獻通考》作「不可瑕疵者」。老蘇曰：「使斯人而不用也，則吾言為過，而斯人有不遇之歎。孰知其禍之至此哉！」**何其知之明也。**

案：《宋史》安石本傳載：「安石貴時，名震京師，性不好華腴，自奉至儉，或衣垢不澣，面垢不洗，世多稱其賢。蜀人蘇洵獨曰：『是不近人情者，鮮不為大姦慝。』作〈辯姦論〉以刺之，謂王衍、盧杞合為一人。」考呂祖謙《宋文鑑》卷第九十七〈論〉載蘇洵〈辨姦〉，中載：「今有口誦孔、老之書，身履夷、齊之行，收召好名之士、不得志之人，相與造作語言，私立名字，以為顏淵、孟軻復出，而陰賊險很，與人異趣，是王衍、盧杞合為一人也，豈可勝言哉？夫面垢不忘洗，衣垢不忘澣，此人之至情也。今也不然，衣臣虜之衣，食犬彘之食，囚首喪面，而談詩書，此豈情也哉？凡事之不近人情者，鮮不為大姦慝，豎刁、易牙、開方是也。以蓋世之名，而濟其未形之惡，雖有願治之主、好賢之相，猶將舉而用之；其為天下之患，必然無疑者，非二子之比也。孫子曰：『善用兵者，無赫赫之功。』使斯人而不用也，則吾言為過，而斯人有不遇之歎，孰知其禍之至於此哉！不然，天下被其禍，而吾將獲知言之名，悲夫！」直齋評王安石，正引洵此文。

王魏公集二十卷

《王魏公集》二十卷，館臣案：《宋史》本傳不言安禮封魏國，此稱魏公，未詳。**尚書左丞王安禮和甫撰。**

廣棪案：《宋史》卷二百八〈志〉第一百六十一〈藝文〉七〈別集類〉著錄：「《王安禮集》二十卷。」即此書。安禮字和甫，安石弟也。元豐四年，拜中大夫，尚書右丞，轉左丞。《宋史》卷三百二十七〈列傳〉第八十六有傳。考樓鑰《攻媿集》卷五十一有〈王魏公文集序〉，劉克莊《後村大全集》卷一百三有〈跋王魏公送中舍書〉。《四庫全書總目》卷一百

五十三〈集部〉六〈別集類〉六著錄：「《王魏公集》八卷，《永樂大典》本。宋王安禮撰。……安禮封魏公，史所不載。惟田晝所撰〈王和甫家傳〉有云：『累勳至上柱國，爵魏郡開國公，食邑三千戶，食實封五百戶。』蓋宋世每遇郊恩，輒賜群臣勳封。名號冗濫，故史不盡載。觀安禮所修《靈臺祕苑》，今著錄子部中者，書前有安禮署銜一條，題『上騎都尉劇縣開國男。』而本傳亦未之及。則其為史所略者，固已多矣。」是安禮嘗封魏公，館臣案語曰「未詳」，殆失考耳。

近時厚之順伯，其曾孫也。

案：厚之，《宋史翼》卷二十八〈列傳〉第二十八〈文苑〉三有傳。載：「王厚之字順相，世本臨川人。左丞安禮四世孫也。」與《解題》同。

王校理集六十卷

《王校理集》六十卷，祕閣校理王安國平甫撰。

廣棪案：《通考》卷七十〈藝文略〉第八〈別集〉五〈宋〉著錄：「《王平甫集》三十卷。」所著錄卷數不同。《宋史》卷二百八〈志〉第一百六十一〈藝文〉七〈別集類〉著錄：「《王安國集》六十卷。」則與此同。安國字平甫，安石、安禮之弟。神宗時任秘閣校理，《宋史》卷三百二十七〈列傳〉第八十六有傳。

安國雖安石親弟，而廣棪案：《文獻通考》無「而」字。**意向頗不合，尤惡呂惠卿，卒為所陷。坐鄭俠事，奪官歸田里，小會惠卿方叛安石故也。尋復之，命下而卒。**

案：《宋史》安國本傳載：「熙寧初，韓絳薦其材行，召試，賜及第，除西京國子教授。官滿，至京師，上以安石故，賜對。帝曰：『卿學問通古今，以漢文帝為何如主？』對曰：『三代以後未有也。』帝曰：『但恨其才不能立法更制爾。』對曰：『文帝自代來，入未央宮，定變故俄頃呼吸間，恐無才者不能。至用賈誼言，待群臣有節，專務以德化民，海內興於禮義，幾致刑措，則文帝加有才一等矣。』帝曰：『王猛佐苻堅，以蕞爾國而令必行，今朕以天下之大，不能使人，何也？』曰：『猛教堅以峻刑法殺人，致秦祚不傳世，今刻薄小人，必有以是誤陛下者。願

顒以堯、舜、三代爲法，則下豈有不從者乎？』又問：『卿兄秉政，外論謂何？』曰：『恨知人不明，聚斂太急爾。』帝默然不悅，由是別無恩命，止授崇文院校書，後改秘閣校理。屢以新法力諫安石，又質責曾布誤其兄，深惡呂惠卿之姦。先是，安國教授西京，頗溺於聲色，安石在相位，以書戒之曰：『宜放鄭聲。』安國復書曰：『亦願兄遠佞人。』惠卿銜之。及安石罷相，惠卿遂因鄭俠事陷安國，坐奪官，放歸田里。詔以諭安石，安石對使者泣下。既而復其官，命下而安國卒，年四十七。」可參證。

華陽集一百卷

《華陽集》一百卷，丞相岐國文恭公龍舒王珪禹玉撰。本成都人，故稱《華陽》。廣棪案：《文獻通考》無此三句。

　　廣棪案：《郡齋讀書志》卷第十九〈別集類〉下著錄：「《華陽集》一百卷。右皇朝王珪字禹玉，其先成都人，故號『華陽』。」《讀書附志》、〈通志略〉、〈宋志〉著錄同。珪字禹玉，成都華陽人，後徙舒。神宗時拜尚書左僕射兼門下侍郎，哲宗時封岐國公，卒諡文恭。《宋史》卷三百一十二〈列傳〉第七十一有傳。

典內、外制十八年。廣棪案：《文獻通考》「典」上有「珪」字。《集》中多大典冊、詔令。其詩號「至寶丹」，以其好爲富貴語也。

　　案：《宋史》珪本傳載：「神宗即位，遷學士承旨。珪典內、外制十八年，最爲久次，嘗因展事齋宮，賦詩有所感，帝見而憐之。」又載：「珪以文學進，流輩咸共推許。其文閎侈瑰麗，自成一家，朝廷大典策，多出其手，詞林稱之。」可參證。

在相位無所建明，人目爲「三旨」廣棪案：《文獻通考》作「人目爲『三旨相公』」。於上前曰取聖旨，曰領聖旨，退謂吏則曰已得旨。廣棪案：《文獻通考》無以上三句。元豐末命，珪本無異論，亦緣其備首相，不能早發大議，依違遷延，以召讒賊，廣棪案：《文獻通考》句末有「云」字。但無以下各句。卒爲本朝大禍。需，事之賊也，豈不然哉！珪一身追貶，不足道也。

　　案：《宋史》珪本傳載：「（元豐）八年，帝有疾，珪白皇太后，請立延安郡

王爲太子。太子立，是爲哲宗。進珪金紫光祿大夫，封岐國公。……然自執政至宰相，凡十六年，無所建明，率道諛將順。當時目爲『三旨相公』，以其上殿進呈，云『取聖旨』；上可否訖，云『領聖旨』；退諭稟事者，云『已得聖旨』也。紹聖中，邢恕謗起，黃履、葉祖洽、劉拯交論珪元豐末命事，以爲當時兩府大臣，嘗議奏請建儲，珪輒語李清臣云：『他自家事，外庭不當管。』恕又誘教高遵裕子士京上奏，言珪欲立雍王，遣士京故兄士充，傳道言語於禁中。珪由是得罪，追貶萬安軍司戶參軍，削諸子籍。徽宗即位，還其官封。蔡京秉政，復奪贈諡。政和中，又復之。」可參證。

傳家集一百卷

《傳家集》一百卷，_{廣棪案：《文獻通考》作「司馬文正《傳家集》」，下缺卷數。}丞相溫國文正公涑水司馬光君實撰。

　　廣棪案：《郡齋讀書志》卷第十九〈別集類〉下著錄：「司馬文正公《傳家集》八十卷。」《通志》卷七十〈藝文略〉第八〈別集〉五〈宋〉著錄：「司馬溫公《嘉祐前後集》四十二卷，_{司馬光。}又《文集》八十卷。」《宋史》卷二百八〈志〉第一百六十一〈藝文〉七〈別集類〉著錄：「《司馬光集》八十卷，又《全集》一百十六卷。」所著錄均與《解題》不同。光字君實，陝州夏縣人。哲宗時拜尚書左僕射兼門下侍郎。卒贈太師、溫國公，諡文正。《宋史》卷三百三十六〈列傳〉第九十五有傳。

生_{廣棪案：元抄本「生」字上有「公」字。}於光州，故名。今光州有《集》本。
　　案：《郡齋讀書志》著錄：「司馬文正公《傳家集》八十卷。右皇朝司馬光字君實，陝州夏縣人。初，以父蔭入官，年二十，舉進士甲科。故相龐籍薦除館閣校理。神宗即位，擢翰林學士、御史中丞，後除樞密副使，力辭而去。元祐初，拜門下侍郎，繼遷尚書左僕射，卒年六十八，諡文正。好學如飢之嗜食，於學無所不通，音樂、律曆、天文、書數，皆極其妙，晚節猶好《禮》。其文如金玉、穀帛、藥石也，必有適於用，無益之文，未嘗一語及之。《集》乃公自編次。公薨，子康又沒，晁以道得而藏之。中更禁錮，迨至渡江，幸不失墜。後以授謝克家，劉嶠刻版上之。今光州有《集》本。」可參考。

丹淵集四十卷

《丹淵集》四十卷，集賢校理潼川文同與可撰。<small>廣棪案：《文獻通考》無此句。</small>

廣棪案：《郡齋讀書志》卷第十九〈別集類〉下著錄：「文與可《丹淵集》四十卷。」同字與可，梓州潼人。《宋史》卷四百四十三〈列傳〉第二百二〈文苑〉五〈文同〉載：「初舉進士，稍遷太常博士、集賢校理。……有《丹淵集》四十卷行于世。」與《解題》同。

東坡與之厚善，〈墨君堂記〉、〈篔簹竹記〉皆為同作也。<small>廣棪案：《文獻通考》無「也」字。</small>

案：《宋史》同本傳載：「軾，同之從表弟也。」軾所撰〈墨君堂記〉云：「凡人相與號呼者，貴之則曰公，賢之則曰君，自其下則爾汝之。雖公卿之貴，天下貌畏而心不服，則進而君公，退而爾汝者多矣。獨王子猷謂竹君，天下從而君之，無異辭。今與可又能以墨象君之形容，作堂以居君，而屬余為文以頌君德，則與可之於君信厚矣。與可之為人也，端靜而文，明哲而忠，士之脩絜博習，朝夕磨治洗濯，以求交於與可者，非一人也，而獨厚君如此。君又疎簡抗勁，無聲色臭味可以娛悅人之耳目鼻口，則與可之厚君也，其必有以賢君矣。世之能寒燠人者，其氣燄亦未至若雪霜風雨之切於肌膚也，而士鮮不以為欣戚，喪其所守。自植物而言之，四時之變亦大矣，而君獨不顧，雖微與可，天下其孰不賢之？然與可獨能得君之深，而知君之所以賢；雍容談笑，揮灑奮迅，而盡君之德：稚壯枯老之容，披折偃仰之勢，風雪凌厲，以觀其操；崖石犖确，以致其節；得志遂茂而不驕，不得志瘁瘠而不辱；羣君不倚，獨立不懼。與可之於君，可謂得其情而盡其性矣。余雖不足以知君，願從與可求君之昆弟子孫族屬朋友之象，而藏於吾室，以為君之別館云。」軾另有〈公與可畫篔簹谷偃竹記〉云：「竹之始生，一寸之萌耳，而節葉具焉。自蜩蝮蛇蚹以至于劍拔十尋者，生而有之也。今畫者乃節節而為之，葉葉而累之，豈復有竹乎？故畫竹必先得成竹於胸中，執筆熟視，乃見其所欲畫者，急起從之，振筆直遂，以追其所見；如兔起鶻落，少縱則逝矣。與可之教予如此，予不能然也，而心識其所以然。夫既心識其所以然，而不能然者，內外不一，心手不相應，不學之過也。故凡有見於中，而

操之不熟者，平居自視了然，而臨事忽焉喪之，豈獨竹乎？子由為〈墨竹賦〉以遺與可曰：『庖丁，解牛者也，而養生者取之；輪扁，斲輪者也，而讀書者與之；今夫夫子之託於斯竹也，而予以為有道者，則非耶？』子由未嘗畫也，故得其意而已；若予者，豈獨得其意，并得其法。與可畫竹，初不自貴重。四方之人，持縑素以請者，足相躡於其門，與可厭之，投諸地而罵曰：『吾將以為襪！』士大夫傳之，以為口實。及與可自洋州還，而余為徐州，與可以書遺余曰：『近語士大夫：吾墨竹一派，近在彭城，可往求之。襪材當萃於子矣！』書尾復寫一詩，其略曰：『擬將一段鵝谿絹，掃取寒梢萬尺長。』予謂與可：『竹長萬尺，當用絹二百五十匹，知公倦於筆硯，願得此絹而已。』與可無以答，則曰：『吾言妄矣，世豈有萬尺竹也哉？』余因而實之，答其詩曰：『世間亦有千尋竹，月落庭空影許長。』與可笑曰：『蘇子辯則辯矣，然二百五十匹，吾將買田而歸老焉。』因以所畫篔簹谷偃竹遺予曰：『此竹數尺耳，而有萬尺之勢。』篔簹谷在洋州，與可嘗令予作〈洋州三十韻〉，〈篔簹谷〉其一也。予詩云：『漢川脩竹賤如蓬，斤斧何曾赦籜龍；料得清貧饞太守，渭濱千畝在胸中。』與可是日與其妻游谷中，燒筍晚食，發函得詩，失笑噴飯滿案。元豐二年正月二十日，與可沒於陳州。是歲七月七日，予在湖州曝書畫，見此竹，廢卷而哭失聲。昔曹孟德〈祭橋公文〉有『車過腹痛』之語，而予亦載與可疇昔戲笑之言者，以見與可於予親厚無間如此也。」二文皆為文同而作也。

司馬溫公稱其「襟韻瀟灑，如晴雲秋月，塵埃不到」，則廣棪案：《文獻通考》無「則」字。**其為人可知矣。**

　　案：《宋史》同本傳載：「同方口秀眉，以學名世，操韻高潔，自號笑笑先生。善詩、文、篆、隸、行、草、飛白。文彥博守成都，奇之，致書同曰：『與可襟韻洒落，如晴雲秋月，塵埃不到。』司馬光、蘇軾尤敬重之。」《宋史》所記作文彥博語，與《解題》不同，疑《解題》誤也。

其為湖州，蓋未至而卒。

　　案：《郡齋讀書志》著錄：「文與可《丹淵集》四十卷。右皇朝文同字與可，蜀人。進士高第。以文學名，操韻高潔，畫筆尤妙。仕至太常博士、集賢校理。元豐初，出守吳興，至宛丘驛，忽留不行，沐浴衣冠，正坐而逝。」

《宋史》文同本傳亦載：「元豐初，知湖州；明年，至陳州宛丘驛，忽留不行，沐浴衣冠，正坐而卒。」證以蘇軾〈文與可畫篔簹谷偃竹記〉「元豐二年正月二十日，與可沒於陳州」諸語，則直齋所言殆誤記矣。

蔡忠惠集三十六卷

《蔡忠惠集》三十六卷，館臣案：《文獻通考》作十七卷。**端明殿學士忠惠莆田蔡襄君謨撰。**廣棪案：《文獻通考》無此句。

　　廣棪案：《郡齋讀書志》卷第十九〈別集類〉下著錄：「《蔡君謨集》十七卷。」《讀書附志》卷下〈別集類〉四著錄：「《莆陽居士蔡公文集》三十卷。」《宋史》卷二百八〈志〉第一百六十一〈藝文〉七〈別集類〉著錄：「《蔡襄集》六十卷，又《奏議》十卷。」所著錄書名及卷數均與《解題》不同。襄字君謨，興化仙遊人。英宗時拜端明殿學士，諡忠惠。《宋史》卷三百二十〈列傳〉第七十九有傳。

近世始刻於泉州。王十朋龜齡為之〈序〉。廣棪案：《文獻通考》無「之」字。

　　案：王十朋字龜齡，溫州樂清人。《宋史》卷三百八十七〈列傳〉第一百四十六有傳。十朋撰〈序〉曰：「文以氣為主，非天下之剛者莫能之。古今能文之士非不多，而能傑然自名於世者亡幾，非文不足也，無剛氣以主之也。孟子以浩然充塞天地之，而發為七篇仁義之書；韓子以忠犯逆鱗、勇叱三軍之氣，而發為日光玉潔、表裏《六經》之文；故孟子闢揚墨之功，不在禹下，而韓子觚排異端，攘斥佛老之功又不在孟子下，皆氣使之然也。若二子者，非天下之至剛者歟？國朝四葉，文章尤盛，歐陽文忠公、徂徠先生石守道、河南尹公師魯、莆陽蔡公君謨，皆所謂傑然者。文忠之文追配韓子，其剛氣所激，尤見於〈責高司諫書〉，徂徠之氣則見於〈慶曆聖德頌〉，師魯則見於〈願與范文正同貶〉之書，君謨則見於〈四賢一不肖詩〉。嗚呼！使四君子者生於吾夫子時，則必無未見剛之嘆，而乃同出於吾仁祖治平醇厚之世，何其盛歟！夫以臺諫之風采，朝士莫不畏其筆端，自侍從而下，奔走伺俟其門者紛然也。文正鄱陽之貶，余、尹、歐既與之同罪矣，蔡公乃於四賢相繼黜謫之後，形於歌詩而斥為不肖，羞其見縉紳之面，而辱甚市朝之撻，則公之剛又可知也。十朋初見其詩於張唐英所撰《仁英政要》，甚歆慕之。其後見公《文集》

乃沒而不載，竊以爲恨。乾道四年冬，得郡溫陵，道出莆田，望公故居，裴回顧歎而不忍去。入境訪公遺迹，則首見所謂萬安橋者，與大書深刻之記爭雄，且深惜其有濟川之才而不至於大用。登愛松堂九日山，則又見公之詩與其眞蹟猶在，凜然有生意，如見其正顏色坐黃堂時也。蓋公至和、嘉祐間，嘗兩守是郡，至今泉人稱太守之賢者必以公爲首，求其遺文，則郡與學皆無之，可謂缺典矣。於是移書興化守鍾離君松，傳君自得訪於故家而得其善本，教授蔣君雝與公同邑而深慕其爲人，手校正之，鋟板於郡庠，得古律詩三百七十首、奏議六十四首、雜文五百八十四首，而以〈四賢一不肖詩〉置諸卷首，與奏議之切直舊所不載者悉編之，比它集爲最全。且屬予序之，予曰：『端明公文章，文忠公嘗稱其清遒粹美，後雖有善文辭、好議論者莫能改是評也，予復何云？然竊謂文以氣爲主，而公之詩文實出於氣之剛，入則爲謇諤之臣，出則爲神明之政，無非是氣之所寓，學之者宜先涵養吾胸中之浩然，則發而爲文章事業，庶幾無媿於公云。』五年十月，永嘉王十朋序。」十朋之〈序〉撰成於乾道五年（1169）十月，此《集》亦刻成於此時或略後。

余嘗官廣棪案：《文獻通考》作「宦」。元抄本、盧校本同。**莆，至其居，去城三里。荔子號「玉堂紅」者，正在其處。矮屋欲壓頭，猶是當時舊物。歐公所撰〈墓誌〉，石立堂下。真蹟及諸公書帖多有存者。**

案：《歐陽文忠公全集》卷三十五〈墓誌銘三首〉，其二爲〈端明殿學士蔡公墓誌銘〉。其文曰：「公諱襄，字君謨，興化軍仙遊人也。天聖八年舉進士甲科，爲漳州軍事判官、西京留守推官，改著作佐郎、館閣校勘。慶曆三年，以祕書丞、集賢校理知諫院，兼修起居注。是時天下無事，士大夫弛於久安。一日，元昊叛，師久無功，天子慨然獸兵，思正百度以修太平。既已排議，進退二三大臣，又詔增置諫官四員，使拾遺補闕，所以遇之甚寵。公以材名在選中，遇事感激，無所回避，權倖畏斂，不敢撓法干政，而上得益與大臣圖議。明年，屢下詔書，勸農桑，興學校，革弊修廢，而天下悚然知上之求治矣。於此之時，言事之臣，無日不進見，而公之補益爲尤多。四年，以右正言直史館，出知福州，以便親，遂爲福建路轉運使。復古五塘以溉田，民以爲利，爲公立生祠於塘側。又奏減閩人五代時丁口稅之半。丁父憂，服除，判三司鹽鐵勾院，復修起居注。今參知政事唐公介時爲御史，以直言忤旨，貶春州別駕，廷臣

無敢言者。公獨論其忠，人皆危之，而上悟意解，唐公得改英州，遂復召用。皇祐四年，遷起居舍人，知制誥，兼判流內銓。御史呂景初、吳中復、馬遵坐論梁丞相適罷臺職，除他官，公封還辭頭，不草制。其後屢有除授，非當者，必皆封還之，而上遇公益厚。曰：『有子如此，其母之賢可知。』命特賜冠帔以寵之。至元和年，遷龍圖閣直學士，知開封府。三年，以樞密直學士知泉州，徙知福州。未幾，復知泉州。公爲政精明，而世閩人，知其風俗。至則禮其士之賢者，以勸學興善而變民之故，除其甚害。往時閩人多好學，而專用賦以應科舉。公得先生周希孟，以經術傳授，學者常至數百人，公爲親至學舍，執經講問，爲諸生率。延見處士陳烈，尊以師禮，而陳襄、鄭穆方以德行著稱鄉里，公皆折節下之。閩俗重凶事，其奉浮圖，會賓客，以盡力豐侈爲孝，否則深自愧恨，爲鄉里羞。而姦民游手無賴子，幸而貪飲食，利錢財，來者無限極，往往至數百千人，至有親亡秘不舉哭，必破產辦具而後敢發喪者。有力者乘其急時，賤買其田宅，而貧者立券舉責，終身困不能償。公曰：『弊有大於此邪！』即下令禁止。至於巫覡主病疊毒殺人之類，皆痛斷絕之。然後擇民之聰明者，教以醫藥，使治疾病，其子弟有不率教令者，條其事，作〈五戒〉以教諭之。久之，閩人大便。公既去，閩人相率詣州，請爲公立〈德政碑〉。吏以法不許，謝即退，而以公善政私刻於石，曰：『俾我民不忘公之德。』嘉祐五年，召拜翰林學士，權三司使三司。開封世稱省府，爲難治，而易以毀譽，居者不由以遷，則由以敗，而敗者十常四五。公居之，皆有能名。其治京師，談笑無留事，尤喜破姦隱，吏不能欺。至商財利，則較天下盈虛出入，量力以制用，必使下完而上給。下暨百司因習蠹弊，切磨劃剔，久之，簿書纖悉紀綱條目皆可法。七年季秋，大享明堂。後數月，仁宗崩，英宗即位，數大賞賚。及作永昭陵，皆猝辦於縣官經費外，公應煩，愈閒暇若有餘，而人不知勞，遂拜三司使。居二歲，以母老，求知杭州，即拜端明殿學士以往。三年，徙南京留守。未行，丁母夫人憂。明年八月某日，以疾卒於家，享年五十有六。蔡氏之譜，自晉從事中郎克以來，世有顯聞。其後中衰，隱德不仕。公年十八，以農家子舉進士，爲開封第一，名動京師。後官於閩，典方州，領使一路，二親尚皆無恙，閩人瞭望咨嗟，不榮公之貴，而榮其父母。母夫人尤有壽，年九十餘，飲食起居，康彊如少者。歲時爲壽，

母子鬢髮皆皤然，而命服金紫，煌煌如也，至今閩人之爲子者，必以夫人祝其親；爲父母者，必以公教其子也。公於朋友重信義，聞其喪，則不御酒肉，爲位以哭，盡哀乃止。嘗會飲會靈東園，坐客有射矢誤傷人者，客遽指爲公矢，京師喧然。事既聞，上以問公，公即再拜媿謝，終不自辯，退亦未嘗以語人。公爲文章，清遒粹美，有文集若干卷，工於書畫，頗自惜，不妄爲人書，故其殘章斷稿，人悉珍藏，而仁宗尤愛稱之。御製〈元舅隴西王碑文〉，詔公書之。其後，命學士撰〈溫成皇后碑文〉，又勑公書，則辭不肯書。曰：『此待詔職也。』公累官至禮部侍郎，既卒，翰林學士王珪等十餘人列言公賢，其亡可惜。天子新即位，未及識公，而聞其名久也，爲之惻然。特贈吏部侍郎。官其子旻爲秘書省正字；孫傳及弟之子均，皆守將作監主簿，而優以賻卹。以旻尚幼，命守吏助給其喪事。曾祖諱顯皇，不仕。祖諱恭，贈工部員外郎。父諱琇，贈刑部侍郎。母夫人盧氏，長安郡太君。夫人葛氏，永嘉郡君。子男三人，曰勻，將作監主簿；曰旬，大理評事，皆先公卒。幼子，旻也。女三人，一適著作佐郎謝仲規，二尚幼。以某年某月某日，葬公於莆田縣某鄉將軍山。銘曰：『誰謂閩遠，而多奇產。產非物寶，惟士之賢。嶷嶷蔡公，其人傑然。奮躬當朝，讜言正色。出入左右，彌縫補益。間歸於閩，有政在人。食不畏蠱，喪不憂貧。疾者有醫，學者有師。問誰使然，孰不公思。有高其墳，有拱其木。凡閩之人，過者必肅。』」可參考。

京、卞同郡晚出，欲自附於名閥，自稱族弟，<small>廣棪案：《文獻通考》作「自稱爲族弟」。</small>**本傳云爾。**

案：《宋史》卷四百七十二〈列傳〉第二百三十一〈姦臣〉二〈蔡京<small>弟卞</small>〉載：「蔡京字元長，興化仙游人。登熙寧三年進士第，調錢塘尉、舒州推官，累遷起居郎。使遼還，拜中書舍人。時弟卞已爲舍人，故事，入官以先後爲序，卞乞班京下。兄弟同掌書命，朝廷榮之。」是京、卞亦興化仙游人，故得自稱爲襄之族弟。

襄孫佃，唱名第一，京時當國，以族孫引嫌，降第二，佃終身恨之。

案：《宋史》襄本傳載：「蔡京與同郡而晚出，欲附名閥，自謂爲族弟。政和初，襄孫佃廷試唱名，居舉首，京侍殿上，以族孫引嫌，降爲第二，佃終身恨之。」足供參證。

元章簡玉堂集二十卷

《元章簡玉堂集》二十卷，參政章簡公錢塘元絳厚之撰。

廣棪案：《郡齋讀書志》卷第十九〈別集類〉下著錄：「《元氏集》三卷。」疑《郡齋讀書志》著錄有誤。《宋史》卷二百八〈志〉第一百六十一〈藝文〉七〈別集類〉著錄：「元絳《玉堂集》二十卷。」與此同。絳字厚之，其先臨川危氏，後居杭州，易姓元。神宗朝，拜參知政事，卒諡章簡。《宋史》卷三百四十三〈列傳〉第一百二有傳。

絳之祖德昭，相吳越。本姓危氏，臨川人廣棪案：《文獻通考》無「臨川人」三字，盧校本同。唐末危全諷，其伯父也。德昭廣棪案：《文獻通考》無「德昭」二字，誤。盧校本同。父曰仔倡，聚眾保鄉里，兵敗，廣棪案：元抄本、盧校本無「聚眾保鄉里」五字，盧校注：「『兵敗』館本作『聚眾保鄉里，（兵敗）』，與新《通攷》同。舊《通攷》亦是『兵敗』。」自臨川奔杭州，易姓元。至今建昌撫州邵武多危姓。

案：《宋史》絳本傳載：「元絳字厚之，其先臨川危氏。唐末，曾祖仔倡聚眾保鄉里，進據信州，為楊氏所收，奔杭州，易姓曰元。祖德昭，仕吳越至丞相，遂為錢塘人。」可參證。至絳之伯父全諷，《全唐文》卷八百六十八「危全諷」條載：「全諷字上諫，昭宗時官撫州刺史兼御史大夫，後為徐溫所虜。」可悉其生平。

絳能文辭，晚歲以王介甫薦入翰林，甚稱職，遂柄用。

案：《郡齋讀書志》著錄：「《元氏集》三卷。右皇朝元絳字厚之，杭州人。鏁廳中進士第，為翰林學士、參知政事。立朝無特操。晚入翰林，諂事王安石及其子弟，時論鄙之。工文辭，為流輩所推許。卒，年七十六。諡章簡。」《宋史》絳本傳亦載：「絳所至有威名，而無特操，少儀矩。仕已顯，猶謂遲晚。在翰林，諂事王安石及其子弟，時論鄙之。然工於文辭，為流輩推許。景靈宮作神御十一殿，夜傳詔草〈上梁文〉，遲明，上之。雖在中書，而蕃夷書詔，猶多出其手。既得謝，帝眷眷命之曰：『卿可營居京師，朕當資金幣，且便者寧仕進。』絳曰：『臣有田盧在吳，乞歸鬻之，即築室都城，得望屬車之塵，幸矣！敢冀賜邪？』既行，追賚白金千兩，敕以蚤還。絳至吳踰歲，以老病奏，恐不能奉詔。三年而薨，年七十六。贈太子少師，諡曰章簡。」均可參證。

呂正獻集二十卷

《呂正獻集》二十卷，丞相東萊呂公著晦叔撰。

　　廣棪案：公著字晦叔，夷簡子。元祐元年，拜尚書右僕射兼中書侍郎，諡正獻。《宋史》卷三百三十六〈列傳〉第九十五有傳。《文獻通考》卷二百三十六〈經籍考〉六十三〈集別集〉著錄此書，下引汪玉山〈序〉曰：「應辰頃知成都，始得中正獻呂公《集》，蓋散逸之餘，裒緝補綴，非當時全書矣。然見所未見，亦不爲少。其雜以他人所作者什三四，既而以授公之曾孫金部員外郎企中，金部又屬其兄子大麟、大虬考訂，刊劄爲二十卷。方全盛時，士大夫家集之藏未必輕出，中更黨禁，愈益閟匿，故一旦紛擾，遂不復見，而此雖殘缺不全，未易得也。金部惻然念之，欲以所得鋟板，庶廣其傳焉。應辰方待罪，太史論次熙寧元豐以來公卿大夫事實，雖前修盛德，蓋有不待言論風旨而可知者。然而傳信垂後，不可以無證。詔求遺書，將以補史氏之缺。久之無送官者，每爲之閣筆而歎也。」可知此《集》編治及版行梗概。

劉狀元東歸集十卷

《劉狀元東歸集》十卷，大理評事鉛山劉煇廣棪案：《文獻通考》作「劉輝」。下同。之道撰。

　　廣棪案：《宋史》卷二百八〈志〉第一百六十一〈藝文〉七〈別集類〉著錄：「劉煇《東歸集》十卷。」與此同。煇，《宋史》無傳。厲鶚《宋詩紀事》卷二十二「劉煇」條載：「煇原名幾，字之道，鉛山人。嘉祐四年進士第一，官大理評事，有《東歸集》。」可參證。

煇，嘉祐四年進士第一人，〈堯舜性仁賦〉，至今人所傳誦。始在場屋有聲，文體奇澀，歐公廣棪案：《文獻通考》作「歐陽公」。元抄本、盧校本同。惡之，下第。及是在殿廬得其賦，大喜，既唱名，乃煇也，公爲之愕然。蓋與前所試文如出二人手，可謂速化矣。仕止於郡幕，年三十六以卒。

　　案：沈括《夢溪筆談》卷九〈人事〉一載：「嘉祐中，士人劉幾累爲國學第一人，驟爲怪嶮之語，學者翕然效之，遂成風俗。歐陽公深惡之。會公主文，決意痛懲，凡爲新文者一切棄黜，時體爲之一變，歐陽之功也。

有一舉人論曰:『天地軋,萬物茁,聖人發。』公曰:『此必劉幾也。』戲續之曰:『秀才剌,試官刷。』乃以大朱筆橫抹之,自首至尾,謂之紅勒帛,判『大紕繆』字,榜之,既而果幾也。復數年,公爲御試考官,而幾在庭。公曰:『除惡務本,今必痛斥輕薄子,以除文章之害。』有一士人論曰:『主上收精藏明於冕旒之下。』公曰:『吾巳得劉幾矣!』既黜,乃吳人蕭稷也。是時試〈堯舜性仁賦〉,有曰:『故得靜而延年,獨高五帝之壽。動而有勇,形爲四罪之誅。』公大稱賞,擢爲第一人。及唱名,乃劉輝。人有識之者曰:『此劉幾也,易名矣。』公愕然久之,因欲成就其名,小賦有『內積安行之德,蓋稟於天。』公以謂積近於學,改爲蘊,人莫不以公爲知言。』可參證。

世傳輝既黜於歐陽公,怨憤造謗,爲猥褻之詞。今觀楊傑志輝墓,稱其祖母死,雖有諸叔,援古誼以適孫解官承重服;廣棪案:《文獻通考》脫「服」字。**又嘗買田數百畝,以聚其族而餉給之。蓋篤厚之士也。肯以一試之淹,而爲此憸薄之事哉?**

案:楊傑《無爲集》。卷十三〈墓詩・故劉之道狀元墓誌銘〉載:「之道諱輝,信州鉛山人也。少喪父母,恥家世湮汩,慷慨去鄉里,卓然有自立之志。從師學問,八年有成,一試冠國胄,再試冠天府士,天下以是知名。嘉祐四年春,仁宗皇帝試禮部貢士於崇政殿,又擢之道爲第一。先是皇祐、至和間,場屋文章,以搜奇、抉怪、雕鏤相尚。盧陵歐陽公深所疾之。及嘉祐二年,知貢舉,則力革其弊,時之道亦嘗被黜。至是歐陽公預殿廷考校官,得程文一篇,更相激賞,以奏天子。天子稱善,迺啓其封,即之道之所爲也。由是場屋傳誦,辭格一變,議者既推歐陽公有力於斯文,而又服之道能精敏於變也。釋褐,授大理評事,簽書河中府節度判官事。迎侍祖夫人赴官,夫人以生於南方,不習風土,間或不懌,之道曰:『迺某自立,志在顯親,不幸少失怙恃,追養不逮,尚幸祖母康寧,得以承其志。今及志,意不懌,豈子孫之心也哉!』遂白府請解官侍親。府爲具奏,詔移建康簽書節度判官事,所以便其養也。未幾,改著作佐郎。七年,夫人卒。之道號慕盡哀,以適孫自陳,乞解官承重服。時府尹龍圖王公贄重惜其去,而固留之。之道固不從。公即遣使者謂之道曰:『按著令,凡適孫爲祖父母承重者,蓋其適子無同母弟以承其重者也。今君雖於祖父爲適孫,而聞先君有同母二弟已自服喪,奈

何遽以解官而承重服乎？』使者及門，之道方伏廬哀號，徐扶杖而起，謂使曰：『輝聞支子不祭，祭必告於宗子，所以重正適而尊祖考也。後雖未能盡蹈典禮，而喪事敢不勉乎？況國朝封爵令文，諸王、公、侯、伯、子、男，皆子孫承適者傳襲，若無適子及有罪疾，則立適孫；無適孫，則立次適子之同母弟，且貴賤雖殊，正適之義則一也。豈有處貴者之後，則封爵先於適孫；在凶喪之際，則重服止諸叔父耶？爲我重謝龍圖公，毋固留也。』公以其事奏朝廷，朝廷下禮官議，以爲然，乃聽其去。有國以來，適孫有諸叔而承重者，自之道始也。扶靈歸葬於鄉里，哀慕盡節，州閭稱其孝。會數世族人有貧而不能爲生者，乃買田數百畝以聚之，晨昏歲月，饗給周足。縣大夫爲易其地，名曰義榮社。之道居喪未嘗一造郡縣，四方士人從學者甚眾，乃擇山溪勝處，建館舍以處之。日講乎其間，縣大夫又名其館舍曰義榮齋，皆所以厚風俗也。服除赴闕，道縊眞州，以治平二年春三月十有三日，感疾而卒，享年三十有六。祖諱某，父諱某，皆隱德不仕。之道性和易，接人必盡誠，不尚矯飾，士樂與之交。供備庫使白君文質以其子妻之，男一人、女三人，皆幼。夏四月，其季父自鉛山來當塗，且曰：『吾家猶子與子有年籍之契，而校誠尤厚。昔以先伯氏之銘託於子矣！吾家猶子亦嘗爲濡須府君之銘矣！今將卜某月某日葬於義榮齋之右，子其爲我銘之。』酒泣以再拜。傑再拜以泣曰：『敢不從命。』酒爲銘曰：『琢玉爲璧，璧成而缺。琢玉爲圭，圭成而折。厥寶至重，不獲具用。嗚呼之道！不得壽考。』」可參證。

古靈集二十五卷

《古靈集》二十五卷，樞密直學士長樂陳襄述古撰。

　　廣棪案：《宋史》卷二百八〈志〉第一百六十一〈藝文〉七〈別集類〉著錄：「《陳襄集》二十五卷。」與此同。襄字述古，福州侯官人。神宗時，以樞密直學士知通進、銀臺司兼侍讀，判尚書都省。《宋史》卷三百二十一〈列傳〉第八十有傳。

襄在經筵，薦司馬光而下三十三人，皆顯於時。

　　案：《宋史》襄本傳載：「在經筵時，神宗顧之甚厚，嘗訪人材之可用者。襄以司馬光、韓維、呂公著、蘇頌、范純仁、蘇軾至于鄭俠三十三人對，

謂光、維、公著皆股肱心膂之臣，不當久外；謂俠愚直敢言，發於忠義，投竄瘴癘，朝不謀夕，願使得生還。帝不能盡用。」即記此事。《四庫全書總目》卷一百五十二〈集部〉五〈別集類〉五著錄：「《古靈集》二十五卷，福建巡撫採進本。宋陳襄撰。襄有《州縣提綱》，已著錄。襄生平最可傳者，一在熙寧中劾王安石，并極論新法。反覆陳奏，若目睹後來之弊。其文今具載《集》中。一在居經筵時神宗訪以人才，遂條上所知司馬光、韓維、呂公著、蘇頌、孫覺、李常、范純仁、蘇軾、孫洙、王存、顧臨、林希、李思忠、傅堯俞、王安國、劉摯、虞太熙、程顥、劉載、薛昌期、張載、蘇轍、孔文仲、吳賁、吳恕、林英、孫奕、林旦、鄒何、唐坰、鄭俠等三十三人。其時或在庶僚，或在謫籍，而一一品題，各肖其真。內惟林希一人，後來附和時局，自隳生平。餘則碩學名臣，後先接踵，人倫之鑒，可謂罕與等夷。其文今為《集》中壓卷。而葉祖洽作〈行狀〉、孫覺作〈墓誌〉、陳瓘作〈祠記〉，惟盛稱其興學育才，勤於吏治，皆不及薦賢一事。於爭新法事亦僅約略一二語。蓋其時黨禍初起，諱而不著也。他如陸佃博洽典禮，則薦之，不以王安石之門客而岐視。劉攽輕脫嘲弄則彈之，亦不以蘇軾等密友而徇隱。皆是是非非，不立門戶之見。乃《國史》本傳亦竝削不書。微是之存，幾無以見其心術之公矣。」亦可參考。

紹興詔旨，廣棪案：《文獻通考》「詔旨」上有「初」字。**布之天下。**

案：《永樂大典》卷之三千一百四十二「陳襄」條載：「紹興元年詔曰：『近得襄薦章司馬光而下三十三人，德行、言語、政事、文學，斯為盛矣！』」《解題》即記此詔。

〈集序〉，李忠定綱作也。 廣棪案：《文獻通考》無「也」字。

案：綱所撰〈序〉曰：「《唐史》論文章，謂天之付與于君子、小人無常分，惟能者得之。信哉斯言也。雖然天之付與固無常分，而君子、小人之文則有辨矣。君子之文務本，淵源根底于道德仁義，粹然一出于正。其高者裨補造化，黼黻大猷，如星辰麗天，而光彩下燭，山川出雲，而風雨時至，英莖韶濩之諧神人，菽粟布帛之濟人饑寒，此所謂有德者必有言也。小人之文務末，雕蟲篆刻，緒章繪句，以祈悅人之耳目。其甚者，朋姦飾偽，中害善良，如以丹青而被糞土，錦繡而覆陷穽，羊質而

虎皮，鳳鳴而鷟翰，此所謂有言者不必有德也。君子既自以功業行實光明于時，而其餘緒發爲文章，後世讀者想望而不可及，此豈特其文之高哉，人足仰也。小人乃專以利口巧言，鼓簧當世，既不足以取信于人，而恃才傲物，以致禍敗者多矣。由是言之，文以德爲主，德以文爲輔。德文兼備，與夫無德而有文者，此君子、小人辨也。竊觀古靈先生陳公所著文章，殆所謂有德之言，而君子之文歟！初公未仕，刻意于學。得鄉士陳烈、周希孟、鄭穆相與爲友，以古道鳴于海隅，人初驚笑，其後相率信而從之。四先生名動天下，既登第，累官劇邑，推其所學以治民。利必興，害必除，聽訟決獄，庭無留事。所至修學校，率邑之子弟，身爲橫經講說，士風翕然，民俗丕變。已而守列郡，典大藩，益推此廣之，治績尤著，雖古循吏不能過也。至和中，富鄭公入相，首以文學政事薦公，寖被知遇，歷事三朝，鬱爲名臣。判郎曹，則執法而不撓；使邊庭，則守節而不屈；任諫省，則以忠讜補主闕；處台端，則以公正糾官邪；位侍從，則竭論思之忠；侍經筵，則盡勸講之益。上爲人主之所欽嚮，下爲士大夫之所宗師，其功業行實光明如此。而所爲文章，溫厚深純，根于義理，精金美玉，不假雕琢，自可貴重；太羹玄酒，不假滋味，自有典則。質幹立，而枝葉不煩；音韻古，而節奏必簡；非有德君子，孰能與此。故嘗評之，其詩篇平淡如韋應物，其文詞高古如韓退之，其論事明白激切如陸贄，其性理之學，庶幾子思、孟軻，非近世區區綴緝章句，務爲應用之文者所能髣髴也。嗣子紹夫裒集公文章，得古律、詩、賦、奏、啓、雜文，凡三百六十餘篇，冠以紹興手詔，及熙寧經筵薦士章稿，合爲二十有五卷，而〈行狀〉、〈誌銘〉附于其後。《集》成來謁，求爲之〈序〉綱告之曰：『太上立德，其次立功、立言，如古靈先生三者兼備，又得詔書褒稱，可謂盛矣！若其平生行事，則有〈行狀〉、〈誌銘〉可考，誦其詩，讀其書，可以想見其人。如公功業行實，推賢揚善之美如此，而其文章渾全博雅又如此，宜乎被累朝之殊眷，膺聖主之褒崇，士林尊仰，推爲天下君子長者，而不敢有異議者也。公諱襄，字述古，官至樞密直學士、尚書左司郎中，贈少師，國史有傳云。紹興五年閏月朔，李綱謹序。』可參考。

〈年譜〉載其世系，出陳夷行之弟夷實。自光州固始從王緒入閩，家于福州。攷之〈唐世系表〉，有不合者。嘗怪閩之士族推本家世，輒言出

自固始。光在唐為下州，固姑又其一縣，當時不聞顯人，安得衣冠望族如許？就令有之，王緒以壽春屠者為盜，王潮從之為部曲，轉鬭萬里，而後入閩，士大夫何緣隨逐不置？蓋嘗思之，王氏初建，國人不自保，謾言鄉人，幸其不殺，後世子孫承襲其說，世襪縣邈，并與其初而忘之爾，若陳氏尤不應云然。廣棪案：《文獻通考》無此段。

案：《解題》所謂〈年譜〉，即指陳曄所撰〈古靈先生年譜〉，載《永樂大典》卷之三千一百四十二「陳襄」條下，云：「〈古靈先生年譜〉：陳氏出自嬀姓，虞帝舜之後。夏禹封舜子商均於虞城。三十二世孫遏父為周陶正，武王妻以元女大姬，生滿，封之於陳，賜姓嬀，以奉舜祀，為胡公。胡公二十六世孫軫為楚相，封穎川侯，因徙穎川，稱陳氏。支分派別，不可得而考。在唐有陳忠，其先江左諸陳，世客穎川。一子邕，邕三子：夷行、夷實、夷則。夷行為太子太保、檢校司空，相文宗。夷實一子翽，翽一子嘉，為陵州別駕。別駕一子聞，為陵州刺史。刺史三子：顯為檢校侍中、江南道節度使；勳為兵部侍郎；黯為職方郎中。侍郎一子檄，自蔣之固始從王緒入閩，家于福州，仕閩為太尉，推誠奉國功臣。太尉三子：令鎔為太中大夫，令圖為客省使，令猷為檢校工部尚書。客省一子希穎，皇朝淳化中以文林郎守果州，司戶參軍。戶曹五子：則之，拱之、象、恢之、裕之。象，台州黃巖縣尉，累贈尚書兵部侍郎，後改贈金紫光祿大夫。舊名連之字，金紫三子：交，將仕郎，真州司法參軍，贈正奉大夫；襄，樞密直學士，尚書右司郎中兼侍讀，贈少師；章，朝儀大夫；襄，樞密直學士，尚書右司郎中兼侍讀，贈少師；章，朝儀大夫，提舉杭州洞霄宮，贈金紫光祿大夫。真宗皇帝天禧元年丁巳，是年三月，公生於福州之古靈後鄉，人號為古靈先生。」《解題》所考殆據此。然直齋又考以《新唐書》卷七十一下〈表〉第十一下〈宰相世系〉一下所載：「陳氏出自嬀姓，虞帝舜之後。夏禹封舜子商均於虞城，三十二世孫遏父為周陶正，武王妻以元女大姬，生滿，封之於陳，賜姓嬀，以奉舜祀，是為胡公。九世孫厲公他生敬仲完，奔齊，以國為姓。既而食邑於田，又為田氏。十五世孫齊王建為秦所滅。三子：昇、桓、軫。桓稱王氏。軫，楚相，封穎川侯，因徙穎川，稱陳氏。生嬰，秦東陽令史。嬰生成安君餘，餘生軌，軌生審，審生安，安生恆，恆生願，願四子：清、察、齊、尚。齊生源，源三子：寔、崱、邃。寔字仲弓，後漢大將

軍掾屬，文範先生。六子：紀、夔、洽、諶、休、光。諶字季方，獻文先生。生青州刺史忠。二子：佐、和。佐二子：準、徽。準字道基，晉太尉、廣陵元公。生伯眕，建興中度江居曲阿新豐湖。生匡，二子；赤松、世達。世達，長城令，徙古長城下若里，生丞相掾康。康生盱眙太守英，英生尚書郎公弼，公弼生步兵校尉鼎，鼎生散騎侍郎高，高生懷安令詠，詠生安成太守猛，猛生太常卿道巨，道巨生文讚。文讚三子：談先、霸先、休先。」直齋以爲有所不合，惟大體均相同。且《新唐書·宰相世系表》另附潁川陳氏一表，始陳忠，雖云「不知所承」，然所記則多與〈年譜〉相合。惟〈表〉僅記唐世，而〈年譜〉則迄於宋代，故〈表〉不及〈年譜〉之詳盡矣。茲列〈表〉於下，以供參證。

忠。	邕	夷行字周道，相文宗。					
		玄錫。					
		夷則。		喜，陵州別駕。	聞，陵州刺史。	仲寓。	光象。
						昌誨，初名黯。	康乂。
		夷實。	翺字昭文。				

當永嘉之亂，林、黃、陳、鄭四姓先入閩，林諝為《閩中記》，明著之矣，尚得以一時脫死賊手之說，守之而不變乎？廣桉案：《文獻通考》無此段。

　　案：《解題》卷八〈地理類〉著錄：「《閩中記》十卷，唐林諝撰。本朝慶曆中有林世程者重修，其兄世矩作〈序〉。諝，郡人，養高不仕，當大中時。世程，亦郡人也。其言永嘉之亂，中原仕族林、黃、陳、鄭四姓先入閩，可以證閩人皆稱光州固始之妄。」亦記此事，足相參證。然諝之《閩中記》，已佚。

郎溪集五十卷

《郎溪集》五十卷，廣桉案：《文獻通考》作「鄭毅夫《郎溪集》五十卷。」翰林學士安陸鄭獬毅夫撰。廣桉案：《文獻通考》無此句。

廣棪案：《郡齋讀書志》卷第十九〈別集類〉下著錄：「鄭毅夫《郎溪集》五十卷。」〈宋志〉同。獬字毅夫，安州安陸人。神宗初拜翰林學士。《宋史》卷三百二十一〈列傳〉第八十有傳。

皇祐五年進士首選。坐知開封府不肯用案問新法，為王安石所惡而出。

案：《郡齋讀書志》著錄：「鄭毅夫《郎溪集》五十卷。右皇朝鄭獬字毅夫，安州人。少俊異，為詩賦有聲，廷試第一。累遷知制誥，入翰林為學士。王安石不悅之，乘宰相在告，除獬知杭州。為文有豪氣，峭整無長語。與滕達道少相善，並嗜酒，落魄無檢操，人目之為『滕屠鄭沽』。」《宋史》猛本傳載：「鄭獬字毅夫，安州安陸人。少負俊材，詞章豪偉峭整，流輩莫望。進士第一。……權發遣開封府。民喻興與妻謀殺一婦人，獬不肯用按問新法，為王安石所惡，出為侍讀學士、知杭州。御史中丞呂誨乞還之，不聽。未幾，徙青州。方散青苗錢，獬言：『但見其害，不忍民無罪而陷憲網。』引疾祈閑，提舉鴻慶宮，卒，年五十一。家貧子弱，其柩藁殯僧屋十餘年，滕甫為安州，乃克葬。」均可參證。

廷試〈圜丘象天賦〉，時獬與滕甫俱有場屋聲，甫賦首曰「大禮必簡，圜丘自然」，自謂人莫能及。獬但倒一字廣棪案：《文獻通考》作「獬賦但倒一字」。**曰「禮大必簡，丘圜自然」，甫聞之大服，果居其次云。**

案：朱弁《曲洧舊聞》卷三載：「鄭毅夫廷試日，曾明仲為巡察，一作按。官方往來之際，見毅夫筆不停綴，而試卷展其前，不畏人竊窺，意甚自得。明仲從旁見其破題兩句云：『大禮必簡，圜丘自然。』因低語曰：『乙起著，乙起著。』毅夫驚顧，知是明仲，乃徐讀其賦，便悟明仲之意，乙起大禮、圜丘二字，自覺破題更有精神。至唱名，果以此擅場子。屢見前輩說此事，所說皆同。」考《宋史》卷三百三十三〈列傳〉第九十一〈滕元發〉載：「滕元發初名甫，字元發。以避高魯王諱，改字為名，而字達道，東陽人。將生之夕，母夢虎行月中，墮其室。性豪雋慷慨，不拘小節。九歲能賦詩，范仲淹見而奇之。舉進士，廷試第三，用聲韻不中程，罷，再舉，復第三。授大理評事、通判湖州。孫沔守杭，見而異之，曰：『奇才也，後當為賢將。』授以治劇守邊之略。」觀是，則甫廷試居次於獬，固不僅以賦〈圜丘象天〉也。獬之〈圜丘象天賦〉云：「禮大必簡，丘圜自然。蓋推尊於上帝，遂擬象於高天。必在國南，蟠宏基之高厚；用符陽體，取大運之周旋。王者揆

禮之文，爲民之唱。修明大禘，導迎景覬。有祭焉，格神于下；有祀焉，享帝于上。謂丘也其形特異，我所以貴其自成。蓋天也其體亦圓，我所以法之相尙。爾乃旋仲冬之序，迎至日之長。掃以除地，升而詔王。是必肇靈壤以高峙，模圓淸而上當。擇吉土之成基，乃定其位；倣高穹之大體，以就乎陽。由是懂然神意交，穆然天覬授。徧羣靈以從之祀，嚴太祖以爲之侑。煥爾盛容，配乎大就。成非人力，聳寶勢以下蟠；仰合乾儀，環太虛而高覆。然則禮有物也，其制可象；天無形也，其端可求。故我相法於厚地，取類於重丘。崇崇其高，隱若積土之固；浩浩其大，渾如洪覆之周。是故有藁秸以籍誠，有陶匏以薦禮。大裘焉以彰其質，蒼璧焉以象其體。固異周朝授政，築層級之三成；漢祀命郊，兆重階之八陛。是則事至神者，物無以稱其德；接至高者，丘所以表其虔。與地居上，如天轉圓。對方澤之成形，乃殊其象；規大儀之冥運，自貴其全。聖人所以明禮大原，建邦茂憲，兆其成迹，符於至健，夫然因天事天，得先民之至論。」可參考。

廣陵集二十卷

《廣陵集》二十卷，揚州布衣王令逢原撰。

廣棪案：《通志》卷七十〈藝文略〉第八〈別集〉五〈宋〉著錄：「《王逢原集》十卷。」卷數不同。《宋史》卷二百八〈志〉第一百六十一〈藝文〉七〈別集類〉著錄：「《王令集》二十卷。」應同爲一書。令，《宋史》無傳。《宋史翼》卷二十六〈列傳〉第二十六〈文苑〉一有傳。其〈傳〉曰：「王令字逢原，祖居魏之元城。叔祖父乙居廣陵，令幼育於乙，遂爲廣陵人。……既而徙高郵，太守邵某延請主學，令辭不獲已，彌應之，尋亦辭去。邵爲部使者，以其節行聞於朝廷，不報。令既喜退隱，思江南山水之勝，乃居潤，賦〈江上〉、〈山中〉之詞。居頃之，熟於潤之山水道里，著〈遊山記〉以寓其意。居無何，以江陰幽僻，乃遷江陰。江陰地下濕，苦足疾，後居常州而終。」是令終身未仕。

令少年有盛名，王介甫尤重之。

案：《文獻通考》卷二百三十五〈經籍考〉六十二〈集別集〉著錄此條，下引石林葉氏曰：「王逢原作騷文極工，蓋非徒有意言語。嘗渡揚州江中流，慨然有感，乃作〈江上詞〉。既以爲未極其意，又作〈山中詞〉，寄

示王荊公。荊公讀中篇，不覺失聲嘆曰：『秦漢後乃有斯人邪！』自以爲不及。於是，與之交益密。逢原早死，文字多散落，二詞世少有見者。」《宋史翼》令本傳亦載：「王安石赴召，道由淮南，令〈赴南山之田詩〉，安石見之，期其才可與共功業於天下。」是介甫看重逢原之證。

年二十八而卒。

案：張舜民〈客有示余王逢原詩編者因成短韻逢原廣陵人死年二十八〉詩曰：「古人深恨不同時，雖得同時不識之。獨把遺編想風質，皇天何負十年期。」是令卒年二十八。

其妻吳氏，安石夫人之女弟也，守志不嫁。一女遺孕，嫁吳師禮；

案：令之門人劉發撰〈廣陵先生傳〉，曰：「是時丞相荊國公赴召，道由淮南，先生賦〈南山之田〉詩往見之。公得先生，大喜，期其材可與共功業於天下，因妻以其夫人之女弟焉。……吳氏從先生，一年而寡，歸治田桑，布素以待盡，其趨操論議，是皆宜爲先生配。先生既終，方得女，荊國公爲擇所宜歸，歸吳人吳師禮，亦名士。」可參證。

其子曰說，所謂吳傳朋廣棪案：《文獻通考》作「傳朋」，盧校本同。《解題》誤。**也。**

案：說，《宋史》無傳。《宋史翼》卷二十八〈列傳〉第二十八〈文苑〉三有傳，曰：「吳說字傳朋，號練塘，錢塘人，累官知信州。〈北山九里松碑〉，說所書也。高宗詣天竺，親御宸翰，徹去說書。未幾，說陛辭。高宗因與說云：『〈九里松碑〉乃卿書，朕嘗三次作此，觀之終不如卿。』朝退，令再揭元碑。席大光以母碑求說書，大光立于碑側，不數字必息憩，說病之。至夜分，秉燭潛起而書，大光聞之起立，以文房玩好二物盡歸之。說書深入黃庭堅之室，時作鍾體，尤善遊絲書。《書史會要》、《參洞天清錄》、《貴耳錄》、《行都紀事》。」可參考。

令之墓，安石銘之。館臣案：原本作「令之〈墓誌〉，安石名之」，據《文獻通考》，無「誌」字，「名」作「銘」，今改正。

案：王安石《王文公文集》卷第九十二〈墓志・王逢原墓志銘〉載：「嗚呼！道之不明邪，豈特教之不至也？士亦有罪焉！嗚呼！道之不行邪，豈特化之不至也？士亦有罪焉！蓋無常產而有常心者，古之所謂士也。士誠有常心以操聖人之說而力行之，則道雖不明乎天下，必明於己；道

雖不行於天下，必行於妻子。內有以明於己，外有以行於妻子，則其言行必不孤立於天下矣。此孔子、孟子、伯夷、柳下惠、揚雄之徒，所以有功於世也。嗚呼！以予之昏弱不肖，固亦士之有罪者，而得友焉。予友字逢原，諱令，姓王氏，廣陵人也。始予愛其文章，而得其所以言；中予愛其節行，而得其所以行；卒予得其所以言，浩浩乎其將沿而不窮也，得其所以行，超超乎其將追而不至也。於是慨然歎，以爲可以任世之重有功於天下者，將在於此，予將友之而不得也。嗚呼，今棄予而死矣，悲夫！逢原，左武衛大將軍諱奉諲之曾孫，大理評事諱珫之孫，而鄭州管城縣主簿諱世倫之子。五歲而孤，二十八而卒。卒之九十三日，嘉祐四年九月丙申，葬於常州武進縣懷德南鄉薛村之原。夫人吳氏，亦有賢行。於是方娠也，未知其子之男女。銘曰：『壽胡不多？天實爾嗇。曰天不相，胡厚爾德？厚之培之，嗇也推之，樂以不罷，不怨以疑。嗚呼天民，將在乎茲！』」

後有劉發者爲之〈傳〉。

案：發，《宋史》無傳。《宋詩紀事》卷三十四「劉發」條載：「發，元祐中，華亭主簿。」《宋詩紀事小傳補正》卷二載：「劉發，四川遂州人，元豐八年進士。《四川通志》。」可知其宦歷。發撰〈廣陵先生傳〉，曰：「王氏，舊望太原，自先生之七世祖居於魏之元城，不知其始何遷也？叔祖父乙居廣陵，先生幼育於乙，故遂爲廣陵人。年十數歲，書從群兒嬉，夜獨誦書，往往達旦不眠，率以是爲常。未嘗從師爲辭章，即雄偉老成，人見之皆驚。年稍長，倜儻不羈束，周鄉里之急，爲不義者，面加毀折無所避，人皆畏而服之。里人滿執中，謹厚人也。一日先生過之，執中以先生所爲爲非是，先生因自悔，更閉門讀書，久之，所得益以閎深，乃爲〈竹賦〉以自廣。具載《文集》，茲不錄。其姊寡居，貧無以自存，乃聚徒天長，已而積薪之中得芝之葉，先生有感焉，乃著〈藏芝賦〉。序多不載，載其賦。具載《文集》，茲不錄。是時丞相荊國公赴召，道由淮南，先生賦〈南山之田〉詩往見之。公得先生，大喜，期其材可與共功業於天下，因妻以其夫人之女弟焉。詩具載《文集》，茲不錄。既而徙高郵，太守邵公必延請主學，先生辭不獲已，強應之，尋亦辭去。邵公爲部使者，以其節行聞於朝廷，不報。先生既喜退隱，思江南山水之勝，乃遷居潤，賦〈江上〉、〈山中〉之詞。居頃之，熟於潤之山川道里，又著〈遊山記〉以寓

其意。具載《文集》，茲不錄。居無何，以江陰幽僻，乃去潤遷江陰。江陰地下淫，得疾，苦足弱，因復遷常。未幾，以足疾終。天下士大夫無論識不識皆痛惜之。荊國公爲誌其墓。荊國公既誌其墓，又哀思之，著於詩，多至十數篇。先生德業之敏，如駕四馬馭夷路，駸駸驟馳，雖健步者邈不可及。然聞一善言，見一善行，未嘗不歆慕，自以爲不逮。事寡姊如事父，教姊之孤兒不啻己子。歲時祭祀於其考妣，必流涕。親識饋遺，纖介無所受。諸生有獻，度其家貧，禮雖甚勤，不取也。平生爲文，多操紙立書，未嘗有槁，或有槁，隨輒焚毀，故其終，家無遺文。先生方生，管城君名之曰令兒，未及更立名而管城君卒，故先生因名令。初字鍾美，建安黃莘以其造道之深，字之曰逢原。吳氏從先生，一年而寡，歸治田桑，布素以待盡，其趨操論議，是皆宜爲先生配。先生既終，方得女，荊國公爲擇所宜歸，歸吳人吳師禮，亦名士。嗚呼，道之不明於世久矣！惟道之不明，故士於出處，皆莫知其所宜守。仕於朝廷者，知進而已，時不足以有爲，雖或援而去之，猶不能自止也。不然，則溺於厚利，苟徇世俗以自私，無足道也。隱於山林者，知退而已，時若可以有爲，雖或援而出之，猶不能自屈也。不然，則喜於名高，苟違世俗以自顯，無足取也。夫天下有道，以道徇身；天下無道，以身徇道；古之君子，無必處也，顧道何如耳！苟外於道而拘於出處之迹，宜其無自而可也。方先王之盛時，所以造士者有術，優游崇養，成其自得之實，而不使其少累於外物，故士多見夫道之大全，而進止行遁，無所於逆，三代而後，世不知所以造士，士未明所以行己，而紛紛外物，既已變易其思慮矣，則其所守無所適當，固其所也。嗚呼，若先生者，可謂豪傑之士矣！去三代之久如此，而以宏材敏識，偉節高行，特立於一時，使其無不幸之死，而幸與世偶，則其所施設，當何如哉！雖然，以太王、王季、文王、武王，成就天下之士，至於易商爲周，而士之備道德之美者，宜不可勝數矣。管、蔡一以流言，而朝廷上下遂皆信之，知保周公而賊四國者，才十夫而已。然則士之不待文王而興者，豈特罕聞於後世哉！雖先王之世，固已然矣。推此則若先生者，其可易得哉！世之知先生者，或以其文，或以其行，未爲知先生者也。知先生者，唯荊國公，而世或疑之。故詳載先生之行，而論次之如此。」可參考。

吳氏之墓，其姪王雲銘之，奉使死磁州者也。

案：雲字子飛，澤州人，父獻可。《宋史》卷三百五十七〈列傳〉第一百一十六有傳。其〈傳〉載其奉使死磁州甚詳，曰：「金人陷太原，召拜刑部尚書，再出使，許以三鎮賦入之數。雲至眞定，遣從吏李裕還言：『金人不復求地，但索五輅及上尊號，且須康王來，和好乃成。』欽宗悉從之，且命王及馮澥往。未行，而車輅至長垣，爲所卻，雲亦還。澥奏言雲誕妄誤國，雲言：『事勢中變，金人必欲得三鎮，不然，則進兵取汴都。』中外震駭，詔集百官議，雲固言：『唐王舊與斡离不結歡，宜將命。』帝慮爲所留，雲曰：『和議既成，必無留王之理，臣敢以百口保之。』王遂受命，而雲以資政殿學士爲之副。頃雲奉使過磁、相，勸兩郡徹近城民舍，運粟入保，爲清野之計，民怨之。及是，次磁州，又與守臣宗澤有憾。於是王出謁嘉應神祠，雲在後，民遮道諫曰：『肅王已爲金人所留，王不宜北去。』屬聲指雲曰：『清野之人，眞姦賊也。』王出廟行，或發雲笥，得烏絁短巾，蓋雲夙有風眩疾，寢則以護首者。民益信其爲姦，譟而殺之。王見事勢洶洶，乃南還相州。是役也，雲不死，王必北行，議者以是驗天命云。建炎初，贈觀文殿學士。」王雲撰〈節婦夫人吳氏墓碣銘〉，自署「姪朝請奏權發遣簡州軍州事王雲撰」。其〈墓碣銘〉云：「夫人吳氏，撫州臨川人。廣陵先生元城王公之妻。先生諱令，字逢原，道德文章名一世，年二十八而卒。夫人抱始生之孤，往歸母兄，喪除，議所適，雪涕自誓。屏居別墅，僅蔽風雨，惡衣糲食，人所不能堪。三十有五年，以終厥身，凜然古之節婦，天下稱之。家始來唐，唐多曠土，熙寧中，詔募民蓄墾治廢陂，復召信臣、杜詩之迹，眾憚其役之大，懵於方略，睨莫敢舉。夫人因見其兄占田陂旁，慨然謂眾曰：『我非徒自謀，陂興，實一州之利。當如是作，如是成。』乃闢污萊，均灌溉，身任其勞，築環堤以瀦水，疏斗門以洩水，壤化膏腴，民飫秔稻，而其家貲亦累鉅萬。夫人一毫不私，脈用之儉猶昔也。方且汲汲振窮乏，周疾喪，貸不能償，則爲焚券，德聲日聞，遠邇信服。訟下詣官，決於一言，久之四境無復凶歲，民深德夫人之惠，相與列言于州，州聞于朝，優賜米帛，而鄉人矜以爲榮。迹其澤被一方，功昭于時，豈特古今女子所未嘗有，雖烈丈夫建立，無以過之。烏虖！是眞先生之配也！夫人，尚書屯田員外郎德筠之曾孫，尚書都官員外郎敏之孫，江寧府司錄參軍賁之子。婉慧夙成，父異之，嫁不輕諾。廣陵先生妙年英特，聲震江、淮，荊公

一見以爲友，勸其舅以夫人歸焉。居無何而寡，遺腹舉一女，長有淑德。荊公高選諸生，以嫁錢塘吳師禮，歷博士諫官、右司員外郎，爲時名臣。夫人天才超然，辭翰之工，不假師授。喜讀孟軻氏書，論議宿儒所不及，謂非婦能，皆祕弗耀。父事兄，母事姊，姊亡感慟，得疾卒，年五十九，實元祐八年十二月二十七日。兄豪，奇士也。夫人既卒二年，以先生葬常州，躬護柩北來，道病亦卒。後十年，乃克合窆于唐州桐栢縣之淮源鄉。又十四年，外孫說擢官大農，出佐雍州，以其母朝夕之念，不遠數千里，力請易襄，過唐上冢，顧墓碑未刻，乃使來請，雲曰：室家之道，古難其全；清規懿範，曠不並紀。今先生名在國史，夫人繼有佳傳，夫婦俱賢，偉奇傑出，高視千載，邈無與儔。昔荊公誌先生之墓，以爲『可以任世之重，有功於天下』；且謂夫人有賢行，又詩哭之曰：『康子高才有婦同。』暨銘司錄公，則曰：『季女有特操如令。』荊公世之師，而每稱重如此，可以知其賢矣。斯文垂世，炳如日星，孰敢措一辭於其後哉？雖然，前誌，誌常州之葬爾。今合葬于唐，而無辭以紀，則百世之下，安所考信？族子誠不肖，爲是悼懼，敢以伯母夫人之德烈，碣于墓上，爲唐人無窮之傳。銘曰：『烈烈夫人，婦節高世。有功于民，才實國士。興陂溉田，均利千里。唐無凶年，歲已四紀。方城之南，百萬生齒。及至雲來，敢忘茲惠。桐柏嶷嶷，淮流其東。維德不朽，維名無窮。墓門有石，刻紀嘉績。凡唐之人，過者必式！』」可參考。

公是集七十五卷

《公是集》七十五卷，侍讀學士新喻劉敞仲邀父撰。號公是先生。

廣棪案：《郡齋讀書志》卷第十九〈別集類〉下著錄：「《劉公是集》七十五卷。右皇朝劉敞字原父，袁州人。慶曆中舉進士，廷試第一。累遷知制誥，出知永興。爲人明白俊偉，自《六經》、百氏，下至傳記，無所不通。爲文章尤敏贍，好摹倣古語句度。在西掖時嘗食頃草九制，各得其體。英宗嘗語及原父，韓魏公對以有文學，歐陽公曰：『其文章未佳，特博學可稱耳。』」足供參證。《宋史》卷二百八〈志〉第一百六十一〈藝文〉七〈別集類〉著錄：「《劉敞集》七十五卷。」敞，臨江新喻人。《宋史》卷三百一十九〈列傳〉第七十八有傳。仁宗時拜翰林侍讀學士。

彭城集六十卷

《彭城集》六十卷。_{廣棪案：《文獻通考》作「《劉公非集》六十卷」。}中書舍人劉攽叔_{廣棪案：《文獻通考》無「叔」字。}贛父_{廣棪案：《文獻通考》作「貢父」。}撰。號公非先生。

> 廣棪案：《讀書附志》卷下〈別集類〉三著錄：「《彭城先生文集》六十卷。右中書舍人劉攽字貢父之文也。攽與兄敞同學，自刻厲，博讀群書，遂偕中第。或曰：原父將死，戒子弟無得遽出其集，曰：『後百餘年，世好定當有知我者。』故貢父次其集，藏之不肯出。私諡曰公是先生。貢父平生亦好諧謔，與荊公素厚，坐是亦相失。及死，子弟亦次其文，私諡曰公非先生。然今謂原父之文爲《公是集》，貢父止曰《彭城集》云。」足供參證。《宋史》卷二百八〈志〉第一百六十一〈藝文〉七〈別集類〉亦著錄：「《劉攽集》六十卷。」攽，哲宗時拜中書舍人。《宋史》卷三百一十九〈列傳〉第七十八附〈劉敞〉。

敞兄弟俊敏博洽，同登慶曆六年進士第。敞本首冠，以內兄土堯臣為編排官引嫌，遂得第二人。_{廣棪案：《文獻通考》無「人」字。}仕早貴而不永年，年財五十。

> 案：《宋史》敞同本傳載：「劉敞字原父，臨江新喻人。舉慶曆進士，廷試第一。編排官王堯臣，其內兄也，以親嫌自列，乃以爲第二。……積苦眩瞀，屢予告。帝固重其才，每燕見他學士，必問敞安否？帝食新橙，命賜之。疾少間，復求外，以爲汝州，旋改集賢院學士，判南京御史臺。熙寧元年，卒，年五十。」又載：「攽字貢父，與敞同登科。」可參證。

攽歷州縣二十年，晚乃游館學，元祐中始掌外制。

> 案：《宋史》攽本傳載：「攽字貢父，……仕州縣二十年，始爲國子監直講。……哲宗初，起知襄州。入爲秘書少監，以疾求去，加直龍圖閣、知蔡州。於是給事中孫覺、胡宗愈，中書舍人蘇軾、范百祿言：「攽博記能文章，政事侔古循史，身兼數器，守道不回，宜優賜之告，使留京師。」至蔡數月，召拜中書舍人。請復舊制，建紫微閣於西省。竟以疾不起，年六十七。」至攽之游館學，《歐陽文忠公集・奏議集》卷第十七有〈舉劉攽呂惠卿充館閣箚子_{嘉祐六年}〉載：「臣伏見前廬州觀察推官劉攽，辭學優贍，履行修謹，記問該博，可以備朝廷詢訪。前眞州軍事推官呂惠卿，

材識明敏，文藝優通，好古飭躬，可謂端雅之士。並官置之館閣，以副聖朝養育賢材之選。臣以庸繆，參聞政論，無能報國，敢舉所知。其劉攽、呂惠卿，欲望聖慈俾充館閣之職。如後不如舉狀，臣甘同罪，取進止。」可參證。

攽子奉世仲馮亦有名，官至執政，世稱三劉。

案：《宋史》攽本傳載：「弟攽，子奉世。」考奉世字仲馮，天資簡重，有法度。中進士第。熙寧三年，初置樞密院諸房檢詳文字，以太子中允居吏房。……元祐初，歷度支左司郎中、起居郎、天章閣待制、樞密都承旨、戶部吏部侍郎、權戶部尚書。……政和三年，復端明殿學士。薨，年七十三。」《宋史》附〈攽傳〉。

老蘇嘉祐集十五卷

《老蘇嘉祐集》 廣棪案：《文獻通考》作「蘇明允《嘉祐集》」**十五卷，文安主簿編修禮書眉山蘇洵明允撰。** 廣棪案：《文獻通考》無此句。

廣棪案：《郡齋讀書志》卷第十九〈別集類〉下著錄：「蘇明允《嘉祐集》十五卷。右皇朝蘇洵字明允，眉山人。至和中，歐陽永叔得明允書二十二篇，大愛其文辭，以為賈誼、劉向不過也。以書獻，除校書郎。與姚子張同編《太常因革禮》百卷，書方成而卒。治平史臣謂永叔所獻明允之文甚美，大抵兵謀權利機變之言也。」〈宋志〉同。惟《通志》卷七十〈藝文略〉第八〈別集〉五〈宋〉則著錄：「《老蘇集》五卷，蘇洵。又《嘉祐集》三十卷。」與《解題》不同。洵字明允，眉州眉山人。《宋史》卷四百四十三〈列傳〉第二百二〈文苑〉五有傳。其〈傳〉載：「宰相韓琦見其書善之，奏于朝，召試舍人院，辭疾不至，遂除祕書省校書郎。會太常修纂建隆以來禮書，乃以為霸州文安縣主簿，與陳州項城令姚闢同修禮書，為《太常因革禮》一百卷。書成，方奏未報，卒。賜其家縑、銀二百，子軾辭所賜，求贈官，特贈光祿寺丞，敕有司具舟載其喪歸蜀。有《文集》二十卷、《諡法》三卷。」可參證。惟〈傳〉稱《文集》二十卷，亦與《解題》不同。

洵初入京師，益帥張文定薦之歐陽公，世皆知之，而有雷簡夫者，為雅

守，廣棪案：《文獻通考》作「為雄州」，誤。**以書薦之張、歐及韓魏公尤力。張之知洵由簡夫，世罕知之。雷之書文，亦慷慨**廣棪案：《文獻通考》作「慨慷」。**偉麗可觀。**

　　案：張文定薦洵於歐陽公，葉夢得《避暑錄話》卷下載之，曰：「嘉祐初，安道守成都，文忠為翰林，蘇明允父子自眉州走成都，將求知安道。安道曰：『吾何足以為重，其歐陽永叔乎？』不以其隙為嫌也。乃為作書辦裝使人送之京師，謁文忠。文忠得明允父子所著書，亦不以安道薦之非其類，大喜曰：『後來文章當在此。』即極力推譽，天下于是高此兩人。子瞻兄弟後出入四十餘年，雖物議于二人各不同，而亦未嘗敢有纖毫輕重于其間也。」張安道即文定。至雷簡夫之薦，則亦見載邵博《河南邵氏聞見後錄》，載：「眉山老蘇先生里居未為世所知時，雷簡夫太簡為雅州獨知之，以書薦之韓忠獻、張文定、歐陽文忠，三公皆有味其言也。三公自太簡始知先生，後東坡、穎濱但言忠獻、文定、文忠，而不言太簡，何也？予官雅州得太簡薦先生書，嘗以問先生曾孫符仲虎，亦不能言也。簡夫，長安人，以遺才命官，其文亦奇，《國史》有傳。〈上韓忠獻書〉：『簡夫啓：昨年在長安，累獲奏記。及入蜀來，路遠，頗如疎怠，恭惟恩照，恕其如此，不審均逸名都，寢食何似？簡夫向年自與尹師魯別，不幸其至死不復相見，故居常恨，以謂天下後生，無復可與議論當世事者。不意得郡荒陋，極在西南，而東距眉州尚數百里。一日，眉人蘇洵攜文數篇，不遠相訪。讀其〈洪範論〉，知有王佐才。〈史論〉得遷史筆，《權書》十篇，譏時之弊，〈審勢〉、〈審敵〉、〈審備〉三篇，皇皇有憂天下心。嗚呼！師魯不再生，孰與洵抗邪？簡夫自念道不著，位甚卑，言不為時所信重，無以發洵之迹。遽告之曰：「如子之文，異日當求知于韓公，然後決不埋沒矣！」重念簡夫阻遠門藩，職有所守，不獲摺版約袂疾指，快讀洵文于几格間，以豁公之親聽也，但邑邑而已。洵年踰四十，寡言笑，淳謹好禮，不妄交游，亦嘗舉茂才，不中第，今已無意。近張益州安道薦為成都學官，未報。會今春，將二子入都，謀就秋試，幸其東去。簡夫因約其暇日，令自袖所業，求見節下，願加獎進，則斯人斯文不為不遇也。』〈上張文定書〉：『簡夫啓：簡夫近見眉州蘇洵著述文字，其間如〈洪範論〉，真王佐才也。〈史論〉，真良史才也。豈惟西南之秀，乃天下之奇才爾，令人欲麋珠虀芝，躬執匕筯，飫其腹中，恐他饋傷，且不稱其愛護如此。但怪其不以所業投于明公，問其然後云：「洵

已出張公門下矣。又辱張公薦，欲使代黃東爲郡學官，洵思遂出張公之門，亦不辭矣。」簡夫喜其說，竊計明公引洵之意，不秪一學官。洵望明公之意，亦不秪一學官，第各有所待也。又聞明公之薦，累月不下，朝廷重以例檢，執政者靳之不特達，雖明公重言之，亦恐一上未報，豈可使若人年將五十，遲遲于塗路間邪？昔蕭昕薦張鎬云：「用之則爲帝王師，不用則幽谷一叟耳！」願明公薦洵之狀至于再，至于三，俟得其請而後已，庶爲洵進用之權也。』〈上歐陽內翰書〉：『簡夫啓：簡夫頃年待詔公車府，因故人蘇子美始拜符采，不間不遺，許接議論。未兩三歲，而執事被聖上不次之知，遂得以筆舌進退天下士大夫。士大夫不知刑之可懼，賞之可樂，生之可即，死之可避，而知執事之筆舌可畏。簡夫不于此時畢其平生之力，以謹自附于下風，而方從事戎馬間，或告疾于舊隱，故足迹不至于門藩，書問不通于左右者且十餘年矣。豈偶然哉？蓋有故耳。執事之官日隆于一日，昔之所以議進退天下士大夫者，今又重之以權位故其一言之出，則九鼎不足爲重。簡夫見棄于時，使與俗吏齒，碌碌外官，多謗少譽，方世之視其言，不若鴻毛之輕，故姓名不見記于執事矣。夫人重之不爲，簡夫肯爲輕哉！方俟退于隴畝之中，絕于公卿之間，而後敢以尺書問閽吏，道故舊之情。今未能畢其志，而事已有以奪之矣。伏見眉州人蘇洵，年踰四十，寡言笑，惇謹好禮，不妄交游。嘗著《六經》、〈洪範〉等論十篇，爲後世計。張益州一見其文，嘆曰：「司馬遷死矣，非子吾誰與？」簡夫亦謂之曰：「生，王佐才也！」嗚呼！起洵于貧賤之中，簡夫不能也；然責之亦不在簡夫也。若知洵不以告于人，則簡夫爲有罪矣！用是不敢固其初心，敢以洵聞左右。恭惟執事職在翰林，以文章忠義爲天下師。洵之窮達，宜在執事。嚮者，洵與執事不相聞，則天下不以是責執事；今也，讀簡夫之書，既達于前，而洵又將東見執事于京師，今而後，天下將以洵累執事矣！』」簡夫所上韓、張、歐陽〈書〉，眞慷慨偉麗可觀也。

東坡集四十卷、後集二十卷、內制集十卷、外制集三卷、奏議十五卷、和陶集四卷、應詔集十卷

《東坡集》四十卷、《後集》二十卷、《內制集》十卷、《外制集》三卷、《奏議》十五卷、《和陶集》四卷、《應詔集》十卷，端明殿學士文忠公

蘇軾子瞻撰。廣棪案：《文獻通考》無此句。

《文獻通考》《郡齋讀書志》卷第十九〈別集類〉下著錄：「蘇子瞻《東坡前集》四十卷、《後集》二十卷、《奏議》十五卷、《內制》十卷、《外制》三卷、《和陶集》四卷、《應詔集》十卷。」與《解題》同。惟《通志》卷七十〈藝文略〉第八〈別集〉五〈宋〉著錄：「《蘭臺前集》一百卷，蘇軾。又《蘭臺後集》七十卷，又《蘭臺續集》四十卷，又《成集》八十卷。」《宋史》卷二百八〈志〉第一百六十一〈藝文〉七〈別集類〉著錄：「蘇軾《前後集》七十卷、《奏議》十五卷、《補遺》三卷、《南征集》一卷、《詞》一卷、《南省說書》一卷、《應詔集》十卷、《內外制》十三卷、《別集》四十六卷、《黃州集》二卷、《續集》二卷、《和陶詩》四卷、《北歸集》六卷、《儋耳手澤》一卷、《年譜》一卷，王宗稷編。」則與《解題》不同。軾字子瞻，眉州眉山人。哲宗時遷禮部兼端明殿、翰林侍讀兩學士，爲禮部尚書，高宗時諡文忠。《宋史》卷三百三十八〈列傳〉第九十七有傳。其〈傳〉載：「軾成《易傳》，復作《論語說》；後居海南，作《書傳》；又有《東坡集》四十卷、《後集》二十卷、《奏議》十五卷、《內制》十卷、《外制》三卷、《和陶詩》四卷。」又與〈宋志〉所著錄者不盡相同。

一字和仲。廣棪案：《文獻通考》無此句。

案：《解題》卷十七〈別集類〉中著錄：「《東坡集》四十卷、《後集》二十卷、《內制集》十卷、《外制集》三卷、《奏議》十五卷、《和陶集》四卷、《應詔集》十卷，端明殿學士文忠公蘇軾子瞻撰。一字和仲。自謫黃州，始號東坡居士。」可參證。

自謫黃州，始號東坡居士。廣棪案：《文獻通考》無此句。

案：《宋史》本傳載：「徙知湖州，上表以謝。又以事不便民者不敢言，以詩託諷，庶有補於國。御史李定、舒亶、何正臣摭其表語，並媒孽所爲詩以爲訕謗，逮赴臺獄，欲置之死，鍛鍊久之不決。神宗獨憐之，以黃州團練副使安置。軾與田父野老，相從溪山間，築室於東坡，自號『東坡居士』。」可參證。

杭、蜀本同，但杭無《應詔集》。

案：耿文光《萬卷精華樓藏書記》卷一百一十〈集部〉二〈別集類〉八

著錄：「《文忠公文集》四十卷、《奏議》十五卷、《外制集》三卷、《內制集》十卷、《後集》二十卷、《續集》十二卷，宋蘇軾撰。明本，前有成化四年李紹〈序〉。李氏〈序〉曰：『大蘇文，呂東萊所編《文選》與諸家並行，十僅一二。其《全集》宋時刻本雖存，而藏於內閣，仁廟命工翻刻歐《集》賜二三大臣，蘇《集》工未畢，而上升遐矣。故二《集》傳世獨少。海虞程侯來守郡，謂歐，吉人；吉之學古文學者，以歐爲宗。求歐公《大全集》刻之郡黌，以文忠公學於歐，其《全集》，世所未有。求得宋時曹訓所刻舊本，及仁廟所刻未完新本，重加校閱，卷帙仍依舊本。舊本無而新本有者，則爲《續集》並刻之。按公《集》初有杭、蜀、吉本，及建安、麻沙諸本，歲久不復全。茲幸彙爲一集，與歐《集》並傳於世，侯之有功於蘇文，豈不大且遠乎！予故樂而爲之〈序〉。』文光案：『嘉靖本見《天一閣書目》，江西布政司重刊，商豐縣教諭繆宗道校正，有《樂語》一卷、《應詔集》十卷，餘與成化本同。』」據是，則蘇《集》不惟有杭、蜀本，另有吉本、建安本與麻沙本。明之成化本據杭本，嘉靖本據蜀本，故嘉靖本有《應詔集》十卷也。

欒城集五十卷、後集二十四卷、第三集十卷、應詔集十二卷

《欒城集》五十卷、《後集》二十四卷、《第三集》十卷、《應詔集》十二卷，館臣案：《應詔集》，《文獻通考》作二十卷。門下侍郎文定公蘇轍子由撰。

廣棪案：《郡齋讀書志》卷第十九〈別集類〉下著錄：「蘇子由《欒城集·前集》五十卷、《後集》二十四卷、《第三集》十卷、《應詔集》十二卷。」與《解題》同。《通志》卷七十〈藝文略〉第八〈別集〉五〈宋〉著錄：「《蘇黃門集》七十卷，蘇轍。又《欒城前集》五十卷、又《欒城後集》二十四卷、《欒城第三集》十卷。」《宋史》卷二百八〈志〉第一百六十一〈藝文〉七〈別集類〉著錄：「蘇轍《欒城集》八十四卷、、《應詔集》十卷、《策論》十卷、《均陽雜著》一卷。」則與《解題》有所異同。轍字子由，元祐六年拜尚書右丞，進門下侍郎，淳熙中，諡文定。《宋史》卷三百三十九〈列傳〉第九十八有傳。

一字同叔。廣棪案：《文獻通考》無此句。

案：孫汝聽《藕香零拾・蘇穎濱年表》載：「轍字子由，一字同叔，眉山人，老蘇先生之季子。」可證。

欒城，真定府縣也，蘇氏望趙郡，欒城元魏時屬趙郡，故云。

案：丁丙《善本書室藏書志》卷二十七〈集部〉六著錄：「《欒城集》五十卷、《後集》二十四卷、《三集》十卷、《應詔集》十二卷，明刊本。宋西蜀蘇轍子山著，明東吳土執禮子敬，顧夫敘禮初同校。轍乃洵之次子，年十九，與兄軾同舉進士第。二十舉直言，擢商州推官，以兄罪謫筠州監酒。宣仁臨朝，相溫公，擢中書舍人，代兄為翰林學士，旋拜尚書左丞。紹聖初，責置雷州，後北還。政和二年，卒。蘇氏望趙郡。欒城，北魏時屬趙郡，《集》或以名。《正集》皆元祐以前作，《後集》乃元祐九年至崇甯四年所作，《三集》則崇甯五年至政和元年所作。有穎濱遺老自引《應詔集》，乃其孫籕集其策論與應試諸作也。卷數俱與晁、陳兩目合。」可參證。

晚居穎濱，自號穎濱遺老，故《集》或名。

案：馬廷鸞《碧梧玩芳集》卷十八〈記・遺老軒記〉載：「蘇黃門輔政於元祐，謫官於紹聖，歸居於崇寧，諸子為之築廬穎濱。其自言也，吾穎濱遺老也。」可參證。又劉大謨〈欒城集序〉曰：「物之顯晦，各有其時。故荊山之玉，俟卞和而始獻；豐城之劍，待雷煥而始出；鹽車之驥，須伯樂而始重。況文章為大地間至寶，弗遇其人，則空歷年所，湮沒無聞，曾謂顯晦不有時乎？有宋文運弘開，五星再聚，故三蘇並出於眉山。若文定者，天性高明，資稟渾厚。既有父文安以為之師，又有兄文忠以為之友。故其文章，遂成大家。議者謂其汪洋澹泊，深醇溫粹，似其為人。文忠亦嘗稱之，以為實勝於己。信不誣也。夫何老泉、東坡《全集》盛行，獨公所著雖附《三蘇集》，而采輯未備；雖有《穎濱集》而脫誤實多，君子未嘗不三歎焉。」是子由之《集》，初名《穎濱集》。

三蘇年表三卷

《三蘇年表》三卷，右奉議郎孫汝聽撰。汝聽當是蜀人，敘述甚詳。

廣栞案：劉琳、沈治宏編著《現存宋人著述總錄・史部・傳記類・年譜

之屬》著錄：「《蘇潁濱（轍）年表》一卷，孫汝聽編。《藕香零拾》。」是汝聽所撰之《三蘇年表》，今僅存蘇轍一種。汝聽，《宋史》無傳。其所撰《蘇潁濱年表》，下署「左奉議郎、賜緋魚袋孫汝聽編」，則與《解題》著錄略異，未知孰是。

東坡別集四十六卷

《東坡別集》四十六卷，坡之曾孫給事嶠季真刊家集於建安，大略與杭本同。蓋杭本當坡公無恙時已行於世矣。麻沙書坊又有《大全集》，兼載《志林》、《雜說》之類，亦雜以潁濱及小坡之文，且間有訛偽勦入者。有張某廣棪案：：元抄本、盧校本「某」作「集」。盧校注：「館本作『某』，《通考》同。」為吉州，取建安本所遺盡刊之，而不加攷訂，中載〈應詔〉、〈策論〉，蓋建安本亦無《應詔集》也。

　　廣棪案：《讀書附志》卷下〈別集類〉三著錄：「《東坡先生別集》三十二卷、《續別集》八卷。右《東坡先生別集》、《續別集》，乃蘇公嶠刊置建安而刪略者。淳祐甲辰廬陵郡庠刊。」可參證。嶠，《宋史》無傳。《宋史翼》卷四〈列傳〉第四〈蘇峴〉載：「蘇峴字叔子，軾孫籀次子，嗣簹，後與兄嶠一時馳名。……兄嶠字季眞，歷諫省給事黃扉，待制顯謨閣。《南澗甲乙集》。」可知嶠宦歷。

陳都官集三十卷

《陳都官集》三十卷，都官員外郎嘉禾陳舜俞令舉撰。

　　廣棪案：《宋史》卷二百八〈志〉第一百六十一〈藝文〉七〈別集類〉著錄：「《陳舜俞集》三十卷。」與此同。舜俞字令舉，湖州烏程人。《宋史》卷三百三十一〈列傳〉第九十附〈張問〉，稱舜俞「熙寧三年以屯田員外郎知山陰縣」，而闕載其任都官員外郎。樓鑰《攻媿集》卷五十一有〈陳都官文集後序〉，曰：「制置使陳官由地官貳卿出鎮四明，政成暇日，以家藏曾祖《都官文集》刻之郡庠，屬鑰為〈序〉，謝不敢，且曰：『蔣魯公之〈序〉詳矣，何敢贅。』既不得命，敬題於後。曰：『高哉！都官之節也。魯公稱公之學，曰雅志之所學，以謂為道而不為利，此學者之所

當守而不失，仕者之所當遵而不變者也。若夫平日之論，高出於夔、契之上，而至其趨時之事，乃卑出於管、晏之下者，此固令舉之所鄙也。稱公之文，曰大者則以經世務，極時變；小者猶足以詠情性，暢幽鬱。蓋其於道如此，而其辭亦不足道也。可謂備矣。然猶若有所畏避，而不敢盡言。鑰不佞，敢補其所未言者。嘗三復公之遺文，而得其為人。蓋其抱負素已不群，本之忠義，充以學問，以安定胡先生為師。所友自東坡先生而降，皆天下士，淵源又如此。萬言之策，經濟之規模定矣。自以親結昭陵之知，身雖在外，遇事輒發書論災異，言尤激烈。三上英宗書，又皆人所難言。迨神宗作興，銳意治功，王文公得君用事，法度更新。諸老大臣爭不能得，抵巇取爵位之人不可勝數，風俗為之大變。至有遠在蜀萬里外，官為偏州，騰奏於朝，盛稱青苗新法之美，而捷登膴仕者。公方宰山陰，例以秩滿登館閣，小忍不言，豈不足以平進。而抗章力辯，繳納，召試堂箚，自取竄責而不悔。方且優游廬山，與劉公凝之騎牛松下，窮幽尋勝，以自娛適。嗚呼！非凝之不足以當歐陽公之〈廬山高〉，非公不足以侶凝之之賢也。使當時以公一言而寤君相之意，安有後日之紛紛哉！公既窮老以死，其子訴冤，又重得罪。然其後再傳而得祕丞及刪定二公，三傳而貳卿出，陳氏益大，天之報施何如哉！讀公之文者，能以是求之，然後知公之高風大節，猶將廉頑立懦于百世之下，毋徒玩其華藻而已也。」是舜俞曾任都官員外郎之證。

舜俞，慶曆六年進士，嘉祐四年制科。

案：《宋史》舜俞本傳載：「舜俞字令舉，湖州烏程人。博學強記。舉進士，又舉制科第一。」然均未記其歲月，《解題》足補《宋史》之闕。

以言新法，謫官南康，與劉凝之騎牛游廬山，詩畫皆傳於世。

案：《宋史》舜俞本傳載：「青苗法行，舜俞不奉令，上疏自劾曰：『民間出舉財物，取息重止一倍，約償緡錢，而穀粟、布縷、魚鹽、薪蕘、稯鉏、釜錡之屬，得雜取之。朝廷募民貸取，有司約中熟為價，而必償緡錢，欲如私家雜償他物不可得，故愚民多至賣田宅，質妻孥。有識者老戒其鄉黨子弟，未嘗不以貰貸為苦。祖宗著令，以財物相出舉，任從書契，官不為理。其保全元元之意，深遠如此。今誘之以便利，督之以威刑，方之舊法，異矣。詔謂振民乏絕而抑兼并，然使十戶為甲，浮浪無根者毋得給俵，則

乏絕者已不蒙其惠。此法終行，愈為兼并地爾。何以言之？天下之有常平，
非能人人計口受餉，但權穀價貴賤之柄，使積貯者不得深藏以邀利爾。今
散為青苗，唯恐不盡，萬一饑饉荐至，必有乘時貴糶者，未知將何法以制
之？官制既放錢取息，富室藏鏹，坐待鄰里逋欠之時，田宅妻孥隨欲而得，
是豈不為兼并利哉？雖分於夏秋二科，而秋放之月與夏斂之期等，夏放之
月與秋斂之期等，不過展轉計息，以給為納，使吾民終身以及世世，每歲
兩輸息錢，無有窮已。是別為一賦以敝海內，非王道之舉也。』奏上，責
監南康軍鹽酒稅，五年而卒。」考《渭南文集》卷第二十八〈跋劉凝之陳
令舉騎牛圖〉曰：「公卿貴人方黃金絡馬，傳呼火城中。時欲如二公騎牛山
谷，蕭散遺物，固不可得。若予者，仕既齟齬，及斥歸，欲買一黃犢代步，
其費二萬有畸。作欄蓄童，又在此外，遂一笑而止。徒有此生，猶著幾兩
屐之歎，乃知二公風流，亦未易追也。紹熙甲寅十二月二十九日，陸某識。」
又《宋元學案》卷一〈安定學案・安定門人〉「縣令陳先生舜俞」載：「在
貶所，日與太傅劉凝之梓材案：劉凝之為潁上令，棄官。此稱太傅，未詳。跨雙犢，
窮泉石之勝。自號白牛居士。鄉人名其居曰白牛鎮青風里。詩畫皆傳于世。」
均足資參證。

舜俞居湖秀境上，廣棪案：《文獻通考》作「蘇秀境上」，「蘇」字誤。初從安定
胡先生學。熙寧中六客，其一也。其墓在城南之蘇灣。子孫猶宅於烏鎮。

　　案：《宋史》舜俞本傳載：「舜俞始嘗棄官歸，居秀之白牛村，自號白牛
　　居士。已而復出，遂貶死。」《宋元學案》卷一〈安定學案・安定門人〉
　　「縣令陳先生舜俞」載：「陳舜俞，字令舉，嘉興人。雲濠案：先生世居烏程。
　　強記博學，從安定遊。舉進士，嘉祐中制科第一。……雲濠案：先生少學于
　　安定，長師歐陽文忠，而友司馬溫公。著有〈廬山記〉□卷，《都官集》三十卷。今存《永
　　樂大典》本十四卷。」可參證。

濂溪集七卷

《濂溪集》七卷，廣東提刑營道周敦頤茂叔撰。遺文纔數篇，為一卷，
餘皆附錄也。

　　廣棪案：《讀書附志》卷下〈別集類〉三著錄：「《濂溪先生大成集》七卷、
　　《濂溪先生大全集》七卷。右周元公敦頤字茂叔之文也。濂溪，在營道

之西，蓋營川之支流也。先生既不能返其故鄉，上居廬山之下，築室溪上，名曰濂溪書堂，以無忘父母之邦之意。學者因號爲濂溪先生。國朝道學始於先生。嘉定十二年，賜諡曰元，太常丞藏格取主善行德之法也。淳祐初元，詔從祀于學，封春陵伯。始，道守蕭一致刻先遺文并附錄七卷，名曰《大成集》。進士易統又刻于萍鄉，名曰《大全集》。然兩本俱有差誤，今併參校而藏之。」是《解題》所著錄者乃《濂溪先生大成集》也。考《宋史》卷二百九〈志〉第一百六十二〈藝文〉八〈總集類〉著錄：「蕭一致《濂溪大成集》七卷。」則誤將刻書者作撰人也。敦頤字茂叔，道州營道人，神宗時任濂東轉運判官，提點刑獄。《宋史》卷四百二十七〈列傳〉第一百八十六〈道學〉一有傳。

本名敦實，避英宗舊名改焉。其仕以舅鄭向任。晚年以疾求知南康軍，因家廬山，前有溪，取營道故居濂溪名之。

案：《宋史》濂溪本傳載：「周敦頤字茂叔，道州營道人。元名敦實，避英宗舊諱改焉。以舅龍圖閣學士鄭向任，爲分寧主簿。……熙寧初，知郴州。用抃及呂公著薦，爲廣東轉運判官，提點刑獄，以洗冤澤物爲己任。行部不憚勞苦，雖瘴癘險遠，亦緩視徐按。以疾求知南康軍。因家廬山蓮花峯下，前有溪，合於溢江，取營道所居濂溪以名之。」可參證。

二程所從學也。

案：《宋史》卷四百二十七〈列傳〉第一百八十六〈道學〉一〈程顥〉載：「顥資性過人，充養有道，和粹之氣，盎於面背，門人交友從之數十年，亦未嘗見其忿厲之容。遇事優爲，雖當倉卒，不動聲色。自十五六時，與弟頤聞汝南周敦頤論學，遂厭科舉之習，慨然有求道之志。泛濫於諸家，出入於老、釋者幾十年，返求諸《六經》而後得之。秦、漢以來，未有臻斯理者。」是其證。

又本并《太極圖》爲一卷，〈遺事〉、〈行狀〉附焉。

案：所謂「又本」者，疑即易統刻於萍鄉之《濂溪先生大全集》七卷也。

明道集四卷、遺文一卷

《明道集》四卷、《遺文》一卷，監察御史河南程顥伯淳撰。

廣棪案：《讀書附志》卷下〈別集類〉三著錄：「《明道先生文集》四卷、
《遺文》九篇。」應與《解題》同，蓋《遺文》一卷收文九篇也。《宋史》
卷二百八〈志〉第一百六十一〈藝文〉七〈別集類〉著錄：「《程顥集》
四卷。」則闕《遺文》一卷。顥字伯淳，世居中山，後從開封徙河南。
熙寧中，爲太子中允、監察御史裏行。《宋史》卷四百二十七〈列傳〉第
一百八十六〈道學〉一有傳。

三司使羽之後也。

案：《宋史》顥本傳載：「高祖羽，太宗朝三司使。」可參證。

其父曰珦。

案：《宋史》顥本傳載：「父珦，仁宗錄舊臣後，以爲黃陂尉。久之，知
龔州。時宜獠區希範既誅，鄉人忽傳其神降，言『當爲我南海立祠』，
於是迎其神以往，至龔，珦使詰之，曰：『比過潯，潯守以爲妖，投祠
具江中，逆流而上，守懼，乃更致禮。』珦使復投之，順流去，其妄乃
息。徙知磁州，又徙漢州。嘗宴客開元僧舍，酒方行，人讙言佛光見，
觀者相騰踐，不可禁，珦安坐不動，頃之遂定。熙寧法行，爲守令者奉
命唯恐後，珦獨抗議，指其未便。使者李元瑜怒，即移病歸，旋致仕，
累轉太中大夫。元祐五年，卒，年八十五。」可參證。

顥之沒，文潞公題其墓曰明道先生。

案：《宋史》顥本傳載：「顥之死，士大夫識與不識，莫不哀傷焉。文彥
博采眾論，題其墓曰明道先生。其弟頤序之曰：『周公沒，聖人之道不
行；孟軻死，聖人之學不傳。道不行，百世無善治；學不傳，千載無眞
儒。無善治，士猶得以明夫善治之道，以淑諸人，以傳諸後；無眞儒，
則貿貿焉莫知所之，人欲肆而天理滅矣。先生生于千四百年之後，得不
傳之學於遺經，以興起斯文爲己任，辨異端，闢邪說，使聖人之道煥然
復明於世，蓋自孟子之後，一人而已。然學者於道不知所向，則孰知斯
人之爲功；不知所至，則孰知斯名之稱情也哉！』」可參證。

伊川集九卷

《伊川集》九卷館臣案：《文獻通考》作二十卷。崇政殿說書程頤正叔撰。廣

校案:《文獻通考》無此句,僅謂「《集》凡九卷」。

廣校案:《郡齋讀書志》卷第十九〈別集類〉下著錄:「《伊川集》二十卷。右皇朝程頤正叔,珦之子也。少與其兄顥,從汝南周茂叔學。元祐初,司馬溫公薦於朝,自布衣擢崇政殿說書。未幾,罷。紹聖中,嘗謫涪陵顧務。讀經明道,深斥辭章之學,從其遊者,多知名於世。」〈宋志〉著錄卷數同。頤字正叔,哲宗時任崇政殿說書,世稱伊川先生。《宋史》卷四百二十七〈列傳〉第一百八十六〈道學〉一有傳。

河南程氏文集十二卷

《河南程氏文集》十二卷,二程共為一集。建寧所刻本。

廣校案:吳焯《繡谷亭薰習錄·集部》一著錄:「《河南程氏文集》十二卷,明道先生文四卷、伊川先生文八卷。明道文原無〈序〉,伊川文有政和二年孤端中〈序〉。至治三年臨川譚善心蒐輯伊川遺文遺事,彙為一卷,并考胡文定本脫誤錯簡,分注目錄之下。其朱子辯論胡本諸條,附于卷末;又附南軒所題〈明道遺文跋〉。宋麻沙本有淳祐丙午古汴趙師耕〈後序〉,春陵木有淳祐六年東川李襲之〈後序〉,此本並載。末有至治二年臨川鄒陳、蜀郡虞槃二〈跋〉,蓋元刻也。」可參證。考《解題》所著錄「建寧所刻本」,亦即《繡谷亭薰習錄》所言「宋麻沙本」。建寧即今福建建安。其書乃胡安國所編,安國諡文定。趙師耕〈後序〉云:「《河南二程先生文集》,憲使楊公已鋟板三山學官,《遺書》、《外書》,則庾司舊有之。乙未之火,與他書俱燬不存。諸書雖未能復,是書胡可緩師耕承乏此來,亟將故本易以大字,與《文集》為一體,刻之後圃明教堂,賴吾同志相與校訂,視舊加密。二先生之書於是乎全。時淳祐丙午,古汴趙師耕書。」丙午,淳祐六年也。

元豐類稿五十卷、續四十卷、年譜一卷

《元豐類稿》五十卷、《續》四十卷、《年譜》一卷,廣校案:《文獻通考》作「曾子固《元豐類稿》五十卷」。中書舍人南豐曾鞏子固撰。廣校案:《文獻通考》無此句。

廣棪案：《郡齋讀書志》卷第十九〈別集類〉下著錄：「曾子固《元豐類稿》五十卷。」《通志》卷七十〈藝文略〉第八〈別集〉五〈宋〉著錄：「《曾子固集》三十卷，曾鞏。又〈雜文〉十五卷。」《宋史》卷二百八〈志〉第一百六十一〈藝文〉七〈別集類〉著錄：「曾鞏《元豐類稿》五十卷，又《別集》六卷、《續稿》四十卷。」均與《解題》著錄多所異同。鞏字子固，建昌南豐人。神宗時拜中書舍人。《宋史》卷三百一十九〈列傳〉第七十八有傳。

王震為之〈序〉。

案：王震〈序〉曰：「南豐先生以文章名天下久矣！異時齒髮壯，志氣銳，其文章之標鷟奔放、雄渾瑰偉，若三軍之朝氣、猛獸之抉怒、江湖之波濤、煙雲之姿狀，一何奇也。方是時，先生自負要似劉向，不知韓愈為何如爾。中間久外徙，世頗謂偃蹇不偶，一時後生輩鋒出，先生泊如也。晚還朝廷，天下望用其學，而屬新官制，遂掌書命。於是更置百官，舊舍人無在者，已試即入院，方除目填委，占紙肆書，初若不經意，午漏盡，授草院吏，上馬去，凡除郎御史數十人，所以本法意、原職守而為之訓敕者，人人不同，咸有新趣，而衍裕雅重，自成一家。予時為尚書郎，掌付制史部，一日得盡觀，始知先生之學雖老不衰，而大手筆自有人也。嗚呼！先生用未極其學已矣，要之，名與天壤相弊，不可誣也。客有得其新舊所著而裒錄之者，余因書其篇首云。宋元豐八年三月朔日，三槐王震序。」可參考。

《年譜》，朱熹所輯也。

案：朱熹有〈曾南豐年譜序〉，曰：「丹陽朱熹曰：『予讀曾氏書，未嘗不掩卷廢書而嘆，何世之知公淺也？蓋公之文高矣，自孟、韓子以來，作者之盛，未有至於斯，夫其所以重於世者，豈苟而云哉？然世或徒以是知之，故知之淺也。知之淺，則於公之事，論之猶不能無所牴牾，而況於公之所以為書者？宜其未有知之也。然則，世之自以知公者非淺而妄與？其可嘆也已。公書或頗有歲月，參以史氏記，及他書舊聞，次之著于篇。』」又撰〈後序〉曰：「丹陽朱熹曰：『世有著書稱公文章者，予謂庶幾知公，求而讀之，湫然卑鄙，知公者不為是言也。然則，世之自以知公者何如哉？豈非徒以其名歟？予之說於是信矣。其說又以謂公為史官，薦邢恕、陳無己為《英錄》檢討，而二子者受學焉。綜其寔不然。

蓋熙寧初詔開寔錄院，論次英宗時事，以公與檢討，一月免，豈公於是時而能有以薦士哉？其不然一也。恕，治平四年始登進士第，元豐中用公薦爲史館檢討，與脩《五朝國史》，其事見於《寔錄》矣，爲寔錄院檢討而與脩《英錄》於熙寧之初，則未有考焉，其不然二也。師道見公於江漢之間而受教焉，然竟公時爲布衣，元祐中乃用薦起家爲郡文學，是公於史館猶不得以薦之，況熙寧時豈有檢討事哉？其不然三也。一事而不然者三，則公所以教恕者，其在元豐史館之時乎？未可知也，此予所謂牴牾者。斯人爲世所重，又自以知公，故予不得不考其實而辨其不然者，其書世或頗有，以故不論，著其非是者焉。』」可參考。

案：韓持國為鞏廣栿案：《文獻通考》無「鞏」字。〈神道碑〉，稱《類藁》五十卷，《續》四十卷，《外集》十卷，本傳同之。及朱公為《譜》時，《類藁》之外，但有《別集》六卷。以為散逸者五十卷，而《別集》所存，廣栿案：《文獻通考》作「所傳」。其什一也。

案：韓持國即韓維，開封雍丘人。《宋史》卷三百一十五〈列傳〉第七十四有傳。維所撰〈曾南豐神道碑〉，載《韓南陽集》卷二十九，中曰：「公平生無所好，唯藏書至二萬卷，皆手自讎定。又集古今篆刻爲《金石錄》五百卷，出處必與之俱。既沒，集其遺稿爲《元豐類稿》五十卷、《續元豐類稿》四十卷、《外集》十卷。」惟〈宋史〉鞏傳則未著錄其著作，是直齋所見之「本傳」，其內容固非元史臣所得睹，因是所載不同。惟〈宋志〉著錄鞏之著作，與維〈神道碑〉大體相同，僅《外集》十卷闕，而有《外集》六卷，則所散佚祇四卷耳。

開禧乙丑建昌守趙汝礪、丞陳東得於其族孫灘者，校而刊之，因碑傳之舊，定著為四十卷。然所謂《外集》者，又不知廣栿案：《文獻通考》作「未知」。何當，則四十卷亦未必合其舊也。

案：明何喬新〈南豐先生元豐類稿跋〉曰：「南豐曾先生之文，有《元豐類稿》五十卷、《續元豐類稿》四十卷、《外集》二十卷，南渡後《續稿》、《外集》散軼無傳。開禧間，建昌郡守趙汝礪始得其書於先生之族孫灘，缺誤頗多，乃與郡丞陳東合《續稿》，《外集》校定而刪其僞者，因舊題定註爲四十卷，繕寫以傳。元季又亡於兵火，國初惟《類稿》藏於秘閣，士大夫鮮得見之。」考何〈跋〉所謂「《外集》二十卷」者，應作「十卷」，參核

韓維〈曾南豐神道碑〉及〈解題〉此條所載，已知其誤。其後《外集》十卷散佚，趙、陳得之曾灘校而刊之者，雖卷帙增至四十卷，「亦未必合其舊」，直齋所言不誤。《四庫全書總目》卷一百五十三〈集部〉六〈別集類〉六著錄：「《元豐類稿》五十卷，_{江西巡撫採進本}。宋曾鞏撰。鞏字子固，建昌南豐人。嘉祐二年進士。官至中書舍人。事迹具《宋史》本傳。鞏所作《元豐類槁》本五十卷，見於《郡齋讀書志》。韓維撰鞏〈神道碑〉，又載有《續槁》四十卷、《外集》十卷。《宋史》本傳亦同。至南渡後《續槁》、《外集》已散佚不傳。開禧中，建昌郡守趙汝礪始得其本於鞏族孫灘，闕誤頗多。乃同郡丞陳東合《續槁》、《外集》校定之，而刪其僞者，仍編定爲四十卷，以符原數。元季兵燹，其本又亡。今所存者惟此五十卷而已。」楊紹和《楹書隅錄》卷五〈集部〉下著錄：「宋本《元豐類槁》五十卷、《續附》一卷，二十四冊、二函。右宋槧本《元豐類稿》五十卷，《直齋書錄解題》云：『《元豐類槁》五十卷、《續》四十卷、《年譜》一卷，中書舍人南豐曾鞏子固撰，王震爲之〈序〉。《年譜》，朱文公所輯也。韓持國爲鞏〈神道碑〉，稱《類稿》五十卷、《續》四十卷、《外集》十卷，本傳同之。及朱文公爲《譜》時，《類槁》之外，但有《別集》六卷，以爲散佚者五十卷，而《別集》所存十之一也。開禧乙丑，建昌守趙汝礪、丞陳東得其族孫灘者，校而刊之，因碑傳之舊，定著爲四十卷。』據此則朱文公爲《年譜》時，《續槁》並《外集》已散佚不全，而趙汝礪、陳東所定者，但就碑傳所著之數，定爲四十卷，以符原數而已，固非當時之舊矣。」可供參證。惟《四庫全書總目》謂《宋史》鞏本傳嘗載「《續稿》四十卷、《外集》十卷」則非也，殆館臣疏於檢核之失耳。

曲阜集四十卷、奏議十二卷、西垣集十二卷、外制集三卷、內制集五卷

《曲阜集》四十卷、_{廣棪案：《文獻通考》句首有「曾子開」三字。}《奏議》十二卷、《西垣集》十二卷、《外制集》三卷、《內制集》五卷，_{館臣案：《文獻通考》《西垣集》作《西掖集》，《外制集》三卷作三十卷，《內制集》五卷作五十卷。廣棪案：盧校注：「晁《志》《外制》三十卷、《內制》五十卷，與〈宋志〉不合。」}翰林學士文昭公曾肇子開撰。

廣棪案：《郡齋讀書志》卷第十九〈別集類〉下著錄：「曾子開《曲阜集》
四十卷、《奏議》十二卷、《西掖集》十二卷、《內制》五十卷、《外制》
三十卷。右皇朝曾肇字子開，子固之弟也。登進士第。元祐中，為中書
舍人。元符末，再入西掖，遂為翰林學士。前後歷陳、潁、宋、泰、海、
和、金陵、眞、定九郡帥守。坐兒子宣貶，亦以散官汀州安置。崇寧末，
移台州，居京口而終。封曲阜侯。」《宋史》卷二百六〈志〉第一百六十
一〈藝文〉七〈別集類〉著錄：「曾肇《元祐制集》十二卷，又《曲阜外
集》三十卷。」又著錄：「《曾肇集》四十卷，又《奏議》十二卷、《庚辰
外制集》三卷、《內制集》五卷。」是〈宋志〉之《曾肇集》即《曲阜集》，
殆以封曲阜侯而命名其書也。《郡齋讀書志》、〈宋志〉所著錄書名、卷數，
有與《解題》不同者。肇字子開，徽宗時遷翰林學士兼侍讀，卒諡文昭。
《宋史》卷三百一十九〈列傳〉第七十八附〈曾鞏〉。

肇，元祐中為西掖，元符末_{廣棪案：《文獻通考》作「元符中」，誤。}**再入，故
別名《庚辰外制集》。**

案：為西掖，指任中書省職也。考《宋史》肇本傳載：「元祐初，擢起居
舍人。未幾，為中書舍人。」是《解題》謂「元祐中為西掖」，與史吻合。
然《宋史》本傳又載：「徽宗即位，復召為中書舍人。」則與史載略異。
惟庚辰乃哲宗元符三年（1100），其明年為徽宗建中靖國元年辛巳（1101），
其間僅一歲之差。《庚辰外制集》必編就於元符三年，故《解題》謂肇「元
符末再入」，必有根據。

肇制誥溫潤典雅，其草兄布拜相制，_{廣棪案：《文獻通考》「拜」上有「初」字。}
汪玉山稱之，以為得命次相之體。

案：肇《曲阜集》卷一〈制〉有〈除曾布銀青光祿大夫守尚書右僕射兼門
下中書侍郎制〉，曰：「左右置相，以總吾喉舌之司；東西分臺，以斡我鈞
衡之任。居中如鼎足之峙，承上若台符之聯。相須而成，闕一不可。迺登
次輔，以告大廷。左光祿大夫、知樞密院事、上柱國、魯郡開國公曾布，
敏識造微，懿文貫道。器周小大之用，智適古今之宜。被神考特達之知，
亟躋禁從；膺先朝倚注之重，久執事樞。而能悉心公家，宣力夙夜。忠以
迪上，誼不辭難。憂勤百為，壯老一節。肆朕纂臨之始，尤嘉翼戴之勞。
參稽師言，圖任舊德。文昌端揆之列，紫微陪侍之班。合茲寵名，作我近

弼。仍遷階品，增衍戶封。於戲！朕有休息百姓之心，汝則覿文而匿武；朕有綜覈庶工之志，汝則務實而去華。以至甄序材良，敦獎正直，澄清風俗，振肅紀綱，使萬物各得其平，無一夫或失其所。汝之職也，尚往欽哉！」汪玉山即稱此〈制〉「得命次相之體」也。汪玉山，汪應辰也。應辰字聖錫，信州玉山人。《宋史》卷三百八十七〈列傳〉第一百四十六有傳。《四庫全書總目》卷一百五十三〈集部〉六〈別集類〉六「《曲阜集》四卷浙江鮑士恭家藏本」條云：「宋曾肇撰。……其制誥亦爾雅典則，得訓詞之體。雖深厚不如其兄鞏，而淵懿溫純，猶能不失家法。」所言可與《解題》相參證。

王直講集十五卷

《王直講集》十五卷，天台縣令南城王无咎補之撰。

　　廣棪案：《宋史》卷二百八〈志〉第一百六十一〈藝文〉七〈別集類〉著錄：「《王無咎集》十五卷。」與此同。无咎字補之，建昌南城人，曾任天台令。《宋史》卷四百四十四〈列傳〉第二百三〈文苑〉六有傳。

无咎，嘉祐二年進士，曾鞏之妹夫。

　　案：《王文公文集》第九十三〈墓志・台州天台縣令王君墓志銘〉載：「君南城人，王氏，諱无咎，字補之，嘉祐二年進士也。……妻曾氏。」可參證。

從王安石游最久，將用為國子學官，未及而卒，為之誌墓。

　　案：《宋史》无咎本傳載：「王無咎字補之，建昌南城人。第進士，為江都尉、衛真主簿、天台令，棄而從王安石學，久之，無以衣食其妻子，復調南康主簿，已又棄去。好書力學，寒暑行役不暫釋，所在學者歸之，去來常數百人。王安石為政，无咎至京師，士大夫多從之游，有卜鄰以考經質疑者。然與人寡合，常閉門治書，惟安石言論莫逆也。安石上章薦其文行該備，守道安貧，而久棄不用，詔以為國子直講，命未下而卒，年四十六。」安石所撰〈台州天台縣令王君墓志銘〉載：「君南城人，王氏，諱无咎，字補之，嘉祐二年進士也。初補江都縣尉，丁父憂，服除，調衛真縣主簿。嘗棄天台縣令以與予共學，久之，無以衣食其妻子，乃去。補南康縣主簿，會予召至京師，因留教授。上方興學校，以經術造

士，予言君可教國子，命且下而君死。君所在，學者歸焉，賢士大夫皆慕與之游，然君寡合，常閉門治書，唯與予言莫逆。當熙寧初，所謂質直好義不爲利疚勢回而學不厭者，予獨知君而已。君之死，年四十有六，實熙寧二年閏十一月丁巳，至四年二月壬申，妻曾氏，子緗、緼始克葬君南城縣禮教鄉長義里。銘曰：『安時所難，學以爲己，于呼鮮哉，可謂君子！』」可與《宋史》相參證。

曾肇序其《集》，云二十卷，今惟十五卷。

案：肇《曲阜集》卷三〈序〉有〈王補之文集序〉，曰：「補之歿二十有八年，二子緗、緼既仕，乃克集其遺文以受其舅南豐曾肇，且泣而請曰：『先人不幸，早歲文字散逸，今其存者纔若干篇，離爲若干卷，願有以發明先志於其篇首。』予不得辭。蓋宋興百年，文章始盛於天下。自盧陵歐陽文忠公、臨川王文公、長樂王公深甫，及我伯氏中書公，同時並出，其所矢言，皆所以尊皇極，斥異端，明先王道德之意爲主，海內宗之。於是學者能自力，以追數公之後，卒成其名者相望，補之一也。補之始起窮約之中，未有知者。我伯氏一見異之，歸以其妹。其後歷抵數公，而從王文公游最久。至棄官積年不去，以迨於卒。今其見於〈集〉者，質疑問難於數公爲多，因其言可以知其學也。補之之於斯文，非苟然而已，蓋其書無所不讀，於聖人微言奧旨，精思力索，必極其至；於諸子百家、歷代史記，是非得失之理，必詳稽而謹擇之。本茂華韡，源深流駛，故其爲文，貫徹古今，反覆辨博，而卒歸於典要，非特馳騁虛辭而已。充補之之志，蓋將著書立言，以羽翼六經，而不幸死矣。獨嘗解《論語》十卷，行於世。補之，南城人，姓王氏，諱無咎，補之字也。平生喜飲酒，遇酒輒醉。稍醒，雖暮夜，衆人熟寢，必自起吹燈，讀書達旦，終身常然，不爲寒暑輟也。蓋其勤苦自奮，故其成就如此。二子能世其學者。補之之葬，王文公爲之〈銘〉云。」

南陽集二十卷

《南陽集》二十卷，門下侍郎潁昌韓維持國撰。

廣棪案：《宋史》卷二百八〈志〉第一百六十一〈藝文〉七〈別集類〉著錄：「韓維《南陽集》三十卷。」所著錄卷數與《解題》不同。維字持國，

哲宗時拜門下侍郎。《宋史》卷三百一十五〈列傳〉第七十四有傳。

封南陽郡公，故以名《集》。

案：《宋史》本傳未載維封南陽郡公。《解題》所記，未知何據？《宋元學案》卷十九〈范呂諸儒學案・明道同調〉「少師韓持國先生維」條載：「韓維字持國，潁昌人，忠憲公億第五子。……所著有《南陽集》三十卷。雲濠案：先生嘗封南陽郡公，故以名《集》。」雲濠案語，殆據《解題》也。

沈晦元用，其外孫也。

案：晦字元用，錢塘人，翰林學士沈遘之孫。《宋史》卷三百七十八〈列傳〉第一百三十七有傳。

卷首載鮮于綽所述〈行狀〉

案：鮮于綽，《宋史》無傳。《宋元學案補遺》卷九十六〈元祐黨案補遺・餘官〉「博士鮮于先生綽」條載：「鮮于綽字大受，閬州人。修撰侁之子，太學博士。父子入黨籍。《姓譜》。」所述韓維〈行狀〉曰：「通負以救愁困之良民，則遲遲而不肯發。望陛下自奮英斷而行之，過而養人，猶愈於過而殺人也。父因奏對，面諭市易免行等事，上感悟，有旨根究市易免行、利害權住、方田編排、保甲罷議、東西川市易，命公草詔求直言。其略曰：『朕之聽納有不得於理歟？獄訟非其情歟？賦斂失其節歟？忠謀讜言鬱於上聞，而阿諛壅蔽以成其私者眾歟？』詔出，人情歡悅。是日得雨，又命公與知開封府孫永同行體問在京諸行利害事。未幾令呂嘉問同行體問，又令以問到利害書送呂嘉問等。公上章曰：『陛下待臣乃在呂嘉問之下，臣雖不才，先帝所命以輔陛下於潛，行年六十，未嘗有一言稍陟阿諛，以須己利；未嘗有一言不盡道理，以塞聖聰。今於此小事處置關防，乃不得與新進小臣為比。臣復何面目出入禁闥，襯侍從官，以見都城之民哉！』懇求去。上皆優詔答之。始公在翰林，上已有大用意。樞密使文彥博乞解機柄，上曰：『密院事劇，當除韓某佐卿。』明日，公奏事殿中，以所言不用請去。上曰：『卿東宮舊人，不宜輕去，朝廷當留以輔朕。』公曰：『使臣所言得行，少裨聖政，則臣雖終老舊秩，猶為添幸。若緣攀附之恩，苟欲富貴臣身，非臣之願也。』再拜而出。至是復為承旨，言多不用，求去益堅。會公兄康公入相，援故事伏乞補外，以端明殿學士、翰林侍讀學士、龍圖閣學士知河陽，移知許州，轉右諫議

大夫。神宗幸舊邸，除崇政殿大學士、通議大夫。公樂鄉郡連任不易，請觀提舉西京嵩山崇福宮。神宗崩，公赴臨闕庭，太皇太后遣使勞問，賜酒饌，降手詔求助。公對曰：『治天下之道，不必過求高遠，止在審識人情而已。識人情不難，以己之心推人之心，則可見矣。大凡貧則思富，苦則思樂，困則思息，欝則思通。陛下誠能常以利民爲本，則民富矣；常以愛民爲心，則民樂矣；賦役非人力所堪者去之，則勞困息矣；法禁非人情所便者蠲之，則欝塞通矣。推此而廣之，盡誠心而行之，則神孫觀陛下之法，不待教而自成；聖德賢士聞陛下之風，不煩諭而爭宣忠力矣。』出榜，朝堂詔求直言。公應詔言六事。一曰青苗觸除歲散之法，遇災傷乏食，則許百姓結保以請。二曰免役乞除寬剩數，遇災傷則以坊場河渡之利代出。三曰坊場乞依祖宗法，中歲定額，不可添長。四曰乞罷市易。五曰乞歛保馬。六曰禁錢幣出關。起知陳州，遷正議大夫。未行，召赴闕，兼侍讀學士，提舉中太一宮，兼禧觀公事，加大學士。時自冬及春不雪，公言陰陽之氣并隔否閉，則爲水爲旱，天之示人必以象類。今皇帝陛下方在諒闇不言之時，太皇太后深居簾幄，除執政奏事之外，臺諫侍從之臣未嘗得一對見，三省、樞密院至於百有司皆禁謁。動成拘礙，文書填委，執政者疲於省視，而有妨慮。大事務稽廢，官司各謹於程限，而無所歸責，薄罪深文者，未蒙原心之察，或困於久廢；高才下位者，既無舉知之法，亦無由自達。天之譴告，殆爲此耳。乞下臣章三省，使執政大臣詳議，必有膏澤上答仁政。又言先帝以夏國主秉常朝廷爵命，而國母擅行囚廢，故興兵問罪。今國母死，秉常復位，所爲恭順，有藩臣禮，宜復還其故地，以成先帝聖意。因陳兵之不可不息者有三，地之不可不棄者有五。昔者太王居邠，狄人侵之，不忍殺人父子而君之，遂棄邠居岐，邠民從之如歸市。陛下試觀修德行仁之效，與用兵拓地之利，孰爲多少。中國之所以爲可貴者，以其有禮恩信也。遠方之所以可賤者，以其貪婪暴虐也。操可貴以臨可賤，則中國尊；棄無用，以就有益，則四裔服。并賜夏國詔。上之詔公，與孫永、呂大防、范純仁同詳定役法，特序班在尚書之上。宰相司馬光出四方書疏數十，多稱更法之便。公曰：『小人議論，務在希意迎命，不可不察。』未幾，成都運判蔡矇申詳定所，其辭多浮僞，不究民間利害，旁引舊條，且曰：『已令揭薄定差。』公惡矇附會，乞行譴黜，矇坐此知廣濟軍。又言：『光祿

大夫致仕范鎮在仁廟朝首倡大義，乞擇宗室之賢豫建儲副。自此大臣始有論奏，一時忠勳皆被寵祿，而賞不及鎮，人莫爲言。襃顯其功，使天下皆知朝廷之行信賞，雖久而不廢。大臣之抱忠計，雖隱而必錄。』併以鎮十九章同上，朝廷從之，拜門下侍郎。垂簾之初，降詔臣僚不得言先朝事，命已下，而臺諫官欲更有所言，乞改詔語一二處。公於簾前抗議曰：『帝王詔令既已傳信四方，豈可因臣下欲有所言，輒更鐫改。』御史張舜民以言事罷職，王巖叟固爭，以簡問上官，均曰：『舜民事如何？』朝廷下巖叟分拆。公曰：『此乃官局人情之常事，陛下遂以巖叟率眾同己，恐成朋黨。臣愚竊以爲過。朝廷但論其所言是非，若所言是，則折簡聚談，更相督責，乃是相率爲善，何害於理？若所言不善，雖杜門不通問訊，執己各爲論議，非惟於國事無益，亦恐於人情壅隔也。』初公與王荊公素相厚善，公侍神宗潛邸，數稱其經行，授太子左庶子，及龍圖閣直學士，皆薦以自代。神宗想見其人。至荊公執政，公與議國事，始多異同。每進見上前，必極論其是非。自以東宮舊臣常以獻納自任，不少隱避。其後執政議欲廢荊公經義。公曰：『安石經義發明聖人之意，極有高處，不當廢。』議與先儒之說並行，議遂定。司馬溫公與公平生交，其出處略同。至元祐初，俱以耆舊進。公未嘗一語附合，臨事數有規正。章惇、呂惠卿與公平昔議異，至其貶，力如營救，人始服公之平，知其與取舍去就，非苟然者。時內降梁惟簡除入內內侍省押班，非典故。知樞密院范純仁等累執奏，未從。與公簾前同議，公最後方爭。宣仁聖烈太后許允，惟簡權勾當押班事。其後惟簡無名遷官中書舍人，蘇轍繳還詞頭。公因面奏，近頗有內降，遂引前古及章獻太后垂簾時事，以爲勸戒，兼言仁宗皇帝聖性寬仁，亦苦近習貴戚儌求恩澤。仁宗宣諭執政：『卿等但依公執奏，可以寢罷。』今陛下若苦宮中喧聒，但如仁宗宣諭，臣備位執政，自可執奏，不敢避人怨憎。太皇從之。公喜，罷惟簡恩命，簾前致詞曰：『太皇太后聖政日新，納諫如流，可爲天下賀。』遂再拜，又於皇帝前言：『願陛下以太皇太后納諫從善爲法。』又再拜。公在門下省，日閱天下奏讞，屢與同列爭議上前。論議剛勁，無所顧望，不爲毫髮身謀。所言多不合，屢引年乞退。至議梁惟簡事，權倖始側目矣。有忌公者，密爲讒愬，始命分司南京。命未下，尚書右丞王存簾前抗聲言曰：『韓某得罪，不知其端。可惜朝廷失一忠賢。』改授資政殿大學士，

知鄧州。中書舍人曾肇再繳詞頭言:『大臣不當以無名去位。』不聽,遂以詞頭付其他舍人。行命未赴,公兄康公上章乞改。公近郡,移知汝州,除提舉西京嵩山崇福宮,就差知穎昌府,累章告老,加太子少傅致仕,郊恩諸子,敘封太子少師。紹聖初,凡在元祐間爲執政近侍者多得罪,公與文彥博以致仕,特置不問。敕榜朝堂。又踰年不用,前詔以公爲朋黨,降授左朝議大夫致仕。其後又以元祐初太皇太后獨遣使勞問,公稱謝。而不上皇帝表,責授崇信軍節度副使,均州安置。扶病上道,郡人及父老追送,累日不絕。有至咨嗟泣下者。諸子走京師,聞於朝,乞盡納其官。聽父老得里居。哲宗覽奏,亦惻然。念神考東宮舊臣,惟公獨存。詔許免行。元符九年,哲宗幸睿成宮,復左朝議大夫。十一月二十五日薨於家,享年八十有三。遺令博葬,幅巾常服以歛。二年七月十四日,葬於穎昌府長社縣嘉禾鄉靈芷里。今上即位,追復資政殿大學士、太子少傅。推恩子孫,賻其家。公純明剛大,恭儉篤實,學問深博,究極道德性命之歸。持心不欺,終身無一妄語。貌莊而氣和,望之者知其爲盛德君子也。文章典麗溫雅,在王府掌兩宮牋奏,應用敏妙。英宗稱之曰:『記室之文甚善,典司詞掖,紬繹信史,有古人之風。』要其爲詔誥,務宣導上旨,盡訓敕之意,自爲責躬,詔四方。迄今傳誦。知熙州王韶赴闕奏事,將領景思立敗績。詔還任,上表待罪,奏斬獲首級。公草批答曰:『方其敗時,卿適在朝,何嫌而上章引咎,勉綏新附之眾,毋以多殺爲功。』讀者竦,然知其爲王言。公兄康公入相,方齋宿郊壇,上遣使促召,必得公草詞,搢紳以爲榮。其爲詩,句法謹嚴,平淡清遠,有陶淵明、韋蘇州氣格。文集凡若干卷。公明達治體,論議侃侃,出入累朝,皆爲人主敬信。神宗以英明神武之資,勵精政治,思欲捄弊起廢,以復先王之績。公首拔用,每進見,必勸上以休兵息民爲本。上欣然嘉納。常與公論天下事,曰:『非卿孰可與論此?』公謝曰:『臣文學幹用,無以踰人,但以不二之心事陛下。進而陳於前,與退而語於家,不有異也。』公雖未嘗任言責,而職事所及朝廷大利害,知無不言。所上章奏甚,多論一事或至七八,聽與不聽,其詞不白不止。至危言鯁論,皆手自書,或焚其稿,雖親曬莫可得而知也。常曰:『言不激切,則不足究極事理,感悟人主。此古今諫者之常也。』至於面陳庭奏,讜言密議爲尤多。自以世荷國恩,雖去位,聞朝廷政令得失,憂喜每形於色。紹聖中,

方在譴責，謝表常有『雖在畎畝，不敢忘忠』之語。公之志可知矣。公樂善嫉邪，出於天性。簡拔俊乂，援進忠良，所引多爲朝廷。聞人有才，汲汲如恐不及。其在政府，務在鎭壓浮競，善稱不容口。鄉里後進，闕。取人以行義爲本，士人有爲不義者，亦必畏公知之。其居家，俸賜悉以均給宗族，及故人子弟，周卹之甚厚。方閑退時，聚族數百口，置田數十頃，以爲義莊。撫孤幼尤力。致仕之日，家無餘財。嗚呼！自嘉祐以來，論天下名臣，世必稱公。然神考知公爲深，而待公爲尤至。數欲用公矣，會朝廷更新法度，公所言復多異。及元祐初起，爲門下侍郎，宣仁聖烈太后、哲宗皇帝眷禮優異，公四朝舊德，以身任天下之重，庶幾行其所知。而在位不踰年，遂去。蓋公以正直之姿，輔之以淵源之學。言不苟合，行不苟同，雖在人主前論事，可曰可，否曰否，未嘗稍自貶。闕。而士大夫之賢不肖，不肯假借。蓋公不私其人，聞之者愧而不敢怒。而公用是亦齟齬於世，不得盡其施設，識者惜之。然公家自忠憲公已秉國政，爲時名臣，公與伯仲皆幼，有譽望。其後公致位東臺，兄絳、弟縝同爲宰相，宗族布列，侍從臺閣，冠冕之盛，爲本朝第一。今公之子孫，被服名教，率有家風，好學秉義，韓氏之德蓋未艾也。公雖不得罄其底蘊，亦可以無憾矣！輒考次其平生大節，所列如右。子宗儒、宗文、宗質，女長適楊景略，次適毋軻，再次適劉熊，再次適沈隆嗣，再次適丁恂，再次適王實。孫瑉，闕。如璃闕。曾孫晃、昱。謹狀。試太學錄鮮于綽狀。』可參考。

而晦跋其後。

案：沈晦〈南陽集跋〉曰：「晦待罪東觀，得見元祐垂簾日曆。元年二月十五日，侍讀韓維進讀。至天禧中，有二官人犯罪，依法治之當死，眞宗皇帝惻然憐之，曰：『此等安知法，殺之則不忍，捨之則無以勵衆。』乃使人持去，笞而遣之。又幸汾陰日，見一羊自擲於道左，怪問之。左右對：『今日尙食，殺其羔。』眞宗慘然不樂，自是不殺羊羔。因奏言：『此特眞宗一念之動，其小善焉耳。然推是心以及天下，則仁不可勝用也。且眞宗自澶淵卻敵之後，十有九年不言兵，而天下富。其源蓋出於此。外人皆言陛下仁孝發於天性，每行，見昆蟲螻蟻，輒違而過之。且敕左右勿踐履。此亦仁術也。臣願陛下推此心以及百姓，則天下幸甚。』晦，韓出也。外祖宮師在講筵時，其傳經啓沃，因事輔導，大概如此。

是年祀明堂，加食邑。翰林學士蘇軾當制，有曰：『全德雅量，外爲師表；忠言嘉謀，入告帷幄。望其容貌，足以知朝廷之尊；聞其風采，足以立貪懦之志。』嗚呼，亦足以見其人矣！晦幼養於外家，逮事外祖，清夷剛正，高潔靜直，雖燕居不妄言笑，見者肅然。其操履施爲，常持天下之正。元祐人物論清正剛直，必以司馬溫公、外祖爲稱首，搢紳士大夫聞其風者，攘袂意消。天下莫不仰其盛德。至於履道不苟合，守正不少屈，求退不願富貴，不肯撓毫髮以就功名，常以帝王之學彌人主，而以孔孟之道律後進。關。雖元祐間不能久在政府也，道卿先生鄒浩至完爲潁昌府教授，外祖時知潁昌，厚遇之。至完被召，外祖獨爲置酒，自說入仕以來出處去就大致，終席不及他事。至今服膺，書紳用爲行己法則，故其節操風概頗似外祖。晦從道卿先生游，親聞之。宣和六年，晦赴省試，間至西京，竭留臺舅氏宗質，問外祖遺事，因出鮮于綽所作〈行狀〉。晦怪其脫略，且語迕不得騁。舅氏以有所畏，避告，因求外祖《文集》，欲加論次，而文字舛駁不可正。是方欲問諸家以綴輯成書。俄金賊犯闕，外家殲於潁昌，群從散亡，書籍煨燼，雖鮮于綽〈行狀〉亦不復見。自渡江來，中州衣冠氏族寥落，東南士人不知外祖風烈，每以悵憾。今年表姪孫元龍復得此本於何人家，遠寄桂林。晦幼失所怙，不勝〈凱風〉、〈寒泉〉之思，欲效古人爲外祖作家傳，或墓表、銘志，皆不敢。因取〈行狀〉鋟木流傳，增入外祖諸子及女名位，紀次以足其闕文。後之君子得以考焉。外氏自忠憲公，仁宗時參大政，德業光顯，門始大。娶王文正公女，生八子。當時以爲皆經緯才，故名其里曰高陽。第三子絳康公，諡獻肅，相仁宗皇帝。其第六子縝楚公，諡莊敏，相哲宗皇帝。外祖第五，歷事四朝，致身二府，以直道正論訖不相，而名德冠天下。〈行狀〉所記十不得一二。忠憲公訓飭子弟甚力，重以外祖方嚴清介，諸房化之子姪皆表表自立，故本朝有家法者推韓氏云。紹興十年七月望日，徽猷閣直學士、左朝奉大夫，知靜江軍府事，充廣南西路經略安撫使，長興縣開國公子，食邑五百戶、賜紫金魚袋沈晦書。」可參考。

南澗元吉无咎，其四世孫。

　　案：元吉，《宋史》無傳。《宋史翼》卷十四〈列傳〉第十四〈韓元吉〉載：「韓元吉字無咎，開封雍邱人，門下侍郎維之元孫。《書錄解題》。」是

《宋史翼》殆據《解題》也。元吉著有《南澗甲乙稿》。

無為集十五卷、別集十卷

《無為集》十五卷、《別集》十卷，禮部郎濡須楊傑次公撰。

　　廣棪案：《通志》卷七十〈藝文略〉第八〈別集〉五〈宋〉著錄：「楊傑《無
　　為集》九卷。」與《解題》不同《宋史》卷二百八〈志〉第一百六十一
　　〈藝文〉七〈別集類〉著錄：「《楊傑集》十五卷，又《別集》十卷。」
　　則與《解題》同。傑字次公，無為人。元祐中為禮部員外郎。《宋史》卷
　　四百四十三〈列傳〉第二百二〈文苑〉五有傳。

嘉祐四年進士。元祐中為郎。傑善談禪，《別集》皆為釋、老，而釋又
居十之九。

　　案：《宋元學案補遺》卷一《安定學案補遺・附錄》「員外楊無為先生傑」
　　條載：「楊傑字次公，濡須人。嘉祐進士，元豐中，官太常者數任，一時
　　論樂之事皆預討論。元祐中為禮部員外郎，自號無為子。所著有《文集》
　　十五卷、雲濠案：先生善談禪，其《別集》十卷，皆為釋、老，而釋又居十之九，陳直
　　齋云。《樂記》五卷。《姓譜》。」是《宋元學案補遺》所記及馮雲濠案語，
　　多據《直齋書錄解題》。

清江三孔集四十卷

《清江三孔集》四十卷，中書舍人新淦孔文仲經父、禮部侍郎武仲常父、
戶部郎中平仲毅父撰。

　　廣棪案：《宋史》卷二百八〈志〉第一百六十一〈藝文〉七〈別集類〉著
　　錄：「《孔文仲文集》五十卷。」又：「《孔武仲奏議》二卷。」又：「《孔
　　平仲詩戲》一卷。」與此不同。《四庫全書總目》卷一百八十六〈集部〉
　　三十九〈總集類〉一著錄：「《清江三孔集》四十卷。」則與此同。文仲
　　字經父，臨江新喻人。元祐初任中書舍人。武仲字常父，哲宗時任禮部
　　侍郎。平仲字義甫，徽宗時為戶部、金部郎中。《宋史》卷三百四十四〈列
　　傳〉第一百三有傳。《解題》「新喻」作「新淦」。新淦在今江西省清江縣
　　東北。孔文仲兄弟之《集》稱《清江三孔集》。「新喻」應作「新淦」，《宋

史》誤也。新淦即清江。

寔先聖四十八世孫。嘉祐六年、八年、治平二年，連三科兄弟以次登第。文仲舉賢良，對策切忤時，罷，廣校案：《文獻通考》作「寵」，誤。舉官范鎮景仁因求致仕，而制科亦自此廢。武仲為禮部第一人，中甲科。平仲亦嘗舉制科。

案：《宋史》文仲本傳載：「舉進士，南省考官呂夏卿稱其詞賦贍麗，策論深博，文勢似荀卿、揚雄，白主司，擢第一。」是文仲登第在仁宗嘉祐六年（1061）。武仲本傳載：「幼力學，舉進士，中甲科。」是武仲登第在嘉祐八年（1063），且為禮部第一人。平仲本傳載：「登進士第，又應制科。」則平仲之登第在英宗治平二年（1064）。《解題》所載，可補正史之闕。至文仲對策切忤時，《宋史》本傳載：「熙寧初，翰林學士范鎮以制舉薦，對策九千餘言，力論王安石所建理財、訓兵之法為非是，宋敏求第為異等。安石怒，啟神宗，御批罷歸故官。齊恢、孫固封還御批，韓維、陳薦、孫永皆力言文仲不當黜，五上章，不聽。范鎮又言：『文仲草茅疏遠，不識忌諱。且以直言求之，而又罪之，恐為聖明之累。』亦不聽。蘇頌歎曰：『方朝廷求賢如飢渴，有如此人而不見錄，豈其論太高而難合邪？言太激而取怨邪？』」可參證。

其著述各數十篇，多散逸弗傳。今其存者，文仲纔二卷、武仲十七卷、平仲二十一卷而已。慶元中濡須王蓋少愚守臨江，裒輯刊行，而周益公必大為之〈序〉。

案：《宋史》本傳謂文仲「有《文集》五十卷」，與〈宋志〉同；武仲「所著《詩書論語說》、《金華講義》、《內外制》、《雜文》共百餘卷」；而平仲則「著《續世說》、《釋稗》、《詩戲》諸書傳於世」。惜多散逸弗傳。所傳者惟《清江三孔集》四十卷。《四庫全書總目》卷一百八十六〈集部〉三十九〈總集類〉一著錄：「《清江三孔集》四十卷，兩江總督採進本。宋新喻孔文仲及其弟武仲、平仲之詩文，慶元中臨江守王蓋所編也。文仲字經父，嘉祐六年進士。官中書舍人。武仲字常父，嘉祐八年進士。官禮部侍郎。平仲字毅父，治平二年進士，官金部郎中。事蹟具《宋史》本傳。文仲兄弟與蘇軾、蘇轍同時，並以文章名一世。故黃庭堅有二蘇聯璧、三孔分鼎之語。南渡後遺文散佚，蓋始訪求而刻之。前有慶元五

年周必大〈序〉。陳振孫《書錄解題》稱文仲二卷，武仲十七卷，平仲二十一卷，與此本合。文仲詩僅七首，然呂祖謙《宋文鑑》載其〈早行古詩〉一首，乃佚而不收。《文鑑》編於孝宗淳熙四年，《舍人集》編於寧宗慶元四年，在其後二十一年，不應不見，豈蓬有所去取耶？武仲《侍郎集》，青詞、齋文同題曰制，於例未安，似非原目。平仲《郎中集》中古律詩外，別出《詩戲》三卷，皆人名、藥名、回文、集句之類，蓋仿《松陵集》雜體別爲一卷例也。案王士禎《居易錄》載宋犖〈寄三孔文集〉，通僅五卷，惜其已非慶元之舊。士禎、犖皆家富圖籍，而所見尚非完帙。則此本歸然獨全，亦深足寶重矣。」可參考。王薳，《四庫全書總目》作王蓮，生平不可考。

〈序〉略曰：「遺文雖存一二於千百，然讀之者知其爲有德之言，非雕篆之習也。昔黃太史頌當時人才，有曰『二蘇聯璧，三孔分鼎。』張丞相天覺，在元符中詆元祐詞臣，極其荒唐，謂兩蘇為狂率，則剛直也，謂公兄弟配之，文行如何哉！」館臣案：「〈序〉略曰」以下原本脱去，今據《文獻通考》增入。　廣棪案：元抄本、盧校本亦無「〈序〉略曰」以下文字。

案：周益公〈清江三孔集序〉曰：「行有餘力則以學文，聖人之言，萬世是程。或疑文行忠信之序，是不然。四科有先後，四教非先後，特因其材而進德焉。繪事後素，不容紊也。本朝人物至元祐而盛，其兄弟傑然，則有臨江之孔氏。曰文仲，字經父；曰武仲，字常父；曰平仲，字毅父。先聖四十八代孫也。居家孝悌，行己謹信，莅官敬事，上敬其行。美矣。冠禮部，冠國學，登高第，應制舉。經自諫垣入詞披，常歷師儒，掌內外制；毅尤精史學。更踐中外，天下共稱。其文號曰三孔，今纔百餘年，而集稟散逸罕傳，誠故郡之闕典也。慶元四年，太守濡須王薳實來，政脩教明，瞻喬木而慕先賢，既奠，謁其像於學宮；又博訪遺文而刻之。雖曰存一二于千百，然讀之者，知爲有德之言，而非雕篆之習也。總成三十卷，屬必大以序。昔太史黃魯直頌當時之人才有曰：『二蘇聯璧，三孔分鼎。』張丞相天覺在元符中詆元祐詞臣，極其荒唐，謂兩蘇爲狂率，則剛直也；謂公兄弟爲潤踈，則高潔也。夫魯直於蘇氏，分兼師友；天覺于眉山，心服其能，皆以公兄弟配之。文行何如哉！若其出處載國史，博雅具別著，此不備書。紹熙五年四月甲戌，少傅、觀文殿大學士致仕，益國公周必大序。」可參證。

西溪集十卷

《西溪集》十卷，翰林學士錢塘沈遘文通撰。

　　廣棪案：《四庫全書總目》卷一百五十三〈集部〉六〈別集類〉六著錄：
　　「《西溪集》十卷，_{浙江巡撫採進本。}宋沈遘撰。遘字文通，錢塘人。以蔭
　　爲郊社齋郎。皇祐元年舉進士第一，以已官者不應先多士，改第二。歷
　　知杭州開封府，皆有能名。終於翰林學士。事蹟具《宋史》本傳。是《集》
　　十卷，南宋初有從事郎處州司理參軍高布者，與遘弟遼〈雲巢集〉遘從
　　叔括《長興集》合刻於括蒼，名《吳興三沈集》，以是編爲首。然史稱遘
　　通判江寧，還朝奏《本治論》十篇，爲仁宗所嘉賞，而《集》中竟未之
　　載，則亦非全帙矣。遘以文學致身，而吏事精敏，一時推爲軼材。其知
　　制誥時所撰詞命，大都莊重溫厚，有古人典質之風。詩亦清俊流逸，不
　　染俗韻。第二卷末題〈揚州山光寺〉二詩，其一有夾註，稱爲盧中甫和
　　詩。其〈高臺已傾曲池平〉一首，已見前而重出於此。字句稍不同，詩
　　下亦有夾註，稱『傳自山光寺壁，與《集》中異』云云。疑皆高布校刊
　　時所增入，非原《集》之舊，亦足見其校勘之不苟也。」遘字文通，錢
　　塘人。嘉祐時拜翰林學士。《宋史》卷三百三十一〈列傳〉第九十有傳。

初以郊社齋郎舉進士第一，執政謂已宦者不應先多士，遂居其次。實皇
祐元年，自是爲故事。

　　案：《宋史》遘本傳載：「沈遘字文通，錢塘人。以蔭爲郊齋郎。舉進士，
　　廷唱第一，大臣謂已官者不得先多士，乃以遘爲第二。」據《解題》，此
　　事在仁宗皇祐元年（1049），且自是以爲故事，足補《宋史》之闕。

文通吏事精明強敏，爲杭州、開封府，皆有能名。從容閒暇，夙興治事，
及午而畢。卒時年四十餘。

　　案：《宋史》遘本傳載：「（遘）爲人疎儁博達，明於吏治，令行禁止，民
　　或貧不能葬，給以公錢，嫁孤女數百人，倡優養良家子者，奪歸其父母。
　　善遇僚寀，皆甘樂傾盡爲之耳目，刺閭巷長短，纖悉必知，事來立斷。
　　禁捕西湖魚鼈，故人居湖上，蟹夜人其籬間，適有客會宿；相與食之，
　　且詣府，遘迎語曰：『昨夜食蟹美乎？』客笑而謝之。小民有犯法，情稍
　　不善者，不問法輕重，輒刺爲兵，姦猾屏息。提點刑獄鞫眞卿將按其狀，
　　遘爲稍弛，而刺者復爲民。嘉祐遺詔至，爲次於外，不飲酒食肉者二十

七日。召知開封府，遷龍圖閣直學士，治如在杭州。蚤作視事，逮午而畢，出與親舊還往，從容燕笑，沛然有餘暇，士大夫交稱其能。拜翰林學士，判流內銓。丁母憂，英宗閔其去，賚黃金百兩，仍命扶喪歸蘇州。既葬，廬墓下，服未竟而卒，年四十，世咸惜之。」可參證。

其孫晦元用，宣和中亦魁天下。

案：《宋史》卷三百七十八〈列傳〉第一百三十七〈沈晦〉載：「沈晦字元用，錢塘人，翰林學士沈遘孫。宣和間進士廷對第一，除校書郎，遷著作佐郎。」可參證。

長興集四十一卷

《長興集》四十一卷，翰林學士沈括存中撰。

廣棪案：《通志》卷七十〈藝文略〉第八〈別集〉五〈宋〉著錄：「《沈存中集》七卷。」《四庫全書總目》卷一百五十四〈集部〉七〈別集類〉七著錄：「《長興集》十九卷。」劉琳、沈治宏編《現存宋人著述總錄‧集部‧別集類‧宋別集》著錄：「《長興集》四十一卷（存二十二卷），沈括撰。《沈氏三先生文集》。」均非《解題》著錄之舊。括字存中，神宗朝任翰林學士。《宋史》卷三百三十一〈列傳〉第九十附〈沈遘〉。

括於文通為叔，而年少於文通，世傳文通常稱括叔。今《四朝史》本傳以為從弟者，非也。文通之父扶，扶之父同，廣棪案：元抄本、盧校本「同」上有「曰」字。括之父曰周，皆以進士起家，官皆至太常少卿。王荊公志周與文通墓；及文通弟廣棪案：《文獻通考》、元抄本無「文通弟」三字。遼誌其伯父振之墓可攷。

案：《宋史》卷三百三十一〈列傳〉第九十〈沈遘〉載：「弟遼，從弟括。」《宋史》以括為遘之從弟，蓋誤據《四朝史》也。考遘之名从辵，故其弟名遼，字亦从辵；遘父名扶，字从手，括名亦从手，是扶、括為兄弟行；扶父曰同，字从冂，括父曰周，字亦从冂，同、周亦兄弟行。《四朝史》與《宋史》以括為遘從弟，其誤明矣。荊公《王文公文集》卷第九十三〈墓志〉有〈太常少卿分司南京沈公墓志銘〉，沈公即沈周也。〈墓誌〉云：「皇祐三年十一月庚申，常少卿分司南京錢塘沈公卒。明年，子披、子括葬公

邑龍居里先公尚書之兆。」又云：「父某，學行顯聞，早世，無爵位，由長子同及公贈兵部尚書。」又云：「公諱周，字望之。少孤，與其兄相踵爲進士。」《王文公文集》卷第九十四〈墓志〉有〈沈內翰墓誌銘〉，載：「公姓沈氏，諱遘，字文通，世爲杭州錢塘人。曾祖諱某，皇贈兵部尚書；祖諱某，皇贈吏部尚書；公扶，今爲尚書金部員外郎。」至沈遼《雲巢編》所載均與《解題》合。《四庫全書總目》「《長興集》十九卷」條載：「又案二沈之中以《括集》列《遘集》之後，實則行輩括爲長。《書錄解題》曰：『括於文通爲叔，_{案文通、沈遘之字也。}而年少於文通。世傳文通常稱括叔。今《四朝史》本傳以爲從弟者非也。文通之父扶，扶之父同、括之父曰周，皆以進士起家，官皆至太常少卿。王荊公誌周與文通墓，及文通弟遼誌其伯父振之墓可考』云云。其辨證甚明。元修《宋史》，仍以括爲遘之從弟，殊爲乖誤。今據陳氏之說，附正其失。用以見《宋史》疏舛，不足盡爲典據焉。」是《四庫》館臣仍據《解題》以駁正《宋史》以括爲從弟之失。

括坐永樂事貶。

案：案：《宋史》括本傳載：「大將景思誼、曲珍拔夏人磨崖葭蘆浮圖城，括議築石堡以臨西夏，而給事中徐禧來，禧欲先城永樂。詔禧護諸將往築，令括移府业塞，以濟軍用。已而禧敗沒，括以夏人襲綏德，先往救之，不能援永樂，坐謫均州團練副使。」是括以永樂事，坐貶均州團練副使。

晚居京口，自號夢溪翁，自敘甚詳。_{廣校案：《文獻通考》句末有「云」字。}

案：《解題》卷十〈農家類〉著錄：「《夢溪忘懷錄》三卷，沈括存中撰。自稱夢溪丈人。括坐永樂事閒廢。晚歲乃以光祿卿分司卜居京口之夢溪，有水竹山林之適。少有《懷山錄》，可資居山之樂者，輒記之。自謂今可忘于懷矣，故名《忘懷錄》。」可參證。

雲巢集十卷

《雲巢集》十卷，審官西院主簿沈遼叡達撰。遘親弟也。

廣校案：《四庫全書總目》卷一百五十四〈集部〉七〈別集類〉七著錄：「《雲巢編》十卷，_{浙江巡撫採進本。}」然《四庫全書總目》又曰：「遼〈墓誌〉稱所著《雲巢編》二十卷。今此本乃宋高布載入《吳興三沈集》者，

所存祇十卷。《文獻通考》所載卷數亦同，殆布校刊之時已有所合併歟？」是《雲巢集》初作二十卷。丁丙《善本書室藏書志》卷二十八〈集部〉七著錄：「《雲巢編》十卷，吳石倉抄校本。太常寺奉禮郎審官西院主簿沈遼睿達著。……舊二十卷。《文獻通考》所載祇十卷，與此相合，亦宋高布括蒼所刻《三沈文集》之一也。」所考與《四庫全書總目》同。遼字睿達，熙寧初任審官西院主簿。《宋史》卷三百三十一〈列傳〉第九十，附〈沈遘〉，遘親弟也。

以兄任為京官，坐法流貶，事見《揮塵錄》。

案：《宋史》遼本傳載：「用兄任監壽州酒稅。吳充使三司，薦監內藏庫。」是遼用兄遘任官。至遼坐法流貶事，王明清《揮塵餘話》卷一〈沈睿達書帠帶詞〉云：「沈睿達遼，文通之同胞，長於歌詩，尤工翰墨，王荊公、曾文肅學其筆法，荊公得其清勁，而文肅傳其真楷。登科後，遊京師，偶為人書帠帶詞，頗不典。流轉鬻于柏藍，內侍買得之，達于九禁。近幸嬪御服之，遂塵乙覽。時裕陵初嗣位，勵精求治，一見不悅。會遣監察御史王子韶察訪兩浙，臨遣之際，上喻之曰：『近日士大夫全無顧藉，有沈遼者，為倡優書淫冶之辭於帠帶，遂達朕聽。如此等人豈可不治！』子韶抵浙中，適睿達為吳縣令，子韶希旨以它罪劾奏。時荊公當國，為申解之。上復伸前說，竟不能釋疑，遂坐深文，削籍為民。其卜居池陽之齊山，有集號《雲巢編》，行於世。」是遼坐法流貶，書裙帶詞為累，非他故也。

自永徙池，築室齊山，號雲集，竟不復起。

案：《宋史》遼本傳載：「久之，以太常寺奉禮郎監杭州軍資庫，轉運使使攝華亭縣。他使者適有夙憾，思中以文法，因縣民忿爭相牽告，辭語連及，遂文致其罪。下獄引服，奪官流永州，遭父憂不得釋。更赦，始徙池州。留連江湖間累年，益倨蹇傲世。既至池，得九華、秋浦間，翫其林泉，喜曰：『使我自擇，不過爾耳。』即築室於齊山之上，名曰雲巢，好事者多往游。遼追悔平生不自貴重，悉謝棄少習，杜門隱几，雖筆硯亦埃塵竟日。間作為文章，雄奇峭麗，尤長於歌詩，曾鞏、蘇軾、黃庭堅皆與唱酬相往來，然竟不復起。元豐末，卒，年五十四。」可參證。

以上三集刊於括蒼，號《三沈集》，其次序如此，蓋未之考也。 廣棪案：

《文獻通考》闕末句。

　　案：三集者，指沈遘《西溪集》、沈括《長興集》與此《集》也。考清人
　　吳允嘉輯《沈氏三先生文集》，有光緒二十二年浙江書局刻本，凡十冊。
　　所收《西溪文集》十卷，《長興集》四十一卷，(原卷卷四至十二、三十一、三
　　十三至四十一)《雲巢編》十卷，另附《沈學士詩》一卷，沈晦撰。仍括蒼
　　刊本編次之舊。

蘇魏公集七十二卷

《蘇魏公集》七十二卷，丞相魏國公溫陵蘇頌子容撰。紳之子也。

　　廣棪案：《宋史》卷二百八〈志〉第一百六十一〈藝文〉七〈別集類〉著
　　錄：「《蘇頌集》七十二卷。」與此同。頌，《宋史》卷三百四十〈列傳〉
　　第九十九載：「蘇頌字子容，泉州南安人。父紳，葬潤州丹陽，因徙居之。」
　　《解題》稱頌溫陵人，未知所據？曾肇撰〈贈司空蘇公墓誌銘〉則謂頌
　　世居泉州同安。頌，哲宗元祐七年拜右僕射兼中書門下侍郎，爲相。《宋
　　史》本傳未載其贈魏國公事。《四庫全書總目》卷一百五十二〈集部〉五
　　〈別集類〉五著錄：「《蘇魏公集》七十二卷，浙江鮑士恭家藏本。宋蘇頌撰。
　　頌字子容，南安人，徙居丹陽。慶曆二年進士。官至右僕射同中書門下
　　平章事，罷爲集禧觀使。徽宗立，進太子太保，累爵趙郡公。卒贈司空，
　　魏國公。事蹟具《宋史》本傳。」館臣殆未細核也。

紳在兩禁，人稱其險詖。

　　案：紳，《宋史》卷二百九十四〈列傳〉第五十三有傳。其〈傳〉曰：「紳
　　與梁適同在兩禁，人以爲險詖，故語曰：『草頭木腳，陷人倒卓。』草頭，
　　蘇紳也；木腳，梁適也。皆就其姓而隱諷之。」

而頌器局閎厚，未嘗與人較短長。

　　案：《宋史》頌本傳載：「頌器局閎遠，不與人校短長，以禮法自持。雖
　　貴，奉養如寒士。自書契以來，經史、九流、百家之說，至於圖緯、律
　　呂、星官、算法、山經、本草，無所不通。尤明典故，喜爲人言，亹亹
　　不絕。朝廷有所制作，必就而正焉。」可參證。

其爲相在元祐末，大臣奏事，多稟宣仁，獨頌必再廣棪案：《文獻通考》闕

「再」字。以白哲廟，其後免於遷謫，蓋上以為識君臣之禮故也。

案：《宋史》本傳載：「方頌執政時，見哲宗年幼，諸臣太紛紜，常曰：『君長，誰任其咎耶？』每大臣奏事，但取決於宣仁后，哲宗有言，或無對者。惟頌奏宣仁后，必再稟哲宗；有宣諭，必告諸臣以聽聖語。及貶元祐故臣，御史周秩劾頌。哲宗曰：『頌知君臣之義，無輕議此老。』」可參證。

年逾八十，薨於建中靖國之初。自草遺表，卻醫屏藥，死生之際了然。

案：《宋史》本傳載：「徽宗立，進太子太保，爵累趙郡公。建中靖國元年夏至，自草遺表，明日卒，年八十二。詔輟視朝二日，贈司空。」可參證。

《集》〈前〉、〈後序〉，汪藻、周必大撰。

案：汪藻《浮溪集》卷十七〈序跋〉有〈蘇魏公集序〉，曰：「所貴於文者，以能明當世之務，達群倫之情，使千載之下讀之者，如出乎其時、如見其人也。若夫善立言者不然，文雖同乎人，而其所以為文有非人之所得而同者。孟子七篇之書，敘戰國諸侯之事與夫梁、齊君臣之語，其辭極于辯博，若無以異乎戰國之文也；揚子之書數萬言，言秦漢之際為最詳，簡雅而閎深，若無以異乎西漢之文也；至其推性命之隱，發天人之微，粹然一歸于正，使學者師用，比之《六經》，則當時所謂儀、秦、犀首、谷永、杜欽輩，豈惟無以望其門牆，殆冠履之不侔也。宋興百餘年，文章之變屢矣。楊文公倡之于前，歐陽文忠公繼之于後；至元豐、元祐間，斯文幾於古而無遺恨矣，蓋我宋極盛之時也，于是大丞相魏國蘇公出焉。公以博學洽聞，名重天下者五十餘年，卒用儒宗位宰相，一時高文大冊悉出其手，故自熙寧以來，國家大號令、朝廷大議論，莫不於公文見之。然公事四帝，以名節始終，其見于文者，豈空言哉？論政之得失，則開陳反復而極於忠；論民之利病，則援據該詳而本于恕。有所不言則已，既言于上矣，舉天下榮辱是非莫能移其所守，可謂大臣以道事君者也。若其講明經術之要，練達朝廷之儀，下至百家九流、律曆方技之書，無不探其源綜其妙者，在公特餘事耳。此所以一話言、一章句皆足以垂世立教，革澆浮而已喻薄，與軻、雄之書百世相望，而非當時翰墨名家者所能彷彿也。公元豐中受詔為《華夷魯衛錄》，書成，序之以獻。神宗讀之曰：『〈序卦〉文也。』今考其書信然，則公之他文可知矣。公沒四十年，公之子攜始克輯公遺文，得詩若干，內外制若干，表、奏、章、疏、誌銘、雜說若干，使藻與觀焉。藻少習公

文，以不獲拜公爲恨者也，今乃盡得其書讀之，可謂幸矣！故謹識其端而歸其書蘇氏。紹興九年三月十五日，顯謨閣學士、左中大夫、提舉江州太平觀，汪藻序。」至周必大《周文忠公集》卷二十有〈蘇魏公集後序〉，曰：「至和嘉祐中，文章爾雅，議論正平，本朝極盛也。一變而至熙寧、元豐，以經術相高，以才能相尚，回視前日，不無醇疵之辨焉。再變而至元祐，雖闢專門之學，開眾正之路，然議論不齊，由茲而起。又一變爲紹聖、元符，則勢有所激矣。蓋五、六十年之間，士風學術凡四變，得于此必失于彼，用于前必黜于後。一時豪傑之士有不能免，況餘人乎？若乃上爲人主所信，中不爲用事者所疑，下常見重于正論，惟丞相蘇公爲然。方仁宗右文，公在館閣者九年。英公責實，公首預監司省府之選。神宗勵精，公則掌制尹京，出藩入從，眷樊尤渥。厥後大用于宣仁垂簾之際，榮歸於泰陵親政之日。歷事四朝，始終全德。獨爲儒學之宗，嗚呼盛哉！平生著述凡若干卷，翰林汪公彥章爲之〈序〉。某嘗得善本于丞相曾孫玭，適顯謨閣直學士張侯幾仲出守當塗，欣慕前哲，欲刻之學宮，布之四方，使來者有所矜式。其用心可謂廣矣！故以遺之而紀于後。淳熙十二年十月一日，東里周某謹記。」可參考。

傅獻簡集七卷

《傅獻簡集》七卷，中書侍郎獻簡公河陽傅堯俞欽之撰。

　　廣棪案：《宋史》卷二百八〈志〉第一百六十一〈藝文〉七〈別集類〉著錄：「《傅堯俞集》十卷。」所著錄卷數不同。堯俞字欽之，本鄆州須城人，徙孟州濟源。《解題》稱河陽者，即孟州也。元祐四年拜中書侍郎，卒諡獻簡。《宋史》卷三百四十一〈列傳〉第一百有傳。

赤城集十卷

《赤城集》十卷，兩浙提刑寧海羅適正之撰。治平^{廣棪案：元抄本「治平」上有「適」字。}二年進士。學於四明樓郁。爲吏健敏，頗爲蘇子瞻、劉貢父諸公所知。台士有聞於世，自適始。

　　廣棪案：《宋史》卷二百八〈志〉第一百六十一〈藝文〉七〈別集類〉著

錄：「羅適《赤城先生文集》十卷。」與此同。適，《宋史》無傳。《宋元學案》卷一〈安定學案・安定私淑〉「提刑羅赤城先生適_{附師朱然}」條載：「羅適字正之，寧海人。少從鄉先進朱絳學。後與徐中行、陳貽範友善，得聞胡安定之教，遂以私淑稱弟子。第治平進士，尉桐城，移泗水，改著作郎，知濟陽縣，徙江都。政化大行，民知其長者，不忍欺。每郊行，召耆老，問以疾苦及所願，爲罷行之。遷推官。兩浙蘇、秀水災，朝議賑恤，以先生爲提點刑獄。後移京西北路。嘗有與蘇文忠公論水利，凡興復者五十有五。既去，民思之，置生祠祀焉。_{雲濠謹案：先生別號赤城，著有《易解》、《赤城集》百卷。《直齋書錄解題》云：『治平二年進士，學于四明樓郁。』是先生本樓氏門人。直齋又言：『台士有聞于世，自先生始。』又有《傷寒救俗方》一卷。先生尉桐城，民俗惑巫，不信藥，因以藥施，人多愈。召醫參校方書，刻石以救迷俗。」}可參證。至樓郁，《宋史》亦無傳。《宋元學案》卷六〈士劉諸儒學案・安定同調〉「正議樓西湖先生郁」條載：「樓郁，字子文，自奉化徙鄞，卜居城南。志操高厲，學以窮理爲先，爲鄉人所尊。處窮約，屢空自樂。慶曆中，詔郡縣立學，延致鄉里有文學、行義者爲之師。先生掌教縣庠者數年，又教授郡學，前後三十餘年。學行篤美，信于士友，一時英俊皆在席下。門人之知名者，清敏豐公稷、光祿袁公轂、天台羅公適也。登進士第，調廬江主簿。自以祿不及親，絕仕進意，以大理評事終于家。有《遺集》三十卷，贈正議大夫。子孫皆踵世科。五世孫鑰，德行文章，爲時名臣，仕至參知政事。_{參《四明文獻集》。}」是適爲郁之門人。

西塘集二十卷

《西塘集》二十卷，監安上門三山鄭俠介夫撰。

廣棪案：《讀書附志》卷下〈別集類〉三著錄：「《西塘先生文集》二十卷。」《宋史》卷二百八〈志〉第一百六十一〈藝文〉七〈別集類〉著錄：「《鄭俠集》二十卷。」與此同。俠字介夫，福州福清人，即三山。神宗時監安上門，《宋史》卷三百二十一〈列傳〉第八十有傳。

治平四年甲科。

案：案：《宋史》俠本傳載：「治平中，隨父官江寧，閉戶苦學。王安石知其名，邀與相見，稱獎之。進士高第，調光州司法參軍。」即此事。

小臣蠲上，言人所不敢言，上為之感動，略施行其言，不惟不怒而已。

　　案：《讀書附志》卷下〈別集類〉三著錄：「《西塘先生文集》二十卷。右鄭俠字介夫之文也。熙寧中，監安上門，時久不雨，公以本門所見飢民及新法之不便者，為圖狀，發馬遞經銀臺投進，且曰：『如行臣之言，十日不雨，乞斬臣宣德門外。』神宗觀圖長噓，命馮京等體量新法，而寢罷之，大開倉庾，以賑飢民，下責躬詔。三日，大雨，荊公率百僚入賀，上出奏疏并圖以示之。附麗新法者爭言公詆毀良法，直奏驚御，遂得罪云。中興初，贈朝奉郎，官其孫一人。」《宋史》俠本傳亦載：「是時，自熙寧六年七月不雨，至于七年之三月，人無生意。東北流民，每風沙霾曀，扶攜塞道，羸瘠愁苦，身無完衣。並城民買麻糅麥麩，合米為糜，或茹木實草根，至身被鎖械，而負瓦楬木，賣以償官，累累不絕。俠知安石不可諫，悉繪所見為圖，奏疏詣閤門，不納。乃假稱密急，發馬遞上之銀臺司。其略云：『去年大蝗，秋冬亢旱，麥苗焦枯，五種不入，群情懼死；方春斬伐，竭澤而漁，草木魚鱉，亦莫生遂。災患之來，莫之或禦。願陛下開倉廩，賑貧乏，取有司掊克不道之政，一切罷去。冀下召和氣，上應天心，延萬姓垂死之命。今臺諫充位，左右輔弼又皆貪猥近利，使夫抱道懷識之士，皆不欲與之言。陛下以爵祿名器，駕馭天下忠賢，而使人如此，甚非宗廟社稷之福也。竊聞南征北伐者，皆以其勝捷之勢、山川之形，為圖來獻，料無一人以天下之民質妻鬻子，斬桑壞舍，流離逃散，遑遑不給之狀上聞者。臣謹以逐日所見，繪成一圖，但經眼目，已可涕泣，而況有甚於此者乎？如陛下行臣之言，十日不雨，即乞斬臣宣德門外，以正欺君之罪。』疏奏，神宗反覆觀圖，長吁數四，袖以入。是夕，寢不能寐。翌日，命開封體放免行錢，三司察市易，司農發常平倉，三衛具熙河所用兵，諸路上民物流散之故。青苗、免役權息追呼，方田、保甲並罷，凡十有八事。民間讙叫相賀。又下責躬詔求言。越三日，大雨，遠近沾洽。輔臣入賀，帝示以俠所進圖狀，且責之，皆再拜謝。」即記此事。

既而竟墮深譴，良由呂惠卿欲傾王安石，而俠與安國游從厚善，遂起獄併陷之。俠既得罪，新法遂不罷，而本朝之禍本成矣。小人勿用之戒，可不畏哉？

　　案：《宋史》俠本傳載：「安石上章求去，外間始知所行之由，群姦切齒，

遂以俠付御史，治其擅發馬遞罪。呂惠卿、鄧綰言於帝曰：『陛下數年以來，忘寐與食，成此美政，天下方被其賜；一旦用狂夫之言，罷廢殆盡，豈不惜哉？』相與環泣於帝前，於是新法一切如故。安石去，惠卿執政，俠又上疏論之。仍取唐魏徵、姚崇、宋璟、李林甫、盧杞傳爲兩軸，題曰〈正直君子邪曲小人事業圖跡〉。在位之臣暗合林甫輩而反於崇、璟者，各以其類，復爲書獻之。并言禁中有被甲、登殿等事。惠卿奏爲謗訕，編管汀州。御史臺吏楊忠信謁之曰：『御史緘默不言，而君上書不已，是言責在監門而臺中無人也。』取懷中〈名臣諫疏〉二帙授俠曰：『以此爲正人助。』惠卿暴其事，且嗾御史張琥并劾馮京爲黨與。俠行至太康，還對獄，獄成，惠卿議致之死。帝曰：『俠所言非爲身也，忠誠亦可嘉，豈宜深罪？』但徙英州。既至，得僧屋將壓者居之，英人無貧富貴賤皆加敬，爭遣子弟從學，爲築室以遷。」可參證。

安石親惠卿而疎俠，豈惟誤國，亦以危身。後之君子可以鑒矣！

案：《宋史》本傳，其傳末論曰：「俠以區區小官，雖未信而諫，能以片言悟主，殃民之法幾於一舉而空之，功雖不成，而此心亦足以白於天下後世。呂惠卿、鄧綰之罪，可勝誅哉！」亦推崇鄭俠，而以呂、鄧罪不勝誅，所論與直齋互爲補充，惟直齋更深責安石之用小人耳！

范忠宣集二十卷

《范忠宣集》二十卷，丞相忠宣公吳郡范純仁堯夫撰。

廣棪案：《宋史》卷二百八〈志〉第一百六十一〈藝文〉七〈別集類〉著錄：「范純仁《忠宣集》二十卷。」與此同。純仁字堯夫，蘇州吳縣人。元祐三年拜尚書右僕射兼中書侍郎，卒諡忠宣。《宋史》卷三百一十四〈列傳〉第七十三有傳。

文正公之次子也。

案：《宋史》卷三百一十四〈列傳〉第七十三〈范仲淹〉載：「四子：純祐、純仁、純禮、純粹。」是純仁爲仲淹次子。

文正子四人，長純佑尤俊，有賢行，早年病廢以死，

案：《宋史·范仲淹》附〈范純祐〉載：「純祐字天成，性英悟自得，尚

節行。方十歲，能讀諸書；爲文章，籍籍有稱。父仲淹守蘇州，首建郡學，聘胡瑗爲師。瑗立學規良密，生徒數百，多不率教，仲淹患之。純祐尚未冠，輒白入學，齒諸生之末，盡行其規，諸生隨之，遂不敢犯。自是蘇學爲諸郡倡。寶元中，西夏叛，仲淹連官關陝，皆將兵。純祐與將卒錯處，鈎深擿隱，得其才否。由是仲淹任人無失，而屢有功。仲淹帥環慶，議城馬鋪砦，砦偪夏境，夏懼扼其衝，侵撓其役。純祐率兵馳據其地，夏眾大至，且戰且役，數日而成，一路恃之以安。純祐事父母孝，未嘗違左右，不應科第。及仲淹以讒罷，純祐不得已，蔭守將作監主簿，又爲司竹監，以非所好，即解去。從仲淹之鄧，得疾昏廢，臥許昌。富弼守淮西，過省之，猶能感慨道忠義，問弼之來公耶私耶，弼曰『公』。純祐曰『公則可』。凡病十九年卒，年四十九。」可參證。惟純祐，《解題》作「純佑」，同。

富文忠誌其墓。

案：富文忠即富弼。《宋文鑑》卷第一百三十九〈墓誌〉有〈范純佑墓誌銘〉，載：「僕天聖初始識范文正公於海陵，未幾公遊文館，僕再舉進士，來京師，又見之。公益厚我。間或造其門，目公傍一童子，方十歲許，神重氣遠，如老成人，僕竊詢焉，即公之長子也。已能誦《詩》、《禮》，泛讀諸書，爲文章，籍籍有可稱者；所與遊，皆一時之俊。時天下庠序未甚興，公典姑蘇，首建郡學，聘安定胡瑗爲先生。瑗條立學規良密，生徒數百，多不率教，公患之。君尚未冠，輒白于庭。入學，齒諸生之末，盡行其規約；久之，人皆隨而不敢犯。自是蘇之學遂爲諸郡倡。寶元中，西戎叛，一方盡驚。公連易關陝官，皆不出兵間。君侍行，日與將卒錯處，鈎微擿隱，悉得其良駑，由是公任人無失，而屢有功。公帥環慶也，議城馬鋪寨。寨偪賊境，賊懼城成而扼其衝，故常寇撓之，使我不得城。君率兵馳據其地，賊眾大至，且戰且督役，數日而成，一路恃以安。人又知君材武有足嘉者。後公以讒罷知政事，君亦逡巡於仕進間，從公之鄧，暴得疾，昏不省事，廢臥許昌。僕守淮西，過其家省之，猶能感慨道忠義。問僕之來，『公耶？私耶？』僕曰：『公。』曰：『公則可。』噫！人一有疾，已不能自顧其形骸，奚暇他卹；如君病昏，身已棄而尚不忘公忠，豈非根乎至性，第昏於事，而性終不昧耶？茲尤異於人，可貴重而不可學者。病十九年，卒于襄邑弟純仁之官舍，年四十九。

君英悟天得，尚節行，事父母盡孝養，未嘗去左右。文正愛之甚，日夕以講求道義爲樂，亦不欲其遠去。君雖文學自富，固不肯應鄉里舉。不得已，以蔭授守將作監主簿。亦覼爲跂下司竹監，非其好也，即解去。使君壽且不病，得施其所有於時，良能美業其少諸？君名純佑，字天成。娶長葛李氏。一男正臣，守太常寺太祝。一女嫁故人子進士元夋，早亡。純仁謀歸葬河南萬安山先塋之側，行有日，走京師來乞銘。僕已銘其父，今又銘其子，悲夫！銘曰：君之才之賢，宜有祿有年。一命而畫不復遷，病十九年不復痊，今其云亡報已騫。英名不隱兮何足嘆。」可參考。

近時禮部尚書之柔者，其四世孫也。

案：《宋元學案補遺》卷三〈高平學案補遺・范氏續傳〉「清憲范先生之柔」條載：「范之柔，字叔剛，文正五世孫。舉進士，歷刑、禮二部尚書、太子詹事。事君奉親，一以文正爲法。知止畏盈，每有山林之志。謚清憲。《姓譜》。」可參證。

次純禮、純粹，皆顯用，至大官。

案：純禮字彝叟，官拜禮部尚書、尚書右丞。純粹字德孺，元祐中除寶文閣待制，爲戶部侍郎。事迹見《宋史》卷三百一十四〈列傳〉第七十三，附〈范仲淹〉。

劉忠肅集四十卷

《劉忠肅集》四十卷，丞相忠肅公東光劉摯莘老撰。凡四舉於鄉，試禮部爲第一，登嘉祐四年甲科。劉元城爲〈集序〉，述其出處大概。

廣棪案：《讀書附志》卷下〈別集類〉二著錄：「《劉忠肅公文集》四十卷。右劉忠肅公摯之文也。忠肅制誥附于後。元城先生劉安世序之。公名摯，字莘老，永靜軍東光人。嘉祐中，登進士甲科。元祐六年，拜右僕射，出知鄆州。紹聖四年，責鼎州團練副使，新州安置。薨，詔許歸葬，追復觀文殿學士。中興，贈少師，謚正肅，以家諱，改忠肅。」可參證。摯，《宋史》卷三百四十〈列傳〉第九十九有傳。《宋史》卷二百八〈志〉第一百六十一〈藝文〉七〈別集類〉著錄：「《劉摯集》四十卷。」與《解題》同。此《集》有劉元城〈序〉，曰：「宣和六年七月六日，宣

教即知開封府臨河縣丞劉跂寓書於元城劉安世曰:『先人平生為文,方棄諸孤,僅存一篋,類次之已成編集,念當有序引以信於後。晚年遷謫事同諸公,身後怨家誣謗,又蒙朝廷核實,已賜昭雪。然而元祐大臣,不幸亡歿者,類皆不敢納銘於壙,植碑於隧,始終大節,不應無聞於後也。願因〈集序〉并載一二,使他日有考焉。顧惟衰拙,自少受知於先丞相,素叨國士之遇,中荷薦引,寖階禁從。晚歲遷謫,復同憂患,而又被譴以來,行三十年。固窮守道,俯仰無愧,似不為知己之辱。雖懷自顧不足之羞,而莫敢辭者,蓋義之所在,不可得而避也。公諱摯,字莘老,永靜軍東光人也。幼而敏悟,有成人風。年未弱冠,被薦於渤海,聲譽籍甚。凡四預鄉貢,禮部奏名為第一。復中甲科,初始南宮,已著風績。英宗詔二府各薦士充閣館,忠獻韓公琦以應詔,補公館閣校勘。王文公安石初秉政,搜擇人材,擢為中書校正。居月餘,議論多不合,會除監察御史,欣然就職。語家人曰:『趣裝,無為安居計。』即上疏論亳州獄起不止,小臣意在傾故相,富弼以市進,今弼已責,願寬州縣之罪。神宗皇帝勵精求治,獎進臣下,公既對,面賜褒諭,且問:『從學士安石耶?安石稱卿器識。』公對曰:『臣東北人,少孤獨,不識安石也。』因論人物邪正,奏對移時,上意嚮納。公退益感遇,思所以稱。因上疏論率錢助役,官自顧人,其事有不可勝言者。略陳十害,切中時病。會御史中丞楊公繪亦論新政,并公章下司農。司農條件疏校,遂劾繪與公險詖,中懷向背,有旨分析。公奏曰:『臣有言責,采士民之說敷告於陛下,是臣之職也。今有司駁奏,遂令分析,交口相直,無乃辱陛下耳目之任哉!所謂向背,則臣所向者義,所背者利。所向者君父,所背者權臣。願以臣章及司農所奏,宣示百官者定當否。』奏入,不報。明日復上疏,極論時政,遂罷御史,落館職,擬竄嶺外。上不暇,乃貶衡州。哲宗皇帝嗣位,宣仁聖烈太皇太后以祖母共政,見連年水旱,西鄙未寧,百姓勞敝,而國有大故,當務休息。遂散遣京城役夫,減皇城司覘者,廢物貨場,罷戶馬等事,皆從中出。又戒敕內外,無敢苛刻擾民。已而進退人臣,選用臺諫,擢公為御史。公受命之始,即具以熙寧告神考之語,復陳於哲廟之前。兩宮聽納,盡行其言。曾未期月,人情於變,使天下有泰山之安,而無一朝之患者,公之力也。公既被遇,知無不言,姦佞刻淺之吏,事狀顯著者,公皆正色彈劾,多所貶出,中外

肅然。時人以比包希仁、呂獻可。上察其忠義，誠信可屬事任，未幾遂大用焉。公在中書，一日內降畫可二狀，其一裁節宗室冗費，其一減定六曹吏額，房吏請封送尚書省。公曰：『常時文書，錄黃過門。今封送何也？』對曰：『尚書省以吏額事，每奏入，必徑下本名已久，今誤至此。』公曰：『中書不知，其他當如法令。』遂作錄黃。初尚書令史任永壽，精悍而猾，與三省吏不能相數，以姦弊告諸宰執，呂丞相大防信任之時，戶部裁節浮費，後省裁定吏額，皆論年未就。呂丞相專權狠愎，盡取其事置吏額房於都省，以司空府為局，召永壽輩領之，未嘗謀及同列也。永壽見錄黃，愕曰：『兩省初不與，今乃有此。』即稟丞相，命兩省各選吏赴局，同領其事，以是白公。公曰：『中書行錄黃法也，豈有意與吏為道地，今乃使就都省分功，何耶？』他日，又持奏橐，以丞相旨稟公曰：『吏額事，今欲慎密而速，故請徑下。然未經立法，欲三省同奏，依致仕官文書法。』公曰：『他非其類也，更當聚議。』明日，呂相又袖橐，厲色示公曰：『勢不可不爾。』公不欲立異，勉應曰：『諾。』其後事畢，永壽以勞追官，時忱、蘇安靜、時憚皆遷秩有差。於是外議喧然不平，臺諫交章論列，以為事在後者成就已十八九，永壽等攘去才兩月，而都司不用司勳格，擅擬優例，冒賞徇私。章數十上，時公已遷門下，每於上前開陳吏額本末，此皆被省者鼓怨，言章風聞，適實不足深言。呂丞相亦以語客曰：『使上意曉然者，劉門下力也。』然自此忌公益甚，陰謀去之。遂引楊畏在言路諫官，疏其姦邪反覆，章十餘上，竟不能回。士大夫趨利者，洶洶交訌其事，於是朋黨之論起矣。公語丞相曰：『吾曹心知無他，然外議如此，非朝廷所宜有，願少引避。』丞相曰：『行，亦有請。』是歲八月一日奏事畢，少留奏曰：『臣入處近列，器滿必覆，願賜骸骨，避賢者路。』上遣中使召公入對，太皇太后諭曰：『侍郎未可去，須官家親政，然後可去。』使者數輩趣入視事，公不得已受命。頃之，呂丞相亦求退，不許。明年，公繼為丞相，不滿歲，前日洶洶者在言路詆公竟去位，朋黨之論遂不可破，其本末如此。公輔政累年，剛明重厚，達於治道，朝廷賴之。及為相，益總大體，務守法度，輔佐人主於無過之地。其於用人，先器識，後才藝。進擬之際，必察其人性行厚薄，終不輕授以職任，故才名之士或多怨公。公知之，不恤也。取人不問識與不識，或多南士，有以蕭望之、鄭明事諫。公曰：『楚士

奈何?』笑而不答。論者謂元祐相以來,能以人物爲意,知所先後,而無適莫者,公爲之首。奏事上前,言直事核,不爲緣飾,多見聽用。與同列語,公平不欺,未嘗以私屬人。人有所欲,多憚公聞之。公聞之亦爲盡力,然終不以語也。精力絕人遠甚,一見賓客,及聞其語,終身不忘。事無劇易,臨之曉然。省吏每以事試公,不以久近區處,如一言皆可復,故三省事經公所裁定者,後皆遵用,莫能改云。趙彥若子敗官下獄,彥若奏與監司有嫌,乞移獄他路。言者論彥若罔上不實;王鞏除知宿州,言者論鞏前在揚州不法。彥若、鞏皆公姻家也。語稍及公,公請辭位,章七八上,遂遷就外舍,詔遣近侍宣召公入,既對。諭曰:『彥若、鞏輩事,何預也?』言者皆謂交通邢恕及章惇之子,牢籠小人爲異日計。公心知爲言者所中,不復自明。謝曰:『臣愚闇,招致人言,願就貶責。』既退,固請益堅。乃罷相,以殿學士守鄆。給事中駁奏,謂『劉某忠義自奮,力辨邪正,有功朝廷,擢之大位,一旦以疑而罷,天下不見其過。』并給事中罷之。於是中外疑駭,莫所知謂。久之,乃知言者雖多,專以章、邢事爲媒孽。初,公家子弟與章惇之子相識,因入都應舉,而公家子弟亦遊科場,嘗至府第。而言者指爲交通之迹。邢恕謫官,至京師,以書抵公。公答以手簡,其末云:『爲國自愛,以俟休復。』茹東濟爲東排岸官,數有請求,而公不之許,蓄怨甚久。適見公簡,陰錄其語,以示言者。言者繳上之,且解釋云:『休復語出《周易》。以俟休復者,俟他日太皇太后復辟也。劉某所懷如此。』蓋媒孽之語不一,而此最爲甚。朝野憤之,其後楊畏遂升從官,搢紳共惡,甚於虺蜴。東濟亦除提舉常平,諫官復論其素行,士論不齒,不宜任以監司。除命遂寢,人情更以爲快。公天性高明,不以己長格物;既貴,恭儉好禮,不改平素;淳靜嗜書,自幼至老未嘗釋卷。家藏書多皆自讎校,得善本或手抄錄,孜孜無倦。平居不親妾媵,家事有無,不以經意。雖在相府,蕭然一室。其後南遷,不知者謂公不堪其憂。親族門人乃知公謫居,自奉簡約,與在相府無以異也。凡有議論,惟尚中道,不習異說,不責苟難,務在謹名教而已。少好禮學,講究《三禮》,視諸經尤粹。晚好《春秋》,考諸儒異同,辨其得失,通聖人經意爲多。公文章雅健清勁,如其爲人。辭達而止,不爲長語。表章書疏,未嘗假手。凡奏議、論說、記序、銘誌、詩賦諸文章千餘篇,次第著集爲四十卷,藏於家。公自青

社罷職，知黃州，又分司徒蘄州，語諸子曰：『上用章丞相，吾勢當得罪。若章君顧國事，不遷怒百姓，但責吾曹，死無所恨。第恐意在報復，法令益峻，奈天下何？』憂形於色，初無一言及遷謫也。嶺表之謫，公拜命，即日就道。惟從一子，家人涕泣願侍，皆不聽。水陸犇馳，見星乃止。至貶所，屏跡不交人事，亦無書自隨，宴坐靜默，家人具饌，告之食則食，喜怒不形意，澹如也。公年未五十，即屏嗜慾，晚歲南遷，氣貌安強，無衰瘁之色。居數月，得微疾，公自謂將終，戒飭後事，精神不亂，安臥而薨。公既歿於嶺外，所屬爲公請歸葬於朝，不許。已而諸子坐廢，家屬再徙他郡，而不著罪於狀。又無知其故者，雖公亦不知也。今上登極，大赦天下，公既歸葬，而文及甫、蔡渭皆貶湖州，然後人稱其事起於此。初及甫持喪在洛陽，邢恕謫永州，未赴，亦以畏在懷州，數通書，有怨望語。及甫又以公在中司，嘗彈罷其左司郎官，怨公尤深。以書抵恕，其略曰：『改月遂除入朝之計，未可必。當塗猜怨於鷹揚者益深。其徒實司馬昭之心，路人所知也。』大意謂服除必不得京師官，當求外補，故深詆當路者。紹聖初，恕以示蔡碩、蔡渭。渭數上書訟呂丞相及公，而下十餘人陷害其父確，及謀危宗社，引見甫書爲驗。朝廷駭之，委翰林學士蔡京、御史中丞安惇究治焉。遂逮及甫就吏，而所通初無事證，但託以亡父曾說之。究治所問司馬昭謂誰？及甫對意謂公也。問其證據事狀，則曰無有，但疑其事勢心意如此。朝廷照知其妄，獄事遂緩。會公薨聞，猶用蔡京奏，以不及考驗爲辭，但坐諸子而已。時紹聖五年五月四日也。其爲諸子叔復護喪還鄉里，公嗣子跂徑伏闕下，上疏訴其事。又持副封詣都堂，叩宰相韓忠彥、曾布等，皆取實封案牘，開視知其謬妄明白。其以語跂至。建中靖國元年二月二十五日有旨，文及甫、蔡渭所陳，顯無實狀，已行貶責。紹聖五年五月四日，指揮更不施行。然復公歿後，讒謗所坐皆得解釋。渭今改名懋云。崇寧元年正月癸酉，葬公於蘄州須城縣太谷山之原先塋之東，曹國夫人任氏祔焉。有詔特依前宰臣例，又除公壻通直即蔡蕃知陽穀縣，應副葬事。送終之禮，極其褒榮，四方觀者，莫不歎息。嗚呼！公之厚德高行，追配古人。嘉謨偉績，播於天下士民者，固不可勝數。今特取大節載之，其餘非公出處所繫，皆略而不書。八月一日，承議郎、提舉南京鴻慶宮、賜紫金魚袋劉安世序。」可見摯出處大概。

畫墁集一百卷

《畫墁集》一百卷，<small>廣棪案：《文獻通考》作「張浮休《畫墁集》一百卷、《奏議》十卷」。</small>吏部侍郎邠國張舜民芸叟撰。<small>廣棪案：《文獻通考》無此句。</small>

> 廣棪案：《郡齋讀書志》卷第十九〈別集類〉下著錄：「張浮休《畫墁集》一百卷。」〈宋志〉同。舜民字芸叟，邠州人。徽宗時任吏部侍郎。《宋史》卷三百四十七〈列傳〉第一百六有傳。

舜民初用於元祐。

> 案：《宋史》舜民本傳載：「張舜民字芸叟，邠州人。中進士第，為襄樂令。王安石倡新法，舜民上書言：『裕民所以窮民，強內所以弱內，辟國所以蹙國。以堂堂之天下，而與小民爭利，可恥也。』時人壯之。元豐中，朝廷討西夏，陳留縣五路出兵，環慶帥高遵裕辟掌機宜文字。王師無功，舜民在靈武詩有『白骨似沙沙似雪』，及官軍斫受降柳為薪之句，坐謫監邕州鹽米倉；又追赴鄜延詔獄，改監郴州酒稅。」是舜民初用於神宗元豐時。惟本傳續載：「會赦北還，司馬光薦其才氣秀異，剛直敢言，以館閣校勘為監察御史。上疏論西夏彊臣爭權，不宜加以爵命，當興師問罪，因及文彥博，左遷監登聞鼓院。臺諫交章乞還職，不聽。通判虢州，提點秦鳳刑獄。召拜殿中侍御史，固辭，改金部員外郎。進祕書少監，使遼，加直祕閣、陝西轉運使，知陝、潭、青三州。元符中，罷職付東銓，以為坊州、鳳翔，皆不赴。」是元祐時得重用，或因溫公之薦也。

至元符末，為諫議大夫。居職七日，所上事六十章。

> 案：《宋史》本傳載：「徽宗立，擢右諫議大夫，居職才七日，所上事已六十章。陳陝西之弊曰：『以庸將而御老師，役饑民而爭曠土。』極論河朔之困，言多劘峭。徙吏部侍郎，旋以龍圖閣待制知定州，改同州。」是擢右諫議大夫在徽宗時，非哲宗元符末，與《解題》所載異。

崇寧初，坐謝表言紹聖逐臣，有曰<small>廣棪案：《文獻通考》作「有云」。</small>「脫禁錮者何止一千人，計水陸者不啻一萬里」；又曰「古先未之或聞，畢竟不知其罪」，以為譏謗，坐貶。

> 案：《宋史》本傳載：「坐元祐黨，謫楚州團練副使，商州安置。復集賢殿修撰，卒。」是舜民坐貶楚州團練副使。

自號浮休居士。廣棪案：《文獻通考》無此句。

　　案：《郡齋讀書志》卷第十九〈別集類〉下著錄：「張浮休《畫墁集》一
　　百卷、《奏議》十卷。右皇朝張舜民芸叟，邠州人。……自號浮休先生。
　　唐張鷟稱浮休子，芸叟蓋襲之。」《宋史》本傳亦謂：「舜民慷慨喜論事，
　　善爲文，自號浮休居士。」

淇水集八十卷

《淇水集》八十卷，門下侍郎大名李清臣邦直撰。

　　廣棪案：《宋史》卷二百八〈志〉第一百六十一〈藝文〉七〈別集類〉著
　　錄：「《李清臣文集》一百卷，又《奏議》三十卷。」又著錄：「《李清臣
　　集》八十卷，又《進策》五卷。」〈宋志〉之《李清臣集》八十卷，應即
　　《淇水集》八十卷也。清臣字邦直，魏人。徽宗立，爲門下侍郎。《宋史》
　　卷三百二十八〈列傳〉第八十七有傳。

清臣，韓魏公姪壻。館臣案：原本無「姪」字，攷《宋史》本傳，韓琦以兄女妻
之，蓋姪壻也。今補正。

　　案：《宋史》清臣本傳載：「李清臣字邦直，魏人也。七歲知讀書，日數
　　千言，暫經目輒誦，稍能戲爲文章。客有從京師來者，與其兄談佛寺火，
　　清臣從傍應曰：『此所謂災也，或者其蠹民已甚，天固徵之邪？』因作〈浮
　　圖災解〉。兄驚曰：『是必大吾門。』韓琦聞其名，以兄之子妻之。」是
　　清臣乃琦姪壻也。

治平二年中制科。歐陽公愛其文，以比蘇軾。

　　廣棪案：治平，英宗年號；二年爲乙巳（1065）。《宋史》本傳載：「舉進士，
　　調邢州司戶參軍、和川令。歲滿，薦者踰十數，應得京官。適舉將薛向
　　有公事未竟，閣銓格，判銓張掞擿使自陳勿用。清臣曰：『人以家保己而
　　己捨之，薄矣。願待之。』掞離席曰：『君能如是，未可量也。』應材識
　　兼茂科，歐陽脩壯其文，以比蘇軾。治平二年，試祕閣，考官韓維曰：『荀
　　卿氏筆力也。』試文至中書，脩迎語曰：『不置李清臣於第一，則謬矣。』
　　啓視如言。」可參證。

其爲人亦寬博有度，而趨時嗜權利，首主紹述之論，意規宰相，亦卒不

如其志。

案:《宋史》本傳載:「紹聖元年,廷試進士,清臣發策曰:『今復詞賦之選而士不知勸,罷常平之官而農不加富,可差可募之說雜而役法病,或東或北之論異而河患滋,賜土以柔遠也而羌夷之患未弭,弛利以便民也而商賈之路不通。夫可則因,否則革,惟當之為貴,聖人亦何有必焉。』主意皆絀元祐之政,策士悟其指,於是紹述之論大興,國是遂變。」又載:「清臣蚤以詞藻受知神宗,建大理寺,築都城,皆命作記,簡重宏放,文體各成一家。為人寬洪,不忮害。嘗為舒亶所劾,及在尚書,亶以贓抵罪,獨申救之,曰:『亶信亡狀,然謂之贓則不可。』再為姚勔所駁,當紹聖議貶,或激使甘心,清臣為之言曰:『勔以職事,所見或不同,豈應以臣故而加重?』帝悟,薄勔罪。起身窮約,以儉自持,至富貴不改。居官奉法,毋敢撓以私。然志在利祿,不公於謀國,一意欲取宰相,故操持悖謬,竟不如願以死。後朝議以復孟后罪,追貶武安軍節度副使,再貶雷州司戶參軍。」可參證。

范太史集五十五卷

《范太史集》五十五卷,翰林學士成都范祖禹淳甫廣校案:《文獻通考》作「淳夫」。撰。

廣校案:《宋史》卷二百八〈志〉第一百六十一〈藝文〉七〈別集類〉著錄:「《范祖禹集》五十五卷。」應與此同。祖禹字淳甫,一字夢得。成都華陽人。范鎮從孫,哲宗時拜翰林學士。《宋史》卷三百三十七〈列傳〉第九十六附〈范鎮〉。

灌園集三十卷

《灌園集》三十卷,鄉貢進士呂南公次儒撰。

廣校案:《宋史》卷二白八〈志〉第一百六十一〈藝文〉七〈別集類〉著錄:「呂南公《灌園集》三十卷。」與此同。南公字次儒,建昌南城人。《宋史》卷四百四十四〈列傳〉第二百三〈文苑〉六有傳,《宋史》並載:「遺文曰《灌園先生集》,傳於世。」

熙寧初，試禮部不利，會以《新經》取士，遂罷舉。

　　案：《宋史》南公本傳載：「呂南公字次儒，建昌南城人。於書無所不讀，於文不肯綴緝陳言。熙寧中，士方推崇馬融、王肅、許慎之業，剽掠補拆臨摹之藝大行，南公度不能逐時好，一試禮闈不偶，退築室灌園，不復以進取為意。」可參證。

欲脩《三國志》，題其齋曰衮斧，書將成而死，其書亦不傳。

　　案：《解題》卷四〈正史類〉「《三國志》六十五卷」條著錄：「大抵本書固率略，而注又繁蕪，要當會通裁定以成一家，而未有奮然以為己任者。豐、祐間，南豐呂南公銳意為之，題其齋曰『衮斧』，書垂成而死，遂弗傳。」《宋史》本傳亦載：「益著書，且借史筆以褒善貶惡，遂以『衮斧』名所居齋。」均可參證。齋名「衮斧」者，蓋取《春秋》一字之褒，榮於華衮；一字之貶，嚴於斧鉞意也。

元祐初，諸公欲薦進之，不及。

　　案：《宋史》本傳載：「元祐初，立十科薦士，中書舍人曾肇上疏，稱其讀書為文，不事俗學，安貧守道，志希古人，堪充師表科，一時廷臣亦多稱之。議欲命以官，未及而卒。」可參證。

伐檀集二卷

《伐檀集》二卷，館臣案：《文獻通考》作一卷。知康州豫章黃庶亞夫撰。

　　廣棪案：《宋史》卷二百八〈志〉第一百六十一〈藝文〉七〈別集類〉著錄：「《黃庶集》六卷。」與《解題》不同。庶，字亞夫，江夏人。《宋史》無傳。《宋元學案補遺》卷十九〈范呂諸儒學案補遺・黃氏先緒〉「〈州守黃先生庶〉」條曰：「黃庶字亞夫，江夏人。其少而學也，觀《詩》、《書》以來，至於忠臣義士奇功大節，常恨身不出於其時，不得與古人上下其事。既年二十五，以詩賦得一第，歷佐一府三州，皆為從事。暇日發常所作藁草，得數百篇，題之曰《伐檀集》。〈伐檀集自序〉。雲濠謹案：先生為山谷之父，嘗攝康州。《袁絜齋集》直以為康州太守。」可參證。

自為〈序〉。

　　案：庶〈伐檀集自序〉曰：「江夏黃庶字亞夫，其少而學也，觀《詩》、《書》

以來，至於忠臣義士奇功大節，常恨身不出於其時，不與古人上下其事。每輒自奮，以爲苟朝得位，夕必行之，當使後之人望乎己，若今之慕乎古也。既年二十五，以詩賦得第一。歷佐一府三州，皆爲從事。踰十年，郡之政巨細無不與，大抵止於簿書獄訟而已。其心之所存，可以效於君，可以補於國，可以資於民者，曾未有一事可以自見。然而月廩於官，粟麥常兩斛，而錢常七千，問其所爲，乃一常人皆可不勉，而能茲素餐昭昭矣。暇日發常所作藁草，得數百篇。覽初省末，散亡居多，其存者或失首與尾，或竄乙斷裂，不可讀。因取其完者以類相從而編焉。題之曰《伐檀集》，且識其愧。然其性嗜文字若有病癖，未能無妄作，後來者皆附於篇之末云。時皇祐五年十二月青社自序。」可參考。

庭堅，其子也。

案：庭堅字魯直，洪州分寧人。《宋史》卷四百四十四〈列傳〉第二百三〈文苑〉六有傳。前引《宋元學案補遺》馮雲濠案語，已謂庶爲山谷之父。

世所傳「山魈廣柂案：盧校本「魈」作「鬼」。**水怪著薜荔」之詩，《集》中多此體。庭堅詩律，蓋有自來也。**

案：庶〈怪石〉詩云：「山鬼水怪著薜荔，天祿辟邪眠莓苔。鉤簾坐對心語口，曾見漢唐池館來。」其《集》中如〈斑石枕聯句同向宗道〉，亦此體也。其後山谷律詩，如〈湖口人李正臣蓄異石九峰東坡先生銘曰壺中九華竝爲作詩後八年自海外歸過湖口石已爲好事者所取乃和前篇以爲笑實建中靖國元年四月十六日明年當崇寧之元五月二十日庭堅繫舟湖口李正臣持此詩來石既不可復見東坡亦下世矣感歎不足因次前韻〉：「有人夜半持山去，頓覺浮嵐軟翠空。試問安排華屋處，何如零落亂雲中。能迴趙璧人安在？已入南柯夢不通。賴有霜鐘難席卷，袖椎來聽響玲瓏。」即效其體。《解題》謂「庭堅詩律，蓋有自來者」，洵非虛語也。

庶，慶曆二年進士。

案：《宋詩紀事》卷十五「黃庶」條載：「庶字亞夫，分寧人。慶曆二年進士，歷州郡從事，攝康州。有《伐檀集》。山谷，其子也。」可參證。

豫章集五十卷、外集十四卷

《豫章集》五十卷、館臣案：《文獻通考》作三十卷。 廣棪案：盧校注：〈宋志〉亦是三十卷。《外集》十四卷，著作郎黃庭堅魯直撰。自號山谷道人。

廣棪案：《郡齋讀書志》卷第十九〈別集類〉下著錄：「黃魯直《豫章集》三十卷、《外集》十四卷。」《通志》卷七十〈藝文略〉第八〈別集〉五〈宋〉著錄：「《南昌集》九十一卷，黃庭堅。又《修水集》二十六卷。」又著錄：「《豫章前後集》八十卷。黃庭堅。」《宋史》卷二百八〈志〉第一百六十一〈藝文〉七〈別集類〉著錄：「《黃庭堅集》三十卷、《樂府》二卷、《外集》十四卷、《書尺》十五卷。」著錄均與《解題》有所異同。疑《豫章集》應作三十卷，《解題》誤也。庭堅字魯直，洪州分寧人。《宋史》卷四百四十四〈列傳〉第二百三〈文苑〉六有傳，曰：「庭堅學問文章，天成性得，陳師道謂其詩得法杜甫，學甫而不爲者。善行、草書，楷法亦自成一家。與張耒、晁補之、秦觀俱游蘇軾門，天下稱爲四學士，而庭堅於文章尤長於詩，蜀、江西君子以庭堅配軾，故稱『蘇、黃』。軾爲侍從時，舉以自代，其詞有『瓌偉之文，妙絕當世；孝友之行，追配古人』之語，其重之也如此。初，游潛皖山谷寺、石牛洞，樂其林泉之勝，因自號山谷道人云。」可參證。

豫章別集二十卷

《豫章別集》二十卷，館臣案：《文獻通考》作一卷。皆《集》中所遺者，如〈承天塔記〉、〈黃給事行狀〉、〈毀璧〉，其廣棪案：《文獻通考》「其」上有「蓋」字，元抄本同。顯顯者也。諸孫嚳子耕集而傳之。

廣棪案：《讀書附志》卷下〈別集類〉三著錄：「《豫章先生別集》，《集》二十卷，《黃文纂異》一卷。右《豫章先生別集》，乃《前集》、《外集》之未載者，淳熙壬寅，先生諸孫嚳所編也。」是《別集》編成於孝宗淳熙九年。《四庫全書總目》卷一百五十四〈集部〉七〈別集類〉七著錄：「《山谷內集》三十卷、《外集》十四卷、〈別集〉二十卷、《詞》一卷、《簡尺》二卷、《年譜》三卷，安徽巡撫採進本。宋黃庭堅撰。《年譜》二卷，庭堅孫嚳撰。庭堅事蹟具《宋史·文苑傳》。嚳字子耕，從學於朱子。朱子於元祐諸人，詆二蘇而不詆庭堅，嚳之故也。葉夢得《避暑錄話》載黃

元明之言曰：『魯直舊有詩千餘篇，中歲焚三之二。存者無幾，故名《焦尾集》。其後稍自喜，以爲可傳，故復名《敝帚集》。晚歲復刊定，止三百八篇，而不克成。今傳於世者尚幾千篇』云云。然庭堅所自定者皆已不存。其存者，一曰《內集》，庭堅之甥洪炎所編，即庭堅手定之內篇，所謂退聽堂本者也。一曰《外集》，李彤所編，所謂邱濬藏本者也。一曰《別集》，即嶧所編，所謂內閣鈔出宋蜀人所獻本者也。《內集》編於建炎二年。《別集》編於淳熙九年。《年譜》則編於慶元五年。蓋《外集》繼《內集》而編。《別集》繼《內》、《外》兩集而編。《年譜》繼《別集》而編。獨李彤之編《外集》，未著年月。然考《外集》第十四卷〈送鄧愼思歸長沙詩〉，『愼』字空格，註云：『今上御名。』是《外集》亦編於孝宗時也。」可參證。嶧字子耕，隆興分寧人。《宋史》卷四百二十三〈列傳〉第一百八十二有傳。

宛丘集七十卷、年譜一卷

《宛丘集》七十卷、廣棪案：《文獻通考》作「張文潛《柯山集》一百卷。**《年譜》一卷，起居舍人譙國張耒文潛撰。**

　　廣棪案：《郡齋讀書志》卷第十九〈別集類〉下著錄：「張文潛《柯山集》一百卷。」《通志》卷七十〈藝文略〉第八〈別集〉五〈宋〉著錄：「《張文潛集》一卷。」與《解題》著錄者不同。《宋史》卷二百八〈志〉第一百六十一〈藝文〉七〈別集類〉著錄：「《張耒集》七十卷，又《進卷》十二卷。」「耒」誤作「來」，與《解題》著錄者應屬同一書。耒字文潛，楚州淮陰人。哲宗時任起居舍人。《宋史》卷四百四十四〈列傳〉第二百三〈文苑〉六有傳。

宛丘，陳州其所居也。

　　案：《宋史》本傳載：「崇寧初，復坐黨籍落職，主管明道宮。初，耒在潁，聞蘇軾訃，爲舉哀行服，言者以爲言，遂貶房州別駕，安置於黃。五年，得自便，居陳州。」是耒崇寧五年後居陳州。陳州，今河南淮陽縣；宛丘，在縣東南。

蜀本七十五卷。

案：《四庫全書總目》卷一百五十四〈集部〉七〈別集類〉七著錄：「《宛邱集》七十六卷，_{浙江鮑士恭家藏本。}宋張耒撰。耒有《詩說》已著錄。蘇軾嘗稱『其文汪洋沖澹，有一唱三嘆之音』。晚歲詩務平淡，效白居易，樂府效張籍。故《瀛奎律髓》載楊萬里之言，謂『肥仙詩自然』。肥仙，南宋人稱耒之詞也。《文獻通考》作《柯山集》一百卷。茲《集》少二十四卷。查慎行註蘇軾詩云：『嘗見耒詩二首，而今本無之。』考周紫芝《太倉稊米集》有〈書譙郡先生文集後〉曰：『余頃得《柯山集》十卷於大梁羅仲洪家。已而又得《張龍閣集》三十卷於內相汪彥章家。已而又得《張右史集》七十卷於浙西漕臺。而先生之製作於是備矣。今又得《譙郡先生集》一百卷於四川轉運副使南陽井公之子晦之。然後知先生之詩文爲最多，當猶有網羅之所未盡者。余將盡取數集，削其重複，一其有無。以歸於所謂一百卷，以爲先生之全書』云云。然則耒之《文集》，在南宋已非一本，其多寡亦復相懸。此本卷數與紫芝所記四本皆不合，又不知何時何人掇拾殘剩所編。宜其闕佚者頗夥。然考胡應麟《筆叢》有曰：『張文潛《柯山集》一百卷，余所得卷僅十三。蓋鈔合類書以刻，非其舊也。余嘗於臨安僻巷中見鈔本書一十六帙，閱之乃《文潛集》，卷數正同。明旦訪之，則夜來鄰火延燒，此書倏煨燼矣。余大悵惋彌月』云云。此本雖不及百卷之完備，然較應麟所云十三卷者，則多已不啻五六倍，亦足見耒著作之大略矣。」是耒《集》蜀本七十五卷，《四庫全書總目》未嘗述及，亦不免有所掛漏矣。

后山集十四卷、外集六卷、談叢六卷、理究一卷、詩話一卷、長短句二卷

《后山集》十四卷、《外集》六卷、《談叢》六卷、《理究》一卷、《詩話》一卷、《長短句》二卷，祕書省正字彭城陳師道無己撰，一字履常。_{廣棪案：《文獻通考》作「師道一字履常」。}

廣棪案：《郡齋讀書志》卷第十九〈別集類〉下著錄：「陳無己《后山集》二十卷。」或合《集》、《外集》而言也。《讀書附志》卷下〈別集類〉三著錄：「《后山先生文集》五十五卷。」《通志》卷七十〈藝文略〉第八〈別集〉五〈宋〉著錄：「《後山陳無己集》十五卷，_{陳師道。}」《宋史》卷二百

八〈志〉第一百六十一〈藝文〉七〈別集類〉著錄：「《陳師道集》十四卷，又《語業》一卷。」所著錄均與《解題》不盡相同。師道字履常，一字無己，彭城人。元祐時任祕書省正字。《宋史》卷四百四十四〈列傳〉第二百三〈文苑〉六有傳。

蜀本但有詩文，合二十卷。案：魏衍作〈集序〉_{廣棪案：《文獻通考》作「《集記》，元抄本、盧校本同。}**云離詩為六卷，類文為十四卷，今蜀本正如此。又言受其所遺《甲》、《乙》、《丙》藁，詩曰五七，文曰千百，今四明本如此。**

案：魏衍，生平不可考。所撰〈後山集序〉曰：「衍嘗謂：唐韓愈文冠當代，其〈傳〉門人李漢所編。衍從先生學者七年，所得為多。今又受其所遺《甲》、《乙》、《丙》藁，皆先生親筆，合而校之，得古律詩四百六十五篇、文一百四十篇。詩曰五七，雜以古律，文曰千百，不分類。衍今離詩為六卷，類文為十四卷，次皆從舊，合二十卷。」可參證。

此本劉孝韙刊於臨川，云未見魏全本，_{廣棪案：《文獻通考》作「云未見魏本全」，誤。}**仍其舊十四卷為《正集》，蓋不知其所謂十四卷者，止於文，而詩不與也。《外集》詩二百餘篇、文三篇，皆《正集》所無。**

案：孝韙，《宋史》無傳。《宋詩紀事》卷五十六「劉孝韙」條載：「孝韙字正夫，乾、淳間以門蔭仕，累官直秘閣，提舉兩浙常平，直徽猷閣。」可知其梗概。

《談叢》、《詩話》或謂非后山作。「后山」者，其自號也。

案：《四庫全書總目》卷一百四十〈子部〉五十〈小說家類〉一著錄：「《後山談叢》四卷，_{內府藏本。}宋陳師道撰。師道字無己，後山其別號也，彭城人。以薦為棣州教授。徽宗時官至祕書省正字。事蹟具《宋史·文苑傳》。陸游《老學菴筆記》頗疑此書之偽，又以為或其少時作。然師道《後山集》，前有其門人魏衍附記，稱《談叢》、《詩話》別自為卷。則是書實出師道手。又第四卷中記蘇軾卒時太學諸生為飯僧。考軾卒於徽宗建中靖國元年六月，師道亦以是年十一月二十九日從祀南郊，感寒疾卒。則末年所作，非少年所作審矣。洪邁《容齋隨筆》議其載呂許公惡韓范富一條、丁文簡陷蘇子美以撼杜祁公一條、丁晉公賂中使沮張乖崖一條、張乖崖買田宅自污一條，皆爽其實。今考之良信。然邁稱其筆力高簡，必傳於後世，不云他

人所贗託。邁去師道不遠，且其考證不草草。知陸游之言未免失之臆斷也。」
同書卷一百九十五〈集部〉四十八〈詩文評類〉一著錄：「《後山詩話》一
卷，江蘇巡撫採進本。舊本題宋陳師道撰，師道有《後山叢談》，已著錄。是
書《文獻通考》作二卷。此本一卷，疑後人合併也。陸游《老學菴筆記》
深疑後山《叢談》及此書，且謂《叢談》或其少作，此書則必非師道所撰。
今考其中於蘇軾、黃庭堅、秦觀俱有不滿之詞，殊不類師道語。且謂『蘇
軾詞如教坊雷大使舞，極天下之工，而終非本色。』案蔡絛《鐵圍山叢談》
稱『雷萬慶宣和中以善舞隸教坊。』軾卒於建中靖國元年六月，師道亦卒
於是年十一月，安能預知宣和中有雷大使借爲譬況。其出於依託，不問可
知矣。至謂陶潛之詩切於事情而不文，謂韓愈〈元和聖德詩〉於《集》中
爲最下。而裴說〈寄邊衣〉一首，詩格柔靡，殆類小詞，乃亟稱之，尤爲
未允。其以王建〈望夫石詩〉爲顧況作，亦閒有舛誤。疑南渡後舊槀散佚，
好事者以意補之耶？然其謂『詩文寧拙毋巧，寧朴毋華，寧麤毋弱，寧僻
毋俗。』又謂『善爲文者因事以出奇。江河之行，順下而已。至其觸山赴
谷，風搏物激，然後盡天下之變。』持論間有可取。其解杜甫〈同谷歌〉
之黃獨、〈百舌詩〉之讒人。解韋應物詩之新橘三百。駁蘇軾〈戲馬臺詩〉
之玉鉤、白鶴，亦間有考證，流傳既久，固不妨存備一家爾。』據是，則
《解題》言「《談叢》、《詩話》或謂非后山作」者，殆指陸游《老學庵筆記》
所言也。然《老學庵筆記》實無此說。考陸游《渭南文集》卷第二十六有
〈跋後山居士詩話〉云：「《談叢》、《詩話》皆可疑。《談叢》尙恐少時所作，
《詩話》決非也。意者後山嘗有《詩話》而亡之，妄人竊其名爲此書耳！」
是疑《談叢》爲少作，《詩話》決非后山作，實乃《渭南文集》所言，《四
庫》館臣誤作《老學庵筆記》，失愼之至也。然於此事，余嘉錫《四庫提要
辨證》、胡玉縉撰《四庫全書總目提要補正》均未嘗論及，特補考證之如上。

淮海集四十卷、後集六卷、長短句三卷

《淮海集》四十卷、《後集》六卷、《長短句》三卷，廣棪案：《文獻通考》
著錄作「秦少游《淮海集》三十卷」。祕書省正字高郵秦觀少游撰。一字太虛。

　　廣棪案：《郡齋讀書志》卷第十九〈別集類〉下著錄：「秦少游《淮海集》
　　三十卷。」《通志》卷七十〈藝文略〉第八〈別集〉五〈宋〉著錄：「秦太

虛《淮海集》二十九卷，_{秦觀。}」《宋史》卷二百八〈志〉第一百六十一
〈藝文〉七〈別集類〉著錄：「《秦觀集》四十卷。」所著錄均與《解題》
不盡相同。觀字少游，一字太虛，揚州高郵人。元祐初，蘇軾以賢良方
正薦於朝，除太學博士，校正秘書省書籍，遷正字。《宋史》卷四百四十
四〈列傳〉第二百三〈文苑〉六有傳。

**觀才極俊，嘗應制舉，不得召。終以疎蕩不檢，見薄於世。後亦不免貶
死。**

案：案：《宋史》觀本傳載：「秦觀字少游，一字太虛，揚州高郵人。少
豪雋，慷慨溢於文詞，舉進士不中。強志盛氣，好大而見奇，讀兵家書
與己意合。見蘇軾於徐，為賦黃樓，軾以為有屈、宋才。又介其詩於王
安石，安石亦謂清新似鮑、謝。軾勉以應舉為親養，始登第，調定海主
簿、蔡州教授。元祐初，軾以賢良方正薦于朝，除太學博士，校正祕書
省書籍。遷正字，而復為兼國史院編修官，上日有硯墨器幣之賜。紹聖
初，坐黨籍，出通判杭州。以御史劉拯論其增損實錄，貶監處州酒稅。
使者承風望指，候伺過失，既而無所得，則以謁告寫佛書為罪，削秩徙
郴州，繼編管橫州，又徙雷州。徽宗立，復宣德郎，放還，至藤州，出
游華光亭，為客道夢中長短句，索水欲飲，水至，笑視之而卒。先自作
挽詞，其語哀甚，讀者悲傷之，年五十三，有《文集》四十卷。觀長於
議論，文麗而思深。及死，軾聞之嘆曰：『少游不幸死道路，哀哉！世豈
復有斯人乎？』」可參證。

雞肋集七十卷

《雞肋集》七十卷，吏部員外郎鉅野晁補之无咎撰。

廣棪案：《郡齋讀書志》卷第十九〈別集類〉下著錄：「晁無咎《雞肋編》
七十卷。」《通志》、〈宋志〉著錄同。補之字無咎，濟州鉅野人。徽宗時
拜吏部員外郎。《宋史》卷四百四十四〈列傳〉第二百三〈文苑〉六有傳。
《郡齋讀書志》載：「晁無咎《雞肋編》七十卷。右皇朝族父吏部公也。
公諱某，字無咎。幼豪邁，英爽不群。七歲能屬文，日誦千言。王安國
名重天下，慎許可，一見大奇之。在杭州，作文曰〈七述〉，敘杭之山川
人物之盛麗。時蘇子瞻倅杭州，亦欲有所賦，見其所作，歎曰：『吾可以

閣筆矣。』子瞻以文章名一時，稱其博辨俊偉，於文無所不能，屈輩行與之交，由此聲名籍甚，舉進士，禮部別試第一，而考官謂其文辭近世未有，遂以進御。神宗曰：『是深於經，可革浮薄。』元祐中，除校書郎。紹聖初，落職監信州酒，後知泗州，終於官，大觀四年也。張耒嘗言無咎『於文章蓋天性，讀書不過一再，終身不忘。自少為文，即能追考《左氏》、《戰國策》、太史公、班固、揚雄、劉向、屈原、宋玉、韓愈、柳宗元之作，促駕而力鞭之，務與之齊而後已。其凌屬奇卓，出於天才，非醞釀而成者。自韓、柳而還，蓋不足道也。』」可參考。

濟南集二十卷

《濟南集》二十卷，鄉貢進士華山李廌方叔撰。又號《月巖集》。

　　廣棪案：李廌字方叔，《宋史》卷四百四十四〈列傳〉第二百三〈文苑〉六有傳。《四庫全書總目》卷一百五十四〈集部〉七〈別集類〉七著錄：「《濟南集》八卷，《永樂大典》本。李廌撰。廌有《德隅齋畫品》，已著錄。《文獻通考》載廌《濟南集》二十卷，而當時又名曰《月巖集》。周紫芝《太倉稊米集》有〈書月巖集後〉一篇，稱『滑臺劉德秀借本於妙香寮，始得見之』。則南渡之初，已為罕覯，後遂散佚不傳。惟《蘇門六君子文粹》中載遺文一卷而已。《永樂大典》修於明初，其時原《集》尚存，所收頗夥。採掇編輯，十尚得其四五，蓋亦僅而得存矣。」是《濟南集》今僅存八卷。

東坡知貢舉，得試卷，以為廌廣棪案：《文獻通考》作「方叔」。也，置之首選，已而不然，賦詩自咎，廣棪案：《文獻通考》闕「自咎」二字。有「平生漫廣棪案：《文獻通考》作『謾』。說古戰場，過眼方廣棪案：《文獻通考》作『還』。迷日五色」之句。後竟不第。

　　案：羅大經《鶴林玉露》卷之五〈甲編〉「李方叔」條載：「元祐中，東坡知貢舉，李方叔就試。將鎖院，坡緘封一簡，令叔黨持與方叔，值方叔出，其僕受簡置几上。有頃，章子厚二子曰持曰援者來，取簡竊觀，乃〈揚雄優於劉向論〉一篇。二章驚喜，攜之以去。方叔歸，求簡不得，知為二章所竊，悵惋不敢言。已而果出此題，二章皆模倣坡作，方叔幾於閣筆。及折號，坡意魁必方叔也，乃章援。第十名文意與魁相似，乃章持。坡失色。

二十名間，一卷頗奇，坡謂同列曰：『此必李方叔。』視之，乃葛敏修。時山谷亦預校文，曰：『可賀內翰得人，此乃僕宰太和時，一學子相從者也。』而方叔竟下第。坡出院，聞其故，大歎恨，作詩送其歸，所謂『平生漫說古戰場，過眼空迷日五色』者是也。其母嘆曰：『蘇學士知貢舉，而汝不成名，復何望哉！』抑鬱而卒。余謂坡拳拳於方叔如此，眞盛德事。然卒不能增益其命之所無，反使二章得竊之以發身，而了厚小人，將以坡爲有私有黨，而無以大服其心，豈不重可惜哉！」可參證。

豫章集四十四卷、宛丘集七十五卷、后山集二十卷、淮海集四十六卷、濟北集七十卷、濟南集二十卷

《豫章集》四十四卷、《宛丘集》七十五卷、《后山集》二十卷、《淮海集》四十六卷、《濟北集》七十卷、《濟南集》二十卷，蜀_{廣棪案：元抄本}「蜀」下有「中」字。刊本，號《蘇門六君子集》。

廣棪案：《豫章集》，黃庭堅撰，作四十四卷者，合《集》與《外集》而言也。《宛丘集》，張耒撰，此作七十五卷，與《解題》前此所著錄「《宛丘集》七十卷」者不同，二者疑有一誤。《后山集》，陳師道撰，作二十卷者，亦合《集》與《外集》而言之。《淮海集》，秦觀撰，作四十六卷，合《集》與《後集》言之。《濟北集》即《雞肋集》，晁補之撰，《解題》前此著錄亦作七十卷。《濟南集》，李廌撰，《解題》前此著錄亦作二十卷。惟此書已佚。《四庫全書總目》卷一百八十七〈集部〉四十〈總集類〉二著錄：「《蘇門六君子文粹》七十卷，_{原任工部侍郎李友棠家藏本。}不著編輯者名氏。卷首凡例稱，或傳爲陳亮所輯。然亮輯〈歐陽文粹序〉載《龍川集》，而此書之〈序〉無考，則未必出於亮也。《宋史》稱黃庭堅、張耒、晁補之、秦觀爲蘇門四學士。而此益以陳師道、李廌稱蘇門六君子者，蓋陳、李雖與蘇軾交甚晚，而師道則以軾薦起官，廌亦以文章見知於軾，故以類附之也。其文皆從諸家《集》中錄出，凡《淮海集》十四卷，《宛邱集》二十二卷、《濟北集》二十一卷、《濟南集》五卷、《豫章集》四卷、《后山集》四卷。頗有一篇之中刊去首尾繁文，僅存其要語者。觀其所取，大抵議論之文居多。蓋坊肆所刊，以備程試之用也。陸游《老學菴筆記》曰：『建炎以來，尙蘇氏文章，學者翕然從之，而蜀士尤盛。有語曰：「蘇文熟，喫羊肉。蘇文生，喫菜羹」

云云。』蓋風會所趨，併其從游之士亦爲當代所摹擬矣。然其去取謹嚴，
猶工文之士所輯。且《李廌集》世無傳本，今始從《永樂大典》裒輯成帙，
頗藉此書相補苴。又《張耒集》寫本僅存，字多舛誤。《陳師道集》刊本較
詩差詳，較文則略。亦頗藉此書以勘正云。」疑《蘇門六君子文粹》乃據
《蘇門六君子集》輯成也。

何博士備論四卷

《何博士備論》四卷，武學博士浦城何去非正通撰。

　　廣棪案：《宋史》卷二百三〈志〉第一百五十六〈藝文〉二著錄：「《何博
　　士備論》四卷，何去非。」與此同。去非字正通，福建浦城人。神宗時任
　　武學博士。《宋史翼》卷二十六〈列傳〉第二十六〈文苑〉一有傳。

去非以累舉對策稱旨，授左班殿直，教授武學，後以東坡薦，授廣棪案：
元抄本、盧校本「授」作「換」。承奉郎司農寺丞，廣棪案：《文獻通考》作「寺
理」。通判廬州。

　　案：《宋史翼》去非本傳載：「何去非字正通，福建浦城人。累舉進士不
　　第，元豐五年以特奏名廷試。考官曾鞏奏：『有累舉之士一人，所論用兵
　　之要，非通儒碩學不能及。』神宗覽而異之。後數日，神宗御集英殿賜
　　第，乃得去非名，即引對殿陛，問曰：『昔嘗遊邊乎？』對曰：『臣生長
　　閩粵，每恨未識邊防制度。』又問：『何以知兵？』對曰：『臣聞文武一
　　道，古之儒者未嘗不知兵。』神宗喜，顧宰執優與之官。或奏宜授武職，
　　使效所言。除右班殿直，武學教授，使校兵法七書。書成奏御，得旨褒
　　賞。官制行，改武學博士，遷左侍禁。元祐四年，翰林學士蘇軾狀奏：『去
　　非在武學今已八年，臣嘗見其著述，材力有餘，識度高遠。所論歷代廢
　　興成敗，出人意表。雖喜論兵，然本儒者，不樂爲武吏。欲望聖慈特與
　　換一文資，令充太學博士，以率勵學者。』詔加承事郎，歲餘，出爲徐
　　州教授。軾復奏：『州學教授比於博士，乃似左遷，恐朝廷不見去非文
　　章，無以較量其人。臣謹繕寫去非所著《備論》二十八篇，附遞進上，
　　乞降付三省執政考覽。如臣言不謬，望除一館職，非獨收羅逸才，風曉
　　士類，亦以彰先帝知人之明。』不報，秩滿知杭州富陽縣，收課爲一道。
　　最歷通判廬州，卒年七十有三。」可參證。是《備論》一書凡二十八篇。

《四庫全書總目》卷九十九〈子部〉九〈兵家類〉著錄：「《何博士備論》一卷，_{浙江鮑士恭家藏本。}宋何去非撰。去非字正通，浦城人。元豐五年以特奏召。廷試，除右班殿直，武學教授博士。元祐四年以蘇軾薦，換承奉郎。五年出爲徐州教授。軾又奏進所撰《備論》，薦爲館職，不果行。是編即軾奏進之本。軾〈狀〉稱二十八篇。此本僅二十六篇，蓋佚其二也。去非本以對策論兵得官，故是編皆評論古人用兵之作。其文雄快踔厲，風發泉涌，去蘇氏父子爲近。蘇洵作〈六國論〉，咎六國之賂秦。蘇轍作〈六國論〉咎四國之不救。去非所論，乃兼二意。其旨尤相近，故軾屢稱之。卷首惟載軾〈薦狀〉二篇，所以誌是書之緣起也。」是《四庫全書》本雖作一卷，實較四卷本僅佚二篇耳。

別有《文集》二十卷，未見。

案：去非著作，《宋史》卷二百七〈志〉第一百六十〈藝文〉六〈兵書類〉尚著錄：「何去非《三備略講義》六卷、《備論》十四卷。」合共二十卷。未悉與此著錄之《文集》二十卷異同如何？或即此《文集》也。

呻吟集一卷

《呻吟集》一卷，_{廣棪案：《文獻通考》作「邢敦夫《呻吟集》一卷。」}原武邢居實敦夫撰。

廣棪案：《郡齋讀書志》卷第十九〈別集類〉下著錄：「邢敦夫《呻吟集》一卷。」〈宋志〉著錄同。居實，鄭州陽武人，《宋史》卷四百七十一〈列傳〉第二百三十〈姦臣〉一附其父〈邢恕〉。

恕之長子。_{廣棪案：《文獻通考》闕此句。}幼有俊才，名聲藉甚，一時前輩皆愛之。年十九而卒。

案：《宋史‧邢恕傳》載：「子居實、倞。居實有異材，八歲爲〈明妃引〉，黃庭堅、晁補之、張耒、秦觀、陳師道皆見而愛之。從恕守隨，作〈南征賦〉，蘇軾讀之，歎曰：『此足以藉手見古人矣。』卒時年十九，有遺文曰《呻吟集》。」可參證。

宣仁之誣謗，恕爲之也。居實未死，或能當不義而爭萬一，有補於世道，是以諸賢尤痛惜焉。

案：《宋史・邢恕傳》載：「帝（神宗）不豫，恕與（蔡）確成謀，密語宣仁后之姪公繪、公紀曰：『家有白桃著華，道書言可療上疾。』邀與歸視之。至則執其手曰：『蔡丞相令布腹心，上疾不可諱，延安沖幼，宜早有定論，雍、曹皆賢王也。』公繪驚曰：『此何言？君欲禍吾家邪！』急趨出。恕計不行，則反宣言太后屬意雍王，與王珪表裏。導確約珪入問疾，陽鉤致珪語，使知開封府蔡京伏劍士於外，須珪小持異則執而誅之。既而珪言上自有子，定議立延安。恕益無所施，猶自謂有定策功，傳播其語。……紹聖初，擢寶文閣待制、知青州。章惇、蔡卞得政，將甘心元祐諸人，引恕自助，召為刑部侍郎，再遷吏部尚書兼侍讀，改御史中丞。恕既處風憲，遂誣宣仁后有廢立謀，引司馬光言北齊婁后宣訓事，訹高遵裕之子士京追訟其父在日，王珪令其兄士充來謀立雍王，遵裕非之。」是恕誣宣仁后之證。

晁之道追為其〈墓表〉，尤反覆致意。

案：以道《晁迃生集》卷十九有〈邢惇夫墓表〉，載：「邢惇夫名居實，生數歲以奇童稱。逮年十四五，讀書已甚博。其年十六、七，文章各擅體制；十八、九，則論議凜然，自成一家法。甫年二十，而病不起矣。國中之士識與不識，無不嗟惜痛恨，有為其父尚書公相持而哭於數年之後者。惇夫身幹如尋常男子，而廣額大口，眸子炯然，精神虹舒霞舉也。韓少師見其童兒時，異之，許妻以孫女。元豐中，孫莘老、李公擇方宦于京師，惇夫游二公之門，二公待之常若不足。一日侍孫公，談《春秋》，是孫公之所名家者，引類及《南史》人物，又入於《北史》。惇夫疏節條理無少前，卻疑似之語。是時，孫公鬚鬢皓白，為秘書少監，與惇夫相對若翁孫然。既而黃魯直自吉州太和縣移德州德平鎮，過京，魯直有書稱晁以道論士三人，其書今行于世。所謂三人，則惇夫、陳無己、江子和是已。元祐之初，海內流落望實之士，中都畢集。惇夫因得翱翔自振其才辯，而師友日盛，悉為惇夫忘年也。一時政事更張，士大夫進退，惇夫為之喜怒激昂，有出於老成人憂思之外者。每歎曰：『當茲日也，安得司馬公常存，呂公無恙，後來者其為誰耶？惇夫雖年少，而知國家尚少則難處乎前，而貴老則難繼其後云。』惇夫大抵於人不苟隨，必援古昔、極源流，而公是非。雖於其大人側，亦惟義之從。惇夫卒於元祐二年二月八日，尚書公讁隨州時。尚書公親問其所欲於垂絕之際，無它，

唯曰：『乞黃魯直狀兒平昔，以累孫莘老銘之。有不肖之文存焉，則晁無
咎宜爲〈序〉。』其後余兄無咎題惇夫〈南征賦〉曰：『昔杜牧不敢序李
賀，矧吾惇夫！年未二十，文章追配古人，充其志非肯爲賀者，雖然，
豈敢負其將死之託耶！』魯直題之曰：『嘗序江夏謝景回師復遺藁云：「方
行萬里，出門而車軸折，可爲霣涕。」邢惇夫詩賦筆墨山立，甚似吾師
復也。』東坡題曰：『江南李泰伯自述其文曰：「天將壽我歟！所爲固未
足也。不然，亦足以藉手見古人矣！」』惇夫亦云：『吾兄暨孫、黃俱不
果成惇夫之所志。』惇夫二弟倞、儔乃欲以文表於墓，則歸之嵩山晁說
之。又已累年，說之追念平昔與惇夫議論千百，今不記一二，徒可想像
於心目間，而書牘唱和詩，亦無復少有存焉者。蓋自飄流二十年之久也，
如復因循不如其二弟之所請，則它日使惇夫之所傳彌不著者，予之罪也。
以余之文淺弱，使覽之者重其恨於前日三公，則余於惇夫亦未爲無助也。
余嘗謂趙括少談兵，而父奢不能難者，非不能難也，不欲怒之也。劉歆
之異同其父向者，非爲斯文也，漢廷與新室不可並處也。如惇夫於尙書
公，則於斯文而不能難也，是曾參之事點也，非曾元之事參也，移此作
忠，顧惟古之大臣哉！嗟夫！古人之不壽者，余得二人焉。王子晉年十
有五，識聖賢治亂之源，而極天人死生之符；顏淵年二十有九，頹然陋
巷之中，有爲邦之志。夫子告之以四代之禮樂，所謂具體而微者，果知
顏子哉！其次則又二人，揚雄之子九歲而存，則玄當著明，無待于侯芭；
魏武之子蒼舒十三歲而存，則漢之存亡雖未可知，必不至於殺荀文若輩
矣。則惇夫之壽夭所繫，可勝言耶？東坡貶英州，道符離，予見之，語
及惇夫曰：『自是國家失一文士，於邢氏何有？』韓女先亡，惇夫遂未及
娶。惇夫有文集若干卷，名曰《呻吟集》，墓在大騩山前祖塋之旁，母趙
氏。宣和四年壬寅七月戊午，朝請大夫、知成州軍事晁說之撰。』是以
道借揚雄、魏武事，暗示恕之誣謗宣仁。至「惇夫之壽夭所繫，可勝言
耶？」之語，則其反覆致意之情，溢於辭表矣！

姑溪集五十卷、後集二十卷

《姑溪集》五十卷、《後集》二十卷，朝請大夫趙郡李之儀端叔撰。

　廣校案：《宋史》卷二百八〈志〉第一百六十一〈藝文〉七〈別集類〉著

錄：「李端叔《姑溪集》五十卷，又《後集》二十卷。」與此同。之儀字端叔，滄州無棣人，徽宗時官終朝請大夫。《宋史》卷三百四十四八〈列傳〉第一百三附〈李之純〉。

嘗從東坡辟中山幕府，後代范忠宣作〈遺表〉，為世傳誦。然坐是得罪，編置當塗，遂居焉。

案：《宋史》之儀本傳載：「之儀字端叔。登第幾三十年，乃從蘇軾於定州幕府。歷樞密院編修官，通判原州。元符中，監內香藥庫。御史石豫言其嘗從蘇軾辟，不可以任京官，詔勒停。徽宗初，提舉河東常平。坐為范純仁〈遺表〉，作〈行狀〉，編管太平，遂居姑熟。久之，徙唐州，終朝請大夫。」可參證。

其弟之純，官至尚書。

案：《宋史》子純本傳載「從弟子儀」，則子純為從兄，與《解題》所記不同。子純官至工部尚書。

大名集四十卷

《大名集》四十卷，簽書樞密魏郡王巖叟彥霖撰。

廣棪案：《宋史》卷二百八〈志〉第一百六十一〈藝文〉七〈別集類〉著錄：「《王巖叟集》四十卷。」與此應同屬一書。巖叟字彥霖，大名清平人。元祐六年，拜樞密直學士，簽書院事。《宋史》卷三百四十二〈列傳〉第一百一有傳。

韓魏公客也。

案：韓魏公即韓琦。《宋史》巖叟本傳載：「熙寧中，韓琦留守北京，以為賢，辟管勾國子監，又辟管勾安撫司機宜文字，監晉州折博、煉鹽務。韓絳代琦，復欲留用。巖叟謝曰：『巖叟，魏公之客，不願出他門也。』士君子稱之。」可參證。

錢塘韋先生集十八卷

《錢塘韋先生集》十八卷，主客郎中錢塘韋驤子駿撰。

廣棪案：《宋史》卷二百八〈志〉第一百六十一〈藝文〉七〈別集類〉著錄：「《韋驤集》十八卷，又〈賦〉二十卷。」直齋《解題》未著錄韋驤賦。驤字子駿，錢塘人，哲宗時任主客郎中，《宋史翼》卷二十六〈列傳〉第二十六〈文苑〉一有傳。惟載「有《文集》二十卷、〈賦〉二十卷。」卷數不同。

驤，皇祐五年進士。元祐中，以近臣薦為監司數路，知明州，以左朝議大夫致仕。崇寧中乃卒。

案：《宋史翼》驤本傳載：「皇祐五年，登進士第，累遷至屯田員外郎。官制行，改朝奉郎，主少府監簿。元豐中，遣使高麗，選書狀官。宰執以驤名聞，召試牋啓，驤辭不就。元祐初，詔近臣舉可任諸路使者，韓維、李常、楊汲等皆薦驤，擢利路運判，移福建路。年饑，咸議請賑貸。驤曰：『閩去京師往返數千里，今民朝不及夕，若上書待報，是冠冕從容以救焚溺也。』乃檄州縣發廩，而請違法之罪於朝。全活甚眾。閩盜阻險為數州患，官軍屢到，吏畏怯，爭言盜勢猛熾，請招納。驤曰：『閩盜狃於姑息。曩者彭孫、廖恩皆緣此列官於朝，故姦民以怙山谷、市凶慝為得計。若遵前軌，是為民稔患。』因處畫斬捕方略，咸就法，部內肅然。召為主客郎中，久之，出為夔路憲，知明州。乞閒提舉洞霄宮。子壽隆，以崇寧四年守衢，迎驤就養。卒焉，年七十三。」可參證。

少以辭賦有聲場屋，王荊公喜其〈借箸賦〉，頗稱道之。

案：《宋史翼》驤本傳載：「韋驤字子駿，錢塘人。生而警敏，年十有七以文謁王安石，見其〈借箸賦〉，大奇之。曰：『吾行江南，入吳越，見文士，唯子與董顗行耳。』由是籍甚，每一賦成，學者傳誦。」可參證。

陳師錫誌其墓。

案：師錫字伯修，建州建陽人。《宋史》卷三百四十六〈列傳〉第一百五有傳。師錫所撰〈宋故左朝議大夫致仕上柱國隴西縣開國子食邑五百戶賜紫金魚袋韋公墓志銘〉，曰「公諱驤，字子駿，姓韋氏。曾大父鎬，父杲，皆潛晦隱約。自公升朝籍，以恩累父至左正議大夫。韋氏本出風姓，大彭在夏為列侯。少康封其別孫亢哲於豕韋，因國命氏。而公自大夫而上，世為衢州人。由正議始徙錢塘，故今為錢塘人。公生而警敏，年十有七，以文謁荊國王文公，見其〈借箸賦〉，大奇之，曰：『吾行江南，入吳越，見文

士，唯子與董顧行耳。』由是藉甚。當時每一賦之成，學者爭傳誦之。皇祐五年登進士第，調睦州壽昌縣尉，以太夫人憂，不赴。後歷興國軍司理參軍、婺州武義縣令，遂改祕書省著作佐郎，知袁州萍鄉縣、通州海門縣，通判滁州、楚州，遷至尚書屯田員外郎。會官制行，改朝奉郎，爲少府監主簿。元豐中，遣使高麗，今上御名。選文士充書狀官，宰執以公名聞，有旨召試牋啓，公力辭焉，論者以爲高。元祐初，詔近臣舉可任諸路使者，於是資政大學士韓公維、學士承旨鄧公溫伯、戶部尚書李公常、戶部侍郎楊公汲，爭薦公之才，遂擢爲利州路轉運判官，移福建路運判。會閩饑，咸議請賑貸。公曰：『閩去京師往反數千里，今民朝不及夕，若上書待報，是冠冕從容以救焚溺者也。』乃檄州縣發廩，而請違法之罪於朝，民賴以全活者甚眾。時有群盜阻險爲閩數州患，官軍屢到州縣，吏畏怯，爭言盜勢猛熾，請招納之。公曰：『閩盜狃於姑息，曩者彭孫、廖恩皆緣此列官於朝，故姦民以怙山谷市凶慝爲得計，若遵前軌，是爲民稔患也。』因爲處畫所以斬捕方略，咸就法，部內肅然。召爲尚書主客郎中。久之，出爲夔州路提點刑獄。秩滿，知明州，將代乞閒局，遂提舉杭州洞霄宮。其子壽隆知衢州，迎公就養。公因告老，以本官致仕。予方謫官，與公遊，見公秀眉冰骨，語笑樂易，起居輕健，謂公壽考康寧，未艾也。忽病痢下，強臥旬餘，以崇寧四年九月二十三日考終於郡邸，年七十有三。積官至左朝議大夫，勳上柱國，爵隴西縣開國子，食邑五百戶，賜紫金魚袋。公性和侃清敏，安貧靜退，廉平著於官政，孝友稱於私門。嘗推任子恩以官其弟，燕居無聲色之娛，文章藻麗以自嬉，一時推先之。逮治命，精采不亂，料理平生文藁，示子孫曰：『吾之志在此耳！』集成二十卷，藏於家；賦二十卷，行於時。娶石氏，封崇安縣君。男六人：壽隆，左承議郎，任尚書司封員外郎，出知衢州；壽朋，早夭；壽松，睦州軍事推官；壽卿，簽書池州軍事判官廳公事；壽成，興化軍仙遊縣尉；壽佐未仕。女四人：適朝奉郎祥符縣丞陳壽祺、湖州安吉縣丞胡況、鄉貢進上石師聖、通直郎太常寺奉禮郎張裕民。孫男五人：能述、能定、能得、能勇、能惠。孫女十一人：適無爲軍無爲縣主簿陳孝儀、南康軍司法參軍應處仁、蘄州司法參軍陳覽；餘尚幼。諸孤以崇寧五年五月十八日奉公之柩，卜葬於杭州錢塘長壽鄉之原。公之子司封以師錫昔與公同時爲尚書郎，謫官三衢，又獲從公父子遊，知公治行爲詳，大事有期，求銘以誌墓中，所不得辭。唯公文學見推士林，

政事彰聞朝著，率德勵行，有宿儒循吏之風，而位不稱德，福不應實，士君子所歎惜也。然公子孫多賢才，司封又以直諒文采振於臺閣，為時名人；守衢逾月以憂去，吏民至今思之。士君子又知公之後將大，而樂為之道也。謹按其行狀，書大事可傳者以貽後人。附以銘曰：『循循韋公，粲粲文藻。易樂干祿，一節華皓。入為郎吏，不激不矯。出使一方，窮頑起殍。優遊道宮，未衰乃老。貧非吾病，壽非吾少。不至公卿，從吾所好。公惟有子，公則不夭。旁置萬家，卜此新兆。鑱石幽宮，來者斯考。故任左朝請大夫致仕、追贈諫議大夫陳師錫撰。』」可參考。

強祠部集四十卷

《強祠部集》四十卷，三司戶部判官餘杭強至幾聖撰。

廣棪案：《宋史》卷二百八〈志〉第一百六十一〈藝文〉七〈別集類〉著錄：「《強至集》四十卷。」與此同。至字幾聖，杭州吳山里人。《宋史》卷三百五十六〈列傳〉第一百一十五附其子〈強淵明〉，又《宋史翼》卷二十六〈列傳〉第二十六〈文苑〉一有傳。惟《宋史》謂至官祠部郎中，《宋史翼》謂官祠部員外郎，均與《解題》所稱「三司戶部判官」不同。《宋元學案補遺》卷三〈高平學案補遺‧忠獻講友〉「強先生至」則載：「強至字幾聖，餘姚人。為三司戶部判官，尚書祠部郎中，有遺文四十卷。」所記至為餘姚人，誤。

亦韓魏公客也，在幕府，表章、書記多出其手。

案：《宋史翼》至本傳載：「最受知於韓琦，琦罷政事，鎮京兆，徙鎮相魏，常引至自助。琦為詩，令賓客屬和，至獨思致逸發，不可追躡。琦上奏及他書記，皆至屬稿。琦乞不散青苗，神宗閱其奏曰：『此必強至之文也。』至有守，一日，琦行一事不關由簽廳，至翌日自言不稱職，力辭去。琦謂小事故不相關，至曰：『小事尚爾，何況大事。』遜謝數日乃肯留。琦數薦充館閣，未及用而卒。」可參證。

曾南豐作〈集序〉，稱其文備古今體，兼人所長云。

案：曾南豐即曾鞏，字子固，南豐人。《宋史》卷三百一十九〈列傳〉第七十八有傳。鞏所撰〈祠部集序〉曰：「幾聖，諱至，姓強氏，餘杭人，

幾聖，字也。爲三司戶部判官，尙書祠部郎中。既沒，其子浚明集其遺文爲四十卷，屬予序。幾聖少貧能自謀，學爲進士，材拔出輩類，出輒收其科。其文詞大傳於時。及爲吏，未嘗不以其閒，益讀書爲文，尤工於詩。句出驚人，世皆推其能。然最爲相國韓魏公所知。魏公既罷政事，鎮京兆，及徙鎮相魏，常引幾聖自助。魏公喜爲詩，每合屬士大夫賓客與游，多賦詩以自見。其屬而和之者，幾聖獨思致逸發，若不可追躡，魏公未嘗不歎得之晚也。其在幕府，魏公每上奏天子，以歲時慶賀，候問，及爲書記，通四方之好，幾聖爲屬藁草。必聲比字屬，曲當繩墨，然氣質渾渾，不見刻畫，遠近多稱誦之。及爲他文，若誌、銘、序、記、策問，學士大夫則簡古典則，不少貶以就俗，其所長兼人如此。魏公數薦之朝廷，以謂宜在館閣，然未及用。魏公既薨之明年，幾聖亦以疾卒。幾聖之遺文，在魏公幕府爲最多，故〈序〉亦特反復見之，覽者可推而考之也。其行治、官世，已著於誌幾聖之葬者，故此不著。元豐三年七月五日，亳州樗堂曾鞏序。」是《解題》謂至官三司戶部判官者，據鞏〈序〉也；《宋史翼》謂祠部員外郎，實爲尙書祠部郎中之誤。

節孝集二十卷

《節孝集》二十卷，楚州教授山陽徐積仲車撰。

　　廣棪案：《郡齋讀書志》卷第十九〈別集類〉下著錄：「《徐仲車詩》一卷。右皇朝徐積字仲車，東莞人。」《宋史》卷二百八〈志〉第一百六十一〈藝文〉七〈別集類〉著錄：「《徐積集》三十卷。」所著錄籍貫、書名、卷數均不同。積，《宋史》無傳。《宋元學案》卷一〈安定學案·安定門人〉「節孝徐仲車先生積」條載積字仲車，山陽人，元祐時爲楚州教授，又謂「有《文集》三十一卷」。

治平四年進士。以耳聵，廣棪案：《文獻通考》作「聾」。不能仕。事其廣棪案：《文獻通考》無「其」字。母極孝，行義純篤，古所謂卓行也。

　　案：《宋元學案》「節孝徐仲車先生積」條載：「徐積，字仲車，山陽人。三歲而孤，事母至孝。以父名石，終身不用石器。從安定學，惡衣服不恥。應舉入都，載母以從。比登第，同年共致百金爲壽，卻之。神宗朝數召對，以耳疾不能至。元祐年，除揚州司戶參軍。母歿，廬墓三年，

雪夜伏側，哭不絕聲。時甘露降，木成連理。廷臣薦其孝廉，爲楚州教授。」可參證。

東坡謂其詩文怪而放，如《玉川子》。<small>館臣案：東坡句原本節去，今據《文獻通考》增入。　廣棪案：盧校本同。</small>

案：《四庫全書總目》卷一百五十三〈集部〉六〈別集類〉六著錄：「《節孝集》三十卷，《附錄》一卷，<small>兩淮馬裕家藏本。</small>宋徐積撰。積有《節孝語錄》，已著錄。積受業胡瑗之門，淵源篤實。其事母以純孝稱，立身亦堅苦卓絕。蓋古所謂獨行之士。然其文乃奇譎恣肆，不主故常。故陳振孫《書錄解題》引蘇軾之言，稱『其詩文怪而放，如《玉川子》。』今觀其《集》，往往縱逸自如，不可繩以格律。軾所論者誠然。然其文雖雅俗兼陳，利鈍互見，頗有似於盧全。而大致醇正，依經立訓，不失爲儒者之言，則非全之所及也。惟其〈復河說〉一篇，欲求九河故道而穿之。不究地形，不明水勢，未免失於迂僻。史稱『其雙耳聵甚，畫地爲字，乃始通語。終日面壁坐，不與人接，而四方事無不周知其詳。』殆不然歟？」可參證。《玉川子》，即《玉泉子》，小說家之言。《解題》卷十一〈小說家類〉著錄：「《玉泉筆端》三卷，又別一卷，不著名氏。……別一本號《玉泉子》。」即此書。

政和中賜諡節孝處士。

案：《宋元學案》「節孝徐仲車先生積」條載：「徽宗初，改宣德郎。卒，年七十六。政和六年，賜諡節孝。有《文集》三十一卷。」可參證。

樂靜集三十卷

《樂靜集》三十卷，起居舍人鉅野李昭玘成季撰。<small>館臣案：成季原本作成孝，《文獻通考》作季成，俱誤。今據《宋史》本傳改正。　廣棪案：元抄本作「成季」。</small>

廣棪案：《宋史》卷二百八〈志〉第一百六十一〈藝文〉七〈別集類〉著錄：「《李昭玘集》三十卷。」即此書。昭玘字成季，《宋史》作濟南人。徽宗時爲起居舍人。《宋史》卷三百四十七〈列傳〉第一百六有傳。有關昭玘之籍貫，《四庫全書總目》卷一百五十五〈集部〉八〈別集類〉八「《樂

静集》三十卷」條云：「昭玘字成季，《宋史》云濟南人。考昭玘籍本鉅野，殆嘗自署濟陰，而史遂誤濟南也。」余嘉錫《四庫提要辨證》卷二十二〈集部〉三〈別集類〉七「《樂靜集》三十卷」條則曰：「嘉錫案：《書錄解題》卷十七云：『《樂靜集》三十卷，起居舍人鉅野李昭玘成季撰。元豐二年甲科，所居有樂靜堂，故以名《集》，其姪邴漢老為書其後。』《提要》稱其籍本鉅野是也。然考《名賢氏族言行類稿》卷三十五云：『李邴字漢老，濟州任城人，樂靜先生昭玘，其伯父也。』《宋詩紀事》卷二十八亦云：『昭玘，任城人。』然則《宋史》謂為濟南人者固非，《提要》疑其自署濟陰，亦未是矣。」據是，則《四庫全書總目》以昭玘為鉅野人，而非濟南人，力證《宋史》之誤。而《四庫提要辨證》則謂昭玘為濟州任城人，力指《提要》「疑其自署濟陰，亦未是」。考《中國古今地名大辭典》「鉅野縣」條載：「鉅野縣，〈禹貢〉大野地，漢置鉅野縣，故城在今山東鉅野縣南。元徙於邢家務，即今縣治。清屬山東曹州府，今屬山東濟寧道。」同書「任城縣」條載：「任城縣，漢置。後漢為任城國治。晉時國廢，南朝宋時縣廢，後魏復置，為任城郡治。北齊改郡為高平，隋郡廢而縣存。明省縣入濟寧州，即今山東濟寧縣治。」據是，則鉅野即任城也。

元豐二年甲科。所居有樂靜堂，故以名《集》。

案：《宋史》昭玘本傳載：「李昭玘字成季，濟南人。少與晁補之齊名，為蘇軾所知。擢進士第，徐州教授。……崇寧初，詔以昭玘嘗傾搖先烈，每改元豐敕條，倡從寬之邪說，罷主管鴻慶宮，遂入黨籍中。居閑十五年，自號樂靜先生。」《宋元學案》卷一〈安定學案‧莘老門人〉「舍人李樂靜先生昭玘」條，雲濠謹案：「先生著有《樂靜集》三十卷。蓋其所居有樂靜堂，故以名《集》。」可參證。

其姪邴漢老為書其後。

案：《文獻通考》卷二百三十七〈經籍考〉六十四〈集別集〉「《樂靜集》三十卷」條下引雲麓李氏曰：「〈序〉略曰：『東坡罷徐守時，伯父以書抵之，坡答書歷道黃、張、晁、秦數公，且曰：「此數子者，挾其有餘之姿，而騖無涯之知，必極其所如往而後已，則此安所歸宿哉！惟明者念有以反之。」其意蓋以彼為不然，而勉其有所至也。惟伯公性誠乎忠厚，故其為文橫騖

別驅,曲折演迤,而一貫於理,有萬折必東之勢。志樂於靜退,故其爲文,崒然其立,淵然其止,不侈眾目,而風神自遠,有久幽而不改其操之美。學博而思精,故其爲牋奏應用之作,傳古切今,琢削隱密,不傷天骨。敘事外,自爲文章,才贍而意新,故其爲詩,奇麗愜適,章斷句絕,餘思羨益,得詩人味外之味,此其大略也。』雲龕李氏即李邴,此即其所撰之〈書後〉。《宋元學案》「舍人李樂靜先生昭玘」條,雲濠謹案:「漢老邴,其從子也。」是邴乃昭玘侄。《四庫提要辨證》「《樂靜集》三十卷」條云:「《通考》卷二百三十七〈經籍考〉於『《樂靜集》』條下引雲龕李氏語,節錄其〈序〉甚詳,〈序〉稱昭玘爲伯父,味其詞,知《集》即邴所編也。」是昭玘乃邴之伯父。考邴字漢老,號雲龕,濟州任城縣人。《宋史》卷三百七十五〈列傳〉第一百三十四有傳。

學易集二十卷

《學易集》二十卷,朝奉郎東平^{廣棪案:《文獻通考》作「束光」,元抄本、盧校本同。均誤。}劉跂斯立撰。

> 廣棪案:《宋史》卷二百八〈志〉第一百六十一〈藝文〉七〈別集類〉著錄:「《劉跂集》二十卷。」與此同。跂字斯立,東平人。神宗時官朝奉郎。《宋元學案》卷二〈泰山學案〉有傳。

忠肅公摯之長子也,與其弟蹈同登元豐二年進士第。元祐初,以其父在言路,政府不得用。紹聖以後復坐黨家,連蹇終其身。

> 案:《宋元學案》卷二〈泰山學案·忠肅家學〉「朝奉劉學易先生跂」條載:「劉跂,字斯立,東平人。忠肅長子,與其弟蹈同登元豐二年進士第,官朝奉郎。紹聖間,從忠肅于謫所。徽宗立,詔反忠肅家屬。用先生請,忠肅得歸葬。先生又訴文及甫之誣,遂貶及甫等。先生能爲文章,遭黨事,爲官拓落,家居避禍,以壽終。」可參證。

晁景迂誌其墓,比孫明復、石守道之徒。

> 案:《宋元學案》「朝奉劉學易先生跂」條,雲濠謹案:「先生著有《學易集》二十卷,見《直齋書錄解題》。晁景迂爲先生〈墓誌〉,稱其晚作學易堂,鄉人稱爲學易先生,其《集》名蓋取諸此。景迂又稱先生爲孫明

復、石守道之徒。大東萊《呂氏詩話》謂其初登科，就亳州，見劉攽所稱引皆所未知，始有意讀書，後與孫明復、石守道相埒云。」可參證。

為文無所不長，〈宣防宮賦〉、〈學易堂記〉，世傳誦之。

案：《四庫全書總目》卷一百五十五〈集部〉八〈別集類〉八著錄：「《學易集》八卷」條載：「呂本中《紫微詩話》稱：『跂初登科，就亳州，見劉攽所稱引，皆所未知，於是始有意讀書。厥後與孫復、石介名相埒。』蓋其行誼學問，均不愧於古人。所做古文類簡勁有法度。詩則多似陳師道體。雖時露生拗、要自落落無凡語。〈江西宗派圖〉中不列其名，殆以摯為朔黨，門戶不同歟？然淳熙中，呂祖謙奉詔修《文鑑》，多取跂作。其辨冤時〈上執政啓〉，所云『晚歲〈離騷〉，魂竟招於異域。平生精爽，夢猶託於故人』者，《呂本中詩話》及王銍《四六話》亦俱極推其隸事之工。即以文章而論，亦北宋末年卓然一作者矣。其《集》原本二十卷。陳振孫《書錄解題》謂最初李相之得於跂甥蔡瞻明。紹興中，洪邁傳於長樂宮舍。後施元之刻版行世。〈宣防宮賦〉、〈學易堂記〉，世尤傳誦。」可參證。〈宣防宮賦〉見《學易集》卷一〈賦〉，〈學易堂記〉，則其《集》未收。〈宣防宮賦〉有〈序〉曰：「余以事抵白馬，客道漢，瓠子事，感其語，故賦。」其〈賦〉云：「元封天子，既乾封，臨決河，沈璧及馬，慷慨悲歌。河塞，築宣防之宮，燕其群臣，乃稱曰：『隤林竹兮揵石䔲，宣防塞兮萬福來。』顧盼意得，詔問東方大夫樂乎？朔進而跽曰：『君王佩乾符，妥坤靈，封岱岳，禪雲亭。雷行焱馳，一蹕四海。力餘氣盈，爰覽德水。至于人靡遺智，天不愛祉。石城金墉，屹立亭峙。則又經廣輪，度棟宇，徘徊領略，心解目睹。八隅九維，千門萬戶。沈嚴神麗，泰帝之府。于是植翠華，喧靈鼉，觸川流，浩長歌。神哉！沛君心和，患去喜至，無所復加，可謂樂矣！然臣觀之，未可謂無憂也。』天子愕眙，不怡少焉。顧曰：『亦有說乎？』朔再拜曰：『主，臣蓋聞大川之源，發乎崑崙之神墟。出陽紆與陵門，導積石而沈浮。包渾淪與俱遊，羌𤺊䣊其徂征。千里一曲，萬里九折。盤礴瀁滉，呼欱沟澮。蕩然長波，激為迅湍。莽不知其幾何？遂異派而同瀾。已而略廣武循，大任轥沛。欒洛積為委輸，漢沸出乎地上，悅莫際其焉如。粵若神禹，繼道作德。範圍天儀，聯絡地脉。疏排淚漫，鑴鑿岊岪。平野其藝，人有安宅。化鱗介為冠冕，蓋千有八百國。臣曾問遺黎，遵海隅，繇平成之徒駭，下東

光之胡蘇。淵然覆畾，脩若馬煩。如畼及盤，以簡以潔。太史分流，參
匯眾折。然後安翔徐回，脈脈並釃。紆餘衍漾，緜眇透遲。虯潛蛟伏，
波不得興。視榮光與休氣，茂玉檢而金繩。煥乎三日而五色，何必千歲
而一清。若夫群雄逐兮位隔并，山川圍兮氣弗宣。託洶湧以為貨兮，阻
扊扅以自藩。崇墉連蜷，轟以相雜兮，巨浸瀺灂，汩乎宛延。立遮害之
亭，謹白馬之津。雉堞瞰其東，甌脫臨其西。又東北留其行，又西北擊
其歸。垂天之翼，橫海之鱗。陡隤膠葛，曾不得搶榆枋而泛蹄。涔窅匈
勃鬱，靡所容怒。霆擊電掣，欻已脫兔。益以桃花之流，駛乎竹箭之馺。
瀰滿潧洞，千里四顧。乃始伐薪，石程畚鍤。汰雞距之防，橫鋸牙之木。
上下連環，旁側伏關。竹落千緪，夾艘而下。岌乎喘牛，蹶若跙馬。糗
糧齊山，徒庸成林。商羊鼓舞，澤門謳吟。析骸樵蘇，慘于長平之禍；
累塊珠玉，埒乎水衡之藏。諒人謀之，或違將度，數之適逢。今夫呼吸
潮汐，關竅丘源。洲潭浮空，瀟洹旁穿。井乍甘而撤舍，麥未槁而培根。
何靈鼉之下伏，寓三峰乎層巔。表泰紫之嶕嶢，陋靈光之巋然。長封為
扃，土鍵石鐍。守如崤函，萬葉不拔。然而燕雀賀而人弔，枝葉茂而本
撥，財乏力屈，河且再塞。君王方且駐屬車以流觀，啓離宮而落成。卻
四載之來勞，負薪之臣，舉烽賦酒，飛輪奉牲。戢長慮于一笑，起駕望
而憑陵。神閒意定，澹然無營。』語未既，天子數顧尚席，推几欲興，
臣朔逡巡卻立，不謝而退。其後館陶之役，竟如東方大夫言。』」可參考。

田承君集三卷

《田承君集》三卷，大宗正丞陽翟田畫承君撰。館臣案：畫原木作畫，誤。
今據《宋史》本傳改正。　廣棪案：《文獻通考》作「畫」。

　　廣棪案：《宋史》卷二百八〈志〉第一百六十一〈藝文〉七〈別集類〉著
　　錄：「《田畫集》二卷。」所著錄卷數不同。畫字承君，陽翟人。建中靖
　　國初為大宗正丞。《宋史》卷三百四十五〈列傳〉第一百四附〈鄒浩〉。

畫，樞密況之姪也，與鄒道鄉善，鄒之貶，畫曰：「願毋以此舉自滿，
士所當為者，未止此也。」

　　案：《宋史》畫本傳載：「畫字承君，陽翟人。樞密使況之從子，以任為
　　校書郎。調磁州錄事參軍，知河西縣，有善政，民甚德之。議論慨慷，

有前輩風。與鄒浩以氣節相激勵。元符中，浩爲諫官，畫監京城門，往見浩曰：『平生與君相許者何如，今君爲何官？』浩曰：『上遇群臣，未嘗假以辭色，獨於浩差若相喜。天下事固不勝言，意欲待深相信而後發，貴有益也。』畫然之。既而以病歸許，邸狀報立后，畫謂人曰：『志完不言，可以絕交矣。』浩得罪，畫迎諸塗。浩出涕，畫正色責曰：『使志完隱默官京師，遇寒疾不汗，五日死矣。豈獨嶺海之外能死人哉？願君毋以此舉自滿，士所當爲者，未止此也。』浩茫然自失，歎謝曰：『君之贈我厚矣。』」可參證。浩有《道鄉集》四十卷。學者稱道鄉先生。

道鄉集四十卷

《道鄉集》四十卷，吏部侍郎晉陵鄒浩志完撰。

> 廣棪案：《宋史》卷二百八〈志〉第一百六十一〈藝文〉七〈別集類〉著錄：「鄒浩《文卿集》四十卷。」《文卿集》疑爲《道鄉集》之誤。浩字志完，常州晉陵人。徽宗朝任吏部侍郎。《宋史》卷三百四十五〈列傳〉第一百四有傳。

浩既諫立劉后坐貶，徽宗初，召還對，上首及之，獎歎再三，問：「諫草安在？」曰：「焚之矣。」分告廣棪案：《文獻通考》作「退告」。陳瓘，瓘曰：「禍其始此乎？異時姦臣妄出一緘，則不可辨矣。」蔡京素忌之，使其黨作僞疏，言劉后殺卓氏而奪其子，遂得罪。

> 案：《宋史》浩本傳載：「章惇獨相用事，威虐震赫，浩所言每觸惇忌，仍上章露劾，數其不忠慢上之罪，未報。而賢妃劉氏立，浩言：『立后以配天，安得不審。今爲天下擇母，而所立乃賢妃，一時公議，莫不疑惑，誠以國家自有仁祖故事，不可不遵用之爾。蓋郭后與尚美人爭寵，仁祖既廢后，并斥美人，所以示公也。及立后，則不選于妃嬪而卜于貴族，所以遠嫌，所以爲天下萬世法也。陛下之廢孟氏，與郭后無以異。果與賢妃爭寵而致罪乎，抑其不然也？二者必居一於此矣。孟氏罪廢之初，天下孰不疑立賢妃爲后。及讀詔書，有『別選賢族』之語；又聞陛下臨朝嘅嘆，以爲國家不幸；至於宗景立委，怒而罪之，於是天下始釋然不疑。今竟立之，豈不上累聖德？臣觀白麻所言，不過稱其有子，及引永平、祥符事以爲證。臣請論其所以然：若曰有子可以爲后，則永平貴人

未嘗有子也，所以立者，以德冠後宮故也。祥符德妃亦未嘗有子，所以立者，以鍾英甲族故也。又況貴人實馬援之女，德妃無廢后之嫌，迥與今日事體不同。頃年多，妃從享景靈宮，是日雷變甚異。今宣制之後，霖雨飛雹，自奏告天地宗廟以來，陰淫不止。上天之意，豈不昭然！考之人事既如彼，求之天意又如此，望不以一時改命爲難，而以萬世公議爲可畏，追停冊禮，如初詔行之。』帝謂：『此亦祖宗故事，豈獨朕邪？』對曰：『祖宗大德可法者多矣，陛下不之取，而効其小疵，臣恐後世之責人無已者紛紛也。』帝變色，猶不怒，持其章躊躇四顧，凝然若有所思，付外。明日，章惇詆其狂妄，乃削官，羈管新州。……徽宗立，亟召還，復爲右正言，遷左司諫。……初，浩還朝，帝首及諫立后事，獎嘆再三，詢諫草安在。對曰：『焚之矣。』退告陳瓘，瓘曰：『禍其在此乎。異時姦人妄出一緘，則不可辨矣。』蔡京用事，素忌浩，乃使其黨爲僞疏，言劉后殺桌氏而奪其子。遂再責衡州別駕，語在〈獻愍太子傳〉。尋竄昭州，五年始得歸。」可參證。

其在昭州，作青詞告上帝，有「追省當時奏御之三章，初無殺母取子之一字」云。廣棪案：「字云」原誤倒作「云字」，據《道鄉集》乙正。又元抄本、盧校本「一字云」作「一字之語云」。

案：《四庫全書》本《道鄉集》未收此青詞。

婆娑集三十卷

《婆娑集》三十卷，右正言陽翟崔鷗德符撰。

廣棪案：《郡齋讀書志》卷第十九〈別集類〉卜著錄：「崔德符《婆娑集》三十卷。」《宋史》卷二百八〈志〉第一百六十一〈藝文〉七〈別集類〉著錄：「《崔鷗集》三十卷。」與此同。鷗字德符，雍丘人。父毗，徙居潁州，遂爲陽翟人。欽宗即位，授右正言。《宋史》卷三百五十六〈列傳〉第一百一十五有傳。

鷗坐元符上書邪等，廢於家，治圃號婆娑。

案：《郡齋讀書志》卷第十九〈別集類〉下著錄：「崔德符《婆娑集》三十卷。右皇朝崔鷗字德符。蚤中進士第。元符末，上書，入邪等，廢斥

幾三十年。」《解題》與《郡齋讀書志》同。然《宋史》鷗本傳載:「徽宗初立,以日食求言,鷗上書曰:『臣聞諫爭之道,不激切不足以起人主意,激切則近訕謗。夫爲人臣而有訕謗之名,此讒邪之論所以易乘,而世主所以不悟,天下所以卷舌吞聲,而以言爲戒也。臣嘗讀史,見漢劉陶、曹鸞、唐李少良之事,未嘗不掩卷興嗟,矯然有山林不反之意。比聞國家以日食之異,詢求直言,伏讀詔書,至所謂「言之失中,朕不加罪」,蓋陛下披至情,廓聖度,以來天下之言如此,而私秘所聞,不敢一吐,是臣子負陛下也。方今政令煩苛,民不堪擾,風俗險薄,法不能勝,未暇一二陳之,而特以判左右之忠邪爲本。臣生於草萊,不識朝廷之士,特怪左右之人,有指元祐之臣爲姦黨者,必邪人也。使漢之黨錮,唐之牛、李之禍,將復見于今日,甚可駭也。夫毀譽者,朝廷之公議。故責授朱崖軍司戶司馬光,左右以爲姦,而天下皆曰忠;今宰相章惇,左右以爲忠,而天下皆曰姦。此何理也?臣請略言姦人之迹;夫乘時抵巇以盜富貴,探微揣端以固權寵,謂之姦可也;包苴滿門,私謁踵路,陰交不逞,密結禁廷,謂之姦可也;以奇伎淫巧蕩上心,以倡優女色敗君德,獨操賞刑,自報恩怨,謂之姦可也;蔽遮主聽,排斥正人,微言者坐以刺譏,直諫者陷以指斥,以杜天下之言,掩滔天之罪,謂之姦可也。凡此數者,光有之乎?惇有之乎?夫有其實者名隨之,無其實而有其名,誰肯信之?〈傳〉曰:「謂狐爲狸,非特不知狐,又不知狸。」是故以佞爲忠,必以忠爲佞,於是乎有繆賞濫罰。賞繆罰濫,佞人徜徉,如此而國不亂,未之有也。光忠信直諒,聞於華夷,雖古名臣,未能遠過,而謂之姦,是欺天下也。至如惇狙詐凶險,天下士大夫呼曰「惇賊」。貴極宰相,人所具瞻,以名呼之,又指爲賊,豈非以其孤負主恩,玩竊國柄,忠臣痛憤,義士不服,故賊而名之,指其實而號之以賊邪?京師語曰:「大惇小惇,殃及子孫。」謂惇與御史中丞安惇也。小人譬之蝮蝎,其兇忍害人,根乎天性,隨遇必發。天下無事,不過賊陷忠良,破碎善類;至緩急危疑之際,必有反覆賣國,跋扈不臣之心。比年以來,諫官不論得失,御史不劾姦邪,門下不駁詔令,共持喑默,以爲得計。昔李林甫竊相位十有九年,海內怨痛,而人主不知。頃鄒浩以言事得罪,大臣拱而觀之,同列無一語者,又從而擠之。夫以股肱耳目,治亂安危所係,而一切若此,陛下雖有堯、舜之聰明,將誰使言之,誰使行之。夫日者陽

也，食之者陰也。四月正陽之月，陽極盛、陰極衰之時，而陰干陽，故其變爲大。惟陛下畏天威、聽明命，大運乾剛，大明邪正，毋違經義，毋鬱民心，則天意解矣。若夫伐鼓用幣，素服徹樂，而無修德善政之實，非所以應天也。』帝覽而善之，以爲相州教授。後帝京條籍上書入，以鷗爲邪等，免所居官。久之，調績溪令。移病歸，始居郊城，治地數畝，爲婆娑園。屛處十餘年，人無貴賤長少，悉尊師之。」可參證。考同書卷十九〈本紀〉第十九〈徽宗〉一載：「（元符三年）夏四月丁酉朔，日有食之。」蓋哲宗以元符三年春正月己卯崩，徽宗繼位，四月日食。故《郡齋讀書志》稱鷗元符末上書，《宋史》稱徽宗初立上書，均無不同。

靖康初召爲諫官，力論馮澥之罪。館臣案：澥原本作獬，誤。今據《宋史》本傳改正。**忽得攣疾，不能行而卒。**

案：《郡齋讀書志》載：「靖康初，召爲右正言，居無何，感疾卒。」《宋史》鷗本傳則載：「宣和六年，起通判寧化軍，召爲殿中侍御史。既至而欽宗即位，授右正言。上疏曰：『六月一日詔書，詔諫臣直論得失，以求實是，有以見陛下求治之切也。數十年來，王公卿相，皆自蔡京出。要使一門生死，則一門生用；一故吏逐，則一故吏來。更持政柄，無一人立異，無一人害己者，此京之本謀也。安得實是之言，聞於陛下哉？諫議大夫馮澥近上章曰：「士無異論，太學之盛也。」澥尙敢爲此姦言乎？王安石除異己之人，著《三經》之說以取士，天下靡然雷同，陵夷至于大亂，此無異論之效也。京又以學校之法馭士人，如軍法之馭卒伍，一有異論，累及學官。若蘇軾、黃庭堅之文，范鎭、沈括之雜說，悉以嚴刑重賞，禁其收藏，其苛錮多士，亦已密矣。而澥猶以爲太學之盛，欺罔不已甚乎？原京與澥罪，乃天地否泰所係，國家治亂，由之以分，不可忽也。仁宗、英宗選敦朴敢言之士以遺子孫，安石目爲流俗，一切逐去。司馬光復起而用之，元祐之治，天下安於泰山。及章淳、蔡京倡爲紹述之論，以欺人主。紹述一道德，而天下一於諂佞；紹述同風俗，而天下同於欺罔；紹述理財而公私竭；紹述造士而人材衰；紹述開邊而塞塵犯闕矣。元符應詔上書者數千人，京遣腹心考定之，同己爲正，異己爲邪，澥與京同者，故列於正。京之術破壞天下，於茲極矣，尙忍使其餘蠹再破壞邪？京姦邪之計大類王莽，而朋黨之衆則又過之，願斬之以謝天下。』累章極論，時議歸重。忽得攣疾，不能行。三求去，帝惜之，不許。呂好問、徐秉哲爲言，乃以龍圖閣直學士主管嵩

山崇福宮，命下而卒。」足資參證。

無子，其壻衛昂衷輯其遺文。

案：《郡齋讀書志》載：「其爲文最長於詩，清婉敷腴，有唐人風。」《宋史》鷗本傳載：「鷗平生爲文至多，輒爲人取去，篋無留者。尤長於詩，清峭雄深，有法度。無子，壻衛昂集其遺文，爲三十卷，傳於世。」可參證。衛昂，生平無可考。

潏水集四十卷

《潏水集》四十卷，集英殿修撰長安李復履中撰。元豐三年進士。館臣案：《文獻通考》作二年。　廣校案：元抄本、盧校本亦作「二年」。**博學有氣節。**

廣校案：《宋史》卷二百八〈志〉第一百六十一〈藝文〉七〈別集類〉著錄：「李復《潏水集》四十卷。」與此同。復，《宋史》無傳。《宋史翼》卷八〈列傳〉第八載：「李復字履中，長安人也。案復世居開封，祥符以復官關右，遂爲長安人。《朱子語錄》稱爲閩人，蓋傳寫之誤。學者稱爲潏水先生。以進士累官中大夫，集英殿修撰。復以呂、范諸子爲後輩，然猶及橫渠之門。紫髯修目，負奇氣，喜言兵事，于書無所不讀，亦工詩。」可參證。

其爲熙河漕，有旨造戰艦、戰車，復奏斥議者之謬妄，廣校案：《文獻通考》作「復奏議者之謬」。**以爲兒戲。遂罷其役，**廣校案：《文獻通考》作「議」，元抄本、盧校本同。**時論韙之。**

案：《宋史翼》復本傳載：「崇寧中，邢恕爲涇原經略使，謀立邊功，以洗誣謗宗廟之罪，因納許彥圭之說，請用車戰法及造舟五百艘，將直抵興靈，以控夏國。時復方爲熙河漕使，詔下委之。復奏云：『奉聖旨令本司製造戰車三百兩。臣嘗覽載籍，古者師行固嘗用車，蓋兵不妄動，征戰有禮，不爲詭遇。多在平原廣野，以車可行。今盡在極邊，戎狄乘勢而來，雖鷙鳥飛翥，不如是之迅。下寨駐軍，各以保險爲利。其往也，車不及期；居而保險，車不能登，歸則敵多襲逐，爭先奔趨，不暇回顧，安能收功，非若古時之可用也。臣聞此議出于許彥圭，彥圭因姚麟而獻說，朝廷遽然之。不知彥圭劇爲輕妄，唐之房琯，嘗用車戰，大敗于陳濤斜，十萬義軍無有脫者。畿邑平地且如此，況今欲用于峻阪溝谷之間

乎？又戰車比常車闊六七寸，運不合轍，牽拽不行，昨來兵夫典賣衣物，自賃牛具，終日方進五七里，遂致兵夫逃亡，棄車于道，大爲諸路之患。今乞便行罷造，如別路已有造者，乞更不牽拽前來。』又乞罷造船，奏云：『經略使乞打船五百隻，于黃河順流放下，至會州西小河內藏放，有旨專委臣監督一年，了當契勘。本路只有船匠一人，須乞于荊、江、淮、浙和雇，又釘線物料，亦非本路所出。觀恕奏請，實是兒戲。且造船五百隻，若自今工料並備，亦須數年。自蘭州駕放至會州，約三百里。北岸是敵境，豈可容易。會州之西，小河鹹水闊不及一丈，深止一二尺，豈能藏船。黃河過會州，入韋精山，石峽險窄。自上垂流直下，高數十尺，船豈可過。至西安州之東，大河分爲六七道，水淺灘磧，不勝舟載。一船所載不過五馬二十人，雖到興州，又何能爲。又不知幾月得至，此聲若出，必爲夏國侮笑，臣未敢便依指揮擘畫，恐虛費錢物，終誤大事。』疏上，徽宗感悟罷之。」可參證。

馬子才集八卷

《馬子才集》八卷，鎮南節度推官鄱陽馬存子才撰。元祐三年進上第四人。

廣棪案：《宋史》卷二百八〈志〉第一百六十一〈藝文〉七〈別集類〉著錄：「《馬存集》十卷，又《經濟集》十二卷。」存，《宋史》無傳。《宋史翼》卷二十六〈列傳〉第二十六〈文苑〉一載：「馬存字子才，樂平人。元祐三年進士，省試論以揚雄劉向爲題，存論曰：『方王莽以險怪愚弄天下學士，大夫高節尙潔者，非引去則繼以死。龔勝以清死，鮑宣以悍死，其憤甚矣。雄斯時方著〈劇秦美新論〉，以發揚其盛，讀之令人氣拂膺，不懌者累日。嗚乎雄乎！甯死爾，其忍爲此文哉！』典舉，蘇軾奇之，置高等，京師競傳，因呼爲拂膺公。廷試策，言臣之深思，常略於東南，而獨在北方。詳定官蘇轍喜其遠慮，欲以冠多士。同列聞之，抑居第四。授鎮南節度推官，再調越州觀察推官。紹聖三年卒。存蚤遊太學，研經以考道，觀史以究治亂之變，搖毫頃刻數千言，文擅一時。《文集》二十卷行世。《江西通志・人物志》。」可參證。惟《解題》謂馬存鄱陽人，《宋史翼》則謂樂平人，所據者爲《江西通志》，未知孰是。

崇福集三十五卷、四六集十五卷

《崇福集》 廣棪案：《文獻通考》作「晁氏《崇福集》」。三十五卷、《四六集》
十五卷，朝請郎晁詠之之道撰。

廣棪案：《郡齋讀書志》卷第十九〈別集類〉下著錄：「晁氏《崇福集》
三十五卷、《四六集》十五卷。右從父崇福公也。登進士第。又中宏詞第
一。元符末，上書，居邪等，廢斥二十年，以朝請郎奉祠崇福宮而終，
故以名《集》。天才英特，為文章立成，明潤密緻，世以為宜在北門、西
掖云。」可參證。詠之字之道，《宋史》卷四百四十四〈列傳〉第二百三
〈文苑〉六附〈晁補之〉。《宋史》本傳謂詠之有《文集》五十卷，蓋合
《崇福集》、《四六集》而言耶？

景迂弟也，為作〈集序〉。

案：景迂即說之，《宋史》無傳。《宋元學案》卷二十二〈景迂學案‧涑
水門人〉有「詹事晁景迂先生說之」，末有全祖望謹案：「昭德晁氏兄弟
大率以文詞遊坡、谷間，如補之、詠之，沖之皆盛有名，獨景迂湛深經
術，得司馬公之傳，又為康節私淑弟子。其攻《新經》之學，尤不遺餘
力。世但知推龜山、了翁，而不知景迂更過之。《宋史》乃為補之、詠之
作傳，而景迂失焉，陋矣！」是詠之乃說之弟。景迂撰〈崇福集序〉，見
《景迂生集》卷十七，曰：「曾內翰子開為說之言，異時大夫學士以西京
石氏比晁氏。今晁氏乃以文章稱，何也？說之退而伏念，我家之前文有
作也得時，其在廟，在北門左西掖，在東觀，國人譽之，是為國中之士。
棣棣然於私門何有？譬如貴大裘者，不珍豹袪也。其後子孫坎壈失職，
而流離飢餓者有之；或發為凄涼苦辛之言，則人以為怨。否則慷慨涇渭
之言，而人以為謗。於斯怨謗之間詣然得名，蓋可懼而不可樂也。譬如
矜豹袪者，寧識大裘之陟降哉？先人新鄭公之第三子詠之之道實窮，而
以文華稱者，如或使其不失世職，則楊文公稱吾文元公深得代言之體，
而謂〈河宗新祠碑〉，自唐中葉之後，未覿斯作者，今復有一楊文公為斯
人以擊節也。吾文莊公在翰苑，一夕當將相五制，國史稱其褒戒各得所
宜。嗟爾後之人，徒有才思健於湧泉也耶！皇祐中，吾金紫公自秘閣出
知懷州，宋景文公賦詩送行，云：『讀盡黃香未見書。』今斯人抱簡於管
庫之中，而勤呻吟於岐路之際，為可惜哉！治平初，吾新鄭公以秘書丞

知河間縣，溫公送行詩，稱文元公名德，爲人物之師，以丹穴況吾家，恨新鄭公羽毛短而文釆奇也。若爲今日而興歎，則又如何哉？其孤公邁、公昂、公逸相與涕泣而言曰：『不死徒讀祭禮也，不若收拾吾父之遺藁次第之，雖不足以盡吾父之奇，亦庶幾使來者感歎有屬也。是豈爲不壽，而誰與窮者？』既而得十六類、三十五卷，乞說之爲〈序〉。說之曰：『尙忍序汝父之文哉！不得已上以道世德，而下以勉汝曹云。』政和七年丁酉十二月己卯，東里曾省堂序。」可參證。

詠之初以蔭爲揚州法曹，未上，時_{廣棪案}：《文獻通考》闕「未上，時」三字。東坡守揚，族兄无咎爲倅，以其文呈東坡。及至揚，_{館臣案：此句原本云}「坡方守揚」，今據《文獻通考》改正。詠之具參軍禮趨謁，坡_{廣棪案：《文獻通考》作「東坡」。}走下庭，攜手以上，謂坐客曰：「此奇才也。」紹聖元年登第，繼中詞科，坐元符邪等，罷廢。後奉崇福祠，故以名《集》。_{廣棪案：《文獻通考》無「紹聖元年」以下五句。}

　　案：《宋史》詠之本傳載：「詠之字之道，少有異材，以蔭入官。調揚州司法參軍，未上。時蘇軾守揚州，補之倅州事，以其詩文獻軾，軾曰：『有才如此，獨不令我一識面邪？』乃具參軍禮入謁，軾下堂挽而上，顧坐客曰：『奇才也！』復舉進士，又舉宏詞，一時傳誦其文。爲河中教授。元符末，應詔上書論事，罷官。久之，爲京兆府司錄事，秩滿，提點崇福宮。卒，年五十二，有《文集》五十卷。」可參證。

陶山集二十卷

《陶山集》二十卷，尚書左丞山陰陸佃農師撰。

　　廣棪案：佃字師農，越州山陰人。徽宗時拜尚書右丞，轉左丞。《宋史》卷四百四十三〈列傳〉第一百二有傳。〈傳〉末謂：「佃著書二百四十二卷，於禮家、名數說尤精，如《埤雅》、《禮象》、《春秋後傳》，皆傳於世。」而未及《陶山集》。考厲鶚《宋詩紀事》卷二十五「陸佃」條載：「佃字農師，越州山陰人。熙寧三年擢甲科。徽宗朝，仕至吏部尚書、尚書右丞，罷知亳州，卒入黨籍，有《陶山集》。」是佃有《陶山集》之證。《宋元學案補遺》卷九十八〈荊公新學略補遺・補右丞陸陶山先生佃〉「《陶山文集》」條下，節錄有〈臺門議〉、〈四門議〉、〈九階議〉、〈易解〉、〈八卦

解〉上、〈廷對策〉、〈送李泰叔序〉、〈答周之才書〉、〈答崔子方書〉、〈答史仲至書〉、〈答陳氏先都曹書〉。可悉其書內容之一斑。

東堂集六卷、詩四卷、書簡二卷、樂府二卷

《東堂集》六卷、《詩》四卷、《書簡》二卷、《樂府》二卷，祠部郎江山毛滂澤民撰。

廣棪案：《宋史》卷二百八〈志〉第一百六十一〈藝文〉七〈別集類〉著錄：「《毛滂集》十五卷。」卷數不同，即合《詩》、《書簡》、《樂府》而統言之，則仍多出一卷。滂字澤民，江山人。《宋史翼》卷二十七〈列傳〉第二十七〈文苑〉二有傳，謂滂官至祠部員外郎。

滂為杭州法曹，以樂府詞有佳句，受知於東坡，遂有名。嘗知武康縣，縣有東堂，《集》所以名也。又嘗知秀州，修月波樓，為之〈記〉。

案：《宋史翼》滂本傳載：「毛滂字澤民，江山人。元祐中為杭州法曹，東坡為守，滂秩滿去。會有歌贈別小詞，東坡問誰作，以毛法曹對。坡語客曰：『郡僚有詞人而不及知，某之罪也。』翼日折簡追還，留連數月，滂因此得名。官至祠部員外郎，知秀州，有《東堂集》。《衢州府志》。」可參證。惟滂以「東堂」名《集》，應在知武康時，《宋史翼》以為知秀州，疑誤。至滂所撰〈月波樓記〉，《四庫全書》本《東堂集》卷九〈記〉無之。

其詩文視樂府頗不逮。

案：《四庫全書總目》卷一百五十五〈集部〉八〈別集類〉八著錄：「《東堂集》十卷，《永樂大典本》。宋毛滂撰。滂字澤民，衢州江山人。官至祠部員外郎，知秀州。陳振孫《書錄解題》載滂《東堂集》六卷、《詩》四卷、《書簡》一卷、《樂府》二卷。滂嘗知武康縣，縣有東堂，故以名其《集》也。初，元祐中蘇軾守杭州，滂為法曹，秩滿去。已行抵富陽，軾聞有歌其〈惜分飛〉詞者，折簡追還，留連數月。由此知名。然其後乃出蔡氏兄弟之門。蔡絛《鐵圍山叢談》載蔡京柄政時，滂上一詞甚偉麗，因驟得進用。王明清《揮麈後錄》又載滂為曾布所賞，擢置館閣。布南遷，坐黨與得罪，流落久之。蔡卞鎮潤州，與滂俱臨川王氏壻，滂

傾心事之。一日家集，觀池中鴛鴦，卞賦詩云：『莫學饑鷹飽便飛。』滂和呈云：『貪戀恩波未肯飛。』卞妻笑曰：『豈非適從曾相公池中飛過來者乎？』滂大慙云云。是其素行僄薄，反覆不常，至爲婦人女子所譏，人品殊不足重。即〈集〉中所載酬答之文，亦多涉請謁干祈，不免脂韋泄沓之態。故陳振孫謂其詩文視樂府頗不逮，葢亦因其人而少之。然平情而論，其詩有風發泉湧之致，頗爲豪放不羈。文亦大氣盤礴，汪洋恣肆，與李廌足以對壘。在北宋之末，要足以自成一家，固未可竟置之不議也。」可參考。

溪堂集二十卷

《溪堂集》二十卷，臨川謝逸無逸撰。

　　廣棪案：《宋史》卷二百八〈志〉第一百六十一〈藝文〉七〈別集類〉著錄：「《謝逸集》二十卷，又《溪堂詩》五卷。」是《溪堂集》即《謝逸集》，卷數同。逸，《宋史》無傳。《宋史翼》卷二十六〈列傳〉第二十六〈文苑〉一載：「謝逸字無逸，臨川人，自號溪堂。少孤，博學，工文辭，操履峻潔。再舉進士不第。黃庭堅嘗曰：『使斯人在館閣，當不減晁、張。』李商老謂其文步趨劉向、韓愈。所著書有《春秋廣微》、《樵談》、《溪堂集》，其他詩、啓、碑、志、雜論數百篇。淳熙中繪像祠於郡學。《江西通志》。」可參考。

竹友集十卷

《竹友集》十卷，臨川謝薖幼槃撰。逸從弟也。呂居仁題其後曰：「逸詩似康樂，薖詩似玄暉。」

　　廣棪案：《宋史》卷二百八〈志〉第一百六十一〈藝文〉七〈別集類〉著錄：「《謝薖集》十卷。」與此同。薖，《宋史》無傳。《宋史翼》卷二十六〈列傳〉第二十六〈文苑〉一載：「逸弟薖字幼槃，自號竹友，嘗爲漕司首薦。省闈報罷，以琴奕詩酒自娛。詩文不亞其兄，時稱二謝。呂本中云：『無逸似康樂，幼槃似元暉。』又云：『二謝修身勵行，在崇觀間無所汙染，不獨以文見稱。』著有《竹友集》十卷。《江西通志》。」可參證。

了齋集四十二卷

《了齋集》四十二卷，館臣案：《文獻通考》作三十卷。，司諫延平陳瓘瑩中撰。廣棪案：《文獻通考》闕此句。

　　廣棪案：《郡齋讀書志》卷第十九〈別集類〉下著錄：「陳瑩中《了齋集》三十卷。右皇朝陳瓘字瑩中，延平人。建中靖國初，為右司諫。嘗移書責曾布，及言蔡京及弟卞之姦惡。章疏十上，除名，編隸合浦以死。靖康中，贈諫議大夫。自號了翁。」《宋史》卷二百八〈志〉第一百六十一〈藝文〉七〈別集類〉著錄：「《陳瓘集》四十卷。」所著錄卷數均與《解題》不同。瓘字瑩中，南劍州沙縣人。徽宗即位，召為右正言，遷左司諫。《宋史》卷三百四十三〈列傳〉第一百四有傳。

江應辰廣棪案：《文獻通考》作「汪應辰」，元抄本、盧校本同。為〈集序〉，以為出死力攻權姦者，天下一人而已矣。非虛語也。

　　案：汪應辰《文定集》卷九〈序·陳忠肅公文集序〉載：「自荊國王文公變更法度，後之用事者又託之以濟其凶，一時忠臣誼士，尊君憂國，相與出力爭之不為不多，黨錮之籍，其大概可見也。然其言不行，身不用，則亦已矣。若乃辨白是非如指諸掌，探索隱伏如見其肺肝，反復傾盡，不遺餘力，姦臣憤疾，磨牙搖毒，必欲不俱存而後已；摧沮撼頓，流離傾沛，無所不至，而氣愈壯，言愈切，則天下一人而已，忠肅陳公是也。蓋公以身任天下之重，以萬物為吾身，而莫知孰為彼此也；以死生為旦暮，而莫知孰為禍福也。至大至剛，正直之氣實與天地相為終始，此豈苟然者。昔孟子推原楊墨之害，以為禽獸食人，人將相食。夫見微而知著，非智者不能也。及事之已然，則宜夫人而能知之。若乃目見其效，身被其害，浸淫漫衍，徧滿天下，而猶或不知其所以然者，豈非邪說之誣民既久，而與之為一歟？靖康之禍，自古所無。世徒見其末流之失，而異時用事者反得藉口以自解。然公方天下全盛，邊事未萌之時，固已有南北分裂之憂，是果何所見而言耶？學者于此亦可以悚然而悟矣。遺書餘論所以覺後覺，正人心，其所繫於天下國家者，豈曰小補哉！」可參考。汪應辰，《宋史》卷三百八十七〈列傳〉第一百四十六有傳。《解題》作「江應辰」，誤。

約論十七卷

《約論》十七卷，陳瓘撰。起戰國，至後漢安帝。蓋讀《通鑑》，隨事有所發明者也。廣梭案：《文獻通考》此條附前條之末，不另作一條。

　　廣梭案：《宋史》卷二百三〈志〉第一百五十六〈藝文〉二〈史鈔類〉著錄：「《兩漢著明論》二十卷、《十二國史略》三卷、《章華集》三卷、《縱橫集》二十卷、《十三代史選》五十卷、《南史摭實韻句》三卷、《議古》八卷、《史譜》七卷、《五代纂要賦》一卷、《國朝撮要》一卷、《約論》十卷。並不知作者。」是此書乃史鈔，非別集。《文獻通考》附於前條末，不另作別條，疑《解題》原本如此，《四庫全書》本作別條處理，誤。《約論》乃陳瓘撰，〈宋志〉云不知作者，失考。

浮沚先生集十六卷、後集三卷

《浮沚先生集》十六卷、《後集》三卷，廣梭案：盧校注：「聚珍版」。祕書省正字永嘉周行己恭叔撰。

　　廣梭案：《宋史》卷二百八〈志〉第一百六十一〈藝文〉七〈別集類〉著錄：「《周行己集》十九卷。」又：「《周博士集》十卷，不知名。」《周博士集》即《浮沚先生集》也，行己撰。〈宋志〉謂不知名，疏矣！行己字恭叔，永嘉人。學者稱浮沚先生。徽宗宣和中除秘書省正字。《宋史翼》卷二十三〈列傳〉第二十三〈儒林〉一有傳，謂行己所著有《周博士集》三十卷。考《四庫全書總目》卷一百五十五〈集部〉八〈別集類〉八著錄：「《浮沚集》八卷，《永樂大典本》。宋周行己撰。行己字恭叔，永嘉人。元祐六年進士。官至祕書省正字，出知樂清縣。陳振孫《書錄解題》稱其為太學博士，以親老歸，教授其鄉。再入為館職，復出作縣。鄉人至今稱周博士，蓋相沿稱其初授之官也。振孫載《浮沚先生集》十六卷，《後集》三卷。宋史·藝文志」載《周行己集》十九卷。正合前、後兩《集》之數，而又別出《周博士集》十卷，已相牴牾。《萬曆溫州府志》又稱《行己集》凡三十卷，更參錯不符。考振孫之祖母，即行己之第三女。振孫所記，當必不誤。《宋史》及《溫州志》均傳譌也。」所考甚是。而《永樂大典》所存《浮沚集》則僅八卷，遠非原書之舊矣。

十七入太學，有盛名。師事程伊川。元祐六年進士。為博士太學，^{廣棪}案：《文獻通考》作「為太學博士」。以親老歸，教授其鄉，再入為館職，復出作縣。永嘉學問所從出也。鄉人至今稱周博士。〈集序〉，林越^{廣棪案：}《文獻通考》作「鉞」，盧校本同。撰，言為祕書郎，則不然。^{廣棪案：《文獻}通考》無此二句。先祖妣，先生之第三女，先君子其^{廣棪案：《文獻通考》「其」}作「之」。自出也，故知其本末。所居謝池坊，有浮沚書院。

案：《宋史翼》行己本傳載：「周行己字恭叔，永嘉人也，學者稱為浮沚先生。少而風儀秀整，語音如鐘，讀書十行並下。遊太學，時新經之說方盛，而行己獨之西京，從伊川遊。持身艱苦，塊然一室，未嘗窺牖。嘗作〈顏子不貳過論〉，曰：『過不必大，毫末萌于心，而天地為之應；悟不必久，斯須著于心，而天下歸其仁。』伊川稱之，曰：『是子早達，然憂其速退。』豐稷為司業，一日騶從鬨于堂下，行己上書規之，稷為異謝。時兩賢之。成元祐進士，求監洛中水南糴場，以便從學。行己未達時，從母有女為其母所屬意，嘗有成言而未納采。至是其女雙瞽，而京師貴人欲以女女之。行己謝曰：『吾母所許，吾養志可也。』竟娶之，愛過常人。伊川常語人曰：『某未三十時，亦不能如此。』崇寧中，官至太學博士，願分教鄉里，以便養親。尋授齊州教授，發明《中庸》之旨，此邦始知有伊洛之學。大觀三年，御史毛□劾行己師事程氏，卑汙苟賤，無所不為，遂罷歸。築浮沚書院以講學。宣和中，除祕書省正字，卒于鄆。所著有《周博士集》三十卷。與許景衡、劉安上、安節、戴述、趙霄、張惲、沈躬行、蔣允中稱元豐九先生。^{《萬曆溫州府志》，參《浮沚集》。}」可參證。林越及其所撰〈序〉均不可考。

斜川集十卷

《斜川集》十卷，通直郎蘇過叔黨撰。

廣棪案：《宋史》卷二百八〈志〉第一百六十一〈藝文〉七〈別集類〉著錄：「蘇過《斜川集》十卷。」與此同。過字叔黨，軾子。《宋史》卷三百三十八〈列傳〉第九十七附〈蘇軾〉，稱過任右承務郎，初監太原府稅，次知潁昌府郾城縣，晚權通判中山府。有《斜川集》二十卷。所載卷數與《解題》、〈宋志〉不同，又未記任通直郎。

世號小坡。坐黨家不得仕進，終於通判中山府。

案：《宋史》過本傳載：「過字叔黨。軾知杭州，過年十九，以詩賦解兩浙路，禮部試下。及軾爲兵部尚書，任右承務郎。軾帥定武，謫知英州，貶惠州，遷儋耳，漸徙廉、永，獨過侍之。凡生理晝夜寒暑所須者，一身百爲，不知其難。初至海上，爲文曰〈志隱〉，軾覽之，曰：『吾可以安於島夷矣！』因命作〈孔子弟子別傳〉。軾卒於常州，過葬軾汝州郟城小峨眉山，遂家潁昌，營湖陰水竹數畝，名曰小斜川，自號斜川居士。卒，年五十二。初監太原府稅，次知潁昌府郾城縣，皆以法令罷。晚權通判中山府。有《斜川集》二十卷。其〈思子臺賦〉、〈颶風賦〉早行於世。時稱爲『小坡』，蓋以軾爲『大坡』也。」可參證。

晁以道誌墓，稱其純孝。

案：晁以道《嵩山文集》卷二十有〈蘇叔黨墓誌銘〉，稱過純孝，曰：「過，宋通直郎，字叔黨，東坡先生之季子也。母同安郡君王氏。元祐五年，先生知杭州，叔黨年十有九歲，以詩賦解兩浙路。禮部試下。七年先生爲兵部尚書，任右承務郎。明年，先生出帥定武。即謫知英州，繼貶惠州安置。三年，遷儋耳安置。既四年漸徙廉州、永州居住，邈乎萬死不測之險也。獨叔黨侍先生以往來。其初爲嶺外之役時，叔黨方居母喪，有以動塗人涕泣者。或曰：先生南居而樂，焉非也。先生憂國愛君之心，日加循省而欝結，則何敢樂。惟是叔黨於先生飲食服用，凡生理晝夜寒暑之所須者，一身百爲而不知其難。翁板，則兒築之。翁樵，則兒薪之。翁賦詩著書，則兒更端起拜之。爲能須臾樂乎先生者也。其初至海上也，爲文一篇曰〈志隱〉，致於先生前。先生覽之曰：『吾可以安於島夷矣！』先生因欲自爲〈廣志隱〉，以極窮通得喪之理焉。嘗命叔黨作〈孔子弟子別傳〉，則固有以處其子矣。當是時，叔黨之風，使蠻蜑夷獠若可以語禮義，而中癉噬毒莫爲之疾病。雖有欲殺吾親者，亦無以措其斧斤。其傳而北也，需然起天下父子之性。則叔黨之自處者，如何哉！先生不至永州，稍還仕板，居陽羨，不幸疾不起。叔黨兄弟得吉地於汝州郟城縣之小峨眉山，以襄事，遂家於潁昌。叔黨偶從湖陰營水竹可賞者數畝，則名之曰小斜川，自號曰斜川居士，以示終焉之志。曰：『吾未即從先大夫於地下，則生也何事，爲泯泯浮沈里巷。』或時一至京師，自得醉醒，而徜徉一世之外。所遇者與談，靡不傾盡，造次大嘯謔浪間，節槩存焉，

惟有知之者知之也。且若世未嘗有小人也，孰非士君子也哉！使叔黨以
其屋岣嶁，桴溟渤之純孝，而一旦忠藎於九德俊乂之朝，則先生之立言
者，叔黨之功業也。惜乎不及使人有見於此，而暴疾以卒於鎮陽行道中，
年五十有二。時宣和五年十二月乙未，悲夫！諸葛孔明初不得中所志，
而躬耕南陽，卒亦崎嶇躬耕巴蜀也，幸而有子曰瞻，可以肆所志，而無
邦家以容，瞻則赴魏軍而死耳。嵇叔夜之志氣尤異，而曾不得一席以全
其軀，而子紹身血亦何益於邦家。古之父子有如此忠孝兩全，而可恨者，
天胡不壽吾叔黨於盛世，一振發之邪？叔父欒城公每稱其孝，以訓宗族，
且言：『吾兄遠居海上無他，成就此兒能文也。』有《斜川集》二十卷。
其〈思子臺賦〉、〈颶風賦〉，則早行於世，而書畫之勝，亦克肖似先人。
人稱之曰小坡。任宦之日少，於閑居時且多艱。初監太原府稅，次知穎
昌府鄢城縣，皆以法令罷免。晚權通判中山府，無幾何以事如鎮陽焉。
娶范氏，蜀忠文公之孫，承事郎百嘉之女。男七人：籥、籍、節、笈、
籌、簹、笠。女四人，長適將仕郎常任俠。孫男二人：嶠、峴。其葬以
七年四月辛酉，墓在先生兆之東南。籥等以說之有奕世之好，辱在先生
薦賢中，求銘，不敢辭。銘曰：文安先生之知人，難乎其為子也。東坡
先生之事君，其為之子者，又亦不易也。〈孔子弟子傳〉之不成，尚何慰
也。先生稱吾此兒若不娶必得道。嗚呼！有貴乎得道者，得以道茲世也。
後之人觀蘇氏世世不失令名，巍然文墨之外也。」可參考。

給事中嶠，其孫也。

案：以道〈蘇叔黨墓誌銘〉載：「孫男二人：嶠、峴。」《宋史翼》卷四
〈列傳〉第四〈蘇峴〉載：「蘇峴字叔子，軾孫籥次子，嗣簹後，與兄嶠
一時馳名。……兄嶠字季眞，歷諫省給事黃扉，待制顯謨閣。《南澗甲乙稿》。」
可參證。

九峰集四十卷

《九峰集》四十卷，太常少卿眉山蘇元老在廷撰。

廣棪案：《宋史》卷二百八〈志〉第一百六十一〈藝文〉七〈別集類〉著
錄：「《蘇元老文集》三十二卷。」所著錄卷數不同。元老字在廷，廣棪案：
《宋史》作子廷。徽宗時任太常少卿，《宋史》卷三百三十九〈列傳〉第九

十八附〈蘇轍〉。轍〈傳〉稱族孫元老。

東坡從孫也。坡在海上，嘗有書往來。其罷奉常歸潁昌，正坐元祐邪說。
廣棪案：《文獻通考》作「邪等」，盧校本同。**未幾遂卒，年四十七。**

案：《宋史》元老本傳載：「元老字子廷。幼孤力學，長於《春秋》，善屬
文。軾謫居海上，數以書往來。軾喜其爲學有功，轍亦愛獎之。黃庭堅
見而奇之，曰：『此蘇氏之秀也。』舉進士，調廣都簿，歷漢州教授、西
京國子博士，通判彭州。……除國子博士，歷祕書正字、將作少監、比
部考功員外郎，尋除成都路轉運副使，爲軍器監，司農、衛尉、太常少
卿。元老外和內勁，不妄與人交。梁師成方用事，自言爲軾外子，因緣
欲見之，且求其文，拒不答。言者遂論元老蘇軾從孫，且爲元祐邪說，
其學術議論，頗仿軾、轍，不宜在中朝。罷爲提點明道宮。元老歎曰：『昔
顏子附驥尾而名顯，吾今以家世坐累，榮矣！』未幾卒，年四十七。有
詩文行于時。」可參證。

清真集二十四卷

《清真集》二十四卷，徽猷閣待制錢塘周邦彥美成撰。
廣棪案：《讀書附志》卷下〈別集類〉三著錄：「《清眞先生文集》二十四
卷。」與此書同。《宋史》卷二百八〈志〉第一百六十一〈藝文〉七〈別
集類〉著錄：「周邦彥《清眞居士集》十一卷。」所著錄卷數不同。邦彥
字美成，錢塘人。徽宗時任徽猷閣待制。《宋史》卷四百四十四〈列傳〉
第二百三〈文苑〉六有傳。

**元豐七年，進〈汴都賦〉，自諸生命爲太學正。邦彥博文多能，尤長於
長短句自度曲，其提舉大晟府亦由此。既盛行於世，而他文未傳。**
案：《宋史》邦彥本傳載：「周邦彥字美成，錢塘人。疏雋少檢，不爲州里
推重，而博涉百家之書。元豐初，游京師，獻〈汴都賦〉餘萬言，神宗異
之，命侍臣讀於邇英閣，召赴政事堂，白太學諸生一命爲正，居五歲不遷，
益盡力於辭章。出教授廬州，知溧水縣，還爲國子主簿。哲宗召對，使誦
前賦，除祕書省正字。歷校書郎，考功員外郎，衛尉、宗正少卿，兼議禮
局檢討，以直龍圖閣知河中府，徽宗欲使畢禮書，復留之。踰年乃知隆德

府，徙明州，入拜祕書監，進徽猷閣待制、提舉大晟府。未幾，知順昌府，徙處州。卒，年六十六，贈宣奉大夫。邦彥好音樂，能自度曲，製樂府長短句，詞韻清蔚，傳於世。」可參證。

嘉泰中，四明樓鑰始為之〈序〉，而太守陳杞刊之，蓋其子孫家居於明
廣棪案：盧校本「於明」作「四明」。**故也。**

案：《讀書附志》卷下〈別集類〉三著錄：「《清眞先生文集》二十四卷，右周邦彥字美成之文也。神宗時，嘗奏〈汴都賦〉七千言，上命近臣讀於邇英閣，由諸生爲學官。哲宗寘之文館，徽宗列之郎曹。嘗守四明，故樓忠簡公鑰序而刻之。」是此書乃樓鑰撰〈序〉。鑰〈序〉云：「班孟堅之賦〈兩都〉，張平子之賦〈二京〉，不獨爲《五經》鼓吹，直足以佐大漢之光明，誠千載之傑作也。國家都大梁，雖仍前世之舊，當四通五達之會，貢賦地均，不恃險阻，眞得國家有德易以王之意。祖宗仁澤深厚，承平百年，高掩千古，異才間出，曾未有繼班、張之作者。神宗稽古有爲，鼎新百度，文物彬彬，號爲盛際。錢塘周公少負庠校雋聲，未及三十，作〈汴都賦〉，凡七千言。富哉！鋪張揚厲之工，期月而成，無十稔之勞；指陳事實，無夸詡之過。賦奏，天子嗟異之，命近臣讀於邇英閣。由諸生擢爲學官，聲名一日震耀海內，而皇朝太平之盛觀備矣。未幾，神宗上賓，公亦低徊不自表襮。哲宗始寘之文館，徽宗又列之郎曹，皆以受知先帝之故，以一賦而得三朝之眷，儒生之榮莫加焉。公之歿距今八十餘載，世之能誦公〈賦〉者蓋寡，而樂府之詞盛行於世，莫知公爲何等人也。公嘗守四明，而諸孫又寓居於此，嘗訪其家集而讀之，參以他本。閒見手藁，又得京本文選，與公之曾孫鑄裒爲二十四卷。中更兵火，散墜已多，然足以不朽矣。公壯年氣銳，以布衣自結於明主。又當全盛之時，宜乎立取貴顯，而考其歲月仕宦，殊爲流落，更就銓部試遠邑，雖歸班於朝，坐視捷徑不一趨焉。三綰州麾，僅登松班，而旅死矣。蓋其學道退然，委順知命，人望之如木雞，自以爲喜，此又世所未知者。樂府傳播，風流自命，又性好音律，如古之妙解顧曲名堂，不能自已。人必以爲豪放飄逸，高視古人，非攻苦力學以寸進者；及詳味其辭，經史百家之言，盤屈於筆下，若自己出，一何用功之深，而致力之精耶！故見所上獻賦之書，然後知一賦之機杼；見〈續秋興賦後序〉，然後知平生之所安。〈磐鏡〉、〈烏几〉之銘，可與鄭圃、漆園相同旋。而〈禱神〉之文，則〈送窮〉、〈乞巧〉之流亞也。驟以此語人，

未必遽信，惟能細讀之者，始知斯言之不爲溢美耳！居閒養疴，爲之校讐三數過，猶未敢以爲盡。方淇水李左丞讀〈賦〉上前，多以偏旁言之，因爲考之群書，略爲《音釋》，闕其所未知者，以俟博雅之君子，非敢自比張載、劉逵爲〈三都〉之訓詁也。鑰先世與公家有事契，且嘗受廛焉。公之詩文幸不泯沒，鑰之願也。公諱邦彥，字美成，清眞其自號。歷官詳見〈誌銘〉云。制使待制陳公，政事之餘，既刊曾祖賢良《都官家集》，又以清眞之文並傳，以慰邦人之思。君子謂是舉也，加於人數等，類非文吏之所能爲也。」陳杞，《宋史》無傳。《寶慶四明志》卷一載：「烏程人，舜俞曾孫。慶元六年知慶元府。」王國維〈清眞先生遺事‧著述二〉曰：「案：杞曾刻其曾祖舜俞《都官集》三十卷。《都官集》爲先生叔邠所編。邠爲舜俞女夫，見蔣之奇〈都官集序〉，故并及先生《集》耳！」可參證。

〈汴都賦〉已載《文鑑》，世傳〈賦〉初奏御，詔李清臣讀之，多古文奇字，清臣誦之如素所習熟者，乃以偏傍取之爾。鑰爲《音釋》，附之卷末。廣棪案：《文獻通考》作「卷尾」。

案：〈汴都賦〉見載《宋文鑑》卷七。樓鑰〈序〉云：「方淇水李左丞讀〈賦〉上前，多以偏旁言之。因爲考之群書，略爲《音釋》，闕其所未知者，以俟博雅之君子，非敢自比張載、劉逵爲〈三都〉之訓詁也。」即記清臣讀〈賦〉及鑰音釋事。〈清眞先生遺事‧尚論三〉載：「先生〈汴都賦〉變〈二京〉、〈三都〉之形貌，而得其意；無十年一紀之研鍊，而有其工。壯采飛騰，奇文綺錯。二劉博奧，乏此波瀾；兩蘇汪洋，遜其典則。至今同時碩學，只誦偏旁；異世通儒，或窮音釋。然在先生，猶爲少作已。」亦論此事，可參考。

清真雜著三卷

《清眞雜著》三卷，邦彥嘗爲溧水令，故邑有詞集。其後有好事者，取其在邑所作文記詩歌，併刻之。

廣棪案：王國維〈清眞先生遺事‧年表四〉載：「哲宗元祐八年癸酉，三十八歲，春，知溧水縣。」又載：「紹聖三年丙子，四十一歲，尚在溧水任，任〈插竹亭記〉。」又載：「四年丁丑，四十二歲，還爲國子主簿，當在此數年。」據是，則《清眞雜著》所收者乃哲宗元祐八年至紹聖四

年，清眞仕溧水時所作之「文記詩歌」也。

寶晉集十四卷

《寶晉集》十四卷，禮部員外郎襄陽米芾元章撰。

　　廣棪案：《四庫全書總目》卷一百五十四〈集部〉七〈別集類〉七著錄：
「《寶晉英光集》八卷，浙江鮑士恭家藏本。宋米芾撰。芾有《畫史》，已著
錄。其〈集〉於南渡之後，業已散佚。紹定壬辰，岳珂官潤州時，既葺
芾祠，因摭其遺文爲一編，併爲之〈序〉。〈序〉中不言卷數，而稱《山
林集》舊一百卷，今所薈稡附益，未十之一。似即此本。然陳振孫《書
錄解題》稱《寶晉集》十四卷，與此不同。又此本後有張丑〈跋〉云：『得
於吳寬家』。中閒詩文，或註從〈英光堂帖〉增入，或註從〈羣玉堂帖〉
增入。則必非岳珂原本。又有註從〈戲鴻堂帖〉增入者，則併非吳寬家
本。考寶晉乃芾齋名，英光乃芾堂名。合二名以名一書，古無是例。得
無初名《寶晉集》，後人以〈英光堂帖〉補之，改立此名歟？」據是，則
此書早經散佚。而《四庫》本之《寶晉英光集》八卷，絕非《寶晉集》
十四卷之舊。至米芾字元章，吳人。《宋史》卷四百四十四〈列傳〉第二
百三〈文苑〉六有傳。

其母閻氏，與宣仁后在藩時有舊，故以后恩補試銜入仕。

　　案：《宋史》芾本傳載：「米芾字元章，吳人也。以母侍宣仁后藩邸舊恩，
補浛光尉。歷知雍丘縣、漣水軍，太常博士，知無爲軍。召爲書畫學博
士，賜對便殿，上其子友仁所作〈楚山清曉圖〉，擢禮部員外郎，出知淮
陽軍。卒，年四十九。」可參證。

其上世皆武官，蓋國初勳臣米信之後也，視芾為五世孫。

　　案：《宋史》卷二百六十〈列傳〉第十九〈米信〉載：「米信舊名海進，本
奚族，少勇悍，以善射聞。周祖即位，隸護聖軍。從世宗征高平，以功遷
龍捷散都頭。太祖總禁兵，以信隸麾下，得給使左右，遂委心焉，改名信，
署牙校。及即位，補殿前指揮使，遷直長。平揚州日，信執弓矢侍上側，
有游騎將迫乘輿，射之，一發而斃。遷內殿直指揮使。開寶元年，改殿前
指揮使、領郴州刺史。」可參證。

酷嗜古法書，家藏二王真蹟，故號寶晉齋，廣棪案：《文獻通考》此條至此而止，盧校本同。蓋由得謝東山、二王各一帖，遂刊置無為，而名齋云。

　　案：《宋史》芾本傳載：「芾爲文奇險，不蹈襲前人軌轍。特妙於翰墨，沈著飛翥，得王獻之筆意。畫山水人物，自名一家，尤工臨移，至亂眞不可辨。精於鑒裁，遇古器物書畫，則極力求取，必得乃已。王安石嘗摘其詩句書扇上，蘇軾亦喜譽之。冠服效唐人，風神蕭散，音吐清暢，所至人聚觀之，而好潔成癖，至不與人同巾器。所爲譎異，時有可傳笑者。無爲州治有巨石，狀奇醜，芾見大喜曰：「此足以當吾拜！」具衣冠拜之，呼之爲兄。又不能與世俯仰，故從仕數困。嘗奉詔倣〈黃庭〉小楷，作周興嗣〈千字韻語〉。又入宣和殿觀禁內所藏，人以爲寵。」可參考。

玉池集十二卷

《玉池集》十二卷，考功郎湘陰鄧忠臣慎思撰。

　　廣棪案：《讀書附志》卷下〈別集類〉三著錄：「《玉池先生文集》十二卷。」《宋史》卷二百八〈志〉第一百六十一〈藝文〉七〈別集類〉著錄：「《鄧忠臣文集》十二卷。」與《解題》著錄應爲同一書。忠臣字慎思，長沙人，自號玉池先生，元祐三年遷考功郎，《宋史翼》卷二十六〈列傳〉第二十六〈文苑〉一有傳。

熙寧三年進士。

　　案：《宋史翼》忠臣本傳載：「鄧忠臣字慎思，長沙人，自號玉池先生。熙寧二年進士，王珪門客也。」忠臣中進士之年，或作熙寧二年，或作三年，兩者必有一誤。考《宋史》卷十五〈本紀〉第十五〈神宗〉二載：「（熙寧）三年三月己亥，始策進士，罷詩、賦、論三題。」是忠臣乃熙寧三年進士，《宋史翼》誤。

坐元符黨，廢不用。言者論其議范忠宣謚過實，又坐罰銅。崇觀間卒。

　　案：《宋史翼》忠臣本傳載：「崇寧初權發遣汝州。初范純仁薨，謚曰忠宣。忠臣爲〈謚議〉有曰：『每思捐身而獻策，常願休兵而息民；祇知扶危而濟傾，寧恤跋前而疐後。』又曰：『方讒言亂國，而明蔡確之無實；洎姦黨投石，而謂大防之可原。當眾人莫敢言之時，在偏州無可用

之地，義形正色，憤激至誠，非特救當世正人端士之網羅，直欲戒後世亂臣賊子之迷罔，徇公忘己，爲國惜賢。』又曰：『父母之國，有時而去；股肱之義，於是或虧。放之江湖，忽如草芥。紉蘭澤畔。更甚屈原之忠；占鵩坐隅，已分賈生之死。』又曰：「側席南望，而抉浮雲之蔽；趨節東歸，而詠〈零雨〉之濛。」又曰：『法座想見其風采，詔書相望於道塗。』元年十二月，臣僚上言純仁諡已追奪。定議之博士、覆議之郎官，各罰銅十斤。忠臣坐是，罷爲管幹南京鴻慶宮。三年，添入黨籍，後贈直秘閣。著有《玉池集》。』可參證。崇、觀，即崇寧、大觀，皆宋徽宗年號。

平生著述至多，嘗和杜詩全帙，又嘗獻〈郊祀慶成賦〉及〈原廟詩〉百韻，裕陵喜之，擢爲館職。今皆軼弗傳，所存一二而已。

案：《宋史翼》忠臣本傳載：「以獻〈郊祀慶成賦〉及〈原廟詩〉百韻，擢秘書省正字。元祐三年，以韓川言，通判瀛州，遷考功郎。忠臣事母周以孝聞，母卒，護喪歸里，飲食起居，哀慕之節，皆應古禮。有學行，能文，長于雜記。嘗註杜詩，又留心晉史。元祐中充注晉史官，申省乞差劉躊、蘇象先、王摭、白時中充晉史檢校官。」可參證。

玉池，其所居山峰名。

案：玉池山，無可考。然《文選》載張衡〈南都賦〉曰：「於其陂澤，則有鉗盧、玉池、赭陽、東陂。貯水渟洿，亙望無涯。」李周翰注：「皆陂澤名。」頗疑玉池乃忠臣所居陂澤名，非山峰名也。

橘林集十六卷、後集十五卷

《橘林集》十六卷、《後集》十五卷，密州教授石忞敏若撰。崇寧壬午，以同進士出身中詞科。其文雕琢怪奇，殊乏蘊藉。壓卷策問，言王金陵配饗先聖事，謂其「以百聖鈞橐甘四海口，以《六經》河漢洗四海心，以九達<small>廣棪案：《文獻通考》作「九達」，元抄本同。</small>夷路破四海迷，以萬金良藥起四海病。」讀之不覺大笑。其人與文皆不足道也。《集》僅二冊，而卷數如此，麻沙坊本往往皆然。

廣棪案：《宋史》卷二百八〈志〉第一百六十一〈藝文〉七〈別集類〉著

錄：「石柔《橘林集》十六卷。」所著錄闕《後集》十五卷，又其名「柔」作「柔」，誤。石柔，《宋史》無傳。《宋詩紀事》卷三十五「石柔」條載：「柔字敏若，蕪湖人。元符三年進士，宣和元年中辭科，仕止密州教授。有《橘林集》。」《宋人傳記資料索引》載：「石柔，字敏若，自號橘林，蕪湖人。元符三年進士，宣和元年復中博學弘詞科，仕至密州教授。閹宦梁師成當事，或勸柔一見。柔曰：『腐夫弄柄，愧未能手批蠹根，奈何因取富貴。』遂被排擯。有《橘林集》。」所載中詞科之歲月不同。疑柔既以元符三年庚辰（1100）中進士，則其以崇寧元年壬午（1102）以同進士出身中詞科較爲合理，若至宣和元年己亥（1119），已相隔十九年，似不符事實。故應以《解題》所載爲合。至柔能嚴拒梁師成，終被排擯而不悔，則其文雖不足道，而其人則猶有可道者。

龍雲集三十二卷、附錄一卷

《龍雲集》三十二卷、《附錄》一卷，著作佐郎廬陵劉弇偉明撰。

廣棪案：《宋史》卷二百八〈志〉第一百六十一〈藝文〉七〈別集類〉著錄：「劉弇《龍雲集》三十二卷。」闕載《附錄》一卷。弇字偉明，吉州安福人。徽宗即位，任著作佐郎。《宋史》卷四百四十四〈列傳〉第二百三〈文苑〉六有傳。《宋史》本傳謂有《龍雲集》三十卷，與〈宋志〉不同，誤。

元豐進士，紹聖詞科。曾慥《詩選》以比石敏若，非其倫也。「龍雲」，安福縣廣棪案：《文獻通考》無「縣」字。**鄉名，弇所居也。**

案：《宋史》弇本傳載：「劉弇字偉明，吉州安福人。兒時警穎，日誦萬餘言。登元豐二年進士第；繼中博學宏詞科。歷官知嘉州峨眉縣，改太學博士。元符中，有事于南郊，弇進〈南郊大禮賦〉，哲宗覽之動容，以爲相如、子雲復出，除祕書省正字。徽宗即位，改著作佐郎、實錄院檢討官，以疾卒于官。弇少嗜酒，不事拘檢。爲文辭剗剔瑕纇，卓詭不凡。有《龍雲集》三十卷，周必大序其文，謂『廬陵自歐陽文忠公以文章續韓文公正傳，遂爲一代儒宗，繼之者弇也』。其相推重如此云。」可參證。觀哲宗與周必大評劉弇之語，則曾慥《詩選》以比石敏若，顯非其倫也。

唐子西集二十卷

《唐子西集》二十卷，_{館臣案：《文獻通考》作十卷。}宗學博士眉山唐庚子西撰。_{廣棪案：《文獻通考》無此句。}

廣棪案：《郡齋讀書志》卷第十九〈別集類〉下著錄：「《唐子西集》十卷。」《宋史》卷二百八〈志〉第一百六十一〈藝文〉七〈別集類〉著錄：「《唐庚集》二十二卷。」所著錄卷數均與《解題》不同。庚字子西，眉州丹稜人，嘗任宗子博士。《宋史》卷四百四十三〈列傳〉第二百二〈文苑〉五有傳。本傳亦載庚有《文集》二十卷。

張商英拜相，庚_{廣棪案：《文獻通考》作「子西」。}作〈內前行〉。後_{廣棪案：《文獻通考》無「後」字。}坐貶惠州，歸蜀而卒。其文長於論議，_{廣棪案：《文獻通考》作「議論」。}所著〈名治〉、〈存舊〉、〈正友〉、〈議賞〉諸論，皆精確。

案：《郡齋讀書志》著錄：「《唐子西集》十卷。右皇朝唐庚字子西，眉山人。登進士第。早受知於張天覺，天覺為相，擢京畿提舉常平，且欲用為諫官。天覺去位後，言者謂子西常宣言，有一網打盡之語，貶惠州。大觀五年，會赦北歸。」《宋史》庚本傳載：「唐庚字子西，眉州丹稜人也。善屬文，舉進士，稍為宗子博士，張商英薦其才，除提舉京畿常平。商英罷相，庚亦坐貶，安置惠州。會赦，復官承議郎，提舉上清太平宮。歸蜀，道病卒，年五十一。庚為文精密，通於世務，作〈名治〉、〈察言〉、〈閔俗〉、〈存舊〉、〈內前行〉諸篇，時人稱之。有《文集》二十卷。」可參證。

東觀餘論二卷

《東觀餘論》二卷，_{館臣案：《文獻通考》作三卷。}祕書郎昭武黃伯思長睿撰。

廣棪案：《宋史》卷二百二〈志〉第一百五十五〈藝文〉一〈小學類〉著錄：「黃伯思《東觀餘論》二卷。」與此同。此書歸〈小學類〉，較《解題》恰當。伯思字長睿，哲宗時任祕書郎。《宋史》卷四百四十三〈列傳〉第二百二〈文苑〉五有傳。惟本傳所載《東觀餘論》作三卷。

伯思，右丞黃履之孫。

案：《宋史》伯思本傳載：「黃伯思字長睿，其遠祖自光州固始徙閩，為

邵武人。祖履，資政殿大學士。」可參證。履，哲宗時，官拜尚書右丞。
《宋史》卷三百二十八〈列傳〉第八十七有傳。

吳園張根之壻，於李忠定綱為中外襟袂；

案：汪藻《浮溪集》卷二十四〈行狀・朝散大夫直龍圖閣張公行狀〉載：
「公諱根，字知常，姓張氏，唐宰相文瓘之後。……以元豐五年擢進士
第。年二十有一，禮部尚書黃公履聞其名，以女妻之。……夫人黃氏，
南華縣君，封宜人，知書有賢行，先公四十日卒。子四人：熏，太學博
士；熹，將仕郎；輝、煥，未官。女七人：適秘書郎黃伯思、起居郎李
綱、太學博士李富國、大府寺丞薛良顯、杭州監稅范渭、寶應縣丞虞澹，
一人尚幼。」據是，則伯思既為張根壻，又為其夫人黃氏之內姪；至其
與李綱固襟袂也。

故忠定誌其墓。

案：綱《梁谿集》卷一百六十八〈墓誌〉有〈黃公墓誌銘〉，曰：「公諱伯
思，字長睿。父姓黃氏。其遠祖自光州固始徙居閩中，為邵武人。曾祖汝
濟，贈太師。曾祖妣高氏，贈相國太夫人。祖履，任資政殿大學士，會稽
郡公，贈特進。祖妣段氏，封魏郡夫人。考應求任奉議郎，饒州司錄事。
妣王氏，封仙源縣君。繼李氏，封貢寧縣君；任氏，封華容縣君。會稽公
由布衣擢高第，以德行、文學被遇三朝，致位丞弼，號為名臣。公，其嫡
長孫也。公天資警敏，風度夷粹。幼不好弄，惟喜讀書，日誦千餘言。每
聽會稽公講論經史，退與他兒言，無遺誤者。會稽公尤鍾愛之，俾晨夕侍
左右，躬自訓導。任為假承務郎，嘗夢孔雀集于庭，覺而賦之，詞采甚麗，
識者知其為文祥也。故右文殿修撰，贈太師李公，會稽公之甥也，於公為
外伯父，儒學冠一時。會稽公命公師焉。鍾學績文，根柢淵源，益臻壺奧。
年甫冠，入太學，與宿儒寒俊校藝，累占上游。優與薦送，遂過南省。屬
哲廟升遐，天子諒陰不言，詔罷廷試。公名在行間，不得攄其素蘊。會稽
公將以恩例繼奏，俾增秩，公固辭，由是益奇之。時朝廷方以宏詞取士，
公將應其科，肄業不輟，人皆謂公決中高選。屬會稽公薨，公以毀，得羸
疾，竟不遂所志，士論惜之。初公未第，前以銓試高等，調磁州司法參軍，
久不之任，至是改通州司戶。丁內艱，不赴。服除，授河南府戶曹參軍。
公平居篤志文史，視世務邈然不以經意。其掾洛陽也，眾謂會府劇曹，難

於稱職，而公應事接物，游刃有餘，不勞而辦。洛陽故都，素號衣冠藪澤，公以餘暇，與其賢士大夫遊，從容翰墨間，相得甚適。秩滿，當受代。故資政殿學士鄧公洵武，實司留鑰，惜公之去，辟知右軍巡院。公亦樂其山水人物之勝，因留不辭，蓋留者又二年。朝廷有知公者，除詳定《九域圖志》所編修官，兼《六典》檢閱文字，改京秩；尋差充監護崇恩太后園陵使，司掌管牋表。以修書恩，陞朝列，擢祕書省校書郎。未幾，遷祕書郎。既入館，縱觀冊府藏書，雅愜所好，耽玩至忘寢食。在館踰再考，丁奉議公憂。公性至孝，自幼失母氏，而貢寧、華陽君相繼捐館舍，執喪咸以孝聞。素抱羸瘵，至是不勝哀毀，疾遂以劇。釋服至京師，清癯骨立，而嗜學不倦，蓋如昔也。復除舊職，不數月，疾竟不起，實政和二年二月二十有六日也。公初不甚信釋氏，遭會稽公喪，讀佛書，怳若有悟，遂篤好之，奉事精謹。將沒之夕，沐浴易衣西嚮，修念佛三昧而逝。家無餘貲，盈篋笥者，書籍而已。公體弱如不勝衣，而風韻灑落，飄飄有凌雲之意。遇人謙謹，恂恂如不能言。而高明宏達，善著書，揮毫數千言，倚馬可待。自幼學至強仕，手未嘗釋卷。其所至，雖假室暫寓，必求明窗淨几，圖史滿前，欣然處其間，誦習述造皆有程度。寒暑不易，故其所學，汪洋浩博，上自六經，下至諸子、百家、歷代史氏之書，天官、地理、律曆、卜筮之說，無不精詣。又好古文奇字，官洛下，得名公卿家所畜商周秦漢鐘鼎彝器款識，研究字畫體製，悉能了達，辨正是非，道其本末，遂以古文名家。在館閣時，當天下承平無事，詔講明前世典章文物，修輿地圖，集鼎彝古器，考訂真贗，公以素學，與聞議論，發明居多，館閣諸公皆自以為莫能及也。與同僚襄陵許翰尤相善。翰喜述作，所解《太玄》諸書，有疑義，多就公質之。是時士務浮競，枝解蔓衍，趨時好以取世資，公獨退然無營，寓意古道，所學最為絕俗。文辭雅健，格高而思深。歌思俊逸清新，追古作者。蓋公之學問慕揚子雲，文章慕柳子厚，詩篇慕李太白，此自其平日所稱道也。有《文集》五十卷，藏于家。公尤精小學，凡字書討論備盡。本朝淳化中博求古法書，命待詔王著緒正諸帖。公病其乖僞龐雜，作《刊誤》二卷，考引載籍，咸有依據。而公之書，正行草隸皆精絕。初倣顏、柳，後乃規摹鍾、王，筆勢簡遠，有魏晉風氣。得其尺牘者多藏弆。嗚呼！昔之所謂好古博雅君子，與夫直諒多聞之益友者，非公其誰當之。公亦頗好道家言，自號雲林子，別字霄賓。其再至京師也，夢人告之曰：『子非久

人間,上帝有命典司文翰。』覺而書之,不踰月遂謝世,其事頗與李長吉、王平甫同。亦異矣夫!公自假承務郎,六轉至朝奉郎;自磁州法掾,六遷至秘書郎。娶張氏,故朝奉大夫、直龍圖閣、淮南路計度轉運使根之女。男二人:長曰詔,今爲右宣教郎,前充荊湖南路安撫都總管,司書寫機宜文字;次曰訜,右從事郎,新差福州懷安縣尉。女一人,適故兵部侍郎鄒公浩之子曰柵,今爲右承務郎,監潭州南嶽廟。孫男二人:曰祿,曰祐。某年月日葬公于鎮江府丹徒縣招隱山之麓,距今蓋十有七年。方葬時,詔、訜尚幼,不克銘于墓,大懼湮沒先德,乃狀公平生行事來請銘。綱於公,中表姻婭,相與甚厚,義不得辭。銘曰:「天地和氣,清微淑靈。山川炳煥,草木敷榮。公稟其秀,應時以生。岐嶷之姿,見自幼齡。風神凝遠,玉粹冰清。溫良端恪,祖訓是承。孔翠之祥,乃以文鳴。含英咀華,休有俊聲。來遊賢關,令譽騰躍。遂登儒科,縻此好爵。筮仕之初,于西邑洛。簿書粗辦,寓意寥廓。發間惟馨,高步館閣。縱觀群書,得其所樂。貫穿古今,見聞日博。沈酣耽玩,心醉于學。根深華茂,其辭如雲。文章典雅,詩句清新。人皆窘束,我獨瀹淪。追古作者,超類軼群。夏鼎周鼓,鍾鎛彝樽。雲雷刻畫,繚以繆文。銘章款識,研究本根。洞視千古,別其贗眞。下逮小學,訂正精明。字畫之妙,晚臻老成。有正有隸,有草有行。鸞翔鵠峙,嶽立淵渟。兼資眾妙,以大其名。身反不昌,遽速殞零。蘭摧桂折,鳳去梁傾。莫詰其由,歸于杳冥。白玉樓成,上帝有詔。往司文翰,脫屣塵淖。世間夢幻,孰非顛倒。壽夭升沉,竟亦何校。京口之藏,既安宅兆。十有七年,星流電掃。子孫方興,天有顯報。追作銘詩,萬世之告。」可參證。

伯思,元符庚辰進士,年四十而卒。廣棪案:《文獻通考》「卒」作「死」。**好古博雅,喜神仙家言,自號雲林子,別字霄賓。有《集》一百卷。此書止法帖刊誤及序跋古書畫器物,故名《餘論》。**

案:《宋史》伯思本傳載:「元符三年,進士高等,調磁州司法參軍,久不任,改通州司戶。丁內艱,服除,除河南府戶曹參軍,治劇不勞而辦。秩滿,留守鄧洵武辟知右軍巡院。伯思好古文奇字,洛下公卿家商、周、秦、漢彝器款識,研究字畫體製,悉能辨正是非,道其本末,遂以古文名家,凡字書討論備盡。初,淳化中博求古法書,命待詔王著續正法帖,伯思病其乖僞龐雜,考引載籍,咸有依據,作《刊誤》二卷。由是篆、隸、正、行、草、章草、飛白皆至妙絕,得其尺牘者,多藏弄。又二年,

除詳定《九域圖志》所編修官兼《六典》檢校文字,改京秩。尋監護崇恩太后園陵使司,掌管牋奏。以修書恩,升朝列,擢祕書省校書郎。未幾,遷祕書郎。縱觀冊府藏書,至典章文物、集古器考定眞贗,以素學與聞,議論發明居多,館閣諸公自以爲不及也。踰再考,丁外艱,宿抱羸瘵,因喪尤甚。服除,復舊職。伯思頗好道家,自號雲林子,別字霄賓。及至京,夢人告曰:「子非久人間,上帝有命典司文翰。」覺而書之。不踰月,以政和八年卒,年四十。伯思學問慕揚雄,詩慕李白,文慕柳宗元。有《文集》五十卷、《翼騷》一卷。二子:詔,右宣教郎、荊湖南路安撫司書寫機宜文字;訏,右從事郎、福州懷安尉,裒伯思平日議論題跋爲《東觀餘論》三卷。」可參證。惟本傳載有《文集》五十卷,與《解題》所言百卷不同。《四庫全書總目》卷一百十八〈子部〉二十八〈雜家類〉著錄:「《東觀餘論》二卷,浙閩總督採進本。宋黃伯思撰。伯思字長睿,號霄賓,又自號雲林子,昭武人。政和中,官至祕書郎。伯思歿時,年僅四十,而學問淹通。李綱誌其墓,稱經史百家之書,天官、地理、律歷、卜筮之說,無不精詣。又好古文奇字,鍾鼎、彝器、款式體製,悉能了達辨正。所著有《法帖刊誤》二卷、古器說四百二十六篇。紹興丁卯,其子訏與其所著論辨題跋合而刊之,總名曰《東觀餘論》。然〈跋〉稱共十卷,今本僅二卷,或後來傳寫所合併。所載古器亦不足四百二十六條,則疑訏於其未定之說有所去取。較務矜繁富,不辨美惡,徒誇祖父之長,而適暴所短者,其識特高。」可供參證。惟此書似應歸〈子部・雜家類〉,《解題》有所未當也。

北湖集十卷、長短句一卷

《北湖集》十卷、《長短句》一卷,直祕閣知虢州富川吳則禮子副撰。

　　廣棪案:《宋史》卷二百八〈志〉第一百六十一〈藝文〉七〈別集類〉著錄:「《吳則禮集》十卷。」應與《北湖集》同書異名。則禮字子副,《宋史》無傳。陸心源《宋詩紀事補遺》卷之三十「吳則禮」條稱:「崇寧中直秘閣,知虢州。」

其父中復,以孫抃薦為御史,不求識面臺官者也。

　　案:《宋史》卷三百二十二〈列傳〉第八十一〈吳中復〉載:「吳中復字

仲庶，興國永興人。……中復進士及第，……通判潭州，御史中丞孫抃
薦爲監察御史，初不相識也。或問之，抃曰：『昔人恥爲呈身御史，今豈
有識面臺官耶？』遷殿中侍御史。」可參證。

中復弟幾復、嗣復、子立禮及嗣復子審禮，皆登科，有名譽。

案：幾復，《宋史》無傳。《宋詩紀事補遺》卷之十「吳幾復」條載：「中復
弟。景祐間兄弟聯名登第。嘉祐中知蓬州鳳凰院觀稼。」考蘇頌《蘇魏公
文集》卷二十九有〈屯田郎中權發遣三司度支判官吳幾復可都官郎中制〉，
蔡襄《蔡忠惠集》卷十有〈前乾德縣令國子監說書吳幾復可大理寺丞制〉，
胡宿《文恭集》卷七有〈吳幾復加騎都尉制〉，可悉其仕履。嗣復，《宋史》
無傳。《宋會要輯稿》一百十九冊〈選舉〉三一之二八載：「明道元年十二
月十八日，學士院試。殿中丞宋祁賦優，詩稍堪；太子中允韓琦詩賦稍優；
太常博士楊偉、郭稹並試賦稍堪，詩稍優；大理評事石延年賦平，詩稍堪；
趙宗道賦稍堪，詩平；江寧府上元縣主簿吳嗣復、廬州合肥縣主簿胡宿普
賦稍堪，詩平。詔祁本官直史館，琦太常丞直集賢院，偉、稹本官充集賢
校理，延年、宗道、嗣復、宿館閣校勘。」是嗣復於仁宗明道元年曾以江
寧府上元縣主簿參加學士院試，其賦稍堪，詩平，詔任館閣校勘。立禮，《宋
史》無傳。《蘇魏公集》卷三十四有〈光祿寺丞可著作佐郎制〉，可知其仕
履。《宋會要輯稿》第九十九冊〈職官〉六七之八載：「（元祐七年）七月二十
四日，孫咸寧罷涇原路準備使，換添差監邵州酒稅。御史吳立禮、黃慶基
再論咸寧知鄜州守邊，斥堠不明，不豫清野，致西賊恣行劫掠，乞削奪遠
竄，以警邊吏。」《宋人傳記資料索引》載：「吳立禮，永興人，中復子。
爲御史，有父風節。」即言此事。審禮，《宋史》無傳。《宋會要輯稿》第
五十九冊〈職官〉二之七載：「（元豐五年）十一月三日給事中陸佃言：讀吏
部所上鈔內，朝請郎、提舉玉隆觀吳審禮擬遷朝奉大夫，緣審禮，以老疾
乞宮觀，法不當遷。詔寢之。」同書第六十六冊〈職官〉一一之二一所載
同。同書第八十四冊〈職官〉四十三之二載：「神宗熙寧二年九月九日，制
置三司條例司言：近詔置京東等路常平廣惠倉，欲量逐路錢物多少，選官
分詣提舉。詔差官充逐路提舉常平廣惠倉兼管勾農田水利差役事。於是屯
田郎中支公弼、太常博士王廣廉、河北路駕部員外郎蘇涓、太子中書劉琯、
陝西路太常博士胡朝宗、殿中丞張復禮、京東路太常博士李南公、殿中丞
陳知儉、京西路都官員外郎熊本、殿中丞徐倣、淮南路太常博士張峋、秘

書丞侯叔獻、兩浙路都官員外郎林英、開封府界都官員外郎許懋、太常博士曾誼、江南東路太子中舍張次山、江南西路職方員外郎梁端、比部員外郎謝卿材、河東路太常博士吳審禮、喬敘、荊湖南路都官員外郎田君平、荊湖北路太常博士李元瑜、成都府路都官員外郎姜師孟、秘書丞田祐、梓州路虞部郎中王直溫、都官員外郎張吉甫、利州路虞部員外郎韓彥、殿中丞張授、夔州路屯田員外郎涪烈、廣南東路太子中允關杞、廣南西路太常博士嚴君貺、福建路又差同管勾大理寺丞朱紋、京西路著作佐郎曾亢、淮南路前益州石理參軍王醇、兩浙路大理寺丞王子淵、京東路著作佐郎張杲之、陝西路台州天台令蘇澥、江南西路前睦州桐廬縣令曾點、福建路著作佐郎范世京、荊湖北路謝仲規、成都府路楊汲、揚南東路俞兌、廣南西路就差楊汲提舉開封府界。」同書第一百九十三冊〈方域〉一六之六載:「神宗熙寧六年六月十二日,上批:『汴水比忽減落,中河絕流,其窪下處才餘一二尺許,訪聞下流公私重船,初不預知放水。淤田時日,以故減剝不及,類皆閣折損壞,致留滯久。人情不安,可令都水應千官司分析。上下三司委差官同府界提點司自京抵陳留,具有無損壞舟舩,比較累年所壞數以聞。』後提點吳審禮等言檢視舟船初損壞者。」據是,則審禮曾先後任河東路太常博士、提點刑獄、朝請郎、提舉玉隆觀等職。

則禮以父澤入仕,晚居豫章,自_{廣校案:《文獻通考》無「自」字。}**號北湖居士。**

案:《宋詩紀事》卷三十二「吳則禮」條載:「則禮字子副,富川人。中復子,以父澤入仕。晚居豫章,自號北湖居士。有《北湖集》。」《宋詩紀事補遺》卷之三十「吳則禮」條載:「字子副,興國州人。以父中復蔭入仕。元符元年,為衛尉寺主簿。崇甯中,直秘閣,知虢州。三年編管荊南。晚居江西,號北湖居士,著有《北湖集》。」可參證。

劉左史集四卷

《劉左史集》四卷,起居郎永嘉劉安節元承撰。

廣校案:《宋史》卷二百八〈志〉第一百六十一〈藝文〉七〈別集類〉著錄:「《劉安節文集》五卷。」卷數不同。安節字元承,永嘉人。哲宗元符時任起居郎。《宋史翼》卷七〈列傳〉第七有傳。

與從弟安上皆嘗事二程，同游太學，號二劉。安節元符三年進士，為察官左史，晚知宣州以沒。

案：《宋史翼》安節本傳載：「劉安節字元承，永嘉人。嗜學，有所未達，思之，夜以繼日，必至于得而後已。少與安上相友愛，師事伊川，遊太學。成元符三年進士，調諸暨主簿、祭酒，率其屬表留太學，不報。尋除萊州教授，未行。改河東提學，管勾文字。召對便殿，安節言：東宮宜慎擇官屬，雖左右趨走者，必惟其人。又論奢儉及君子小人和同之異。上稱善，即日擢監察御史。自學禁起，伊川弟子無顯者，至安節與許景衡始見用。已而除起居郎。次年遷太常少卿。言者斥安節在言責時無所建明，謫守饒州。州饑，大發廩賑之。又檄旁郡無遏糴。軍儲不足，他州皆強取諸民。安節曰：『歲荒如此，重困之可乎？他司宜有相通者。』市人為在官者所擾，多逃散，安節安集之。未幾，饑者充，乏者濟，逃者復，于是與之治賦裁，制貢奉之須，俾屬縣先期戒，民無倉卒之擾。移知宣州。饒之民遮留之，涕泣不忍別，曰：『吾州自范文正公而後，始見劉公。』甫至宣，大水，分遣其屬具舟拯溺，而躬督之，昕夕不休。遠近流民至者以萬數，闢佛寺以處之。欲發廩，吏以為法令不可，部使者亦持之，安節弗聽。政和六年春大疫，命醫分治之，得全活者不可計。夏五月卒，年四十九。安節清明坦夷，雅近于道學問。始以致和格物發其材，久之存心養性，于是有得。遇人無貴無賤，一以至誠，未嘗見其有怒辭怒色。至于大節則凜然不可奪，鄒浩得罪，與其所厚數十人道送勞勉之。朝廷震怒追逮，安節泰然。已而，哲宗宥之，亦自若。宣州荒政，有詔褒美，安節歸功于監司。其待吏胥，不以刑威而自服。嘗相戒曰：『神可欺，府君不可欺。』訟者亦或相戒曰：『何面目見府君？』以是政甚清簡，嘗輯《伊川語錄》一卷。所著有《劉左史集》。許景衡銘其墓。」可參證。

箕潁集二十卷

《箕潁集》二十卷，潁昌曹組元寵撰。組本與兄緯有聲太學，亦能詩文，而以滑稽下俚之詞行於世得名，良可惜也。謝克家任伯為〈集序〉，其子勛跋其後，略見其出處。蓋宣和三年始登第，郊禮進〈祥光賦〉，有旨換

武階，兼閣職，詔中書召試，仍給事殿中，未幾而卒。然《集》中有〈謝及第啟〉，〈自序〉云：「蚤預諸生，竟叨右列。」則未第之前，已在西班，未知何以也。曾慥《詩選》云：六舉不第，宣和中詔赴廷試，賜第。〈啟〉中所謂「特舉屢微，許從俊造」，慥之言良是。〈序〉、〈跋〉不著其實爾。

　　案：《宋史》卷二百八〈志〉第一百六十一〈藝文〉七〈別集類〉著錄：「曹彥章《箕穎集》一十卷。」疑〈宋志〉「曹彥章」即「曹組」，證之曹緯一字彥文，則組或一字彥章也。「一十卷」，恐爲「二十卷」之誤。組，《宋史》無傳。《宋詩紀事》卷四十「曹組」條載：「組字元寵，潁昌人。緯弟。宣和三年進士，召試中書，換武階，兼閤門宣贊舍人，仍給事殿中，官止副使。有《箕穎集》。」唐圭璋《全宋詞》「曹組」條載：「組字元寵，潁昌（今河南許昌）人。以諸生爲右列，六舉未第。宣和三年（1121），以下使臣承信郎特令就殿試，考中第五甲，賜同進士出身，仍給事殿中。官止閤門宣贊舍人，睿思殿應制。有《箕穎集》二十卷，今不傳。」可參證。緯，《宋史》亦無傳。《宋詩紀事》卷四十「曹緯」條載：「緯字元象，一字彥文，潁昌人。有俊才。釋褐即物故。」可知其梗概。組子勛，《宋史》卷三百七十九〈列傳〉第一百三十八有傳。其〈傳〉曰：「曹勛字公顯，陽翟人。父組，宣和中，以閤門宣贊舍人爲睿思殿應制，以占對開敏得幸。勛用恩補承信郎，特命赴進士廷試，賜甲科，爲武吏如故。」至謝克家，《宋史》無傳。《宋人傳記資料索引》載：「謝克家字任伯，上蔡人。紹聖四年進士，建炎四年官至參知政事，終資政殿學士。紹興初寓居臨海，紹興四年卒。」可知其宦履。

梅文安集十五卷

《梅文安集》十五卷，戶部尚書浦江梅執禮和勝撰。

　　廣棪案：《宋史》卷二百八〈志〉第一百六十一〈藝文〉七〈別集類〉著錄：「《梅執禮集》十五卷。」與此同。執禮字和勝，婺州浦江人。欽宗時任戶部尚書。《宋史》卷三百五十七〈列傳〉第一百一十六有傳。

執禮死於靖康之禍，人固哀其不幸，而不知吳革、趙子昉之謀，執禮實主之。事既泄，范瓊殺革，徐秉哲以子昉遺金，金知執禮預謀，以根括金銀爲罪，問誰爲長官，意在執禮也。安撫恐其坐之，進曰：「皆長官

也。」遂俱死。

案：《宋史》執禮本傳載：「金人圍京都，執禮勸帝親征，而請太上帝后、皇后、太子皆出避，用事者沮之。洎失守，金人質天子，方金帛以數百千萬計，曰：『和議已定，但所需滿數，則奉天子還闕。』執禮與同列陳知質、程振、安扶皆主根索，四人哀民力已困，相與謀曰：『金人所欲無藝極，雖銅鐵亦不能給，盍以軍法結罪，儻窒其求。』而宦者挾宿怨語金帥曰：『城中七百萬戶，所取未百一，但許民持金銀換粟麥，當有出者。』已而果然。酋怒，呼四人責之，對曰：『天子蒙塵，臣民皆願致死，雖肝腦不計，於金繒何有哉？顧比屋枵空，亡以塞命耳！』酋問官長何在，振恐執禮獲罪，遂前曰：『皆官長也。』酋益怒，先取其副胡舜陟、胡唐老、姚舜明、王俁，各杖之百。執禮等猶為之請，俄遣還，及門，呼下馬撾殺之，而梟其首，時靖康二年二月也。是日，天宇晝冥，士庶皆隕涕憤歎。初，車駕再出，執禮與宗室子昉、諸將吳革等謀集兵奪萬勝門，夜擣金帥帳，迎二帝以歸。而王時雍、徐秉哲使范瓊泄其謀，故不克。死時，年四十九。高宗即位，詔贈通奉大夫、端明殿學士。議者以為薄，復加資政殿學士。」可參證。

「文安」者，所封開國縣也。

案：文安，在今直隸文安縣東。

李忠愍集十二卷

《李忠愍集》十二卷，吏部侍郎臨洺李若水清卿撰。後二卷為附錄其死事，時財三十五歲。

廣棪案：《宋史》卷二百八〈志〉第一百六十一〈藝文〉七〈別集類〉著錄：「《李若水集》十卷。」〈宋志〉未及《附錄》二卷。若水字清卿，洺州曲周人。欽宗時任吏部侍郎。《宋史》卷四百四十六〈列傳〉第二百五〈忠義〉一有傳。《四庫全書總目》卷一百五十五〈集部〉八〈別集類〉八著錄：「《忠愍集》三卷，《永樂大典》本。宋李若水撰。若水本名若冰，欽宗為改今名。字清卿，曲周人。靖康初以上舍登第。由太學博士歷官吏部侍郎。從欽宗如金營，以力爭廢立，不屈死。建炎初，贈觀文殿學士，諡忠愍。事蹟具《宋史》本傳。《書錄解題》稱後二卷為附錄其死節時事。〈宋志〉蓋但舉其詩文，其實一也。」可參考。

本名若冰，以靖康出使，改今名。詩文雖不多，而詩有風度，文有氣概，足以知其所存矣。

案：《宋史》若水本傳載：「李若水字清卿，洺州曲周人。元名若冰。……欽宗將遣使至金國，議以賦入贖三鎮，詔舉可使者，若水在選中，召對，賜今名。……（靖康）二年，金人再邀帝出郊，帝殊有難色，若水以爲無他慮，扈從以行。金人計中變，逼帝易服，若水抱持而哭，詆金人爲狗輩。金人曳出，擊之敗面，氣結仆地，眾皆散，留鐵騎數十守視。粘罕令曰：『必使李侍郎無恙。』若水絕不食，或勉之曰：『事無可爲者，公昨雖言，國相無怒心，今日順從，明日富貴矣。』若水歎曰：『天無二日，若水寧有二主哉！』其僕亦來慰解曰：『公父母春秋高，若少屈，冀得一歸覲。』若水叱之曰：『吾不復顧家矣！忠臣事君，有死無二。然吾親老，汝歸勿遽言，令兄弟徐言之可也。』後旬日，粘罕召計事，且問不肯立異姓狀。若水曰：『上皇爲生靈計，罪己內禪，主上仁孝慈儉，未有過行，豈宜輕議廢立？』粘罕指宋朝失信，若水曰：『若以失信爲過，公其尤也。』歷數其五事曰：『汝爲封豕長蛇，眞一劇賊，滅亡無日矣！』粘罕令擁之去，反顧罵益甚。至郊壇下，謂其僕謝寧曰：『我爲國死，職耳，奈併累若屬何？』又罵不絕口，監軍者撾破其唇，嘖血罵愈切，至以刃裂頸斷舌而死，年三十五。』上引《四庫全書總目》同條載：「若水當金兵薄城之時，初亦頗主和議。於謀國之計，未免少疏。而卒能奮身殉節，揩柱綱常。與斷舌常山後先爭烈。使敵人相顧歎息，有『南朝惟李侍郎一人』之語。其末路足以自贖。史家以忠義稱之，原其心也。其詩具有風度，而不失氣格。其文亦光明磊落，肖其爲人。」均足資參證。

夷白堂小集二十卷、別集三卷

《夷白堂小集》二十卷、《別集》三卷，考功員外郎括蒼鮑慎由欽止撰。元祐初以任子試吏部銓第一，復登六年進士乙科。甫脫選即爲郎，然自是數坐累，官竟不進。

廣棪案：《宋史》卷二百八〈志〉第一百六十一〈藝文〉七〈別集類〉著錄：「《鮑欽止集》二十卷。」與《夷白堂小集》爲同書。慎由，《宋史》無傳。《宋會要輯稿》第九十九冊〈職官〉六八之三五載：「（政和五年）十

一月六日，司封郎官陳之邵、吳开，考功員外郎鮑愼由、吏部員外郎茱
唐稽各降兩官，吏部侍郎姚祐降一官，以不覺察點檢人吏韓仲孫洗改官
告也。」《四庫全書總目》卷一百八十六〈集部〉三十九〈總集類〉一著
錄：「《高氏三晏集》三卷、附《香山九老詩》一卷，_{江蘇巡撫採進本。}唐高
正臣撰。……末又附《香山九老會詩》一卷，卷尾有「夷白堂重雕」字。
考宋鮑愼由字欽止，括蒼人。元祐六年進士，著有《夷白堂集》。此或愼
由所刊歟？」均可參證。

其父粹始居吳，故葬於吳興。

案：鮑粹，生平事蹟無可考。振孫所撰《吳興人物志》必有記載。惟書
已散佚，無法得悉其詳矣。

清溪集十卷、附錄一卷

《清溪集》十卷、《附錄》一卷，_{館臣案：《文獻通考》「清」作「青」。}　_{廣棪}
_{案：元抄本、盧校本同。}**楚州教授臨川汪革信民撰。紹聖四年試禮部第一，
遂登甲科。蔡京當國，召為宗子博士，力辭不就。年財四十卒。呂原明
誌其墓，晁以道為辭以哀之。革嘗有言曰：「咬得菜根，則萬事可做。」
誠名言也。**

廣棪案：汪革，《宋史》無傳。《宋元學案》卷二十二〈滎陽學案・滎陽
門人〉「教授汪青溪先生革」條載：「汪革，字信民，臨川人也。紹聖四
年進士，官楚州教授。呂侍講原明方居符離，先生從之學，稱高弟。侍
講嘗曰：『黃憲、茅容之儔也。』分教長沙，張侍郎舜民在焉，相與講學
極契。蔡京當國，召爲宗正博士，力辭不就，曰：『吾不能附名不臣傳！』
復爲楚州教授以卒，年止四十。侍講爲志其墓，晁景迂有詞哀之。先生
篤實剛直，惜不免墮于禪學，則侍講之所夾雜也。故其詩云：『富貴空中
花，文章木上癭。要知眞實地，惟有華嚴境。』不得入聖人之室矣。然
其言云：『咬得菜根，則百事可做。』固名言也。學者稱爲青溪先生。_雲
_{濠案：青溪一作清溪。}有《論語直解》、《青溪集》。謝逸與弟薖皆學于侍講，
當事以八行薦，無逸力辭，兄弟終身老死布衣，其高節蓋得侍講之力。
信民貽之詩曰：『新年更勵於陵操，妻子同鉏五畝蔬。』蓋不當唯以詞人
目之。」可參證。

玉溪集二十二卷

《玉溪集》二十二卷，左司員外郎永嘉倪濤巨濟撰。其父始徙居廣德。

> 廣棪案：《宋史》卷二百八〈志〉第一百六十一〈藝文〉七〈別集類〉著
> 錄：「倪濤《玉溪集》二十二卷。」與此同。濤字巨濟，廣德軍人。徽宗
> 時任左司員外郎。《宋史》卷四百四十四〈列傳〉第二百三〈文苑〉六有
> 傳。是濤以永嘉爲郡望，《宋史》稱濤「有《雲陽集》傳於世」，與此稱
> 《玉溪集》不同。

濤，大觀三年進士。燕山之役，誦言其非，以沮軍罷，謫衡州茶陵以死，
年三十九。

> 案：《宋史》濤本傳載：「倪濤字巨濟，廣德軍人。卯角能屬文，博學強
> 記。年十五，試太學第一，遂擢進士，調廬陵尉、信陽軍教授。入爲太
> 學正，祕書省校書郎、著作佐郎，司勳、左司員外郎。朝廷議有事燕雲，
> 大臣爭先決策，爲固位計，皆心知不可，無敢一出口，濤獨言其非。且
> 曰：『景德以來，守約不犯邊，盟誓固在，不可渝也。天下久平，士不習
> 戰，軍儲又屈，毋輕議以詒後患。』王黼怒曰：『君敢沮軍事邪？』於是
> 言者論其鼓唱撰造，貶監朝城縣酒稅，再徙茶陵船場。卒，年三十九。
> 死之明年，金人犯闕，朝廷憶濤言，官其一子。有《雲陽集》傳於世。」
> 可參證。

呂居仁誌其墓，曾吉父爲作〈集序〉。

> 案：居仁即本中，初名大中，字居仁。《宋史》卷三百八十二〈列傳〉第
> 一百三十五有傳。其所誌倪濤墓文已佚。吉父，即曾幾。幾字吉甫，《宋
> 史》卷三百八十二〈列傳〉第一百四十一有傳。著有《茶山集》，惟〈玉
> 溪集序〉亦佚。

竹隱畸士集四十卷

《竹隱畸士集》四十卷，右文殿修撰韋城<sup>廣棪案：《文獻通考》作「韋成」，
誤。</sup>趙鼎臣承之撰。元祐甲科，紹聖宏詞。又自號葦溪翁。

> 廣棪案：《宋史》卷二百八〈志〉第一百六十一〈藝文〉七〈別集類〉著
> 錄：「趙鼎臣《竹隱畸士集》四十卷。」與此同。鼎臣，《宋史》無傳。《宋

詩紀事》卷三十二「趙鼎臣」條載：「鼎臣字承之，衛城人，自號葦溪翁。元祐進士，宣和中以右文殿修撰知鄧州，召爲太府卿。有《竹隱畸士集》。」鼎臣有〈余少時嘗種竹於所居之南號竹隱今二十年矣而隱之志葢未遂也孫志康善篆嘗欲得竹隱二字題其上因敘所以爲詩以乞之且呈好事諸君子各乞一詩以爲舊隱光華〉詩，收入《宋詩紀事補遺》卷之二十八，其〈詩〉云：「先君昔謝事，勇退不待年。區中五畝宅，郭外二頃田。歸裝無一金，貰書費萬錢。余時老萊衣，方冠絕可憐。賜第殿東廡，棄官天北邊。余元祐六年賜進士第，調真定府戶曹參軍，以親老不赴。耕耘具甘旨，采掇求蘭荃。種竹南牆下，清陰頗蕭然。謂此可隱矣，曰余其老焉。人事喜齟齬，壯志誠遷延。身遭患難餘，仕爲饑凍牽。浮舟客江湖，伏劍臨幽燕。兒女道路長，歲月鞍馬捐。一與故隱別，逮此成華顛。傳聞攫龍兒，一一長刺天。出處令人悲，太息夜不眠。同舍有孫楚，筆勢何翩翩。未甘丞相後，不許中郎前。何以慰此君，勾子翰墨妍。持歸榜吾隱，不翅青玉鑴。異時儻過我，物色揚雄塵。貧家何所有，滿林玉碧鮮。渭川已太廣，淇澳空白賢。君看青琅玕，知我非臞仙。」可悉其家世及仕履之一斑。

其孫綱立刊於復州。本百二十卷，刊止四十卷而代去，遂止。

案：《四庫全書總目》卷一百五十五〈集部〉八〈別集類〉八著錄：「《竹隱畸士集》二十卷，《永樂大典》本。宋趙鼎臣撰。鼎臣字承之，衛城人。自號葦溪翁。元祐閒進士。紹聖中登宏詞科。宣和中以右文殿修撰知鄧州，召爲太府卿。其《集》見於《宋史・藝文志》者四十卷。陳振孫《書錄解題》云：『其孫綱立刊於復州。本百二十卷，刊至四十卷而代去，遂止。』是在當時版行者已非完本。劉克莊《後村詩話》又云：『《竹隱集》十一卷，多其舊作。暮年詩無棗本。所紀卷目多寡頗不合。』疑克莊所稱十一卷者，乃專指其詩而言也。鼎臣，《宋史》無傳，其家世無可考。獨《集》中有〈繳進其父元祐末所上河議奏狀〉一首。今考《宋史・河渠志》：『元祐紹聖閒，水官建議回河，獨轉運使趙偁不以爲然，力主北流之議。疏凡數上，言皆切直。』與鼎臣奏狀相合。是鼎臣即偁之子，淵源有自。其後嘗往來大名，眞定閒，與蘇軾、王安石諸人交好，相與酬和。故所作具有門逕，能力追古人。劉克莊稱其詩，謂『材氣飄逸，記問精博。警句巧對，殆天造地設，略不戞人喉舌，費人心目。』推挹甚至。今克莊所摘諸句，已多佚其全篇。而即所存諸詩觀之，工巧流麗，

其才實未易及。克莊之言,故非溢美。至其雜文刻意研練,古雅可觀,亦非傖陋者所能望其項背。惜原集久經失傳。謹就《永樂大典》各韻中蒐採彙輯,勒成二十卷。諸體具備,蔚然可觀。雖未能齊軌蘇、黃,然比於唐庚、晁補之諸人,則不啻驂之有靳矣。」可參證。綱立,《宋史》亦無傳,生平不可考。

傅忠肅集三卷

《傅忠肅集》三卷,待制濟源傅察公晦撰。堯俞從孫也。

廣校案:《宋史》卷二百八〈志〉第一百六十一〈藝文〉七〈別集類〉著錄:「《傅察集》三卷。」與此同。察字公晦,孟州濟源人,中書侍郎堯俞從孫,卒贈徽猷閣待制,賜謚忠肅。《宋史》卷四百四十六〈列傳〉第二百五〈忠義〉一有傳。

宣和七年,以吏部郎接伴金使。廣校案:《文獻通考》作「虜使」。金人廣校案:《文獻通考》作「虜人」。入寇,使人不來,為敵廣校案:《文獻通考》「敵」作「虜」。驅去幹里布,廣校案:《文獻通考》作「幹離不」。脅使拜,不屈見殺。

案:《宋史》察本傳載:「宣和七年十月,接伴金國賀正旦使。是時,金將渝盟,而朝廷未之知也。察至燕,聞金人入寇,或勸毋遽行。察曰:『受使以出,聞難而止,若君命何?』遂至韓城鎮。使人不來,居數日,金數十騎馳入館,強之上馬,行次境上,察覺有變,不肯進,曰:『迓使人,故例止此。』金人輒易其馭者,擁之東北去,行百里許,遇所謂二太子幹離不者領兵至驛道,使拜。察曰:『吾若奉使大國,見國主當致敬,今來迎客而脅我至此!又止令見太子,太子雖貴人,臣也,當以賓禮見,何拜為?』幹離不怒曰:『吾興師南向,何使之稱?凡汝國得失,為我道之,否則死。』察曰:『主上仁聖,與大國講好,信使往來,項背相望,未有失德。太子干盟而動,意欲何為?還朝當具奏。』幹離不曰:『爾尚欲還朝邪?』左右促使拜,白刃如林,或捽之伏地,衣袂顛倒,愈植立不顧,反覆論辨。幹離不曰:『爾今不拜,後日雖欲拜,可得邪?』麾令去。察知不免,謂官屬侯彥等曰:『我死必矣,我父母素愛我,聞之必大戚。若萬一脫,幸記吾言,告吾親,使知我死國,少紓其亡窮之悲也。』眾皆泣。是夕隔絕,不復見。金兵至燕,彥等密訪存亡,曰:『使臣不拜

太子，昨郭藥師戰勝有喜色，太子慮其劫取，且銜往忿，殺之矣。』將官武漢英識其屍，焚之，裹其骨，命虎翼卒沙立負以歸。立至涿州，金人得而繫諸土室，凡兩月。伺守者怠，毀垣出，歸以骨付其家。副使蔣噩及彥輩歸，皆能道察不屈狀，贈徽猷閣待制。……及倉卒徇義，犖犖如此，聞者哀而壯之，時年三十七。乾道中，賜諡曰忠肅。」可參證。《解題》之「斡里布」，即《宋史》之「二太子斡離不」，對音不同耳。

丁永州集三卷

《丁永州集》三卷，知永州吳興丁注葆光撰。元豐中余中榜進士。喜為歌詞，世所傳〈催雪·無悶〉及〈重午·慶清朝〉，皆有承平閒雅氣象。有女適樂清令富春李素見素，實先妣之大父母也。

廣棪案：《解題》此條，拙著《陳振孫之生平及其著述研究》第四章〈陳振孫之戚友與交游〉第一節〈陳振孫之親戚〉考之甚詳，茲迻錄如後：「直齋母系一族之親戚，據上引《解題》卷十七〈別集類〉「《丁永州集》三卷」條，則知直齋之母姓李氏，乃嘗任樂清令李素字見素之孫女；素之妻乃知永州丁注之女，注字葆光，《解題》謂其『元豐中余中榜進士』，則有微誤。查檢明人朱希召所編《宋歷科狀元錄》卷之四〈神宗朝〉條載：『熙寧六年癸丑狀元余中、省元邵剛。三月庚戌親策進士余中等四百人。余中，字正道，宜興人。熙寧五年偕兄貫試禮部，中預選而貫黜。因薦兄請自黜，有司雖不許，士論嘉之。次年廷對第一。紹聖初，使虜還。奏河朔城隍隳圮，乞從密院行下葺治，以戒不虞。宣、靖間，金人長驅，城守多不固，議者始思其言。官國子直講，至知湖州府致仕。是歲宜興一郡，余中魁大廷，邵剛魁南宮，邵材魁開封。於是稱多士矣。』觀此，是丁注乃神宗熙寧六年癸丑（1073）余中榜進士，非元豐也，直齋亦失檢矣。丁注之女既適李素，則素為注之佳婿；注為直齋母之外曾祖父，而李素夫婦則為直齋之外曾祖父母也。直齋之外曾祖父母，其生平事蹟，可知者甚少；反而丁注，則可考者較多。今試略徵史料，闡述丁永州之宦績及其著述如下：厲鶚《宋詩紀事》卷二十五〈丁注〉條載：『注字葆光，吳興人。熙寧六年進士。知永州。有《丁永州集》。』昌彼得等所編之《宋人傳記資料索引》記載則較詳，其〈丁注〉條云：『丁注，字

葆光，歸安人。熙寧六年余中榜進士，累官知永州。喜爲歌詞。有《丁永州集》三卷，不傳。』案：歸安乃屬吳興。注喜爲歌詞，直齋《解題》已言及之，惜今多不傳。《全宋詞》僅收其〈無悶〉一闋，《解題》所提及之另一首〈慶清朝〉，今亦散佚無存，殊可惋也。茲將〈無悶〉一詞錄之如下：『風急還收，雲凍又開，海闊無人翦水。算六出工夫，怎教容易。剛被郢歌楚舞，鎮獨向、尊前誇輕細。想謝庭詩詠，梁園賦賞，未成歡計。　　天意。是則是。便下得控持，柳梢梅蕊。又爭奈、看看漸回春意。好趁東君未覺，預先把、園林都裝綴。看是處、玉樹瓊枝，勝却萬紅千翠。《陽春白雪》卷一。」此詞《解題》有小題，作「催雪」，甚切詞意，可補《全宋詞》所未及。至此詞用典之精妙，頗能融化詞意，殊非平鈍者所能作也。丁注亦能詩，《宋詩紀事》卷二十五錄其〈永慶寺二覽亭〉一首，曰：「插迥飛簷聳，凌虛疊砌危。四天欄下揖，萬象掌中窺。目力不到處，雲谷無盡時。塵塵看勝事，憑欄幾人知。《赤城志》。」全詩境界開闊，吐屬豪雄，風格頗近青蓮、坡仙，亦豪放之儔也。」可參考。

石門文字禪三十卷

《石門文字禪》三十卷，僧高安喻德洪覺範撰。一作惠洪。

廣棪案：《宋史》卷二百八〈志〉第一百六十一〈藝文〉七〈別集類〉著錄：「僧惠洪《物外集》二卷，又《石門文字禪》三十卷。」與此同。

其在釋門，得法於真淨克文，

案：《石門文字禪》卷三十〈祭文〉有〈祭雲庵和尚文〉，曰：「我生九歲，則知有師。寤寐悅慕，想見形儀。識師新豐，等父母慈。欣然摩頂，使執軍持。長游大梁，薙髮而歸。省於九峰，凜然德威。霜雪雨露，物以茂滋。師成就我，妙如四時。紫霄之下，泐水之湄。前後七年，龍起雲隨。今古一律，妬毀陷擠。愛憐收拾，終不棄遺。我昔出山，師則有辭。子幼英發，終必有爲。顧吾老矣，見子無期。指其二子，藉汝教之。譴呵皆可，不可相離。德音在耳，星霜八移。師成新塔，我亦陳衰。昔師既化，品坐對啼。僉遣本明，遠乞銘詩。事濟而還，僵仆於地。山川隔阻，久絕音題。獨攜希祖，千里來辭。一酬夙心，死無憾悲。師之平生，累德巍巍。必興其後，在我無疑。敢不激勵，上答恩私。」同卷〈行狀〉

又有〈雲庵眞淨和尙行狀〉，末署「門人某謹狀」。均爲覺範師事眞淨之證。

而於士大夫，則與黨人皆厚善，誦習其文，得罪不悔。

案：惠洪好與蘇門學士遊，並誦其文，所撰《冷齋夜話》，多記蘇軾諸人詩文掌故。其書卷三有〈少游魯直被謫作詩〉條載：「少游謫雷，悽愴有詩曰：『南土四時都熱，愁人日夜俱長。安得此身如石，一時忘了家鄉。』魯直謫宜殊坦夷，作詩云：『老色日上面，懽情日去心。今既不如昔，後當不如今。輕紗一幅巾，短簟六尺牀。無客白日靜，有風終夕涼。』少游鍾情，故其詩酸楚；魯直學道休歇，故其詩閒暇。至於東坡〈南中詩〉曰：『平生萬事足，所欠惟一死。』則英特邁往之氣，不受夢幻折困，可畏而仰哉！」眞可視作《解題》「誦習其文，得罪不悔」二語之注腳。

為張商英、陳瓘、鄒浩尤盡力。

案：《宋詩紀事》卷九十二「惠洪」條載：「惠洪字覺範，俗姓彭，筠州人。以醫識張天覺。大觀中入京，乞得祠部牒爲僧。又往來郭天信之門。政和元年，張、郭得罪，覺範決配朱崖。有《石門文字禪》、《筠溪集》、《天廚禁臠》、《冷齋夜話》。」可參證。商英，《宋史》卷三百五十一〈列傳〉第一百一十有傳。陳瓘、鄒浩，《宋史》卷三百四十五〈列傳〉第一百四有傳。

其文俊偉，不類浮屠語。

案：《四庫全書總目》卷一百五十四〈集部〉七〈別集類〉七著錄：「《石門文字禪》三十卷，_{內府藏本}。宋僧惠洪撰。惠洪有《冷齋夜話》，已著錄。是《集》爲其門人覺慈所編。釋氏收入《大藏》支那著述中。此本即《釋藏》所刊也。《許顗詩話》稱其著作『似文章巨工，仲殊、參寥輩皆不能及』。陳振孫《書錄解題》亦謂『其文俊偉，不類浮屠氏語』。方回《瀛奎律髓》則頗詆諆之。平心而論，惠洪之失在於求名過急，所作《冷齋夜話》，至於假託黃庭堅詩以高自標牓。故頗爲當代所譏。又身本緇徒，而好爲綺語。《能改齋漫錄》記其〈上元宿岳麓寺詩〉，至有『浪子和尙』之目。要其詩邊幅雖狹，而清新有致，出入於蘇、黃之閒，時時近似。在元祐、熙寧諸人後，亦挺然有以自立。固未可盡排也。《集》中有〈寂音自序〉一篇，述其生平出處甚悉。而晁公武所謂張商英聞其名，請住

峽州天寧寺者，獨不之及。殆其朱崖竄謫，釁肇於斯，故諱而不書耶？蓋其牽連鉤黨，與道潛之累於蘇軾同。而商英人品非軾比，惠洪人品亦非道潛之比。特以詞藻論之，則與《參寥子集》均足各名一家耳！」可參考。

韓駒子蒼為〈塔銘〉云爾。

案：《四庫全書》本《陵陽集》子蒼所撰〈塔銘〉已佚。

別集類下<small>廣棪案：盧校本作卷五十一〈別集類〉下。〈校注〉曰：「有元本。」</small>

演山集六十卷

《演山集》六十卷，端明殿學士延平黃裳冕仲<small>廣棪案：《文獻通考》作「勉仲」。</small>撰。

　　廣棪案：《宋史》卷二百八〈志〉第一百六十一〈藝文〉七〈別集類〉著錄：「《黃裳集》六十卷。」與此同。裳字冕仲，福建南劍州人。徽宗宣和七年進端明殿學士。《宋史翼》卷二十六〈列傳〉第二十六〈文苑〉一有傳。《解題》謂裳延平人，即南劍州人，故治即今福建南平縣。

元豐二年進士第一人，貴顯於崇、觀，死於建炎，年八十有七。<small>廣棪案：元抄本、盧校本「七」作「九」。</small>

　　案：《宋史翼》裳本傳載：「黃裳字冕仲，福建南劍州人。未第時，嘗作〈遊仙記〉，傳於京師，神宗覽而愛之。元豐五年，禮部奏進士有裳名。及進讀廷試策，凡在前列者皆不稱旨。令求裳卷，至第五甲始見。神宗曰：『此乃狀元也。』擢為第一。考官以高下失實，皆罰銅。紹聖末，權兵部侍郎。元符二年，兼權吏部侍郎。徽宗即位，累轉工部、禮部侍郎，求外補，未行，留為禮部尚書。建炎二年乞致仕，轉正議大夫。卒年八十有七。」可參證。惟《解題》謂裳「元豐二年進士第一人」，誤。

方三舍法初行，裳謂：「宜近不宜遠，宜少不宜老，宜富不宜貧，不如

遵祖宗科舉之制。」世傳以為口實。

　　案：《宋史翼》嘗本傳載：「會朝廷議推太學三舍法於天下，嘗謂：『宜近
　　不宜遠，宜少不宜老，宜富不宜貧，不如遵祖宗科舉之制。』不聽。久
　　之，匄祠提舉杭州洞霄宮。政和四年，以龍圖閣直學士起知福州。宣和
　　七年，進端明殿學士，再領宮祠。自號紫玄翁。」可參證。

景迂集二十卷

《景迂集》二十卷，_{廣棪案：《文獻通考》作「晁氏《景迂集》十二卷」。}徽猷閣
待制晁說之以道撰。

　　廣棪案：《郡齋讀書志》卷第十九〈別集類〉下著錄：「晁氏《景迂集》十
　　二卷。」《宋史》卷二百八〈志〉第一百六十一〈藝文〉七〈別集類〉著錄：
　　「《晁說之□二十卷。」所著錄卷數不同。說之，《宋史》無傳。《宋元學案》
　　卷二十二〈景迂學案‧涑水門人〉「詹事晁景迂先生說之」條謂：「晁說之
　　字以道，一字伯以父，澶州人。」又謂：「高宗即位，馳驛召許翰、楊時及
　　先生三人即赴行在，未至，即授以徽猷閣待制兼侍讀。」可參證。

又本止刊前十卷。說之平生著述至多，兵火散逸。其孫子健哀其遺文，
得十二卷，續廣之為二十卷。別本刊前十卷而止者，不知何說也。〈劉跂
斯立墓誌〉，景迂所撰，見《學易集》後，而此《集》無之，計其逸
者多矣。

　　案：《四庫全書總目》卷一百五十四〈集部〉七〈別集類〉七著錄：「《景
　　迂生集》二十卷，_{兩淮馬裕家藏本。}宋晁說之撰。說之有《儒言》，已著錄。
　　說之博極羣籍，尤長經術。著書數十種，靖康中兵燹不存。其孫子健訪
　　輯遺文，編為一十二卷，又續廣為二十卷。前三卷為〈議〉。四卷至九卷
　　為〈詩〉。十卷為〈易元星紀譜〉。十一卷為《易規》十一篇。又〈堯典〉、
　　〈中氣〉、〈中星〉、〈洪範小傳〉各一篇，〈詩序論〉四篇。十二卷為〈中
　　庸傳〉及〈讀史〉數篇。十三卷即〈儒言〉。十四卷為〈雜著〉。十五卷
　　為〈書〉。十六卷為〈記〉。十七卷為〈序〉。十八卷為〈後記〉十九、二
　　十卷為〈傳〉、〈墓表〉、〈誌銘〉、〈祭文〉。其中辨證經史，多極精當。《星
　　紀譜》乃取司馬光《元歷》、邵雍《元圖》而合譜之，以七十二候、六十
　　四卦相配而成。蓋《潛虛》之流也。陳振孫《書錄解題》曰：『〈劉跂斯

立墓誌〉，景迂所撰，見《學易集》後。此《集》無之，計其佚者多矣。』此本當即陳氏所見，而譌誤頗甚。〈洪範小傳〉及十七卷〈序〉文內兼有脫簡。又有別本，題曰《嵩山集》，所錄詩文均與此本相合，譌闕之處亦同。蓋一書而兩名，今附著於此，不復別存其目云。」可參證。劉跂字斯立，東光人。《宋史》卷三百四十〈列傳〉第九十九附其父〈劉摯〉。其〈傳〉僅載：「跂能為文章，遭黨事，為官拓落，家居避禍，以壽終。」所撰《學易集》，《四庫全書》本凡八卷，其《集》後確無景迂所撰〈劉跂斯立墓誌〉。

說之，元豐五年進士。元祐初，蘇文忠、范太史、曾文昭皆薦之。坐元祐邪等，廢棄，靖康末始為從官。卒於建炎二年。慕司馬溫公為人，自號景迂生。廣棪案：《文獻通考》闕「卒於建炎三年」以下三句。

案。《郡齋讀書志》卷第十九〈別集類〉下著錄：「晁氏《景迂集》十二卷。右從父詹事公也。諱某，字以道，文元公玄孫。少慕司馬溫公為人，自號景迂生。年未三十，蘇子瞻以著述科薦之。元符中，上書，居邪中等。博極群書，通《六經》，尤精於《易》，傳邵堯夫之學，著《太極傳》。縉紳高其節行。嘗守成州，時民訴歲旱，公以為十分，盡蠲其稅，轉運使大怒，督責甚峻，因丐老而歸。靖康初，以著作郎召，遷祕書監，免試，除中書舍人兼太子詹事，俄以論不合去國。建炎初，終於徽猷閣待制。」《宋元學案》「詹事晁景迂先生說之」條載：「晁說之，字以道，一字伯以父，澶州人也，參政宗愨曾孫。元豐五年進士。東坡稱其自得之學，發揮五經，理致超然，不踐陳迹，嘗以『文章典麗，可備著述』薦之。范公淳夫亦以『博極群書』薦之，曾文昭公亦薦之。先生慕司馬文正公之為人，故以景迂生自號。文正著《潛虛》，未成而病，屬先生補之，先生遜謝不敢。然文正之門，傳其《太玄》之學者惟先生。又從康節弟子楊賢寶傳其先天之學，和劑斟酌，以窮三《易》之旨，其于泰山孫氏之門，從姜至之講《洪範》；不名一家。元符三年，知無極縣，應詔上書言十事，其一曰祗德，其二曰法祖，其三曰辨國疑，其四曰歸利于民，其五曰復民之職，其六曰不用兵，其七曰士得自致于學，其八曰廣言路，其九曰貴多士，其十曰無欲速，無好名高。凡數十萬言，大抵指荊公政事之非，紹述諸臣之謬。入邪等，奉嵩嶽祠，監陝州集津倉。再請奉華嶽祠，監明州船場。通判鄜州，提舉南京鴻慶宮，知成州。先生氣質剛

毅，不以貶錮屈。其在關中，留心橫渠之學。其在甬上，與豐尙書相之相唱酬。及守成州，歲旱，先生盡蠲其稅。轉運使大怒，欲減其分，先生持不可，遂丐致仕去。靖康初，召至京，除秘書少監兼諭德。已而以中書舍人兼詹事，淵聖以宿儒待之。先生于溫公，守其疑孟之說；又惡荊公，而荊公最尊孟。先生請去《孟子》于講筵，欽宗從之，太學之士譁然，言者紛起。又力言三鎭不可割，兼諫止欽宗不可棄汴京出狩，皆與當國者不合。又言荊公不應配享神宗，安得配享孔子。于是耿南仲旣傾吳敏、李綱，遂言先生與許景衡二人視大臣升黜爲去就，懷姦徇私，落職，提舉西山崇福宮。胡文定公爭之，不報。高宗即位，馳驛召許翰、楊時及先生三人即赴行在，未至，即授以徽猷閣待制兼侍讀。先生少長承平，至是流離喪亂，避兵于高郵，于海陵，于建康，病甚。其在海陵，嘆曰：『平生著述，悉爲灰燼，惟《易》不可以已。』力疾追述舊作。建炎三年，卒于舟中，竟未得入見。遺言無得志墓。」均可參證。

龜山集二十八卷

《龜山集》二十八卷，工部侍郎延平楊時中立撰。

　　廣棪案：《宋史》卷二百八〈志〉第一百六十一〈藝文〉七〈別集類〉著錄：「《楊時集》二十卷，又《龜山集》三十五卷。」均與此著錄卷數不同。時字中立，號龜山，南劍將樂人。高宗時除工部侍郎。《宋史》卷四百二十八〈列傳〉第一百八十七〈道學〉二有傳。延平，宋屬南劍州。

時及從明道，死當建炎四年，年八十有七，於程門最爲壽考。

　　案：《宋史》楊時本傳載：「楊時字中立，南劍將樂人。幼穎異，能屬文，稍長潛心經史。熙寧九年，中進士第。時河南程顥與弟頤講孔、孟絕學于熙、豐之際，河、洛之士翕然師之。時調官不赴，以師禮見顥於穎昌，相得甚懽。其歸也，顥目送之曰：『吾道南矣。』四年而顥死，時聞之，設位哭寢門，而以書赴告同學者。至是，又見程頤於洛，時蓋年四十矣。」又載：「高宗即位，除工部侍郎。陛對言：『自古聖賢之君，未有不以典學爲務。』除兼侍讀。乞修《建炎會計錄》，乞恤勤王之兵，乞寬假言者。連章丐外，以龍圖閣直學士提舉杭州洞霄宮。已而告老，以本官致仕，優游林泉，以著書講學爲事。卒年八十三，諡文靖。」《宋史》所載時之卒年與《解

題》不同。考宋人黃去疾撰《楊龜山先生年譜》，謂時皇祐五年癸巳（1053）十月二十五日生，紹興五年乙卯（1135）四月二十四日卒，年八十三。《宋元學案》卷二十五〈龜山學案・二程門人〉「文靖楊龜山先生時」條亦載：「紹興五年四月二十四日卒，年八十三。」均與《宋史》合。若時生於皇祐五年，卒於建炎四年（1130），則年僅七十九，《解題》恐誤。

梁谿集一百二十卷

《梁谿集》一百二十卷，丞相忠定公昭武李綱伯紀撰。

　　廣棪案：《讀書附志》卷下〈別集類〉三著錄：「《梁谿先生文集》一百七十卷。」《宋史》卷二百八〈志〉第一百六十一〈藝文〉七〈別集類〉著錄：「《李綱文集》十八卷。」所著錄卷數均與此不同。綱字伯紀，邵武人。高宗即位，拜尚書右僕射兼中書侍郎。《宋史》卷三百五十八〈列傳〉第一百一十七、卷三百五十九〈列傳〉第一百一十八有傳。至綱諡忠定，《宋史》無載。葉適《水心文集》卷二十六有〈李丞相綱諡忠定議〉一文，曰：「議曰：公自起居郎，極論都城水災，斥為監當，而抗直之聲震於天下矣。及斡離不來寇，在廷茫然將從乘輿以出，獨公請與執政辨詰，遂奪其議，力守京師，虜以退卻。然其留割三鎮，詔書擊女眞之歸，而募兵以防其再至，皆為同列所排，不果用也。高宗中興，首命公自輔，於是張邦昌以僭逆誅矣。先是河北、河東錄堅守者，建遣張所、傅亮往援接之，乞幸襄、鄧以係人心，而無走東南；使周望、傅雱通問二聖，而無踵和約。時中原尚未潰也。公方除京輔亂政，漸復祖宗舊法，奏請施行數十事，多中機要，使稍得歲年之須，則兩河不遂陷，而虜不敢復鼓行入內地矣，而讎恥因可報也。不幸方七十五日而罷去，迄其後，常疏外坎壈，雖僅免顛沛，而曾不少得其意焉。自是禍難百出，而南北竟以分裂，此為國家惜者，所以哀公之心，而深悲其相之不終，士至有未嘗識公面，而坐論救公以死，彼豈有所顧望附託而然哉！蓋公之賢，自當時市井負販莫不喜為之道說，然而謗公者亦眾矣。其尤甚者，罪公特以計取顯位而已，京師之禍，公實使之。嗚呼！當是之時，所謂謀國者豈有他道哉？避走而乞和，譽賊虜而卑中國爾！以避走乞和，譽賊虜卑中國之人，而議公之得失，故其自許為謀詳慮密，而謂公為略而疏，自

以為鎮重能消弭，而謂公為輕銳而喜事。其恬視君父之仇，畏死持祿，甘為世所賤侮，而以公之能尊君，以身徇國，為人望所屬者，謂為朋黨要結以自榮。故主和者非致寇，而守京師者為失策矣。則公之負謗於時，固亦其理之所宜得也，何足辨哉！顧獨有可恨者，夫是非毀譽之相蒙布，必至於久而後定，是從古已然者也。公之歿五十載矣，世之論公者卒亦未有以大異於前日也，何歟？孔子曰：『微管仲，吾其被髮左衽矣！』考公之行事，而深察其志，使要其功烈之所成就，則豈有媿於孔子之所稱者哉？悲夫！謹按謚法：虜國忘家曰忠，安民大慮曰定。請以忠定為公謚。謹議。」可參證。

父夔，進士起家，至右文殿修撰，黃右丞履之甥也。

　　案：《宋史》綱本傳載：「李綱字伯紀，邵武人也。自其祖始居無錫。父夔，終龍圖閣待制。」《宋元學案》卷二十五〈龜山學案・龜山講友〉「衛公李先生夔」條載：「李夔，字師和，邵武人。經書一覽成誦，文不停綴，舅黃履器之。與龜山友善。登元豐進士第，嘗為華亭縣尉，有政聲，遷縣令。累官右文殿修撰，終龍圖閣待制。以子忠定恩贈太師、衛國公。參《姓譜》。」可參證。考夔父虙，娶妻黃氏，故夔為履之甥，綱為履外孫。

綱娶吳園先生張根之女，亦右丞外孫。

　　案：《浮溪集》卷二十四〈行狀・朝散大夫直龍圖閣張公行狀〉載：「公諱根，字知常，姓張氏，唐宰相文瓘之後。……連三試禮部，以元豐五年擢進士第，年二十有一。禮部尚書黃公履聞其名，以女妻之。……女七人：適秘書郎黃伯思，起居郎李綱，太常博士李富國，太府寺丞薛良顯，杭州監稅范渭，寶應縣丞虞澹。一人尚幼。」據是，根為黃履壻，其女亦履外孫，而根即綱之外舅。

「梁谿」名《集》者，修撰葬錫山，忠定嘗廬墓云。

　　案：梁谿，《中國古今地名大辭典》載：「梁溪，在江蘇無錫縣治西門外，源出慧山，相傳古溪極隘。梁大同中重浚，故名。或以梁鴻居此而名。溪廣約百尺，深約三尺，水極清澈，風帆點點，清景入畫。今稱無錫縣治曰梁溪，以此。」錫山即無錫。考楊時《龜山集》卷三十二〈誌銘〉三有〈李修撰墓誌銘〉，曰：「宣和三年閏五月二十有七日，中大夫、右文殿修撰、隴西縣開國男，食邑三百戶李公以疾終于家。八月二十有八日，葬于常州

無錫縣開元鄉湛峴之原，與其夫人吳氏同穴。」是李綱葬錫山之證。

襄陵集二十四卷

《襄陵集》二十四卷，尚書右丞襄陵許翰崧老撰。

廣棪案：《讀書附志》卷下〈別集類〉二著錄：「許右丞《襄陵文集》二十二卷、《詩》二卷、《行狀》一卷。右尚書右丞許翰之文也。翰，字崧老，拱之襄邑人。登元祐進士第。建炎初元，自提舉鴻慶宮，召拜右丞，屢章丐罷，除資政、提舉洞霄宮。紹興二年，以提舉萬壽觀召，懇求外祠，又乞致仕，道卒于吉州，贈光祿大夫。〈行狀〉中載其章疏爲多。」《宋史》卷二百八〈志〉第一百六十一〈藝文〉七〈別集類〉著錄：「許翰《襄陵文集》二十二卷。」疑《解題》著錄之二十四卷，乃合〈文集〉與〈詩〉而言也。翰字崧老，拱州襄邑人。高宗即位，拜尚書右丞兼權門下侍郎。《宋史》卷三百六十三〈列傳〉第一百二十二有傳。

元祐三年進士，靖康初入西府，建炎爲丞轄，與黃潛善輩不合而去。

案：《宋史》翰本傳載：許翰字崧老，拱州襄邑人。中元祐三年進士第。」所記與《解題》同。《宋史》本傳又載：「靖康初，復以給事中召。……高宗即位，用李綱薦，召復延康殿學士。既至，拜尚書右丞兼權門下侍郎。時建炎大變之後，河北山東大盜李成、孔彥舟等，聚眾各數十萬，皆以勤王爲名，願得張所爲帥。所爲御史，嘗論黃潛善姦奸不可用。由是得罪。李綱爲相，乃以所爲河北等路招撫使，率成等眾渡河，號召諸路，爲興復計，潛善力沮之。宗澤論車駕不宜南幸，宜還京師，且詆潛善等。潛善等請罷澤，翰極論以爲不可。李綱罷，翰言：『綱忠義英發，捨之無以佐中興，今罷綱，臣留無益。』力求去，高宗不許。時潛善奏誅陳東，翰謂所親曰：『吾與東，皆爭李綱者。東戮東市，吾在廟堂可乎？』求去益力，章八上，以資政殿大學士提舉洞霄宮。復以言者落職。」可參證。

後湖集十卷

《後湖集》十卷，丹陽_{廣棪案：盧校本「陽」作「楊」。誤。}蘇庠養直撰。

廣棪案：《宋史》卷二百八〈志〉第一百六十一〈藝文〉七〈別集類〉著

錄：「《蘇庠集》三十卷。」卷數與此不同。庠，丹陽人。《宋史》卷四百五十五〈列傳〉第二百一十八〈隱逸〉下附〈王忠民〉。

其父堅伯固，亦有詩名。

案：蘇堅，《宋史》無傳。《宋元學案補遺》卷九十九〈蘇氏蜀學略補遺·東坡講友·附錄〉「縣丞蘇先生堅」條載：「蘇堅字伯固，澧州人。爲錢塘丞，督開西湖，與東坡倡和甚多。及東坡從儋耳北歸，猶作詩寄之。有『靈均一去楚江空，澧陽蘭茝無顏色』之句。《澧州志》。梓材謹案：先生，養直父。《鶴林玉露》謂其從東坡游。」可參證。

庠以遺澤畀其子，而自放江湖間。東坡見其〈清江曲〉，大愛之，由是得名。僧祖可正平號癩可者，其弟也。庠中子扶，亦工詩，有清苦之節。庠，紳之後，頌之族。

案：《宋史》庠本傳載：「時又有蘇庠者，丹陽人，紳之後，頌之族也。少能詩，蘇軾見其〈清江曲〉，大愛之，由是知名。徐俯薦其賢，上特召之，固辭；又命守臣以禮津遣，庠辭疾不至，以壽終。」可參證。考祖可，《宋詩紀事》卷九十二「祖可」條載：「祖可字正平，丹陽人，蘇伯固之子，養直之弟。住廬山，被惡疾，人號癩可。詩入江西派，有《東溪集》、《瀑泉集》。」至蘇扶，《至順鎮江志》卷十九載：「蘇扶，居丹陽，庠仲子。工詩與書，酷似其父，貧甚而樂，嘗有郡太守招之，語子姪輩曰：『吾何以獲知於人，特以先世隱名存爾，殆不過哀吾貧而周之，寧忍以父名賣錢耶？』固辭，不往，死至無以斂葬云。」是扶工詩有清苦之節之證。

初寮集四十卷、後集十卷、內外制二十四卷

《初寮集》四十卷、《後集》十卷、《內外制》二十四卷廣棪案：《文獻通考》作「王履道《初寮集》十卷、《內制》十八卷、《外制》十卷」。尚書左丞中山王安中履道撰。廣棪案：《文獻通考》無此句。

廣棪案：《郡齋讀書志》卷第十九〈別集類〉下著錄：「王履初《初寮集》十卷、《內制》十八卷、《外制》八卷。」《讀書附志》卷下〈別集類〉二著錄：「《初寮先生前集》四十卷、《後集》十卷。右王安中字履道之文也。」《郡齋讀書志》止載《初寮集》十卷。希弁所藏乃周益文忠公必大序《前

集》中興以前、《後集》中興以後文也。《內外制》二十六卷,則李文敏公邴序。」《宋史》卷二百八〈志〉第一百六十一〈藝文〉七〈別集類〉著錄:「《王安中集》二十卷。」所著錄卷數多與《解題》有所異同。安中字履道,中山陽曲人,宣和元年拜尚書右丞;三年,為左丞。《宋史》卷三百六十三〈列傳〉第一百一十一有傳。

安中年十四薦於鄉,凡四舉乃登第。為中司受旨,攻蔡京。京子攸入禁中,日夕泣涕告于上,安中亟改翰苑,事遂止。

案:《宋史》安中本傳載:「王安中字履道,中山曲陽人。進士及第,調瀛州司理參軍、大名縣主簿,歷秘書省著作郎。……時上方鄉神仙之事,蔡京引方士王仔昔以妖術見,朝臣戚里夤緣關通。安中疏請自今招延山林道術之士,當責所屬保任,宣召出入,必令察視其所經由,仍申嚴臣庶往還之禁;并言京欺君僭上、蠹國害民數事。上悚然納之。已而再疏京罪,上曰:『本欲即行卿章,以近天寧節,俟過此,當為卿罷京。』京伺知之,大懼,其子攸日夕侍禁中,泣拜懇祈。上為遷安中翰林學士,又遷承旨。」可參證。

其自政府出守燕,京父子排之也。

案:《宋史》安中本傳載:「宣和元年,拜尚書右丞;三年,為左丞。金人來歸燕,謀帥臣,安中請行。」但未載京、攸二人「排之」事。《宋元學案》卷九十八〈荊公新學略·為新學者〉「補太保王初寮安中」條載:「宣和中,累官翰林學士、尚書左丞。金人來歸燕,以初寮為燕山府路宣撫使。」亦然。

然安中之進,亦本由梁師成。

案:《宋元學案》卷二十三〈景迂學案·景迂門人〉「直閣朱先生弁」條載:「祖望謹案:景迂弟子可考者,惟王太保安中、朱奉使弁二人而已。……且安中本由梁師成得大用,則亦辱其傳矣。故不為立傳,而但以曲洧附見。」可參證。

始,東坡帥定武,安中未弱冠,猶及師事焉,未卒業而坡去。

案:《宋元學案補遺》卷九十八〈荊公新學略補遺〉「補太保王初寮安中」條「附錄」載:「周益公〈跋初寮帖〉曰:『初寮先生未冠時,及拜東坡於中山,筆精墨妙,宜有傳授。當政、宣閒,禁切蘇學,涉近似旋坐廢

鋼，而先生以奪胎換骨之手，揮毫禁林，初無疑者。靖康而後，黨禁已解，玉佩瓊琚之辭，怒猊渴驥之書，盛行於東南，然人人知其爲蘇門顏、閔也。』可參證。

其後，晁以道爲無極令，安中既第，修邑子禮，用長牋自言以新學竊一第，爲親榮，非其志也。以道曰：「爲學當謹初，何患不遠到？」安中築室，榜曰「初寮」。其議論聞見多得于以道，既貴顯，遂諱晁學，但稱成州使君四丈，無復先生之號矣。甚哉！籍、湜不畔之難也。

案：《宋元學案》卷二十三〈景迂學案·景迂門人〉「直閣朱先生弁」條載：「祖望謹案：景迂弟子可考者，惟王太保安中、朱奉使弁二人而已。然安中當景迂令無極時，修長牋，執及門禮，自言『以新學竊一第爲親榮，非其志也』，景迂曰：『爲學當謹初，何患不遠到！』安中所以築室榜曰初寮者，此也。議論聞見，多得之景迂。及既貴顯，遂諱景迂之學，但稱『成州使君四丈』，無復『先生』之號，君子醜之。」可參證。籍、湜，張籍、皇甫湜，昌黎弟子。

劉給事集五卷

《劉給事集》五卷，給事中劉安上元禮撰。

廣棪案：《宋史》卷二百八〈志〉第一百六十一〈藝文〉七〈別集類〉著錄：「《劉安上文集》四卷。」所著錄卷數不同。安上字元禮，政和時，除給事中。《宋史翼》卷七〈別傳〉第七有傳。

紹聖四年登第，歷臺諫、掖垣、瑣闥，以次對歷三郡而終。《集》中有〈彈蔡京疏〉。

案：《宋史翼》安上本傳載：「劉安上字元禮，安節從弟也。見知于范純仁，與兄同受業伊川之門，里人稱爲大、小劉以別之，成紹聖四年進士，調杭州錢唐尉，累遷至提舉兩浙學事。陛對稱旨，徽宗稱其蘊藉有大臣體，由監察御史再遷至侍御史，上嘗目送之，曰：『安上奏事可謂詳審。』時蔡京竊弄威權，凶焰滔天，安上極論其罪，抗章不報。乃再疏論之曰：『臣累疏論列蔡京罪惡，雖蒙俞允，未即顯誅，臣不敢避再三之瀆，仰干天聽。三省事務必由聖斷，京不候奏，擬徑行批下，其罪一也。文昌

舊省乃先帝睿畫，京惑于陰陽之說，一毀爲墟，其罪二也。謀動邊釁，舉師黔南，民不聊生，其罪三也。錢鈔朝令夕改，商販不行，棄妻鬻子，或至自經，其罪四也。汲引凶奸，結爲死黨，其罪五也。株連羅織，翼鉗異議，其罪六也。臚傳賜第，摘其語涉諷己者，編廢二十餘人，其罪七也。交結宮闈，私通近習，其罪八也。託祝聖以營臨平之私域，假利民以決興化之讖水，其罪九也。孟翊、張懷素皆其所引，姦妖惡逆，其罪十也。其餘積惡未容殫述，臣愚欲望陛下斬京頭以謝天下，斬臣頭以謝京。』時大觀二年也。復與中丞石公弼、諫議大夫張克公廷論之，京始罷相。在言路三年，凡所彈射，皆不法之尤者。三年遷右諫議大夫，又劾給事中蔡崈以道家吐納之說，妄自尊大，侍班瞑目，上輕君父，時論偉之。政和初，除中書舍人；踰年，除給事中，尋以徽猷閣待制知壽州、婺州、邢州，有古循吏風。宣和三年，除知壽春府。凡額外泛拋，一概不應，以撫綏寬緩爲事，遂以樁發軍糧，虧欠削秩去。六年，知舒州奉祠。建炎二年卒，年六十。嘗語人曰：『吾在言路，仇怨滿天下矣。然吾職風憲，吾無心耳。』凡論列章疏，退轍削藁，故人鮮知者。所著有制誥、雜文三十卷，今存五卷。《劉給事集》、薛嘉言〈劉公行狀〉。」可參證。

橫塘集三十卷

《橫塘集》三十卷，尚書右丞瑞安許景衡少伊撰。

　　廣棪案：《宋史》卷二百八〈志〉第一百六十一〈藝文〉七〈別集類〉著錄：「許景衡《橫塘集》三十卷。」與此同。景衡字少伊，溫州瑞安人。高宗時除尚書右丞。《宋史》卷三百六十三〈列傳〉第一百二十二有傳。

亦嘗從程氏學。

　　案：《宋史》景衡本傳載：「景衡得程頤之學，志慮忠純，議論不與時俯仰。」可參證。

建炎初爲執政，與黃、汪不合罷。廣棪案：《文獻通考》作「汪、黃」。

　　案：《宋史》景衡本傳載：「高宗即位，以給事中召，既至，除御史中丞。宗澤爲東京留守，言者附黃潛善等，多攻其短，欲逐去之。景衡奏曰：『臣自浙渡淮，以至行在。聞澤之爲尹，威名政事，卓然過人，雖不識

其人，竊用歎慕。臣以為去冬京城內，有赤心為國如澤等數輩，其禍變未至如是之酷。今若較其小短，不顧盡忠狥國之節，則不恕已甚。且開封宗廟社稷所在，苟欲罷澤，別遣留守，不識搢紳中威名政事有加於澤者乎？』疏入，上大悟，封以示澤，澤乃安。杭州叛卒陳通作亂，權浙西提刑趙叔近招降之，請授以官。景衡曰：『官吏無罪而受誅，叛卒有罪而蒙賞，賞罰倒置，莫此為甚。』卒奏罷之。除尚書右丞。有大政事，必請間極論。潛善、伯彥以景衡異己，共排沮之。或言正、二月之交，乃太一正遷之日，宜於禁中設壇望拜。高宗以問景衡，曰：『修德愛民，天自降福，何迎拜太一之有？』」可參證。黃即潛善；汪，汪伯彥也。

建議渡江幸建康，言者以為非是，及下還京之詔，景衡以憂卒於瓜洲。

案：《宋史》景衡本傳載：「初，李綱議建都，以關中為上，南陽次之，建康為下。綱既相，遂主南陽之議。景衡為中丞，奏：『南陽無險阻，且密邇盜賊，漕運不繼，不若建康天險可據，請定計巡幸。』潛善等傾綱使去，南陽之議遂格。至是，諜報金人攻河陽、汜水，景衡又奏請南幸建康。已而有詔還京，罷景衡為資政殿學士、提舉杭州洞霄宮。至瓜洲，得喝疾，及京口卒，年五十七，諡忠簡。」可參證。

未幾，敵騎廣棪案：《文獻通考》作「虜騎」。**奄至淮揚，倉卒南渡。**

案：《宋史》景衡本傳載：「建炎初，李綱議幸南陽，宗澤請還京，景衡乃請幸建康。黃潛善等素惡其異己，暨車駕駐揚州，恐於傳聞，不得已下還京之詔，遂借渡江之議罪之，斥逐而死。既沒，高宗思之曰：『朕自即位以來，執政忠直，遇事敢言，惟許景衡。』詔賜景衡家溫州官舍一區。」可參證。

章貢集二十卷

《章貢集》二十卷，祕書監章貢李朴先之撰

廣棪案：《宋史》卷二百八〈志〉第一百六十一〈藝文〉七〈別集類〉著錄：「《李朴集》二十卷。」與此同。朴字先之，虔之興國人。高宗即位除祕書監。《宋史》卷三百七十七〈列傳〉第一百三十六有傳。章貢即虔州興國。

紹聖元年進士。坐言隆祐之賢，廢二十年。_{廣校案：《文獻通考》作「三十年」，}
_{盧校本同。}

案：《宋史》朴本傳載：「李朴字先之，虔之興國人。登紹聖元年進士第，
調臨江軍司法參軍，移西京國子監教授，程頤獨器許之。移虔州教授。
以嘗言隆祐太后不當廢處瑤華宮事，有詔推鞫。忌者欲擠之死，使人危
言動之，朴泰然無懼色。旋追官勒停，會赦，注汀州司戶。」可參證。

蔡京欲強致之，不屈。

案：《宋史》朴本傳載：「朴自為小官，天下高其名。蔡京將彊致之，俾
所厚道意，許以禁從，朴力拒不見，京怒形於色，然終不害也。」可參
證。

靖康、建炎之間，半歲五遷，而病不能行以死。_{廣校案：《文獻通考》闕此}
_{三句。}

案：《宋史》朴本傳載：「有奸民言邑東地產金寶，立額買撲，破田疇，
發壚墓，厚賂乃已，朴至，請罷之。改承事郎，知臨江軍清江縣、廣東
路安撫司主管機宜文字。欽宗在東宮聞其名，及即位，除著作郎，半歲
凡五遷至國子祭酒，以疾不能至。高宗即位，除祕書監，趣召，未至而
卒，年六十五。贈寶文閣待制，官其子孫二人。」可參證。

**其教授西京國子監也，程伊川與之甚厚，然謂其太直，以洛中風波為戒。
朴笑曰：「不意此言發于先生之口。」伊川為之改容愧謝，其風節可畏也。**

案：《宋元學案》卷十九〈范呂諸儒學案・君竹家學〉「祕監李章貢先生
朴」條載：「梓材謹案：《直齋書錄解題》，《章貢集》三十卷。且言先生
教授西京國子監，伊川與之甚厚，然謂其太直，以洛中風波為戒。先生
笑曰：『不意此言發于先生之口！』伊川為之改容愧謝，其風節可畏。《伊
洛淵源錄》程門四十二人，先生與焉。謝山于〈陳鄒諸儒學案〉有云：
『四明五先生講學，一傳而豐氏，再傳而得了翁、先之二人。』是先生
又為豐氏門人。《豐清敏遺事》一卷，即先生所輯，題曰『門人章貢李
朴編次。』_{雲濠謹案：《伊洛淵源錄》云：『李先之，贛上人。為西京學官，因受學}
_{焉。』《呂氏雜志》云：『李先之、周恭叔皆從程先生學問，而學蘇公文辭以文之，世多}
_{識之者。』」可參證。}

歐陽修撰集六卷

《歐陽修撰集》六卷，崇仁布衣贈祕閣修撰歐陽澈_{廣校案：《文獻通考》作}「徹」，誤。下同。德明撰。

> 廣校案：黃虞稷、倪燦《宋史藝文志補・集部》著錄：「歐陽澈《飄然集》六卷、《附錄》一卷。」是此書亦名《飄然集》。《四庫全書總目》卷一百五十七〈集部〉十〈別集類〉十著錄：「《歐陽修撰集》七卷。」所著錄卷數與《解題》不同。澈字德明，撫州崇仁人。紹興四年贈祕閣修撰。其生平事蹟既見《宋史》卷四百五十五〈列傳〉第二百一十四〈忠義〉十澈本傳，亦見同卷〈陳東傳〉。

澈死時_{廣校案：《文獻通考》無「時」字。}年三十一。

> 案：《宋史》澈本傳載：「高宗即位南京，伏闕上封事，極詆用事大臣，遂見殺，見〈陳東傳〉。死時年三十七。」《宋元學案補遺》卷四十五〈范許諸儒學案補遺・襄陵同調〉「修撰陳先生東、修撰歐陽先生澈_{合傳}」條據《宋史》，亦云澈卒年三十七。

環溪吳沆哀其詩為《飄然集》三卷，而會稽胡衍晉遠取其所上三書，併刻之臨川倅廨。

> 案：《宋史》澈本傳載：「澈所著《飄然集》六卷，會稽胡衍既刻之，豐城范應鈐為立祠學中。」可參證。

空青遺文十卷

《空青遺文》十卷，直寶文閣南豐曾紆公卷_{廣校案：盧校注：「《宋史》曾紆字公袞。『卷』、『袞』同。」}撰。

> 廣校案：紆字公袞，號空青，世家撫之南豐。高宗時直寶文閣。《宋史翼》卷二十六〈列傳〉第二十六〈文苑〉一有傳，謂著有《空青遺文》十卷。

紆，布之子，有異材。

> 案：《宋史翼》紆本傳載：「曾紆，……丞相布之第四子也。年十三，伯父鞏受以韓愈詩文，學益進。……叔父肇不妄許可人，嘗曰：『文章得天才，當省學問之半，吾文力學至此耳。吾家阿紆，所得超然，未易量也。』故詩文每出，人爭誦之。篆隸行草，沈著痛快，得古人用筆意。《浮溪集・

曾公墓誌》。」可參證。

建中靖國初，布在相位，奉詔為〈景靈西宮碑〉，紆之筆也。

案：陸游《渭南文集》卷第二十五〈書空青集後〉曰：「建中靖國元年，景靈西宮成。詔丞相曾公銘於碑，以詔萬世。碑成，天下傳誦，為宋大典，且歎曾公耆老白首，而筆力不少衰如此。建炎後，仇家盡斥，曾公文章始行於世，而獨無此文。或謂中更喪亂，不復傳矣。淳熙七年，某得曾公子寶文公遺文於臨川，然後知其寶文公代作，蓋上距建中八十年矣。嗚呼！文章鉅麗閎偉至此，使得用於世，代王言，頌成功，施之朝廷，薦之郊廟，孰能先之。而終寶文公之世，士大夫莫知也。汪翰林平生故人，及銘其墓，惟曰：『始為家賢子弟，中為時勝流，晚為能吏。』是豈足以言公哉！公家世固以文章名天下，又自少時所交皆諸父客，天下偉人出入試用亦數十年，朋舊滿朝，然世猶不盡知之如此。況山林之士，老於布衣，所交不出閭巷，其埋沒不耀，抱材器以死者，可勝數哉！可勝歎哉！九月十九日，山陰陸某書。」是〈景靈西宮碑〉乃紆代筆也。

建炎、紹興之際，將漕江浙，入為司農少卿，知信、衢州以卒。

案：《宋史翼》紆本傳載：「建炎三年，……提舉明道宮。甫兩月，起知撫州，除江南西路轉運副使。明年，除司農少卿，改福建路提點刑獄。明年，進直寶文閣，知衢州，未之官，卒。年六十有三。」可參證。

汪彥章誌其墓，

案：彥章，汪藻字。藻《浮溪集》卷二十八〈誌銘‧右中大夫直寶文閣知衢州曾公墓誌銘〉曰：「紹興五年十月戊辰，右中大夫、直寶文閣、知衢州曾公卒于信州。明年五月丙申，即其州之南七里上饒鄉葬焉。將葬，其孤惇以吳興劉一止之〈狀〉，屬公故人汪藻而告曰：『先人以文章、議論、政事行世三十餘年，卒不克大施以歿，葬而不得傳信之辭納之壙中，猶不葬。惟夫子幸賜之〈銘〉。』藻謝非其人，不可，則書而系以〈銘〉。公諱紆，字公袞，世家撫之南豐，尚書戶部郎中、直史館、贈太師密國公致堯之曾孫，太常博士、贈太師、魯國公易占之孫，而丞相、文肅公布之第四子也。母曰魯國夫人魏氏。公少穎悟，天資既高，又受學于賢父母，當是時，文肅公為天子守邊，不暇朝夕際，專以魯國為師。年十三，伯父南豐先生鞏授以韓愈詩文，學益進。文肅公任為承務郎，

學士鄧潤甫、尚書彭汝礪與語，大奇之。舉賢良方正科，上其文公車，會科廢而止。建中靖國元年，文肅公爲二后山園陵使，用故事辟公以從。事已，左丞相韓儀公欲擢公館閣，公白文肅公，力辭，下除太僕寺主簿，一時名士賢者，皆願見之。于是左司諫江公望，累數百言薦公，不敢以宰相子爲嫌。文肅公免相，言者指公嘗夜過韓儀公家，議復瑤華事，且受父客金，請付吏。當國者用呂嘉問尹京，典詔獄。嘉問，熙寧中與文肅公議法爲敵者也。鍛鍊半年無所得，詔自中竄永州，入元祐黨籍。會赦，移和州；又會赦，復承奉郎，監潭州南嶽廟。文肅公歿，執喪以孝聞。服除，調監南京河南稅，改簽書甯國軍節度判官。時宣城江溢，沒數千家，公白守曰：『饑而賑貸，法也。然廩非部使者不可發，今事急矣，請船粟以哺垂死之民。』守曰：『如三尺何？』公曰：『紆常平主管官也，有罪當坐之。』即發廩自言，部使者嘉而不問，除通判鎮江府。會淮南漕渠不通，泗、楚州連數守罷。發運使陳亨伯密奏，選公知楚州，公因荒政，役饑民，渠通而民活者，不可勝計。以功加直祕閣，與部使者論事不合，移秀州。州歲比版圖，前此吏高下其手，民患苦之。公委僚屬降登，不使吏預其間，吏怨公入骨，則爲書以搖衆，人人自危。公立焚其書，州以無事。還朝，除蔡河撥發。未幾，提舉京畿常平，改江南東路轉運判官。陛辭，陞副使，罷歸，得主管南京鴻慶宮，屏居湖州。建炎三年，苗傅、劉正彥反，呂、張二公檄諸州勤王，檄至湖州，守梁端會士大夫謀之，衆未及言，公奮然曰：『逆順明甚，出師無可疑者。』間數日，苗傅來取兵，公請端械繫使者，毋令還。當是時，微公幾殆。上反正，御史中丞張守白發其忠，除直顯謨閣，且召見之。公曰：『守臣在也，吾何爲者？』辭不行。然上雅知公名，明年六月，除江南東路轉運副使。九月，移兩浙路。于是大軍屯江上，求索無涯，公隨給之，猶不滿意，狼籍公牒。公度不可留，引嫌自言，復還江南東路。先是盜孫誠等暴誘屬邑，一方騷然，公作聖旨招安，單舸見之。諭以禍福，誠等望風迎拜，上書歸矯制罪，天子賢而釋之。未幾，隆祐皇后崩，參知政事李回爲監護使，辟公修奉，議者欲稱園陵。公曰：『上不日恢復中原，奉隆祐歸祔，此特攢宮耳，當先正名。』朝廷用其言，聞者服其知體。再請宮祠，提舉亳州明道宮。甫兩月，起知撫州，鋤治彊梗，民畏懷之。逾年，以鄉都自陳，除江南西路轉運副使。明年九月，除司農少

卿，改福建路提點刑獄。明年二月，進直寶文閣。詔齎文肅公正論手書赴闕，中道除知信州，尋移衢州，未之官卒，春秋六十有三。公才高而識明，博極書史，始以通知古今，裨贊左右，爲家賢子弟。中以文章翰墨，風流醞藉，爲時勝流。晚以精明強力，見事風生，爲國能吏。雖低徊外補，位不至公卿，而所交皆一時英豪，世之言人物者，必以公一二數。公之謫永州也，黃庭堅魯直過焉。得公詩，讀而愛之，手書于扇。公之叔父肇，不妄許可人，嘗曰：『文章得天才，當省學問之半。吾文力學至此耳，吾家阿紆，所得超然，未易量也。』故公詩文每出，人爭誦之。又篆隸行草，沈著痛快，得古人用筆意。江南大牓豐碑，率公爲之，觀者忘去。文肅公薨于謫籍，公不敢求爲碑銘，獨取平時奏對之辭會萃之，如辯明宣仁誣謗等事，名曰〈朝正論〉，藏于家，不敢出者二十餘年，靖康中始傳，猶有仄目者，公不之恤也。公襟韻夷粹，與人交，洞見肺肝，談笑多聞，坐客皆屈。聞人緩急，若拯救焚溺然，忘其身奔趨之，雖蹈傾危不悔。于理財尤得其要，所臨沛然，未嘗有不足之歎。或有疑而問焉者，公曰：『吾豈一毫取民哉？第當輸者，人不能欺，常賦自有除耳！』初文肅公歿，窆于南徐，于是公客信者數年，不克歸葬，而葬其所，以令人王氏祔。令人，祕閣校勘安國之女，先公卒四年。子三人，曰惇，右奉議郎，通判洪州；曰忻，右從事郎，臨安府司法參軍；曰憕，右迪功郎，監潭州南嶽廟。女一人，適右承事郎主管江州太平觀王銍。銘曰：『惟曾顯融，開迹南豐。密國之裔，以儒鼎峙。文肅獨騫，相帝初元。公雖承家，再振厥華。與時卷舒，行三紀餘。才大不酬，老于一州。植我墓檟，龜峰之下。遙望蒜山，而不車還。』」可參考。

孫仲益序其文。

案：仲益，孫覿字。覿《鴻慶居士集》卷三十一有〈曾公卷文集序〉，曰：「南豐曾氏，太平興國中諫議大夫密國公諱致堯者，以文章有大名，自著《仙島書》、《西陲要記》、《中台》等書，百八十餘卷，藏于家。歐陽文忠公銘其碑。有子曰太常博士魯國公韓，《易》占能傳父學，著《時議》數十萬言，皆當世要務，將獻之朝。行次南京，遇疾卒，不果上。荊國王文公誌其墓。生六子，多知名，而三人尤稱於天下，曰中書舍人鞏，以文儒道德爲學者宗，號南豐先生。曰右丞相布，以正言直道，歷事三朝，有勳有勞在，受之蘊藉，諡文肅。曰翰林學士肇，高文碩學，出處

大節與先生齊名，諡文昭。皆有文集行于世，今寶文公，丞相第四子也。諱紆，字公卷，年甫八歲，南豐先生授以韓吏部詩，一覽而誦。先生喜曰：『曾氏代不乏人矣！』既冠學成，文昭讀其文，大驚曰：『文才出于天分，可省學問之半。』于是吏部尚書彭公汝礪、翰林學士鄧公溫伯，舉試制策，未幾科廢，不果召。公時少年，以大臣子積學名教，無一點貴遊驕吝之氣，屬文辭，落筆千言，指事析理，命物託論，證據古今，出入經史，俊壯豪健，如走彈丸，如建瓴水，疏暢條達無間斷，無艱難辛苦之態。一時老師宿學、名人巨公，交口譽歎，謂公他日必以大手筆繼文肅、文昭之後。徽宗踐阼，改元建中靖國，文肅拜右丞相，悉昭、陳瓘、鄒浩、龔夬等為臺諫官，而蔡京嘗朋附邢恕，誣詆宣仁大后，為大奸慝，不去必亂天下，首斥去之。居無何，京入相，興大獄，脩故怨，公父子皆抵罪，徙置湖海，終京之世二十五年，而曾氏子孫無一人仕于朝。京死，朝廷稍進公，守方州，刺一路，且出為世用矣。而京黨李光誣奏公為眞州通時，藉中聘一妓為妾；知楚州時，交中貴人，冒錫帶之寵。又免所居去。久之，公移書宰相有云：『內府兼金，何曾入夢；淮南別乘，恐是前身。』以斥光之妄，廟堂傳笑，以為口實。公文章固自守家法，而學詩，以母夫人魯國魏氏為師，句法清麗，純去刀尺，有古詩之風。黃庭堅曾直遷宜州，道出零陵，道得公〈江檻書事〉二小詩，愛之，書團扇上，諸詩人莫能辨也。嗚呼！公之文足以書典冊，公之詩足以繼雅頌，而卒不遇以死。彼處從官大臣之列，而功德不足以堪之。始為說以自恕者，公雖不遇於世，亦何恨哉！公中子忻，奉議郎、興化軍通判，集公詩文為十卷，詒書老友孫某為之〈序〉。宣和初，公倅京口，攝府事。郡有西樓，公撤而新之，為文記其成。雄詞桀句，殆與樓稱。余與坐客韓駒子蒼、張志處文舍人三讀稱歎。其〈辨言章〉一啓，乃與范丞相者，今皆不見于《集》中，則知公詩文遺落者尚多也。公州里世次，歷官行事，已有龍圖閣直學士汪藻彥章識其葬，故不著。」可參考。

土鈺性之，其壻也。

案：《浮溪集‧右中大夫直寶文閣知衢州曾公墓誌銘》云：「女一人，適右承事郎，主管江州太平觀王鈺。」鈺，《宋史翼》卷二十七〈列傳〉第二十七〈文苑〉二有傳，曰：「王鈺字性之，汝陰人，昭素之後，曾紆壻也。」可參證。

石林總集一百卷、年譜一卷

《石林總集》一百卷、《年譜》一卷，尚書左丞吳郡葉夢得少蘊撰。

廣棪案：《宋史》卷二百八〈志〉第一百六十一〈藝文〉七〈別集類〉著錄：「葉夢得《石林集》一百卷，又《奏議》十五卷、《建康集》八卷。」闕《年譜》一卷。夢得字少蘊，蘇州吳縣人。高宗時，遷尚書左丞。《宋史》卷四百四十五〈列傳〉第二百〈文苑〉七有傳。

紹聖四年進士。崇、觀間驟貴顯，三十一歲掌外制，次年遂入翰林。中廢，至建炎乃執政，然財數日而罷。

案：《宋史》夢得本傳載：「葉夢得字少蘊，蘇州吳縣人。嗜學蚤成，多識前言往行，談論亹亹不窮。紹聖四年，登進士第，調丹徒尉。徽宗朝，自婺州教授召為議禮武選編修官。用蔡京薦，召對，言：『自古帝王為治，廣狹大小，規模各不同，然必自先治其心者始。今國勢有安危，法度有利害，人材有邪正，民情有休戚，四者，治之大也。若不先治其心，或誘之以貨利，或陷之以聲色，則所謂安危、利害、邪正、休戚者，未嘗不顛倒易位，而況求其功乎？』上異其言，特遷祠部郎官。大觀初，（蔡）京再相，向所立法度已罷者復行，夢得言：『《周官》太宰以八柄詔王馭群臣，所謂廢置賞罰者，王之事也，太宰得以詔王而不得自專。夫事不過可不可二者而已，以為可而出於陛下，則前日不應廢，以為不可而不出於陛下，則今不可復。今徒以大臣進退為可否，無乃陛下有未了然於中者乎？』上喜曰：『邇來士多朋比媒進，卿言獨無觀望。』遂除起居郎。……二年，累遷翰林學士，極論士大夫朋黨之弊，專於重內輕外，且乞身先眾人補郡。……三年，以龍圖閣直學士知汝州，尋落職，提舉洞霄宮。政和五年，起知蔡州，復龍圖閣直學士。……逮高宗駐蹕揚州，遷翰林學士兼侍讀，除戶部尚書。……既而帝駐蹕杭州，遷尚書左丞，奏監司、州縣擅立軍期司掊斂民財者，宜罷。上諭以兵、食二事最大，當擇大臣分掌。門下侍郎顏岐、知杭州康允之皆嫉夢得，又與宰相朱勝非議論不協，會州民有上書訟夢得過失者，上以夢得深曉財賦，乃除資政殿學士、提舉中太一宮，專一提領戶部財用，充車駕巡幸頓遞使，辭不拜，歸湖州。」可參證。

平生所歷州鎮，皆有能聲。

案：《宋史》夢得本傳載：「紹興初，起為江東安撫大使兼知建康府，兼

壽春等六州宣撫使。時建康荒殘，兵不滿三千。夢得奏移統制官韓世清軍屯建康，崔增屯采石，閻皋分守要害。會王才降劉豫，引兵入寇，夢得遣使臣張偉諭才降之，以其眾分隸諸軍。濠、壽叛將寇宏、陳卞，雖陽受朝命，陰與劉豫通，夢得諭以福禍，皆聽命。及豫入寇，卞擊敗之，齊兵宵遁。八年，除江東安撫制置大使兼知建康府、行宮留守。又奏防江措畫八事：一、申飭邊備，二、分布地分，三、把截要害，四、約束舟船，五、團結鄉社，六、明審斥堠，七、措置積聚，八、責官吏死守。又言建康太平池州緊要隘口、江北可濟渡去處共一十九處，願聚集民兵，把截要害，命諸將審度敵形，併力進討。金都元帥宗弼犯含山縣，進逼歷陽，張俊諸軍遷延未發，夢得見俊，請速出軍，曰：『敵已過含山縣，萬一金人得和州，長江不可保矣！』俊趣諸軍進發，聲勢大振，金兵退屯昭關。明年，金復入寇，遂至柘皋，夢得團結沿江民兵數萬，分據江津，遣子模將千人守馬家渡，金兵不得渡而去。初，建康屯兵歲費錢八百萬緡，米八十萬斛，榷貨務所入不足以支。至是，禁旅與諸道兵咸集，夢得兼總四路漕計，以給饋餉，軍用不乏，故諸將得悉力以戰。詔加觀文殿學士，移知福州，兼福建安撫使。海寇朱明猖獗，詔夢得挾御前將士便道之鎮，或召或捕，或誘之相戕，遂平寇五十餘群。」可參證。

胡文定安國嘗以其蔡、穎、南京之政薦于朝，謂不當以宿累廢。晚兩帥金陵，當烏珠廣校案：《文獻通考》作「兀朮」，元抄本、盧校本同。**臨江，移三山平群**廣校案：元抄本、盧校本「群」作「郡」。**寇，其功不可沒也。**

案：《宋史》卷四百三十五〈列傳〉第一百九十四〈儒林〉五〈胡安國〉載：「葉夢得知應天府，坐爲蔡京所知，落職奉祠。安國言：『京罪已正，子孫編置，家財沒入，已無蔡氏矣。則向爲京所引者，今皆朝廷之人，若更指爲京黨，則人才見棄者眾，黨論何時而弭！』乃除夢得小郡。」可參證，並互爲補充。

秦檜秉政，欲令帥蜀，辭不行，忤檜意，以崇慶節度使致仕。

案：《宋史》夢得本傳載：「然頗與監司異議，上章請老，特遷一官，提舉臨安府洞霄宮。尋拜信軍節度使致仕。」可參證。《解題》作「崇慶節度使」，疑誤。

其居在卞山，奇石森列，藏書數萬卷。既沒，守者不謹，屋與書俱燼于火。

　　案：王明清《揮麈後錄》卷七載：「唐著作郎杜寶〈大業幸江都記〉云：『隋煬帝聚書至三十七萬卷，皆焚于廣陵。其目中葢無一帙傳於後代。』靖康俶擾，中祕所藏，與士大夫家者，悉爲烏有。南渡以來，惟葉少蘊少年貴盛，平生好收書逾十萬卷；貯之雪川弁山。山居建書樓以貯之，極爲華煥。丁卯冬，其宅與書俱蕩一燎。李泰發家舊有萬餘卷，亦以是歲火於秦，豈厄會自有時邪？」可參證。

「石林」二字，本出《楚辭・天問》_{廣棪案：盧校注：『焉有石林？何獸能言？』}得無謂其制號之不考耶？」

　　案：《楚辭・天問》有「焉有石林」之句。

石林建康集十卷

《石林建康集》十卷，皆帥建康時詩文。其初，以所莅官各為一集，後其家編次，總而合之，此《集》其一也。

　　案：《宋史》卷二百八〈志〉第一百六十一〈藝文〉七〈別集類〉著錄：「葉夢得《建康集》八卷。」較《解題》著錄少二卷。《宋史》夢得本傳載：「（紹興）八年，除江東安撫制置大使兼知建康府、行宮留守。又奏防江措畫八事：一、申飭邊備，二、分布地分，三、把截要害，四、約束舟船，五、團結鄉社，六、明審斥堠，七、措置積聚，八、責官吏死守。又言建康太平池州緊要隘口、江北可濟渡去處共一十九處，願聚集民兵，把截要害，命諸將審度敵形，併力進討。金都元帥宗弼犯含山縣，進逼歷陽，張俊諸軍遷延未發，夢得見俊，請速出軍，曰：『敵已過含山縣，萬一金人得和州，長江不可保矣。』俊趣諸軍進發，聲勢大振，金兵退屯昭關。明年，金復入寇，遂至柘皋，夢得團結沿江民兵數萬，分據江津，遣子模將千人守馬家渡，金兵不得渡而去。初，建康屯兵歲費錢八百萬緡，米八十萬斛，權貨務所入不足以支。至是，禁旅與諸道兵咸集，夢得兼總四路漕計，以給餽餉，軍用不乏，故諸將得悉力以戰。詔加觀文殿學士，移知福州，兼福建安撫使。」可略悉夢得帥建康時政績。《四庫全書總目》卷一百五十六〈集部〉九〈別集類〉九著

錄：「《石林居士建康集》八卷，福建巡撫採進本。宋葉夢得撰。夢得有《春秋傳》，已著錄。陳振孫《書錄解題》載夢得《總集》一百卷、《審是集》八卷。今俱不傳。又載《建康集》十卷，乃紹興八年再鎮建康時所著。此本八卷，與振孫所記不合。然末有其孫輅〈題跋〉，亦云八卷。其或《書錄解題》屢經傳寫，誤以八卷爲十卷。抑或舊本殘闕，亡其二卷，後人追改輅〈跋〉以僞稱完帙。則均不可考矣。夢得爲蔡京門客，章惇姻家。當過江以後，公論大明，不敢復噓紹述之焰。而所著《詩話》，尚尊熙寧而抑元祐，往往於言外見之。方回《瀛奎律髓》於其〈送嚴壻北使〉一詩，論之頗詳。然夢得本晁氏之甥，猶及見張耒諸人。耳擩目染，終有典型。故文章高雅，猶存北宋之遺風。南渡以後，與陳與義可以肩隨。尤、楊、范、陸諸人皆莫能及。固未可以其紹聖餘黨，遂掩其詞藻也。」可參證。

石林審是集八卷

《石林審是集》八卷，其門人盛光祖子紹所錄。亦已入〈總集〉。

廣棪案：《宋史》卷二百五〈志〉第一百五十八〈藝文〉四〈儒家類〉著錄：「陳舜申《審是集》一卷。」殊非同一書。《四庫全書總目》卷一百五十六〈集部〉九〈別集類〉九「《石林居士建安集》八卷」條謂：「陳振孫《書錄解題》載夢得《總集》一百卷、《審是集》八卷。今俱不傳。」所考甚確。盛光祖，生平不可考。

浮溪集六十卷

《浮溪集》廣棪案：《文獻通考》作「汪彥章《浮溪集》」。六十卷，翰林學士婺源汪藻彥章撰。

廣棪案：《郡齋讀書志》卷第十九〈別集類〉卜著錄：「《汪彥章集》十卷。右皇朝汪藻字彥章。嘗爲翰林學士。」《讀書附志》卷下〈別集類〉三著錄：「《浮溪先生文集》六十卷、《猥稾外集》一卷、《龍溪先生文集》六十卷。右汪藻字彥章之文也。《郡齋讀書志》止載《汪彥章集》十卷。希弁所藏《浮溪》、《龍溪》兩本，卷秩皆六十卷。藻，德興人，崇寧二年

進士，建炎中，爲中書舍人，權直院。紹興中，爲兵侍，改翰林，出知湖州，改撫州，提舉太平宮。黜居于永，累赦不宥，凡八年而卒。藻工於儷語，所爲制詞，人多傳誦。〈集〉乃孫覿序。」《宋史》卷二百八〈志〉第一百六十一〈藝文〉七〈別集類〉著錄：「《汪藻集》六十卷。」是藻有《浮溪集》六十卷，《郡齋讀書志》作十卷，未知有脫漏否？藻字彥章，饒州德興人。欽宗時拜翰林學士。《宋史》卷四百四十五〈列傳〉第二百四〈文苑〉七有傳。《解題》謂藻「婺源」人，在今安徽省；《宋史》本傳謂「饒州德興人」，即今江西鄱陽縣。考之孫覿〈浮溪集序〉載：「公，鄱陽人，諱藻，字彥章云。」則《解題》誤。

四六偶儷之文，起於齊、梁，歷隋、唐之世，表、章、詔、誥多用之。然令狐楚、李商隱之流號爲_{廣棪案：《文獻通考》作「是爲」。}能者，殊不工也。_{廣棪案：盧校注：「玉溪四六何嘗不工，陳氏自囿於所習耳。」}本朝楊、劉諸名公猶未變唐體，至歐、蘇，始以博學富文，爲大篇長句，敘事達意，無艱難牽強之態，而王荊公尤深厚爾雅，儷語之工，昔所未有。紹聖後置詞科，習者益眾，格律精嚴，一字不苟措，_{廣棪案：《文獻通考》作「錯」，元抄本、盧校本同。}若浮溪尤其集大成者也。

案：孫覿〈浮溪集序〉曰：「顯謨閣學士、左大中大夫、知徽州汪公，自崇甯初起太學諸生，策高第，校三館秘書，尚符璽，再遷尚書郎，立柱下爲右史，遂贊書命，入翰林爲學士，蓋仕朝廷三十年，專以文學議論居儒官從臣之列，所爲詩文若干首，傳天下，號《浮溪集》，凡若干卷，公以書屬故人孫覿爲之〈序〉。余曰：『天下有能事，而文章爲難工，由漢迄唐，千有餘歲，一時大手筆，作爲文章，閎麗精深，傑然視天下而自立于不朽者，蓋幾人而已。杜子美詩，格力自大，雄跨百代，爲古今詩人之冠，至他文輒不工。荀卿所謂藝之至者不兩能，信矣！夫道喪文敝，作者眾矣，詞句僞淺，益不逮前，其間心競力取，馳騁上下，欲一蹙以造古人之域，而擇之不精，守之不固，殉名而媮，習鄙而陋，固不足與于斯文。左太沖積十年之勤，僅成一賦；劉伯倫以一〈德頌〉終其身，而一能之善，一語之工，亦遂列于作者之林，而名後世。今汪公之文，所謂閎麗精深，傑然視天下者也。公平生無所嗜好，至讀古聖賢之書，屬爲詞章，如啗士禽，嗜昌歜，爲一病。寤寐千載，心慕手追，貫穿百氏，網羅舊聞，推原天地道德之旨，古今理亂興廢得失之迹，而意

有所適者，必寓之于此。豈高望遠，屬思千里，凡耳目之所接，雜然觸于中而發于詠歎者，必寓之于此。崎嶇兵亂，潛深伏隩，悲歌慷慨，酣醉無聊，而不平有動于心者，亦必寓之于此。伎與道俱，習與空會，文從字順，體質渾然，不見刻畫，如金鐘大鏞，叩之輒應，愈叩而愈無窮，何其盛也！公在館閣時，方以文章為公卿大臣所推重，每一篇出，余獨指其妙處，公亦喜為余出也。後十五年，公以儒先宿學，當大典冊，秉太史筆，為天子視草，始大發于文，深醇雅健，追配古作，學士大夫傳誦，自海隅萬里之遠，莫不家有其書，所謂常、楊、燕、許諸人，皆莫及也。公詩自少作已有能名，及是與年俱老，興微託遠，得詩人之本意，覽者當自知之。公，鄱陽人，諱藻，字彥章云。晉陵孫覿撰。」考《宋史》本傳亦謂藻「工儷語，多著述，所為制詞，人多傳誦」。《四庫全書總目》卷一百五十六〈集部〉九〈別集類〉九「《浮溪集》三十六卷」條則謂：「統觀所作，大抵以儷語為最工。其代言之文，如〈隆裕太后手書建炎德音〉諸篇，皆明白洞達，曲當情事。詔令所被，無不悽憤激發，天下傳誦，以比陸贄。說者謂其著作得體，足以感動人心，實為詞令之極則。其他文亦多深醇雅健，追配古人。其詩則得於徐俯，俯得之其舅黃庭堅，見《獨醒雜志》。尤具有淵源。孫覿作藻〈墓誌〉，以大手筆推之，殆非溢美。惟楊萬里《誠齋詩話》紀藻與李綱不叶，其草〈綱罷相制詞〉，至比之驩兜、少正卯，頗為清議所譏。是又名節心術之事，與文章之工拙，別為一論者矣。」均可參證。

翟忠惠集三十卷

《翟忠惠集》三十卷，參政丹陽翟汝文公巽撰。

廣棪案：《讀書附志》卷下〈別集類〉三著錄：「《忠惠先生文集》三十卷，右翟汝文字公巽之文也。公巽，丹陽人。年十四，登進士第，徽宗朝為左史、給事中、吏部侍郎，欽宗朝召直翰苑。紹興中，參知政事，終于資政殿學士，提舉洞霄宮。私諡忠惠。文乃其子耆年編次，附〈忠惠先生家傳〉于後。」《宋史》卷二百八〈志〉第一百六十一〈藝文〉七〈別集類〉著錄：「《翟汝文集》三十卷。」與此同。汝文字公巽，潤州丹陽人。紹興元年除參知政事。《宋史》卷三百七十二〈列傳〉第一百三十一有傳。

汝文制誥古雅，多用全句，氣格渾厚，近世罕及。

案：《宋史》汝文本傳載：「召拜中書舍人，外制典雅，一時稱之。」《四庫全書總目》卷一百五十六〈集部〉九〈別集類〉九著錄：「《忠惠集》十卷、〈附錄〉一卷，《永樂大典》本。……汝文好古淹博，深通篆籀，嘗從蘇軾、黃庭堅、曾鞏游，故所爲文章，尙有熙寧、元祐遺風。史稱其爲中書舍人時，外制典雅，一時稱之。蓋當北宋之季，如汪藻、孫覿皆以四六著名，惟汝文能與之頡頏。周必大序覿《鴻慶集》，稱中多誤收汝文所作。亦足見其體格之相近矣。楊萬里《誠齋詩話》引汝文〈左僕射制〉中『古我先王，惟圖任舊人共政；咸有一德，克左右厥辟宅師』二句。以爲『用成語雅馴妥貼之式。』又引〈賀蔡攸除少師啓〉中『朝廷無出其右，父子同升諸公』二句。以爲『截斷古語，補以一字而讀者不覺，爲巧之至。』今觀其文，大都根柢深厚，措詞雄健。所謂無一字無來處者，庶幾足以當之。非南宋表啓塗飾剽掇之比。其爲作者所推，非徒然也。」可供參證。

夫人邢氏，恕之女。居實，其弟也。

案：邢恕字和叔，鄭州陽武人。《宋史》卷四百七十一一四〈列傳〉第二百三十〈姦臣〉一有傳。其〈傳〉曰：「子居實、倞。」是居實、倞皆邢氏之弟。

長子耆年，廣棪案：《文獻通考》作「耆季」，形近而誤。寔邢出，好古博文，高尚不仕。

案：耆年，《宋史》無傳。《宋史翼》卷二十八〈列傳〉第二十八〈文苑〉三〈翟耆年〉載：「翟耆年字伯壽，父汝文，《宋史》有傳。以父任入官，自少知友名士，劉器之甚愛之，而以著〈騷〉見解于張耒。好古博雅，偏介不苟，自謂爲吏必以戀罷。放浪山水間，著書自娛。范宗尹欲召之，蘇庠曰：『翟子清濁太明，善惡太分，此張惠恕所以不容於當世也。』既老，自號醇落老隱。善篆隸八分，著有《籀史》二卷。《嘉定鎮江志》，參《籀史》、《書史會要》。」可參證。

忠惠者，私諡也。

案：《四庫全書總目》「《忠惠集》十卷、《附錄》一卷《永樂大典》本。」條載：「宋翟汝文撰。汝文字公巽，潤州丹陽人。登進士第。事徽、欽兩朝，至顯謨閣學士，出知越州。高宗時歷官參知政事。以忤直忤秦檜

罷歸。事蹟具《宋史》本傳及孫繁所作〈誌銘〉中。忠惠者，其沒後門
人所私諡也。」可參證。

鴻慶集四十二卷

《鴻慶集》四十二卷，戶部尚書晉陵孫覿仲益撰。大觀三年進士，政和
四年詞科。

> 廣棪案：《讀書附志》卷下〈別集類〉二著錄：「《孫尚書大全集》五十七
> 卷。右孫覿之文也。覿字仲益，蘭陵人。大觀三年進士。嘗以靖康間文
> 字得罪，廢徙久之，終於左朝奉郎、龍圖閣待制。」與《解題》著錄書
> 名、卷數均不同。《宋史》卷二百八〈志〉第一百六十一〈藝文〉七〈別
> 集類〉著錄：「孫覿《鴻慶集》四十二卷。」與此同。覿，《宋史》無傳。
> 《宋詩紀事》卷三十八「孫覿」條載：「覿字仲益，晉陵人。大觀三年進
> 士，政和四年中詞科。高宗朝仕至戶部尚書。可參證。

〈代高麗謝賜燕樂表〉，膾炙人口。生元豐辛酉，卒乾道己丑，蓋年八
十有廣棪案：《文獻通考》闕「有」字。九，可謂耆宿矣。而其平生出處，至
不足道也。廣棪案：盧校注：「嘗臣張邦昌。」

> 案：周必大《周文忠公集》卷五十三〈序・鴻慶居士集序〉曰：「公軼
> 群邁往，賦才獨異，而復天假之年，磨淬鍛煉。重之以湖山之助，名章
> 雋語，少而成，壯而盈，晚而愈精。靖康時為執法詞臣，其章疏、制誥、
> 表奏，往往如陸敬輿，明辯駿發。每一篇出，世爭傳誦。耄年為論譔，
> 次對，親為〈謝表啟〉，各出新意，用事屬詞，少壯所不逮。」《四庫全
> 書總目》卷一百五十七〈集部〉十〈別集類〉十著錄：「《鴻慶居士集》
> 四十二卷，兩淮馬裕家藏本。宋孫覿撰。覿字仲益，晉陵人。徽宗末，蔡
> 攸薦為侍御史。靖康初，蔡氏勢敗，乃率御史極劾之。金人圍汴，李綱
> 罷御營使，太學生伏闕請留，覿復劾綱要君。又言諸生將再伏闕。朝廷
> 以其言不實，下守和州。既而綱去國，復召覿為御史。專附和議，進至
> 翰林學士。汴都破後，覿受金人女樂，為欽宗草〈表〉上金主，極意獻
> 媚。建炎初，貶峽州。再謫嶺外。黃潛善、汪伯彥復引之，使掌誥命。
> 後又以贓罪斥，提舉鴻慶宮。故其文稱《鴻慶居士集》。孝宗時，洪邁
> 修國史，謂靖康時人獨覿在，請詔下覿，使書所見聞靖康時事上之。覿

遂於所不快者，如李綱等，率加誣辭。邁遽信之，載於《欽宗實錄》。
其後朱子與人言及，每以爲恨。謂小人不可使執筆。故陳振孫《書錄解
題》曰：『覿生於元豐辛酉，卒於乾道己丑，年八十九，可謂耆宿矣。
而其生平出處，則至不足道。』岳珂《桯史》亦曰：『孫仲益《鴻慶集》，
大半誌銘，蓋諛墓之常，不足詫。獨〈武功大夫李公碑〉，乃儼然一瑞
耳，亟稱其高風絕識，自以不獲見之爲大恨。言必稱公，殊不爲怍。』
趙與峕《賓退錄》復摘其作〈莫开墓誌〉，極論屈體求金之是，倡言復
讐之非。又摘其作〈韓忠武墓誌〉，極詆岳飛。作〈万俟卨墓誌〉，極表
其殺飛一事。爲顛倒悖繆。則覿之怙惡不悛，當時已人人鄙之矣。然覿
所爲詩文頗工，尤長於四六。與汪藻、洪邁、周必大聲價相埒。必大爲
作〈集序〉，稱其名章雋句，晚而愈精。亦所謂孔雀雖有毒，不能掩文
章也。流傳藝苑已數百年，今亦姑錄存之，而具列其穢迹於右。一以節
取其詞華，一以見立身一敗，詬辱千秋，清詞麗句，轉有求其磨滅而不
得者，亦足爲文士之炯戒焉。」均可參證。

嘗提舉鴻慶宮，故以名《集》。

案：《宋詩紀事》卷三十八「孫覿」條載：「提舉鴻慶宮，有《鴻慶集》。」
可參證。

呂忠穆集十五卷

《呂忠穆集》十五卷，丞相濟南呂頤浩元直撰。

廣棪案：《宋史》卷二百八〈志〉第一百六十一〈藝文〉七〈別集類〉著
錄：「呂頤浩《忠穆文集》十五卷。」與此同。頤浩字元直，其先樂陵人，
徙齊州。高宗時爲相。《宋史》卷三百六十二〈列傳〉第一百二十一有傳。

後三卷為〈燕魏錄〉，廣棪案：《文獻通考》闕「錄」字。**雜記古今事。卷末
言金人敗盟**廣棪案：《文獻通考》作「亂華」，元抄本、盧校本同。**始末甚詳。**

案：《四庫全書總目》卷一百五十六〈集部〉九〈別集類〉九著錄：「《忠
穆集》八卷，《永樂大典》本。宋頤浩撰。……《書錄解題》又稱《集》後
三卷皆燕魏雜記。蓋頤浩在河北時所作。今祇存二十九條，於古蹟頗有
典據。」可參證。

忠正德文集十卷

《忠正德文集》十卷，丞相聞喜趙鼎元鎮撰。

> 廣棪案：《讀書附志》卷下〈別集類〉二著錄：「趙豐公《忠正德文集》十卷。」《宋史》卷二百八〈志〉第一百六十一〈藝文〉七〈別集類〉著錄：「趙鼎《得全居士集》二卷，又《忠正德文集》十卷。」與此同。鼎字元鎮，解州聞喜人。高宗時為丞相。《宋史》卷三百六十〈列傳〉第一百一十九有傳。

四字，高廟所賜宸翰中語也。

> 案：《讀書附志》卷下〈別集類〉二著錄：「趙豐公《忠正德大集》十卷。右豐國趙忠簡公鼎之文也。始號《得全居士集》，周文忠公序之曰：『高宗中興，用宰相十五人，曰忠，曰正，曰德，曰文，兼而有之者，其惟趙公元鎮乎？此非私言，高宗大書賜公云爾，遂以名其《集》。』」《宋史》鼎本傳載：「建炎初，嘗下詔以姦臣誣蔑宣仁保佑之功，命史院刊修，未及行。朱勝非為相，上諭之曰：『神宗、哲宗兩朝史事多失實，非所以傳信後世，宜召范沖刊定。』勝非言：『《神宗史》，增多王安石《日錄》；《哲宗史》，經京、卞之手，議論多不正，命官刪修，誠足以彰二帝盛美。』會勝非去位，鼎以宰相監修二史，是非各得其正。上親書『忠正德文』四字賜鼎，又以御書《尚書》一帙賜之，曰：『《書》所載君臣相戒飭之言，所以賜卿，欲共由斯道。』鼎上疏謝。」足資參證。

北山小集四十卷

《北山小集》四十卷，中書舍人信安程俱致道撰。

> 廣棪案：《宋史》卷二百八〈志〉第一百六十一〈藝文〉七〈別集類〉著錄：「《程俱集》三十四卷。」較《解題》著錄少四卷。俱字致道，衢州開化人。紹興初擢中書舍人兼侍講。《宋史》卷四百四十五〈列傳〉第二百四有傳。信安即衢州，在今浙江境。

俱父祖世科，而俱乃以外祖鄧潤甫蔭入仕，宣和中賜上舍出身，為南宮舍人。

> 案：《宋史》俱本傳載：「程俱字致道，衢州開化人。以外祖尚書左丞鄧

潤甫恩，補蘇州吳江主簿，監舒州太湖茶場，坐上書論事罷歸。起知泗
州臨淮縣，累遷將作監丞，近臣以譔述薦，遷著作佐郎。宣和二年，進
頌，賜上舍出身，除禮部郎，以病告老，不俟報而歸。」可參證。

**紹興初入西掖。徐俯爲諫議大夫，封還詞頭，罷去。後以次對修史，病
不能赴而卒。**

案：初入西掖，指除中書舍人。《宋史》俱本傳載：「紹興初，始置祕書省，
召俱爲少監。奏修日曆，祕書長、貳得預修纂，自俱始。時庶事草創，百
司文書例從省記，俱摭三館舊聞，比次爲書，名曰《麟臺故事》，上之。擢
中書舍人兼侍講。……徐俯爲諫議大夫，俱繳還，以爲：『俯雖才俊氣豪，
所歷尚淺，以前任省郎，遽除諫議，自元豐更制以來，未之有也。昔唐元
稹爲荊南判司，忽命從中出，召爲省郎，便知制誥，遂喧朝聽，時謂監軍
崔潭峻之所引也。近聞外傳，俯與中官唱和，有『魚須』之句，號爲警策。
臣恐外人以此爲疑，仰累聖德。陛下誠知俯，姑以所應得者命之。』不報。
後二日，言者論俱前棄秀州城，罷爲提舉江州太平觀。久之，除徽猷閣待
制。俱晚病風痺，秦檜薦俱領史事，除提舉萬壽觀、實錄院修撰，使免朝
參，俱力辭不至。卒，年六十七。俱在掖垣，命令下有不安于心者，必反
覆言之，不少畏避。其爲文典雅閎奧，爲世所稱。」可參證。

陵陽集五十卷

《陵陽集》五十卷，中書舍人仙井韓駒子蒼撰。

廣棪案：《郡齋讀書志》卷第十九〈別集類〉下著錄：「《韓子蒼集》三卷。
右皇朝韓駒字子蒼，仙井人。政和初，詣闕上書，特命以官，累擢中書
舍人，權直學士院。王甫嘗命子蒼詠其家藏〈太乙眞人圖詩〉，盛傳一世。
宣和間，獨以能詩稱云。」《宋史》卷二百八〈志〉第一百六十一〈藝文〉
七〈別集類〉著錄：「韓駒《陵陽集》十五卷，又《別集》三卷。」疑《郡
齋讀書志》所著錄者乃《別集》三卷。周紫芝《太倉稊米集》卷六十七
〈跋‧跋陵陽集後〉載：「駒字子倉，仙井監人。宣和六年遷中書舍人。
與此同。駒，《宋史》卷四百四十五〈列傳〉第二百四〈文苑〉七有傳。

自幼能詩，黃太史稱其超軼絕塵，蘇文定以比儲光羲。游太學不第，政

和初獻書召試，賜出身，後入西掖。坐蘇氏鄉黨曲學罷。

案：《宋史》駒本傳載：「韓駒字子蒼，仙井監人。少有文稱。政和初，以獻頌補假將仕郎，召試舍人院，賜進士出身，除祕書省正字。尋坐爲蘇氏學，謫監華州蒲城縣市易務。知洪州分寧縣。召爲著作郎，校正御前文籍。……宣和五年，除祕書少監。六年，遷中書舍人兼修國史，入謝。……駒嘗在許下從蘇轍學，評其詩似儲光羲。其後由宦者以進用，頗爲識者所薄云。」周紫芝《太倉稊米集》卷六十七〈跋·書陵陽集後〉載：「國家承平日久，朝廷無事，人主以翰墨文字爲樂，當時文士操筆和墨，摹寫太平，紛然如韓子蒼〈題何太宰御賜畫喜雀詩〉，有『想得雪殘鳲鵲觀，一雙飛上萬年枝』之句，不動斤斧，有太平無事之象。以此知粉飾治具者，固不可以無其人也。王摩詰說開元時事，如『池北池南草綠，殿前殿後花紅』，亦是好句，但如畫師著色畫屏風，妙則妙矣，奈未能免俗何！大抵子蒼之詩，極似張文潛，淡泊而有思致，奇麗而不雕刻，未可以一言盡也。」是周氏以子蒼勝王維矣！《四庫全書總目》卷一百五十七〈集部〉十〈別集類〉十著錄：「《陵陽集》四卷，_{浙江鮑士恭家藏本。}宋韓駒撰。駒字子蒼，蜀仙井監人。政和中召試，賜進士出身。累除中書舍人，權直學士院。南渡初，知江州。事蹟具《宋史·文苑傳》。駒學原出蘇氏。呂本中作〈江西宗派圖〉，列駒其中，駒頗不樂。然駒詩磨淬翦截，亦頗涉豫章之格。其不願寄王氏門下，亦猶陳師道之瓣香南豐，不忘所自耳。非必其宗旨之迥別也。陸游跋其詩章，謂『反覆塗乙，又歷疏語所從來。詩成，既以與人。久或累月，遠或千里。復追取更定，無毫髮憾乃止』。亦可謂苦吟者矣。晁公武《郡齋讀書志》謂『王黼嘗命駒題其家藏〈太乙眞人圖〉，盛傳一時。』今其詩具在《集》中，有『玉堂學士今劉向』之句，推許甚至。劉克莊謂『子蒼諸人，自鬻其技至貴顯，』蓋指此類。其亦陸游〈南園記〉之比乎？要其文章不可掩也。」均可參證。

丹陽集四十二卷、後集四十二卷

《丹陽集》四十二卷、《後集》四十二卷，顯謨閣待制江陰葛勝仲魯卿撰。

廣梭案：《宋史》卷二百八〈志〉第一百六十一〈藝文〉七〈別集類〉著錄：「《葛勝仲集》八十卷。」《四庫全書總目》卷一百五十六〈集部〉九〈別集類〉九著錄：「《丹陽集》二十四卷，《永樂大典》本。宋葛勝仲撰。勝仲字魯卿，丹陽人。紹聖四年進士。又試學官及詞科，俱第一。官至華文閣待制，知湖州。紹興元年乞祠歸。十四年卒，諡文康。事蹟具《宋史・文苑傳》。據其壻章倧所作〈行狀〉，稱『有《文集》八十卷、《外集》二十卷。初刊版於眞州，兵燹殘闕。隆興甲寅，知州事宋曉修補之，自跋其後淳熙丙午，知州事姚恪又爲重鋟，中書舍人王信爲之〈跋〉。』自明以來，傳本遂絕。今據《永樂大典》所載，以類裒輯，得文十五卷、詩七卷、詩餘一卷，又附錄〈行狀〉、〈諡議〉爲一卷，共成二十四卷。」是此書南宋各板本其卷數已多不同。勝仲字魯卿，丹陽人。《宋史》卷四百四十五〈列傳〉第二百四〈文苑〉七有傳。惟《宋史》載勝仲官至太府少卿、國子祭酒，而未言及顯謨閣待制及華文閣待制。

紹聖四年進士，元符三年詞科。

案：《宋史》勝仲本傳載：「葛勝仲字魯卿，丹陽人。登紹聖四年進士第，調杭州司理參軍。林希薦試學官及詞科，俱第一，除兗州教授，入爲太學正。」可參證。

洪慶善序其文，有所謂「絕郭天信、館臣案、郭天信見《宋史・方技傳》，原本作大信，誤。今改正。拒朱勔、慙盛章而怒李彥」者，蓋其平生出處之略也。

案：《四庫全書》本《丹陽集》凡二十四卷，書首無洪慶善〈序〉。慶善，興祖字。考《宋史》勝仲本傳載：「上幸學，多獻頌者，勝仲獨獻賦。上命中書第其優劣，勝仲爲首，差提舉議曆所檢討官兼宗正丞。始，朝廷以從臣提舉議曆所，至是，代以郭天信，勝仲力請罷之。……尋知汝州。李彥括田，破產者眾，勝仲請蠲不當括者，彥怒，劾勝仲，上寢其奏，改湖州。尋徙鄧州，朱勔先求白雀之屬，勝仲不與，至是媒蘗其短，罷歸。」可參證。然未載「慙盛章」事。

再知湖州，後遂家焉。

案：《宋史》勝仲本傳載：「建炎中，范宗尹爲相，凡前日以朋附被罪遠貶者，咸赦還，復知湖州。時群盜縱橫，聲搖諸郡，勝仲修城郭，作戰

艦，閱士卒，賊知有備，引去。歲大饑，發官廩振之，民賴以濟。紹興元年，丐祠歸。十四年，卒，年七十三，諡文康。子立方，官至侍從。孫岊，爲右相，自有傳。」可參證。

尹和靖集一卷、附集一卷

《尹和靖集》一卷、《附集》一卷，徽猷閣待制河南尹焞彥明撰。

> 廣棪案：《宋史藝文志補・集部・別集類》著錄：「尹焞《和靖文集》十卷。」卷數不同。焞字彥明，一字德充，世爲洛人。紹興八年直徽猷閣。《宋史》卷四百二十八〈列傳〉第一百八十七〈道學〉二有傳。

子漸之孫。

> 案：子漸即尹源。《宋史》本傳載：「尹焞字彥明，一字德充，世爲洛人。曾祖仲宣七子，而二子有名：長子源字子漸，是謂河內先生；次子洙字師魯，是謂河南先生。源生林，官至虞部員外郎。林生焞！」可參證。

年十九舉進士，策問欲誅元祐黨籍，不對而出，遂罷舉。

> 案：《宋史》焞本傳載：「少師事程頤，嘗應舉，發策有誅元祐諸臣議，焞曰：『噫，尚可以干祿乎哉！』不對而出，告頤曰：『焞不復應進士舉矣！』頤曰：『子有母在。』焞歸告其母陳，母曰：『吾知汝以善養，不知汝以祿養。』頤聞之曰：『賢哉母也！』於是終身不就舉。」可參證。

靖康賜號和靖處士。

> 案：《宋史》焞本傳載：「靖康初，种師道薦焞德行可備勸講，召至京師，不欲留，賜號和靖處士。」

敵_{廣棪案：《文獻通考》作「虜」。}陷洛陽，闔門遇害，死而復甦，門人潛載以逃。

> 案：《宋史》焞本傳載：「次年，金人陷洛，焞闔門被害，焞死復甦，門人舁置山谷中而免。」可參證。

客涪州，以范元長薦入經筵，擢列侍從。

> 案：《宋史》焞本傳載：「紹興四年，止于涪。涪，頤讀《易》地也，闢三畏齋以居，邦人不識其面。侍讀范仲舉焞自代，授左宣教郎，充崇政

殿說書，以疾辭。范沖奏給五百金爲行資，遣漕臣奉詔至涪親遣。六年，始就道，作文祭頤而後行。」可參證。

葬會稽山。

　　案：《宋史》燾本傳載：「燾自入經筵，即乞休致，朝廷以禮留之；⁽張⁾浚、⁽趙⁾鼎既去，秦檜當國，見燾議和疏及與檜書已不樂，至是，得求去之疏，遂不復留。十二年，卒。」是燾卒於紹興十二年，然《宋史》未載及其葬所。

綦北海集六十卷

《綦北海集》六十卷，翰林學士北海綦崈禮叔厚撰。

　　廣棪案：《讀書附志》卷下〈別集類〉三著錄：「《北海先生文集》六十卷。右綦崈禮字叔厚之文也。叔厚，高密人。登政和上舍進士第。仕高宗，爲翰林學士，終寶文閣學士、高密郡侯，贈朝議大夫。楊萬里、樓鑰爲〈文集序〉，〈行狀〉、〈墓誌〉附于後。」《宋史》卷二百八〈志〉第一百六十一〈藝文〉七〈別集類〉著錄：「綦崈禮《北海集》六十卷。」與此同。崈禮字叔厚，高密人，後徙濰之北海。高宗時，御筆除翰林學士。《宋史》卷三百七十八〈列傳〉第一百三十七有傳。

工於四六。

　　案：《宋史》崈禮本傳載：「再入翰林凡五年，所撰詔命數百篇，文簡意明，不私美，不寄怨，深得代言之體。」是崈禮工於四六之證。

秦檜初罷相，崈禮當制，有御筆詞頭藏其家。檜再相，下台州追索，時崈禮已死，幸不及禍。

　　案：《宋史》崈禮本傳載：「崈禮妙齡秀發，聰敏絕人，不爲崖岸斬絕之行。廉儉寡欲，獨覃心辭章，洞曉音律，酒酣氣振，長歌慷慨，議論風生，亦一時之英也。中年頓剉場屋，晚方登第，以縣主簿驟升華要，極潤色論思之選。端方亮直，不憚強禦，秦檜罷政，崈禮草詞顯著其惡無所隱，檜深憾之。及再相，矯詔下台州就崈禮家索其藁，自於帝前納之，且將修怨。會崈禮已沒，故身後所得恩澤，其家畏懼不敢陳，士大夫亦無敢爲其任保。樓鑰嘗敘其文，以爲氣格渾然天成，一旦當書命之任，

明白洞達，雖武夫遠人曉然知上意所在云。」可參證。

雲龕草堂後集二十六卷

《雲龕草堂後集》二十六卷，參政鉅野李邴漢老撰。

　　廣棪案：《宋史》卷二百八〈志〉第一百六十一〈藝文〉七〈別集類〉著錄：「李邴《草堂後集》二十六卷。」與此同。邴字漢老，濟州任城人。高宗時拜尚書右丞，未幾，改參知政事。《宋史》卷三百七十五〈列傳〉第一百三十四有傳。鉅野，即濟州。

明受之變，以兵部侍郎直學士院叱責兇渠，朝廷賴焉。既復辟，首擢執政。

　　案：《宋史》邴本傳載：「高宗即位，復徽猷閣待制。踰歲，召為兵部侍郎兼直學士院。苗傅、劉正彥迫上遜位，上顧邴草詔，邴請得御札而後敢作。朱勝非請降詔赦，邴就都堂草之。除翰林學士。初，邴見苗傅，面論以逆順禍福之理，且密勸殿帥王元佐以禁旅擊賊，元唯唯不能用，即詣政事堂白朱勝非，適正彥及其黨王世修在焉，又以大義責之，人為之危，邴不顧也。時御史中丞鄭瑴又抗疏言睿聖皇帝不當改號，於是邴、瑴為端明殿學士、同簽書樞密院事。邴與張守分草百官章奏，三奏三答，及太后手詔與復辟赦文，一日而具。四月，拜尚書右丞，未幾，改參知政事。上巡江寧，太后六宮往豫章，命邴為資政殿學士、權知行臺三省樞密院事。」樓鑰《攻媿集》卷七十五〈題跋・跋李文敏公遺事〉曰：「士大夫學為文章，固足以為國之光華。一臨事變，隳素守，忘大節者多矣。二凶變起倉猝，文敏公廷叱之而奪其氣。事不難，無以見君子，宗社再安，誠國有人哉！」均可參證。

周益公作〈神道碑〉，言《前》、《後集》一百卷。今惟《後集》，蓋皆南渡後所作也。

　　案：益公所撰〈資政殿學士中大大參知政事贈太師李文敏公邴神道碑〉，見《周文忠公集》卷六十九。其辭曰：「濟水貫兗與徐，居古九州之二。其在四瀆，得天地質信寬徐之氣。其澤曰大野，是為十藪之首，鍾英炳靈，今於故參知政事文敏李公見之。始以淵源之學、華重之文，藻飾王

度；中以剛大之氣，扶顛持危；晚以超卓之見，居安資深，允所謂間生之賢者也。公諱邴，字漢老，系出唐邠王禕。其十一世孫濤，仕五代爲相。入本朝，歷兵部尙書，生水部郎中承休，公高祖也。水部生廣文館進士、贈兵部尙書，諱仲寶，加贈太子太保者，公曾祖也。宮保次子諱景山，官至駕部郎中，贈太子少傅。兩娶蘭氏，贈咸寧郡夫人，公祖父母也。朝請大夫諱琢，贈少師，公父也。娶仲氏，鎭國夫人；孔氏，鄆國夫人。高、曾皆葬濟陰。伯祖殿中丞景圭，及宮傅，葬濟之任城。故公爲濟州鉅野縣人。幼警敏，喜讀書，弱冠能文，伯父樂靜先生昭玘，嘗從眉山蘇文忠、文定公，御史中丞孫公覺，門下侍郎李公清臣講論文章，仕至起居舍人。性靜厚忠實，其文演迤貫理，穩密不露斷削，公獨得其傳。崇寧五年登進士第，授將仕郎，德州平原尉，上官待以異禮。秩滿，升從政郎，濮州鄄城丞。外艱服除，執政知其名，用爲編脩，國朝會要所檢閱文字。宣和初，以儒林郎特除秘書省校書郎，改宣教郎。二年十月，擢尙書禮部員外郎。時中外奏祥瑞無虛日，公草賀表，筆不停綴，精確典麗。三年夏，進起居舍人。是冬，以通直郎試中書舍人，賜服金紫。五年七月，遷給事中；閱月，權直學士院。陳橋顯烈宮成，特命公撰文刻石。明年八月，入翰林爲學士。徽宗曰：『內外制，得卿稱職矣！』高麗入貢，選充館伴，會召宰輔、親王、貴戚宴睿謨殿，賞橙橘，侍從預者纔四五人，而公在焉。詔賦紀事詩，公垂館客，夜草百韻以進，上大喜，遣中使持示麗人，麗人表謝，乞傳水以歸。凡私覿悉加等。適蔡京再領三省，言路觀望，適公作大晏樂語，盛稱鎭圭爲罪，黜提舉南京鴻慶宮。七年多，除徽猷待制，知越州。爲政清簡，抑強扶弱。欽宗覃恩，轉承議郎，詔諸路兵備，胡公擇掾屬通明者，付以調發城中，至不聞兵出，議者猶論公前。因時宰驟進，而不知至眷素厚也。坐落職，提舉西京嵩山崇福宮。高宗初年，復右文殿脩撰。踰年，召爲兵部侍郎，再直學士院。三年二月壬子，車駕南渡。壬戌至杭州。三月癸未，苗傅、劉正彥反，露刃宮門。上登樓撫諭，公亟趨前叱責傅等，兇焰稍息。又諭殿帥王元擊賊，元唯唯。公扣宰相朱勝非問計策，傅等皆在，公反覆鐫詰，人爲公危，公無懼色。退勝非，密引外援制賊。又謂傅所聽者正彥，正彥則倚王世脩爲謀主。宜陽許世脩侍從以間之，蔑不濟矣。太后垂簾旬餘，勝非遂奏變故以來，從官能助朝廷者惟李邴、鄭慤協心於內，

誦言於外。乃除公翰林學士，縠御史中丞。呂頤浩、張浚、劉光世〔闕〕等義師起，公與權直院張守分撰，請復辟表及批答。丙午，勝非白太后，除公與縠並為端明殿學士，同簽書樞密院事。四月戊申朔，上御朝；明日，遷公尚書左丞，自朝散郎，例轉中大夫，公懇辭。上賜親札，署曰：『卿毅然正詞，氣析兇醜，萬眾動色，具臣靦顏。』公謝表亦云：『謀寢淮南，雖愆素望；笏擊朱泚，實屬壯心；詰責兇渠，激揚禁衛；迨成復辟，實與秘謨。蓋出孤忠，豈徼後福。』當時稱為實錄。乙卯大赦，其文云：『斷鼇立極，開闢功成，取日授龍，神明御正。』亦公所草，四方誦之。駕幸江寧。六月，依祖宗舊制，合三省官，改參知政事；尋以防秋，分六宮百司奉太后如洪洲，命公為資政殿學士，權知行臺三省樞密院事。公與相臣呂忠穆公議論不協，臺諫有向背意，公聞之，固辭。八月仍本職，提舉洞霄宮，上念公不已。未閱月，起知平江府，視事三日，復從請祠。兄鄳，帥越失守，連坐落職，明年復端明。紹興元年，大禮還舊職。十六年五月甲午，以疾薨於泉州居第之正寢，享年六十有二。遺表聞贈正奉大夫。八月庚申，葬南安縣石竣山之原。爵隴西縣開國男、食邑四百戶；妻，東平郡夫人任氏，朝請郎之立女，前七月卒。五子：繽，警悟絕人，不樂仕進，號萬如居士，有《梅詩》百篇，終朝請大夫，侍講朱熹揭其墓；維，宣教郎，贈朝奉大夫；紀，疾廢；綸，朝奉大夫；紃，承議郎，贈朝請大夫。五女：長適朝奉大夫、直秘閣傅自得；次適左迪功郎趙如川，再適朝請郎晁子闔；次適通直郎梁藬；次適從政郎仲壽朋；次適迪功郎馬諒，再適迪功郎傅伸。孫男十四人：訛，承議郎；讚，承奉郎；諤，從事郎；諫，承務郎；誼，朝散郎；謙承務郎；訥，從事郎；訛今為朝奉大夫、荊湖北路轉運判官；說，通事郎；訴，從事郎；證，將仕郎；詠、訪、謂。孫女十一人。公天資高明，積學深至，早歷清要，號稱文士。猝遇國難，大節凜然，為廊廟之器。嘗奉詔編類平江勤王及奏請本末，付禮部鏤板。公既列上，即匵藏元牘，後自泉南繳納省中，子孫始知一時定計，具草手疏，皆出公及朱丞相之手，執政著名押字而已。罷政十七年，避時相不復出，讀書作文，雖病不廢；延納後進，教誘無倦，稱人之善，覆護所短，若親舊行己未至，則質問再三，使歸之正。奉養簡薄，賑恤宗族，治家嚴而恕，每愛徐孺子、申屠子、陶淵明之為人。晚棄世故，深造以道，夫子所聞夕死者，蓋得之。所著《草堂

前》、《後集》一百卷,行於世。其葬也,寶文閣待制趙思誠爲之誌。諸子遇恩,累贈公太師,配封魯國夫人。淳熙初,公薨三十餘年矣,近臣及公叱苗劉事,孝宗嘉嘆,特令定諡。其後有司以勤學好問曰文,應事有功曰敏,易公名。今公諸孫惟季子之子訧在典州,持節學,世其家。以公神道未碑,遠使來請,某久備史官,得公出處,故詳書而系以銘曰:『齊魯之間,儒學之淵。道閉賢隱,祥麟出焉。由漢迄唐,士多名世。公生盛朝,亦拔乎萃。其來儀儀,資適逢時。以文華國,天子所知。變起弗圖,公奮烈烈。面析群兒,我勇彼懾。籌幄既咨,義旗既麾。中外協力,乾清坤夷。倬彼宸章,粲若星日。告於萬邦,丕顯公蹟。上方用公,公曰歸歟!成功者天,寵則難居。燕處超然,道則深造。窮理盡性,庶其允蹈。生有自來,逝也名垂。刻詩道周,言何敢欺!』」是〈神道碑〉謂「所著《草堂前》、《後集》一百卷,行於世」,而《宋史》本傳亦云「有《草堂集》一百卷」,所載與〈神道碑〉同。

朱文公為之〈序〉。

案:朱熹《朱文公文集》卷七十六〈雲龕李公文集序〉曰:「士君子所以立於斯世者,不難於文而難於實,不難於小而難於大,此吾所以每竊有感於參知政事、隴西文敏李公之文,而病世之所以知公者殊淺也。蓋自我宋之興百有餘年,累聖相承,專以文治。而其盛極於崇、觀、政、宣之間,一時學士大夫,執簡秉筆,專以文字相高,其所以歌詠泰平,藻飾治具者,雜然並出。如金石互奏,宮徵相宣,未有能優劣之者。而李公以傑出之材,雍容其間,發大詔令,草大牋奏,富贍雄特,精能華妙,愈出而愈無窮,直將關眾俊之口,而奪之氣,斯已奇矣。然使公之所立,獨恃此而無其實;或徒規規然務爲小廉曲謹,以投世俗之耳目,而其大者無稱焉,則亦何足以名於一世,而垂無窮哉!而公扈蹕臨安,適遭己酉三月五日之變。當是之時,一旦猝然事出非意,群公愕眙不知所以爲策。公獨挺身赴難,神采毅然,折兇渠,喻以大義;退而陰贊宰府,爲所以離貳逆黨,尊復明辟之計者甚悉。是以平賊之功,雖由外濟,而高宗皇帝察公之忠,首擢以爲尚書左丞,而又賜之手札,至有『萬眾動色,具臣覥顏』之語,嗚呼!天地之間,理義之實,孰有大於君臣之際者。而公於是乃能竭其股肱之力,以有成功,是其所立,豈獨以其文而已哉?然公功成不居,退而老於江海之上,杜門終日,絕口不道前事,雖所以

告其子弟者，亦常欿然退託，如有不足之意。是以世之君子鮮或知之。其所可考而必信者，獨賴聖謨神翰，炳若日星。是以天下之公論，至於久而後定耳！以是觀之，則世之獨以文字知公者，豈非淺哉？頃年，公孫故建康通守誼嘗以公之遺文屬熹爲〈序〉，熹以不文，謹謝不敢。今年通守之弟齊安使君，又以爲請。且曰：『訦之請非有他，獨願得一言以發明公之大節，使後世之知公者，不獨以其文而已爾！』熹於是乃敢拜受其書，而三復焉。因竊論其所感者如此，以附篇後。蓋公嘗受學於其世父右史樂靜先生，而樂靜之學又得之高郵孫中丞、眉山蘇承旨，其丁寧付授之意，今略見公所撰〈樂靜文集後語〉中，有本者固如是也。」可參證。

漢老，樂靜右史之姪。

　　案：樂靜，即李昭玘，字成季，濟南人。崇寧時入黨籍，居閑十五年，自號樂靜先生。《宋史》卷三百四十七三〈列傳〉第一百六有傳。

五世祖濤，五代時宰相。

　　案：吳任臣《十國春秋》卷第六〈吳〉六〈列傳〉載：「李濤，趙州人。太祖時，署濤爲牙將。秦彥之攻太祖也，軍勢甚盛，親校李宗禮言眾寡不敵，請堅壁自守，徐圖還師。濤時在行間，怒曰：『吾以順討逆，何論眾寡。大軍至此，去將安歸，濤願帥所部爲前鋒，保爲公破之。』太祖壯其志，多伏精兵爲三覆以待之，卒破彥帥，鹵獲無箅。濤一言（之）力也。天祐十年，充招討使，攻吳越于臨安，戰敗，被執。順義元年，復歸，授右雄武統軍，卒。」惟濤未任宰相。

石晉之亂，弟澣在翰林，陷于敵。_{廣棪案}：《文獻通考》作「陷於虜」。

　　案：《全唐文》卷八百六十一「李澣」條載：「澣字日新，仕後唐，歷集賢校理。入晉，累遷中書舍人。契丹入汴，陷塞北。宋建隆三年卒於契丹。」《全唐文》又載澣〈與兄濤言契丹述律事書〉，曰：「今王驕駿，唯好擊鞠，耽於內寵，固無四方之志。觀其事勢，不同已前。親密貴臣，尚懷異志，即微弱可知，不敢備奏。一則煩文，一則恐涉爲身計。大好乘其亂弱之時，計亦易和。若辦得來討唯速，若且和亦唯速，將來必不能力爲可東也。」可參證。是澣雖陷敵，而心在晉也。

及邴立節于建炎，而其弟_{廣棪案}：《文獻通考》無「其」字。**鄭守會稽，亦隨**

金人北去，世以為異。

案：《宋史》邴本傳載：「（紹興三年）會兄鄲失守越州，坐累落職。明年，即引赦復之，又升資政殿學士。」未能考悉鄲爲兄爲弟。考丁傳靖《宋人軼事彙編》卷十四載：「李鄲歸自賊壘，盛談賊強我弱，謂：『賊人如虎馬如龍，上山如猿，入水如獺。其勢如泰山，中國如累卵。』時人號爲『六如給事。』」《宋人傳記資料索引》載：「李鄲，累官給事中，嘗充通問金國使，見金勢之盛，心懷叛意，形於言表。建炎三年四月除知紹興府，十二月即降金。」據是，則鄲叛國降敵，遠非邴之比也。

龜谿集十二卷

《龜谿集》十二卷，知樞密院忠敏吳興沈與求必先撰。

廣校案：《宋史》卷二百八〈志〉第一百六十一〈藝文〉七〈別集類〉著錄：「沈與求《龜溪集》十二卷。」與此同。劉一止《苕溪集》卷三十〈知樞密院事沈公行狀〉謂「有《文集》二十卷」，疑誤。與求字必先，湖州德清人。紹興七年，除同知樞密院事。《宋史》卷三百七十二〈列傳〉第一百三十一有傳。

建炎、紹興之間，歷三院、翰苑以至執政。

案：《宋史》與求本傳載：「與求歷御史三院，知無不言，前後幾四百奏，其言切直，自敵己已下有不能堪者。上時有所訓敕，每曰：『汝不識沈中丞邪？』移吏部尚書兼權翰林學士兼侍讀，遂出爲荊湖南路安撫使、知潭州。引疾丐祠，許之。（紹興）四年，出知鎮江府兼兩浙西路安撫使。復以吏部尚書召，除參知政事。」可參證。

嘗奏言王安石之罪，大者在于取楊雄、馮道，當時學者惟知有安石，喪亂之際，甘心從偽，無仗節死義之風，實安石倡之。此論前未之及也。

案：《宋元學案補遺》卷三十五〈陳鄒諸儒學案補遺・苕溪師承〉「忠敏沈公與求」條載：「沈與求字必先，德清人。及政和五年進士第，授濮陽軍學教授，改常州，歷除侍御史。上嘗從容言王安石之罪在行新法。對曰：『人臣立朝，未論行事之是非，先觀心術之邪正。安石于漢則取揚雄，于五代則取馮道，臣以是知其心術不正，則姦偽百出，僭亂之萌，實由

此起。自熙寧、元豐以來，士皆宗安石之學，沈溺其說，節義彫喪，馴致靖康之禍。污偽賣國，一時叛逆尚逭典刑，願明正其罪，以戒爲臣不忠者。』在言路四年，凡所論列，不避權要，頗忤時宰意。累除參知政事，遷知樞密院事，卒。有《文集》二十卷、《奏議》三十卷。劉一止從之游，踰三十年。其卒也，爲之狀其行。《劉苕溪集》。」可參證。《四庫全書總目》卷一百五十七〈集部〉十〈別集類〉十著錄：「《龜溪集》十二卷，兩淮鹽政採進本。宋沈與求撰。陳振孫《書錄解題》曰：『與求嘗奏王安石之罪，大者在於取揚雄、馮道。當時學者惟知有安石。喪亂之際，甘心從偽，無仗節死義之風，實安石倡之。此論前未之及也。』云云。考熙寧以逮政和，王、蔡諸人以權勢奔走天下。誅鋤善類，引拔宵人。其夤緣以苟富貴者，本無廉恥之心，又安能望以名節之事。其偷生賣國，實積漸使然，不必盡由於推獎揚雄，表章馮道。與求此奏，亦事後推索之詞。然其說主持風教，振刷綱常，要不可不謂之偉論也。至其制誥諸篇，典雅春容，亦具有唐人軌度，又不徒以奏議見長矣！」亦可參考。

紹興七年終于位。

案：《宋史》與求本傳載：「(紹興) 七年，上在平江，召見，除同知樞密院事；從至建康，遷知樞密院事。薨，贈左銀青光祿大夫，諡忠敏。」可參證。

胡忠獻集十卷

《胡忠獻集》六十卷，館臣案：《文獻通考》題《胡承公集》十卷、《資古紹志集》十卷。端明殿學士晉陵胡世將承公撰。廣棪案：《文獻通考》無此句。

廣棪案：《郡齋讀書志》卷第十九〈別集類〉下著錄：「《胡承公集》十卷、《資古紹志集》十卷。」《宋史》卷二百八〈志〉第一百六十一〈藝文〉七〈別集類〉著錄：「《胡世將集》十五卷，又《忠獻胡公集》六十卷。」所著錄卷數與《解題》有異有同。世將字承公，常州晉陵人。紹興十年，詔除端明殿學士。《宋史》卷三百七十三〈列傳〉第一百二十九有傳。

文恭公宿之曾孫。

案：《宋史》世將本傳載：「胡世將字承公，常州晉陵人。宿之曾孫。」

考宿字武平，常州晉陵人。卒諡文恭。《宋史》卷三百一十八〈列傳〉第七十七有傳。

以兵部侍郎為川陝廣棪案：盧校注：「『陝』即『峽』字，非陝西。」然《宋史》正作「川、陝」，疑盧氏誤。**副宣，金人**廣棪案：《文獻通考》作「金虜」。**敗盟，繼吳玠之後，經畫守禦，以迄和議再成，分疆未定，死于河池。**

案：《宋史》世將本傳載：「未幾，召為給事中兼侍講，直學士院，復遷兵部侍郎。尋以樞密直學士出為四川安撫、制置使，兼知成都府。宣撫吳玠以軍無糧，奏請踵至。世將既被命入境，約玠會議。蜀之饟運，遡嘉陵江千餘里，半年始達。於是奏用轉般摺運之法，軍儲稍充，公私便之。紹興九年，玠卒，以世將為寶文閣學士、宣撫川、陝。時關陝初復，朝廷分軍移屯熙、秦、鄜延諸道。明年夏，金人陷同州，入長安，諸路皆震。蜀兵既分，聲援幾絕，乃遣大將吳璘、田晟出鳳翔，郭浩出奉天，楊政由赤谷歸河池。不數日，璘捷于石壁及扶風，金人逡巡不敢度隴，分屯之軍得全師而還。詔除端明殿學士。十一年秋，朝廷復用兵。會母喪，命起復。遂復隴州，破岐下諸屯，又取華、虢，兵威稍振。未幾，瘍發於首。除資政殿學士致仕，恩數視簽書樞密院事。卒，年五十八，命有司給葬事。」可參證。

世將好古博雅，有《資古紹志錄》，倣廣棪案：《文獻通考》作「效」。**《集古錄》，跋尾亦見《集》中。諡忠獻。**館臣案：「諡忠獻」句原本脫去，今據《文獻通考》增入。　廣棪案：元抄本、盧校本亦無「諡忠獻」。

案：《郡齋讀書志》卷第十九〈別集類〉下著錄：「《胡承公集》十卷、《資古紹志集》十卷。右皇朝胡世將字承公。中進士科。早受知晁無咎。建炎南渡，嘗直學士院，終於資政殿學士、川陝宣撫使。為文敏贍溫雅，掌書命，頗有能聲。喜聚金石刻，效歐公《集古錄》為《資古紹志集》，〈序〉云：「以成其先人之志，故以『紹志』目其書。」可參證。

胡文定公武夷集十五卷

《胡文定公廣棪案：元抄本無「公」字。武夷集》十五卷，給事中崇安胡安國康侯撰。

廣棪案:《讀書附志》卷下〈別集類〉二著錄:「胡文定公《武夷集》十五卷。」與此同。《宋史》卷二百八〈志〉第一百六十一〈藝文〉七〈別集類〉著錄:「胡安國《武夷集》二十二卷。」惟《宋史》安國本傳亦謂「有《文集》十五卷」,疑〈宋志〉誤也。安國字康侯,建寧崇安人。高宗即位,以給事中召,卒諡文定。《宋史》卷四百三十五〈列傳〉第一百九十四〈儒林〉五有傳。

紹聖四年進士第三人。

案:《宋史》安國本傳載:「胡安國字康侯,建寧崇安人。入太學,以程頤之友朱長文及潁川靳裁之為師。裁之與論經史大義,深奇重之。三試于禮部,中紹聖四年進士第。初,廷試考官定其策第一,宰職以無詆元祐語,遂以何昌言冠,方天若次之,又欲以宰相章惇子次天若。時發策大要崇復熙寧、元豐之制,安國推明《大學》,以漸復三代為對。哲宗命再讀之,注聽稱善者數四,親擢為第三。為太學博士,足不躡權門。」可參證。

仕四十年,實歷不及三載。

案:《宋史》安國本傳載:「安國彊學力行,以聖人為標的,志於康濟時艱。見中原淪沒,遺黎塗炭,常若痛切於其身。雖數以罪去,其愛君憂國之心遠而彌篤,每有君命,即置家事不問。然風度凝遠,蕭然塵表,視天下萬物無一足以嬰其心。自登第迄謝事,四十年在官,實歷不及六載。」考《宋元學案補遺》卷三十四〈武夷學案·朱靳門人〉「文定胡武夷先生安國·附錄」載:「先生風度凝遠,蕭然塵表。自登第逮休致,凡四十年,實歷仕之日不及六載。雖數以罪去,而愛君之心,遠而愈篤。每被召,即置家事不問,或通夕不寐,思所以告君者。然宦情如寄,泊如也。」是安國仕四十年,實歷不及六載,而非三載,疑《解題》誤。

著《春秋傳》,行于世。

案:《宋史》安國本傳載:「(紹興)五年,除徽猷閣待制、知永州,安國辭。詔以經筵舊臣,重閔勞之,特從其請,提舉江州太平觀,令纂修所著《春秋傳》。書成,高宗謂深得聖人之旨,除提舉萬壽觀兼侍讀。」是此書乃奉高宗令纂修成者。《解題》卷三〈春秋類〉著錄:「《春秋傳》三十卷、《通例》一卷、《通旨》一卷,徽猷閣待制建安胡安國康侯撰。紹興中經筵所進也。事按《左氏》義,採《公》、《穀》之情,大綱本《孟

子》，而微旨多以程氏之說爲證。近世學《春秋》者皆宗之。《通旨》者，所與其徒問答及其他議論條例，凡二百餘章，其子寧輯爲一書。」可知此書梗概。

本喜為文，後篤志于學，乃不復作。其辭召試，曰：「少習藝文，不稱語妙。晚捐華藻，纔取理明。既覺昨非，更無餘習。」故其《文集》止此。

案：《讀書附志》卷下〈別集類〉三著錄：「胡文定公《武夷集》十五卷。右胡文定公安國之文也。公之子太常丞寧輪對奏事，上問：『乃公既解釋《春秋》，尚當有他論著，其具以進。』徽猷閣直學士、左承議郎致仕寅遂表上之。安國，字康侯，建之崇安人。中紹聖四年進士第，終于寶文閣直學士，諡文定。」是此書僅十五卷，安國長子寅表上時已如此。〈宋志〉作二十二卷，誤也。

毗陵集五十卷

《毗陵集》五十卷，參政文靖_{廣棪案：《文獻通考》作「文清」，誤。}毗陵張守全真撰。一字子固。_{館臣案：「子固」原本作「子同」，誤。今據《宋史》本傳改正。 廣棪案：《文獻通考》作「文同」，盧校本同。}

廣棪案：《宋史》卷二百八〈志〉第一百六十一〈藝文〉七〈別集類〉著錄：「《張守集》五十卷。」與此同。守字子固，常州晉陵人。紹興四年五月除參知政事，卒諡文靖。《宋史》卷三百七十五〈列傳〉第一百三十四有傳。毗陵即常州晉陵。

崇寧進士、詞科。

案：《宋史》守本傳載：「張守字子固，常州晉陵人。家貧無書，從人假借，過目輒不忘。登崇寧元年進士第，中詞學兼茂科。」可參證。

紹興執政，張魏公在相位，薦秦檜再用，守有力焉。一日，與魏公言：「某誤公聽，今朝夕同班列，得款曲，其人似以曩者一跌為戒，有患失心，宜自劾謝上。」魏公為作〈墓志〉，著其語。

案：張魏公即張浚，浚封魏國公。《宋史》守本傳載：「守嘗薦秦檜於時宰張浚，及檜為樞密使，同朝。一日，守在省閣執浚手曰：『守前者誤公

矣。今同班列，與之朝夕相處，觀其趨向，有患失之心，公宜力陳於上。』」
可參證。

張章簡華陽集四十卷

《張章簡華陽集》四十卷，參政金壇張綱彥正撰。

廣棪案：《四庫全書總目》卷一百五十六〈集部〉九〈別集類〉九著錄：
「《華陽集》四十卷，兩江總督採進本。宋張綱撰。」即此書。綱字彥正，
潤州丹陽人。高宗時除參知政事。卒，初諡文定，吏部尚書汪應辰論駁
之，孫釜再請，特賜曰章簡。《宋史》卷三百九十〈列傳〉第一百四十九
有傳。金壇即潤州丹陽。

大觀中舍法，三中首選，釋褐承事郎，辟雍正，蓋專于新學者。

案：《宋史》綱本傳載：「張綱字彥正，潤州丹陽人。入太學，以上舍及第。
釋褐，徽宗知綱三中首選，特除太學正，遷博士，除校書郎。」可參證。

紹興初，在瑣闥忤張俊求去，復與秦隙，遂引年。秦亡乃召用。乾道初，
年八十四而終。

案：《宋史》綱本傳載：「宣撫使張俊駐師九江，遣營卒以書至瑞昌，縣
令郭彥章摘知卒與獄囚通，乃械繫之。俊愬于朝，彥章坐免。綱言：『近
時州縣吏多獻諛當路，彥章不隨流俗，是能奉法守職，今不獎而黜，何
以示勸？』除給事中。侍御史魏矼劾綱，提舉太平觀。進徽猷閣待制，
引年致仕。秦檜用事久，綱臥家二十年，絕不與通問。檜死，召為吏部
侍郎兼侍讀。……除參知政事。高宗頻諭輔臣寬恤民力，蓋懲秦檜苛政，
期安黎庶。綱乃摘其切於利民八十事，標以大指，乞鏤版宣布中外，於
是人皆昭知上德意。告老，以資政殿學士知婺州，尋致仕。高宗幸建康，
綱朝行宮。孝宗登極，召綱陪祀南郊，以老辭不至，詔嘉之，命所在州
郡恆存問，仍賜羊酒，卒，年八十四。」可參證。

白號華陽老人。「華陽」者，茅山也。

案：《宋人傳記資料索引》載：「張綱（1083～1166），字彥正，一字彥政，晚
號華陽老人。丹陽人。」考《中國古今地名大辭典》載：「茅山，在江蘇句
容縣東南四十五里，跨金壇縣界，即句曲山。漢茅盈與弟衷，固自咸陽來，

得道於此，世號三茅君。因名山曰茅山，亦稱三茅山。大茅峰有華陽洞。即三茅君所得道處。」是綱號華陽老人，蓋以茅山華陽洞而得名。

非有齋類藁五十卷

《非有齋類藁》五十卷，給事中吳興劉一止行簡撰。

廣棪案：《宋史》卷二百八〈志〉第一百六十一〈藝文〉七〈別集類〉著錄：「《劉一止集》五十卷，《苕溪集》多五卷，張攀《書目》以此本為《非齋類藁》。」可參證。一止字行簡，湖州歸安人。高宗時除給事中。《宋史》卷三百七十八〈列傳〉第一百三十七有傳。其〈傳〉亦載有「有《類藁》五十卷」。

宣和三年進士。

案：《宋史》一止本傳載：「劉一止字行簡，湖州歸安人。七歲能屬文，試太學，有司欲舉八行，一止曰：『行者士之常。』不就。登進士第，為越州教授。」《宋史》未明載登第之年。考韓元吉《南澗甲乙稿》卷二十二〈行狀・敷文閣直學士左朝奉郎致仕劉公行狀〉載：「曾祖旿，贈尚書刑部侍郎；祖逢，太子中允，贈左光祿大夫；父撫，贈右太中大夫，母王氏贈太碩人。公諱一止，字行簡，湖州歸安人。曾大父而降，世以儒學名家。伯祖述，以直道清節事神宗，為知雜御史，疏新法得罪者也。御史之子握，年十八，登進士第，至龍舒守。見公尚幼，趨于前命賦詩，操牘立就，語奇出，舒州撫而嘆：『此異童子，吾宗其興。』既公舉進士，又少于舒州四歲。未冠，試太學，屢先多士，稱聲籍甚。丁內外艱，跣哭就道，見者為感動。家貧力葬無遺禮，有司欲以公應八行選，公曰：『行者士之常也。』謝不就。宣和三年，始獲奏名禮部，唱第廷中。少年朋從多以貴顯，至公名，莫不舉笏相慶，公視之泊如也。」是一止登進士第在宣和三年。

居瑣闥僅百餘日，忤秦檜罷去。閒居十餘年，以次對致仕。檜死。被召，力辭，進雜學士而終，年八十二，實紹興庚辰。

案：《宋史》一止本傳載：「居瑣闥百餘日，繳奏不已，用事者始忌，奏：『一止同周葵薦呂廣問，迎合李光。』罷，提舉江州太平觀。進敷文閣待制。御史中丞何若奏：『一止朋附光，偃蹇慢上。』落職，罷祠。後八

年，請老，復職，致仕。秦檜死，召至國門，以病不能拜，力辭，進直
學士，致仕。卒年八十三。」所記卒年與《解題》不同。考韓元吉所撰
〈劉公行狀〉載：「紹興三十年十二月初四日以疾終于家，享年八十有三。」
紹興三十年，歲次庚辰，《宋史》所記蓋據〈行狀〉也。

竹西集十卷、西垣集五卷

《竹西集》十卷、《西垣集》五卷，兵部侍郎維揚王居正剛中撰。

廣棪案：《宋史》卷二百八〈志〉第一百六十一〈藝文〉七〈別集類〉著
錄：「汪居正《竹西文集》十卷。」「王」誤作「汪」，又闕載《西垣集》
五卷。《宋元學案》卷二十五〈龜山學案・龜山門人〉「待制王竹西先生
居正」條曰：「先生他所著書有《春秋本義》十二卷、《竹西論語感發》
十卷、《孟子疑難》十四卷、《竹西集》十卷、《西垣集》五卷、《兵民條
例》一卷。」與《解題》同。居正字剛中，揚州人。高宗時曾除兵部侍
郎。《宋史》卷三百八十一〈列傳〉第一百四十有傳。

宣和三年進士

案：《宋元學案》「待制王竹西先生居正」條載：「在太學見知于司業建安
黃齊，已而齊同知貢舉，始登宣和三年進士。」可參證。

紹興初入詞掖。

案：《宋史》居正本傳載：「中書舍人劉大中侍帝，論制誥，帝（指高宗）
曰：『王居正極得詞臣體。』」是居正入詞掖，嘗掌制誥之證。

《西垣集》者，制草及繳章也。其篇目，凡繳章皆云「封還詞頭」，蓋
其子孫編次者之失也，除授則有詞頭，政刑庶事，何詞頭之有？

案：詞頭者，朝廷命詞臣撰擬詔敕時所作之摘由或提要。白居易〈中書
寓直詩〉云：「病對詞頭慚彩筆，老看鏡面愧華簪。」宋時擬除授之制則
須詞頭，政刑庶事則否也。

張巨山集三十卷

《張巨山集》三十卷，中書舍人光化張嵲巨山撰。

廣棪案：《宋史》卷二百八〈志〉第一百六十一〈藝文〉七〈別集類〉著錄：「張嵲《紫微集》三十卷。」與《解題》為同一書。嵲字巨山，襄陽人。紹興十年除中書舍人。《宋史》卷四百四十五〈列傳〉第二百四〈文苑〉七有傳。光化即襄陽。

嵲為司勳郎官，金人再取河南，秦相惶恐，廣棪案：《文獻通考》作「皇恐」。**上章引伊尹「善無常主」及周任「不能者止」之文以自解：嵲之筆也。秦德之，遂擢修注掌制，而其具藁倉卒，誤以伊尹告太甲為告湯，及周任之言為孔子自言，時祕書省寓傳法寺，有書其門曰：「周任為孔聖，太甲作成湯」，秦疑諸館職為之，多被逐。然嵲亦以答檜「三折肱」之語，謂其貳于己，無幾亦罷。**

案：《宋史》嵲本傳載：「（紹興）九年，除司勳員外郎，兼實錄院檢討官。金人叛盟，上命兩省、卿、監、郎、曹各草檄以進，獨取嵲所進者，播之四方。十年，擢中書舍人，升實錄院同修撰。」可參證。金人叛盟在紹興十年。

默成居士集十五卷

《默成居士集》十五卷，中書舍人潘良貴子賤撰。一字義榮。

廣棪案：《宋史》卷二百八〈志〉第一百六十一〈藝文〉七〈別集類〉著錄：「《潘良貴集》十五卷。」與此同。良貴字子賤，婺州金華人。高宗時除中書舍人。《宋史》卷三百七十六〈列傳〉第一百三十五有傳，亦云「僅存雜著十五卷，新安朱熹為之〈序〉」。

剛介之士也。

案：《宋史》良貴本傳載：「良貴剛介清苦，壯老一節。為博士時，王黼、張邦昌俱欲妻以女，拒之。晚家居貧甚，秦檜諷令求郡，良貴曰：『從臣除授合辭免，今求之於宰相，辭之於君父，良貴不敢為也。』」可參證。

朱侍講序其《集》，略見其出處大致。

案：《朱文公文集》卷七十六〈金華潘公文集序〉曰：「公自宣和初為博士，則已不肯託昏富貴之家，而獨嘗論斥大臣蒙蔽之姦。及為館職，又不肯游

蔡京父子門。使淮南，又不肯與中官同燕席。靖康召對，因論時宰何㮚、唐恪不可用，恐誤國事。以是謫去。不旋踵而言果驗。建炎初，召爲右司諫，首論亂臣逆黨當用重典，以正邦法，壯國威，且及當時用事者姦邪之狀，大爲汪、黃所忌。書奏三日，而左遷以去。紹興入爲都司，又忤時相以歸。復爲左史，直前奏事，明大公至正之道。服喪還朝，又以廷叱奏事官，而忤旨以去。自是之後，秦檜擅朝，則公遂廢於家，而不復起矣。然公平生廉介自持，自少至老，出入三朝，而前後在官不過八百六十餘日。所居僅庇風雨，郭外無尺寸之田，經界法行，獨以邱墓之寄，輸帛數尺而已。其清苦貧約，蓋有人所不堪者，而處之超然，未嘗少屈於檜。其子熺暴起鼎貴，勢傾內外，亦未嘗與通問也。嘗誦君子三戒之言，而深以志得之規痛自儆飭。至於造次之閒，一言一行，凡所以接朋友，教子弟，亦未嘗不以孝弟、忠敬、節儉、正直、防微、謹獨之意爲本，其讀書磨鏡之喻，切中學者之病，當世蓋多傳之。而所論汲長孺、蓋寬饒之爲人，尤足以見其志之所存也。嗚呼！若公之清明直諒，確然亡慾，其眞可謂剛毅而近仁矣。夫以三代之時，聖人之世，而夫子已歎剛者之不可見，況於百世之下，幸有如公者焉，而不得少申其志以沒。其條奏草稿，有補於時，可爲後法者，又以公自焚削而不復存。其平生之言頗可見者，獨有賦詠筆札之餘數十百篇而已。後之君子蓋將由此以論公之事，其可使之沒沒無傳而遂已乎！」眞可見良貴之出處大致矣。

默堂集二十二卷

《默堂集》二十二卷，_{館臣案：《文獻通考》作二十卷。}　廣棪案：《文獻通考》亦作二十二卷，館臣誤。宗正少卿延平陳淵知默撰。

　　廣棪案：《宋史》卷二百八〈志〉第一百六十一〈藝文〉七〈別集類〉著錄：「《陳淵集》二十六卷。」卷數與《解題》不同。《四庫全書總目》卷一百五十八〈集部〉十一〈別集類〉十一著錄：「《默堂集》二十二卷，_{浙江鮑士恭家藏本。}宋陳淵撰。……《宋史‧藝文志》載淵《集》二十六卷，詞三卷。此本止二十二卷，未知傳寫脫佚，或《宋史》字誤。」證之《解題》，疑《宋史》字誤。淵字知默，南劍州沙縣人。高宗時除宗正少卿。《宋史》卷三百七十六〈列傳〉第一百三十五有傳。延平即南劍州。

一字幾叟。

案：《宋元學案》卷三十八〈默堂學案・程楊門人〉「御史陳默堂先生淵」
條載：「陳淵字知默，南劍州沙縣人。初名漸，字幾叟。」《四庫全書總
目》「《默堂集》二十二卷」條著錄：「淵字知默，一字幾叟，沙縣人。」
均可參證。

了翁之姪孫，

案：陳瓘字了翁。《宋史》淵本傳載：「陳淵字知默，南劍州沙縣人也。
紹興五年，給事中廖剛、中書舍人胡寅、朱震、權戶部侍郎張致遠言：『淵
乃瓘之諸孫，有文有學，自瓘在時，器重特甚，垂老流落，負材未試。』
充樞密院編修官。會李綱以前宰相爲江南西路安撫制置大使，辟爲制置
司機宜文字。」考《宋元學案》卷「御史陳默堂先生淵」條載：「雲濠案：
《忠肅言行錄》附載〈默堂先生行實〉云：『忠肅公之從孫也。』楊誠齋
序先生《集》，作『猶子』，誤。」忠肅，陳瓘諡。《四庫全書總目》「《默
堂集》二十二卷」條亦曰：「楊萬里序稱爲瓘之猶子，而《集》乃自稱瓘
之姪孫。疑萬里筆誤也。」是淵爲了翁之姪孫。楊龜山門人，《宋元學案》
卷三十八〈默堂學案・默堂學案序錄〉載：「祖望謹案：龜山弟子徧天下，
默堂以愛壻爲首座。」又同書「御史陳默堂先生淵」條載：「早年從學二
程，<small>梓材案：此所謂二程，蓋亦指伊川而言。</small>後學于龜山。……先生爲龜山之壻，
卒能傳龜山之學。學者稱之爲默堂先生。」可參證。

紹興初嘗爲諫官。

案：《宋史》淵本傳載：「(紹興) 七年，詔侍從舉直言極諫之士，胡安國以
淵應。召對，改官，賜進士出身。九年，除監察御史，尋遷右正言。」
可參證。

筠谿集二十四卷

《筠谿集》二十四卷，戶部侍郎連江李彌遜似之撰。<small>館臣案：「遜」原本作
「聖」，《文獻通考》作「遠」，俱誤。今據《宋史》改正。　廣梭案：元抄本亦作「遜」。</small>
　　廣梭案：《宋史》卷二百八〈志〉第一百六十一〈藝文〉七〈別集類〉著
錄：「李彌遠《筠溪集》二十四卷。」〈宋志〉「遠」字筆誤。彌遜字似之，

蘇州吳縣人。紹興七年試戶部侍郎。《宋史》卷三百八十二〈列傳〉第一百四十一有傳。考彌遜本吳縣人，《攻媿集》卷五十二〈序・筠溪文集序〉謂彌遜「請祠以歸，隱福之連江西山，凡十六年，不復有仕宦意」，直齋殆誤以爲連江人。

大觀三年上舍第一。

案：《攻媿集・筠溪文集序》曰：「弱冠，遂爲大觀三年上舍第一人。」《宋史》彌遜本傳亦謂：「弱冠，以上舍登大觀三年第。」可參證。

知冀州，能抗金敵。廣棪案：《文獻通考》作「金賊」。

案：《攻媿集・筠溪文集序》曰：「宣和末，知冀州，獨能堅壁以抗強敵。」《宋史》彌遜本傳載：「宣和末，知冀州。金人犯河朔，諸郡皆警備，彌遜損金帛，致勇士，修城堞，決河護塹，邀擊其遊騎，斬首甚眾。兀朮北還，戒師毋犯其城。」可參證。

攝江東帥，與李忠定廣棪案：《文獻通考》脫「李」字。**平周德之亂。**

案：李忠定，李綱也。《攻媿集・筠溪文集序》曰：「靖康初，漕江東，平叛卒之變。」《宋史》彌遜本傳載：「靖康元年，召爲衛尉少卿，出知瑞州。二年，建康府牙校周德叛，執帥宇文粹中，殺官吏，嬰城自守，勢猖獗。彌遜以江東判運領郡事，單騎扣賊闈，以蠟書射城中招降。賊通款，開關迎之，彌遜諭以禍福，勉使勤王。時李綱行次建康，共謀誅首惡五十人，撫其餘黨，一郡帖然。」可參證。

晚爲從官，沮和議，坐廢而終。

案：《攻媿集・筠溪文集序》曰：「又以力鬬和議，益與時忤。遷戶籍，丐外補。去國之際，猶拳拳以立國待夷狄之大計爲言，竟請祠以歸。隱福之連江西山凡十六年，不復有仕宦意。」《宋史》彌遜本傳載：「秦檜再相，惟彌遜與吏部侍郎晏敦復有憂色。(紹興)八年，彌遜上疏乞外甚力，詔不允。趙鼎罷相，檜專國，贊帝決策通和。金國遣烏陵思謀等入界，索禮甚悖，軍民皆不平，人言紛紛。檜於御榻前求去，欲要決意屈己從和。樞密院編修官胡銓上疏乞斬檜，校書郎范如圭以書責檜曲學背師，忘讎辱國。禮部侍郎曾開抗聲，引古誼以折檜，相繼貶逐。彌遜請對，言金使之請和，欲行君臣之禮，有大不可。帝以爲然，詔廷臣大議，即日入奏。彌遜手疏力言：『陛下受金人空言，未有一毫之得，乃欲輕祖宗

之付託，屈身委命，自同下國而尊奉之，倒持太阿，授人以柄，危國之道，而謂之和，可乎？借使金人姑從吾欲，假以目前之安，異時一有無厭之求，意外之欲，從之則害吾社稷之計，不從則釁端復開，是今日徒有屈身之辱，而後患未已。』又言：『陛下率國人以事讎，將何以責天下忠臣義士之氣？』力陳不可者三。檜嘗邀彌遜至私第，曰：『政府方虛員，苟和好無異議，當以兩地相浼。』答曰：『彌遜受國恩深厚，何敢見利忘義。顧今日之事，國人皆不以爲然，獨有一去可報相公。』檜默然。次日，彌遜再上疏，言愈切直，又言：『送伴使揣摩迎合，不恤社稷，乞別選忠信之人，協濟國事。』檜大怒。彌遜引疾，帝諭大臣留之。時和議已決，附會其說者，至謂『向使明州時，主上雖百拜亦不問』，議論靡然。賴彌遜廷爭，檜雖不從，亦憚公論。再與金使者計，議和不受封冊，如宰相就館見金使，受其書納入禁中，多所降殺，惟君臣之禮不得盡爭。九年春，再上疏乞歸田，以徽猷閣直學士知端州，改知漳州。十年，歸隱連江西山。是歲，兀朮分四道入侵，明年，又侵淮西，取壽春，竟如彌遜言。十二年，檜乘金兵既敗，收諸路兵，復通和好，追仇向者盡言之臣，嗾言者論彌遜與趙鼎、王庶、曾開四人同沮和議。於是彌遜落職，十餘年間不通時相書，不請磨勘，不乞任子，不序封爵，以終其身，常憂國，無怨懟意。二十三年，卒。朝廷思其忠節，詔復敷文閣待制。」可參證。

鄱陽集十卷

《鄱陽集》十卷，徽猷閣直學士鄱陽洪皓光弼撰。

　　廣棪案：《宋史》卷二百八〈志〉第一百六十一〈藝文〉七〈別集類〉著錄：「《洪皓集》十卷。」與此同。皓字光弼，番易人。紹興十二年除徽猷閣直學士。《宋史》卷三百七十三〈列傳〉第一百三十二有傳。

皓奉使金國，廣棪案：《文獻通考》作「金虜」。守節不屈。既歸，為秦所忌，謫英州。死之日與秦適相先後。

　　案：《宋史》皓本傳載：「皓自建炎己酉出使，至是還，留北中凡十五年。同時使者十三人，惟皓、邵、弁得生還，而忠義之聲聞于天下者，獨皓而已。皓既對，退見秦檜，語連日不止，曰：『張和公金人所憚，乃不得

用。錢塘暫居，而景靈宮、太廟皆極土木之華，豈非示無中原意乎？』檜不懌，謂皓子适曰：『尊公信有忠節，得上眷。但官職如讀書，速則易終而無味，須如黃鐘、大呂乃可。』八月，除徽猷閣直學士、提舉萬壽觀兼權直學士院。金人來取趙彬等三十人家屬，詔歸之。皓曰：『昔韓起謁環于鄭，鄭，小國也，能引義不與。金既限淮，官屬皆吳人，宜留不遣，蓋慮知其虛實也。彼方困於蒙兀，姑示強以嘗中國，若遽從之，謂秦無人，益輕我矣。』檜變色曰：『公無謂秦無人。』既而復上疏曰：『恐以不與之故，或致渝盟，宜告之曰：「俟淵聖及皇族歸，乃遣。」』又言：『王倫、郭元邁以身徇國，棄之不取，緩急何以使人？』檜大怒，……翌日，侍御史李文會劾皓不省母，出知饒州。……尋居母喪，他言者猶謂皓睥睨鈞衡。終喪，除饒州通判。李勤又附檜誣皓作欺世飛語，責濠州團練副使，安置英州。居九年，始復朝奉郎，徙袁州，至南雄州卒，年六十八。死後一日，檜亦死。帝聞皓卒，嗟惜之，復敷文閣直學士，贈四官。久之，復徽猷閣直學士，諡忠宣。」可參證。

三子登詞科，俱貴顯。<small>廣棪案：《文獻通考》作「俱顯貴」。</small>

案：《宋史》皓本傳載：「子适、遵、邁。适字景伯，皓長子也。幼敏悟，日誦三千言。皓使朔方，适年甫十三，能任家事。以皓出使恩，補修職郎。紹興十二年，與弟遵同中博學宏詞科。高宗曰：『父在遠方，子能自立，此忠義報也，宜升擢。』遂除敕令所刪定官。後三年，弟邁亦中是選，由是三洪文名滿天下。改祕書省正字。」可參證。

東窗集四十卷

《東窗集》四十卷，中書舍人鄱陽張廣彥實撰。與呂居仁為詩友。

廣棪案：《宋史》卷二百八〈志〉第一百六十一〈藝文〉七〈別集類〉著錄：「張彥實《東窗集》四十卷，《詩》十卷。」與此同。彥實名擴，《解題》作「廣」，誤。擴，《宋史》無傳。《宋人傳記資料索引》載：「張擴（？－1147）字彥實，一字子微，德興人。崇寧五年進士，累遷祕書省校書郎。南渡後，歸中書舍人，擢左史，掌外制。擴始因秦檜得進，假草制以貢媚。然擴所交游，如曾慥、朱翌、呂本中輩，皆一時勝流，切劘有素，故詞采清麗，斐然可觀。紹興十七年卒，有《東窗集》。」

可參證。鄱陽即德興。居仁，呂本中字。潛說友《咸淳臨安志》卷九十一〈紀遺〉三《紀事》載：「張彥實啓，番陽人，子公參政大父行，有《東窗集》，行于世。自知廣德軍，秩滿造朝，除著作佐郎。秦會之當軸，其兄楚材爲秘書少監，約彥實觀梅子西湖。楚材有詩，彥實次其韻云：『天上新驂寶輅回，看花仍趁雪霙開。折歸忍負金蕉葉，笑插新臨玉鏡臺。女堞未須翻角調，錦囊先喜助詩材。少蓬自是調羹手，葉底應尋好句來。』時楚材再婚，故及玉鏡臺事。會之見之，大稱賞。曰：『旦夕當以文字官相處。』遂擢左史，再遷而掌外制。楊原仲並居西掖，代言多彥實與之潤色，初亦無他。彥寔偶戲成〈二毫筆絕句〉云：『包羞曾借虎皮蒙，筆陣仍推兔作鋒。未用吹毛強分別，即今同受管城封。』原仲以爲誚已，大怒，愬于會之。誑言路彈之，彥實以本官罷爲宮祠。謝表云：『雖造化之有生有殺，本亦何心；然臣下之或賞或刑，咸其自取。』」可參考。

其在西掖，當紹興十一年。

案：唐圭璋《全宋詞》「張擴」條載：「《樂府雅詞》云張彥實智宗。《詞綜補遺》以爲即張擴。擴字彥實，一字子微，德興人。崇寧五年（1106）進士。南渡後，歷知廣德軍、著作佐郎、祠部員外郎、禮部員外郎。紹興十一年（1141），起居舍人。十二年（1142），起居郎，權中書舍人。十三年（1143），提舉江州太平觀。十七年（1147）卒。」據是，則擴紹興十一年除起居舍人，在西掖。

雲谿集略八卷

《雲谿集略》八卷，汝陰王銍性之撰。

廣梭案：《宋詩紀事》卷四十三「王銍」條載：「銍字性之，汝陰人，自稱汝陰老民。南渡寓居剡中。建炎初，爲樞密院編修官，有《雲溪集》。」可參證。銍，《宋史翼》卷二十七〈列傳〉第二十七〈文苑〉二有傳。考《四庫全書總目》卷一百五十八〈集部〉十一〈別集類〉十一著錄：「《雲溪集》五卷，_{兩江總督採進本}。宋王銍撰。……是編乃其詩集。陳振孫《書錄解題》、《宋史‧藝文志》並作八卷。此本僅五卷。考《墨莊漫錄》載銍所作〈王文孺朧庵詩〉一首，又〈山村詩〉一首；《越詠》載銍所作〈雲

門寺詩〉一首，今皆不見於《集》中，知今世所傳已佚其三卷，非完帙矣。」惟〈宋志〉並未著錄此書，《四庫全書總目》誤。又考《解題》既稱此書爲《雲谿集略》，則直齋所得之八卷，恐已非完帙。而《四庫全書》所收之五卷本「乃其詩集」，則銍所撰他體文字固不在其中，則所佚者或屬文集之部也。

國初《周易》博士昭素之後也。其父莘_{廣校案}：「莘」原作「莘」，據元抄本、盧校本改。《宋元學案補遺》卷四〈盧陵學案補遺・附錄〉有「王先生莘」條載：「王莘字樂道，汝陰人，《周易》博士昭素之後也。嘗從歐公學。子銍。《直齋書錄解題》。」可證。樂道嘗從歐公學。銍爲曾紆壻，嘗撰《七朝國史》。紹興初，常_{廣校案}：「常」原作「嘗」。《文獻通考》作「常」，元抄本、盧校本同。據改。同子正薦之，詔視秩史官，給札奏御，會秦氏柄國中止，書竟不傳。

　　案：《宋史翼》銍本傳載：「王銍字性之，汝陰人，昭素之後，曾紆壻也。父莘字樂道。銍嘗從歐陽修學。南渡後，寓居剡中，善屬文，不樂仕進，讀書五行俱下，他人纔三四行，銍已盡一紙。記問該洽，尤長國朝故事，對客指畫，誦說數百十言，退而質之，無一語謬。《老學庵筆記》。紹興初，累官右承事郎，守太府丞，迪功郎，權樞密院編修官。纂集祖宗兵制書成。四年三月，賜名《樞庭備檢》，罷爲主管台州崇道觀。銍以建隆元符信史屢更，書多重複，乃以《七朝國史帝記志傳》外，益以〈宰執宗室世表〉，爲《宗室公卿百官年表》。常同爲中執法，言丁朝，詔銍祠中視史官之秩，尚方給箚奏御。至九年，以《元祐八年補錄》，及《七朝史》上之，詔進右宣議郎，然所修未及半，後爲秦檜所阻，不克成。《要錄》一百二十五。」可參證。惟《宋史翼》「父莘」乃「莘」之誤，「銍嘗從歐陽修學」，衍「銍」字，從修學者乃莘也。

其子明清，著《揮麈錄》。

　　案：《宋史翼》銍本傳載：「次子明清字仲言，紹熙乙酉簽書寧國軍節度判官。《玉照新志》。著有《揮麈三餘》、《玉照新志》、《投轄錄》。」其「《揮麈三餘》」乃「三錄」之誤。考《揮麈錄》，《解題》卷十一〈小說家類〉有著錄，曰：「《揮麈錄》三卷、《後錄》十一卷、《第三錄》三卷、《餘話》一卷，朝請大夫汝陰王明清仲言撰。明清，銍之子，曾紆公袞之外孫。故家傳聞、前言往行多所憶。《後錄》，〈跋〉稱六卷，今多五卷。」可參證。

致堂斐然集三十卷

《致堂斐然集》三十卷，禮部侍郎胡寅明仲撰。

> 廣棪案：《讀書附志》卷下〈別集類〉三著錄：「《致堂先生斐然集》三十
> 卷。右禮部侍郎胡寅字明仲之文也。」與此同。《宋史》卷二百八〈志〉
> 第一百六十一〈藝文〉七〈別集類〉著錄：「胡寅《斐然集》二十卷。」
> 寅字明仲。高宗時除禮部侍郎，兼侍講兼直學士院。《宋史》卷四百三十
> 五〈列傳〉第一百九十四〈儒林〉五附〈胡安國〉，稱「其為文根著義理，
> 有《斐然集》三十卷」。則〈宋志〉作二十卷者，顯誤。

文定公長子也。本其兄子，初生棄不舉，文定于水盆內_{廣棪案：《文獻通考》}
闕「于水盆內」四字。收育之。

> 案：文定公即胡安國。《宋史》寅本傳載：「寅字明仲，安國弟之子也。
> 寅將生，弟婦以多男欲不舉，安國妻夢大魚躍盆水中，急往取而子之。」
> 可參證。

既長，俾自絕于本生，不為心喪，止服世父之服，寅遵行之。《集》中
有〈與秦丞相書〉，言之甚詳。人倫之變，古今所未有也。

> 案：《宋史》寅本傳載：「檜既忌寅，雖告老猶憤之，坐與李光書譏訕朝政
> 落職。右正言章復劾寅不持本生母服不孝，諫通鄰好不忠，責授果州團練
> 副使，新州安置。」《四庫全書總目》卷一百五十八〈集部〉十一〈別集類〉
> 十一著錄：「《斐然集》三十卷，_{兩江總督採進本。}宋胡寅撰。……寅父子兄弟
> 皆篤信程氏之學，寅尤以氣節著。其晚謫新州，乃右正言章復劾其不持生
> 母服。寅上書於檜自辯，其文今載第十七卷中。大意謂遺棄之子不同於出
> 繼之子，恩義既絕，不更以本生論之。然母子天屬，即不幸遘人倫之變，
> 義無絕理。設有遺棄之子殺其本生父母者，使寅司讞，能以凡人論乎？章
> 復之劾，雖出於迎合秦檜，假公以濟其私。而所持之事則不可謂之無理。
> 寅存此書於《集》中，所謂欲蓋彌彰也。」《解題》謂寅「沒於岳州」，可
> 補《宋史》之未及。

寅，宣和初_{廣棪案：《文獻通考》無「初」字。}進士，紹興初已為從官，不主
和議，秦本與其父子有契分，竟謫新州。檜死北歸，沒於岳州。

> 案：《宋史》寅本傳載：「游辟雍，中宣和進士甲科。……寅志節豪邁，
> 初擢第，中書侍郎張邦昌欲以女妻之，不許。始，安國頗重秦檜之大節，

及檜擅國，寅遂與之絕。新州謫命下，即日就道。在謫所著《讀史管見》數十萬言，及《論語詳說》皆行于世。」又載：「檜死，詔自便，尋復其官。紹興二十一年，卒，年五十九。」《解題》謂寅「沒於岳州」，可補《宋史》之未及。

五峰集五卷

《五峰集》五卷，右承務郎胡宏仁仲撰。文字季子。不出仕，篤意理學。南軒張栻，其門人也。

廣棪案：《宋史》卷四百三十五〈列傳〉第一百九十四〈儒林〉五〈胡安國〉載：「三子：寅、宏、寧。」則宏為安國仲子，《解題》誤。至所附〈胡宏傳〉則載：「宏字仁仲，幼事楊時、侯仲良，而卒傳其父之學。優游衡山下餘二十年，玩心神明，不舍晝夜。張栻師事之。……宏初以蔭補右承務郎，不調。」又載：「著書曰《知言》。張栻謂其言約義精，道學之樞要，制治之蓍龜也。有詩文五卷，《皇王大紀》八十卷。」則〈傳〉所謂「詩文五卷」者，即此《五峰集》五卷也。《四庫全書總目》卷一百五十八〈集部〉十一〈別集類〉十一著錄：「《五峰集》五卷，_{浙江鮑士恭家藏本}。宋胡宏撰。宏有《皇王大紀》，已著錄。案陳振孫《書錄解題》：『其《集》凡有二本。一本五卷，一本不分卷。』此本題其季子大時所編，門人張栻為之〈敘〉。凡《詩》一百六首為一卷，《書》七十八首為一卷，《雜文》四十四首為一卷，《皇王大紀論》八十餘條為一卷，《經義》三種為一卷，蓋即所謂五卷之本也。所〈上高宗封事〉，剴切詳盡，《宋史》已採入本傳。其《易外傳》皆以史證經《論語指南》乃取黃祖舜、沈大廉二家之說折衷之。〈釋疑孟〉則辨司馬光《疑孟》之誤，議論俱極醇。又有〈與秦檜〉一書，自乞為嶽麓書院山長。蓋檜與宏父安國交契最深，故力汲引之。宏能蕭然自遠，蟬蛻於權利之外。其書詞婉而意嚴，視其師楊時委曲以就蔡京者，可謂青出於藍，而冰寒於水矣。」可參考。

別本不分卷。

案：《宋史》卷二百八〈志〉第一百六十一〈藝文〉七〈別集類〉著錄：「《胡宏集》一卷。」此或即不分卷本。

竹軒雜著十五卷

《竹軒雜著》十五卷，太常少卿永嘉林季仲懿成撰。以趙元鎮薦入朝，奏疏沮和議得罪。仲熊、叔豹、季貍，其弟也，皆知名。

廣棪案：《宋元學案》卷三十二〈周許諸儒學案・橫塘門人〉「直閣林竹軒先生季仲、運副林先生叔豹合傳」條載：「林季仲，字懿成，號竹軒，永嘉人也。雲濠案：先生自號廬山老人，嘗僑寓暨陽。《竹軒集》中又自稱『濟南林某』者，蓋其祖貫也。兄弟四人，皆橫塘許氏弟子，而先生與叔弟叔豹尤著。成宣和進士，官婺州兵曹，出死囚之無罪者。遷仁和令。建炎杭卒之亂，先生躬帥士兵悍截有功。高宗幸永嘉，先生奉母避兵山下。以中丞趙鼎薦，與吳表臣並召見，授臺官，累遷吏部郎。乞重民牧之選，因乞一令自效，且云：『臣承乏郎官，求爲縣令，似乎不情。然官職之輕重，惟陛下如何。以省部爲重，則郎官貴；以斯民爲重，則縣令貴。古人有言，「請自隗始」，今請以臣爲郎官作令之始。』尋除太常少卿。趙鼎罷相，先生亦出知泉州。鼎再入相，奏：『今清議所與，如劉大中、胡寅、呂本中、林季仲，陛下能用之乎？不然，則臣無所措手足。』乃除檢正。和議起，先生上疏引夫差、句踐事爭之，被斥。久之，召知婺州。尋復以直祕閣奉祠。有《竹軒雜著》十五卷。雲濠案：《竹軒雜著》今存六卷。叔豹字德惠，成進士，爲李綱行營使幕官，甚倚任之。按慈溪縣，鄞之降紳蔣安義獻屠城策以媚金，求知明州，德惠自慈帥兵入，杖殺安義，姦民以定。累官江東副轉運使。補。」可參證。元鎮，趙鼎字。同書同卷另有「林先生仲熊、林先生季貍合傳」條載：「林仲熊、季貍，與叔豹皆竹軒弟也，皆知名。參《直齋書錄解題》。」所據即《解題》也。考《宋史翼》卷十〈列傳〉第十有〈林季仲〉附弟叔豹傳。

北山集三十卷

《北山集》三十卷，端明殿學士金華鄭剛中亨仲撰。

廣棪案：《宋史》卷二百八〈志〉第一百六十一〈藝文〉七〈別集類〉著錄：「《鄭剛中文集》八卷。」所著錄卷數不同。《四庫全書總目》卷一百五十八〈集部〉十一〈別集類〉十一著錄：「《北山集》三十卷，浙江鮑士恭家藏本。宋鄭剛中撰。剛中有《周易窺餘》，已著錄。是《集》一名《腹

笑編》，凡初集十二卷，中集八卷，後集十卷。初集起宣和辛丑，至紹興乙卯。中集起紹興乙卯，至甲子。皆剛中所自編。後集起紹興戊辰，至甲戌，爲乾道癸巳其子良嗣所編。始末具見剛中〈自序〉及良嗣〈跋〉中。此本題初集、二集、三集，而相連編爲三十卷。蓋康熙乙亥其里人曹定遠重刻所改，非其舊也。」是《北山集》原三十卷。剛中字亨仲，婺州金華人。《宋史》卷三百七十〈列傳〉第一百二十九有傳，然未載其除端明殿學士。考《北山集》卷末載〈追復資政殿學士贈左大中大夫敕〉、〈宣撫資政殿學士鄭公年表〉、〈資政殿學士鄭公墓誌銘〉三文，足證剛中所除者乃資政殿學士，而非端明殿學士，直齋誤矣。

紹興二年進士亞魁。受知秦相，擢^{廣棪案：《文獻通考》闕「擢」字。}**使川陝，後忤意，貶死封州。**

案：《宋史》剛中本傳載：「鄭剛中字亨仲，婺州金華人。登進士甲科，累官爲監察御史，遷殿中侍御史。剛中由秦檜薦于朝，檜主和議，剛中不敢言。移宗正少卿，請去，不許，改秘書少監。金歸侵疆，檜遣剛中爲宣諭司參謀官；及還，除禮部侍郎。復遣剛中爲川、陝宣諭使，諭諸將罷兵，尋充陝西分畫地界使。金使烏陵贊謨入境，欲盡取階、成、岷、鳳、秦、商六州，剛中力爭不從；又欲姑取商、秦，於大散關立界，剛中又堅不從。繼除川、陝宣撫副使。秦檜怒剛中在蜀專擅，令侍御史汪勃奏置四川財賦總領官，以趙不棄爲之，不隸宣撫司。不棄牒宣撫司，剛中怒，由是有隙。不棄頗求剛中陰事言於檜，檜陽召不棄歸，因召剛中。剛中語人曰：『孤危之迹，獨賴上知之耳。』檜聞愈怒，遂罷，責桂陽軍居住；再責濠州團練副使，復州安置；再徙封州，卒。」可參證。

澹庵集七十八卷

《澹庵集》七十八卷，端明殿學士忠簡廬陵胡銓邦衡撰。

廣棪案：《宋史》卷二百八〈志〉第一百六十一〈藝文〉七〈別集類〉著錄：「胡銓《澹庵集》七十卷。」卷數不同。銓字邦衡，廬陵人。孝宗時除端明殿學士，卒謚忠簡。《宋史》卷三百七十四〈列傳〉第一百三十三有傳。惟謂「有《澹庵集》一百卷行于世」，所載卷數又不同。

建炎甲科第五人。

案：《宋史》銓本傳載：「胡銓字邦衡，廬陵人。建炎二年，高宗策士淮海，銓因御題問『治道本天，天道本民』，答云：『湯、武聽民而興，桀、紂聽天而亡。今陛下起干戈鋒鏑間，外亂內訌，而策臣數十條，皆質之天，不聽於民。』又謂：『今宰相非晏殊，樞密、參政非韓琦、杜衍、范仲淹。』策萬餘言，高宗見而異之，將冠之多士，有忌其直者，移置第五。」可參證。

既上書乞斬秦檜，謫嶺海，秦死得歸。

案：《宋史》銓本傳載：「（紹興）八年，宰臣秦檜決策主和，金使以『詔諭江南』為名，中外洶洶。銓抗疏言曰：『臣謹案，……孔子曰：「微管仲，吾其被髮左衽矣。」夫管仲，霸者之佐耳，尚能變左衽之區，而為衣裳之會。秦檜，大國之相也，反驅衣冠之俗，而為左衽之鄉。則檜也不唯陛下之罪人，實管仲之罪人矣。孫近傅會檜議，遂得參知政事，天下望治有如饑渴，而近伴食中書，漫不敢可否事。檜曰虜可和，近亦曰可和；檜曰天子當拜，近亦曰當拜。臣嘗至政事堂，三發問而近不答，但曰：「已令臺諫、侍從議矣。」嗚呼！參贊大政，徒取充位如此。有如虜騎長驅，尚能折衝禦侮耶？臣竊謂秦檜、孫近亦可斬也。臣備員樞屬，義不與檜等共戴天，區區之心，願斷三人頭，竿之藁街，然後羈留虜使，責以無禮，徐興問罪之師，則三軍之士不戰而氣自倍。不然，臣有赴東海而死爾，寧能處小朝廷求活邪！』書既上，檜以銓狂妄凶悖，鼓眾劫持，詔除名，編管昭州，仍降詔播告中外。給、舍、臺諫及朝臣多救之者，檜迫於公論，乃以銓監廣州鹽倉。明年，改簽書威武軍判官。十二年，諫官羅汝楫劾銓飾非橫議，詔除名，編管新州。十八年，新州守臣張棣訐銓與客唱酬，謗訕怨望，移謫吉陽軍。二十六年，檜死，銓量移衡州。」可參證。

孝宗即位，始復官召用，又以沮再和之議得罪去。

案：《宋史》銓本傳載：「孝宗即位，復奉議郎、知饒州。召對，言修德、結民、練兵、觀釁，上曰：『久聞卿直諒。』除吏部郎官。隆興元年，遷秘書少監，擢起居郎，……十一月，詔以和戎遣使，大詢于庭，侍從、臺諫預議者凡十有四人。主和者半，可否者半，言不可和者銓一人而已，乃獨上一議曰：『京師失守自耿南仲主和，二聖播遷自何㮚主和，維持失

守自汪伯彥、黃潛善主和，完顏亮之變自秦檜主和。議者乃曰：「外雖和而內不忘戰。」此向來權臣誤國之言也。一溺於和，不能自振，尚能戰乎？』除宗正少卿，乞補外，不許。……二年，兼國子祭酒，尋除權兵部侍郎。八月，上以災異避殿減膳，詔廷臣言闕政急務。銓以振災爲急務，議和爲闕政。……久之，提舉太平興國宮。」可參證。

乾道中入爲丞郎，亦不容于時，奉祠，至淳熙七年，乃終，年七十有九。

　　廣棪案：《文獻通考》此句作「乃終七十九」。

　　案：《宋史》銓本傳載：「乾道初，以集英殿修撰知漳州，改泉州。趣奏事，留爲工部侍郎。入對，言：『少康以一旅復禹績，今陛下富有四海，非特一旅，而即位九年，復禹之効尚未赫然。』又言：『四方多水旱，左右不以告，謀國者之過也，宜令有司速爲先備。』乞致仕。七年，除寶文閣待制，留經筵。求去，以敷文閣直學士與外祠。陛辭，猶以歸陵寢、復故疆爲言，上曰：『朕志也。』且問今何歸，銓曰：『歸廬陵，臣向在嶺海嘗訓傳諸經，欲成此書。』特賜通天犀以寵之。銓歸，上所著《易》、《春秋》、《周禮》、《禮記解》，詔藏秘書省。尋復元官，升龍圖閣學士、提舉太平興國宮，轉提舉玉隆萬壽宮，進端明殿學士。六年，召歸經筵，銓引疾力辭。七年，以資政殿學士致仕。薨，諡忠簡。」可參證。

相山集二十六

《相山集》二十六卷，朝奉大夫濡須王之道彥猷撰。

　　廣棪案：《宋史》卷二百八〈志〉第一百六十一〈藝文〉七〈別集類〉著錄：「王之道《相山居士文集》二十五卷，又《相山長短句》二卷。」所著錄卷數與《解題》不同。之道字彥猷，無爲軍人。孝宗時以朝奉大夫致仕。《宋史翼》卷十〈列傳〉第十有傳。濡須即無爲軍。

宣和六年，兄弟三人同登科。

　　案：《宋史翼》之道本傳載：「王之道字彥猷，無爲軍人。宣和六年與兄之義、弟之深同舉進士第。縉紳榮之，榜其所居曰三桂。」可參證。

建炎寇亂，率眾保明廣棪案：元抄本作「保胡」，《宋史翼》之道本傳同。**避山，從之者皆得免。以功改京官，沮和議得罪。**

案：《宋史翼》之道本傳載：「建炎三年，金人陷無爲軍。守臣李知幾南走，之道率族黨保胡避山，使之深居。守自以兵法，部其眾轉戰於外，且誘鄉民運粟於山，能致一石者與其半，故糧不乏。山西有毛公寨，李伸圍之急。之道以精卒從間道，出不意，大破之。時盜賊蜂起，殺人如麻，獨在胡避者得免。鎮撫使趙霖以便宜檄攝無爲軍，拊摩瘡疾，招集流亡，境內帖然。……紹興二年，霖以守胡避功聞於朝，特改左宣議郎，進承奉郎，鎮撫司參謀官。紹興六年五月，知開州。《要錄》一百一。八年，通判滁州。時方議和，之道移書吏部尙書魏矼、諫議大夫曾統，言『辱國非便』。又投匭上書，言『敵有五敗，陛下有五勝。雖敵強且眾，固無能爲也。而我有未必勝者三，又不可不知也。……』並繳所與魏矼、曾統書，大忤秦檜意。十年七月降一官，送吏部與小監當差遣。《要錄》一百三十七。尋責監南雄州溪塘鎮鹽稅，會赦不果行。遂絕意仕進，卜居相山之下，自號相山居士，以詩酒自娛，凡二十年。」可參證。

晚乃歷麾節。

案：《宋史翼》之道本傳載：「檜死，起知信陽軍。紹興三十年，至郡。明年，金人敗盟，詔沿邊爲守備。之道疏言應敵之策，不報。建康都統請拘沿江舟船，毋泊北岸。轉運司以朝旨移郡，之道奏言：『拘老小則失人心，禁商旅則走官課。大將措置乖謬，貽敵笑侮。』鄂州都統乞團結湖北保甲，遇征行，許充本軍鄉導。之道奏言：『統帥謂鄉導，是驅百姓爲先鋒耳。』朝廷是其言，事俱寢。除提舉湖北常平茶、鹽，兼攝鼎州。有僧崇一，居桃源，以妖惑眾。之道召致獄，民爭言僧有神術，治之將不利於公。之道不聽，獄具，流筠州，卒無能爲，民乃大服。除湖南轉運判官，權安撫使，旋以朝奉大夫致仕。之道質直剛勁，尙風節，平居恂恂，氣和而色溫。至臨大事，區處剖決，多出人意表。嘗以策干趙鼎、張浚、李光，思欲與共功業。和議成，爲檜所厄。晚守邊郡，持使節，可以有爲，而之道老矣。乾道五年卒，年七十七。尤袤〈王公神道碑〉，參《繫年要錄》。」可參證。

其子蘭被遇阜陵，貴顯。

案：阜陵，指孝宗。《宋史》卷三百八十六〈列傳〉第一百四十五〈王蘭〉載：「王蘭字謙仲，廬江人。乾道五年，擢進士第。爲信州上饒簿、鄂州

教授、四川宣撫司幹辦公事，除武學諭。孝宗幸學，藺迎法駕，立道周，上目而異之，命小黃門問知姓名，由是簡記。遷樞密院編脩官，輪對，奏五事，讀未竟，上喜見顏色。明日，諭輔臣曰：『王藺敢言，宜加獎擢。』除宗正丞，尋出守舒州。陛辭，奏疏數條，皆極言時事之未得其正者。上曰：『卿議論峭直。』尋出手詔：『王藺鯁直敢言，除監察御史。』一日，上袖出幅紙賜之，曰：『比覽陸贄《奏議》，所陳深切，今日之政，恐有如德宗之弊，可思朕之闕失，條陳來上。』藺即對曰：『德宗之失，在於自用遂非，疑天下士。』退即上疏，陳德宗之弊，并及時政闕失，上嘉納之。遷起居舍人，言：『朝廷除授失當，臺諫不悉舉職，給、舍始廢繳駁，內官、醫官、藥官賜予之多，遷轉之易，可不思警懼而正之乎？』上竦然曰：『非卿言，朕皆不聞。磊磊落落，惟卿一人。』除禮部侍郎兼吏部。嘗因手詔『謀選監司，欲得剛正如卿者，可舉數人』。除禮部侍郎兼吏部。嘗因手詔『謀選監司，欲得剛正如卿者，可舉數人』，即奏舉潘時、鄭矯、林大中等八人，乞擢用。會以母憂去。服除，召還為禮部尚書，進參知政事。』是藺貴顯於孝宗朝。

韋齋小集十二卷

《韋齋小集》十二卷，吏部員外郎新安朱松喬年撰。侍講文公之父也。

廣棪案：《宋史》卷二百八〈志〉第一百六十一〈藝文〉七〈別集類〉著錄：「朱松《韋齋集》十二卷，又《小集》一卷。」與此同。《宋史》卷四百二十九〈列傳〉第一百八十八〈道學〉三〈朱熹〉載：「朱熹字元晦，一字仲晦，徽州婺源人。父松字喬年，中進士第。胡世將、謝克家薦之，除祕書省正字。趙鼎都督川、陝、荊、襄軍馬，招松為屬，辭。鼎再相，除校書郎，遷著作郎。以御史中丞常同薦，除度支員外郎，兼史館校勘，歷司勳、吏部郎。秦檜決策議和，松與同列上章，極言其不可。檜怒，風御史論松懷異自賢，出知饒州，未上，卒。」可參證。

文公嘗言，韋齋先生自為兒童時，出語已驚人，及去場屋，始致意為詩文。其詩初亦不事彫飾，而天然秀發，格律閒暇，超然有出塵寰之趣。

館臣案：「文公嘗言」以下原本脫去，今據《文獻通考》增入。　廣棪案：元抄本、盧校本亦無「文公嘗言」以下文字。

案：《四庫全書總目》卷一百五十七〈集部〉十〈別集類〉十著錄：「《韋齋集》十二卷、附《玉瀾集》一卷，內府藏本。宋朱松撰。松字喬年，別字韋齋。朱子之父也。政和八年，同上舍出身。官至吏部員外郎。以言事忤秦檜，出知饒州。未上請間，得主管台州崇道觀。滿秩再請，命下而卒。朱子作〈行狀〉，稱『有《韋齋集》十二卷、《外集》十卷。』《外集》今已久佚。是《集》初刻於淳熙，再刻於至元，又刻於宏治。傳本亦稀。康熙庚寅，其裔孫昌辰又校錄重刊，是為今本。核其卷數，與〈行狀〉所言相合，蓋猶舊帙也。前有傅自得〈序〉，稱『其詩高遠而幽潔。其文溫婉而典裁。至表奏書疏，又皆中理而切事情。雖友朋推許之詞，然松早友李桐，晚折秦檜，其學識本殊於俗。故其發為文章，氣格高逸，翛然自異。即不藉朱子以為子，其《集》亦足以自傳自得』。所云頗為近實。非後來門戶之私，以張栻而尊張浚者比也。」可參考。

關博士集二十卷

《關博士集》二十卷，太學博士錢塘關注子東撰。紹興五年進士。嘗為湖州教授。自號香巖居士。

廣棪案：《宋史》卷二百八〈志〉第一百六十一〈藝文〉七〈別集類〉著錄：「《關注集》二十卷。」與此同。《宋史翼》卷二十四〈列傳〉第二十四〈儒林〉二〈關注〉載：「關注字子東，世為錢塘人。紹興五年進士，調湖州教授。與胡瑗之孫滌哀瑗遺書，得〈易解中庸義〉，藏之學宮。又輯《胡先生言行錄》，汪藻為之〈序〉。稱注之意在於美風俗，新人才。潛說友《臨安志》。瑗奧學精義，見於著書；蒐索編次，罔有遺逸，則注力也。注嗜學若渴，行已誨人，以先哲為師。莒溪集‧吳興郡學記。官至太學博士，卒。自號香巖居士。有《關博士集》二十卷。《臨安志》。」可參證。

石月老人三十五卷

《石月老人集》三十五卷，朝議大夫致仕鄱陽余安行勉仲撰。安行累舉不第。

廣棪案：《宋史》卷二百八〈志〉第一百六十一〈藝文〉七〈別集類〉著

錄：「余安行《石月老人文集》三十五卷。」與此同。《宋元學案補遺》
卷二〈泰山學案補遺・泰山私淑〉「余先生安仁」條載：「余安行字仲勉，
德興人，官至大中大夫。雲濠案：一作弋陽人，官至朝議大夫。所居有巖如月，
號石月先生。所著《春秋新傳》，元符中上之，詔藏祕閣。《江西通志》。」
《宋詩紀事》卷三十八「余安行」條載：「安仁字勉仲，德興人，累舉不
第，以經學稱，有《石月老人集》。」均可參證。

其子應求以童子登崇寧五年進士科，為御史，歷麾節，所至迎養其父，
至九十六乃終。著書號《至言》，蓋純篤之士也。

　　案：《宋史翼》卷七〈列傳〉第七〈余應球〉載：「余應球，字國器，江
　　西弋陽人，安行子。登崇寧進士，授祕書省校書郎。靖康初，上言朝政
　　有七失，欽宗嘉其忠直，親擢為監察御史。應球感激知遇，知無不言。
　　曾言蔡京、童貫、蔡攸、朱勔及吳敏等宜加罷黜誅逐，黨人之未沒及子
　　孫可錄用者，宜令有司條具以聞。在職數月，章至六十餘上，旋忤權倖，
　　與外任河北知州郡，既又送吏部差遠小監當，以親喪遂不復仕。著有《眞
　　隱集》，並奏議。」可參證。惟《宋史翼》作「應球」，而所著書稱《眞
　　隱集》，與《解題》不同。

王著作集四卷

《王著作集》四卷，著作佐郎福清王蘋信伯撰。從程門學，以趙忠簡薦，
召對，賜出身。秦檜惡之，會其族子坐法，牽連文致，奪官以死。

　　廣棪案：《宋史翼》卷二十四〈列傳〉第二十四〈儒林〉二〈王蘋〉載：
　　「王蘋字信伯，其先福建福清人。父俞，徙家吳之震澤。蘋出為世父伯
　　起後。伯起受經於王安石，二程在洛，伯起遣蘋從之，遂為二程高弟，
　　通《春秋》。楊時為程門先進同門，後來成就莫能踰蘋者。自舍法行，
　　遂不就舉。紹興四年，高宗幸平江，守臣孫佑言蘋專行高潔，有憂時愛
　　君之心，開物成務之學。丞相趙鼎以聞。召對稱旨，補右迪功郎，賜進
　　士出身，除祕書省正字。詔令條具賊退利害，蘋奏治本三事，曰正心誠
　　意，曰辨君子小人，曰消朋黨。高宗悅，謂輔臣曰：『蘋起草茅，而議
　　論進止若素宦者，儒生能通世務，乃為有用。』明年命兼史館校勘，尋
　　守著作佐郎，力請補外，通判常州。中書舍人朱震、寶文閣直學士胡安

國、徽猷閣待制尹焞,皆嘗舉蘋自代。安國論薦尤力,謂『其學有師承,識通世務,使司獻納,必有補於聖時』。爲宰相秦檜所抑,累數年不得召。匄祠歸,主管台州崇道觀。蘋同產子證,_{廣梭案:「證」字應作「誼」。}年方十四,一日在書塾拈紙作御批曰:『可斬秦檜以謝天下。』爲僕所告,有司懼檜耳目,不敢隱。驛聞於朝,詔逮赴廷尉,獄具當誅。高宗憐其減等,編置象州。蘋以誼故,奪官,勒停廢於家。誼能詩文,在貶所,聚徒自給,及檜死乃歸。_{盧熊《蘇州府志》,參章憲〈王先生墓誌〉及《閩書》。}」可參證。

屏山集二十卷

《屏山集》二十卷,通判興化軍崇安劉子翬彥仲撰。

廣梭案:《宋史》卷二百八〈志〉第一百六十一〈藝文〉七〈別集類〉著錄:「劉子翬《屏山集》二十卷。」與此同。子翬字彥沖,興化軍通判。《宋史》卷四百三十四〈列傳〉第一百九十三〈儒林〉四有傳。子翬,崇安人。

父韐,兄子羽。子翬以蔭入仕。年甫四十八而卒。

案:《宋史》子翬本傳載:「劉子翬字彥沖,贈太師韐之仲子。以父任授承務郎,辟眞定府幕屬。韐死靖康之難,子翬痛憤,幾無以爲生,盧墓三年。服除,通判興化軍。……子翬始執喪致羸疾,至是以不堪吏責,辭歸武夷山,不出者凡十七年。間走其父墓下,瞻望徘徊,涕泗嗚咽,或累日而返。妻死不再娶,事繼母呂氏及兄子羽盡孝友。子羽之子珙,幼英敏嗜學,子翬教之不懈,珙卒有立。……一日,感微疾,即謁家廟,泣別母,與親朋訣,付珙家事,指葬處,處親戚孤弱之無業者,訓學者修身求道數百言。後二日卒,年四十七。學者稱屏山先生。」可參證。惟子翬卒年,《宋史》所載與《解題》相差一年,蓋伸算有所不同耳。

朱文公,其門人也,嘗謂朱曰:「吾少聞佛老之說,歸讀吾書,然後知吾道之大,體用之全如此。於《易》得入德之門焉。作〈復齋銘〉、〈聖傳論〉,可以見吾志矣。」_{廣梭案:《文獻通考》後數句作「於《易》得入德之門。爲作〈復齋銘〉、〈聖傳論〉,可以見吾志矣」。}

案:《宋史》子翬本傳載:「與籍溪胡憲、白水劉勉之交相得,每見,講

學外無雜言。它所與遊，皆海內知名士，而期以任重致遠者，惟新安朱熹而已。初，熹父松且死，以熹託子翬。及熹請益，子翬告以《易》之『不遠復』三言，俾佩之終身，熹後卒為儒宗。子翬少喜佛氏說，歸而讀《易》，即渙然有得。其說以為學《易》當先〈復〉，故以是告熹焉。」可參證。考《宋元學案補遺》卷四十三〈劉胡諸儒學案補遺‧洛學私淑〉「^補觀使劉屏山先生子翬」條，具載〈聖傳論〉與〈復齋銘〉，又載虞道園〈記屏山書院〉曰：「蓋先生之言曰：『嘗臥病莆陽，與釋、老子之徒接，以為其言是矣。而反觀吾書，而後有以知吾道之大，體用之全，卓然高風遠識，何可及也。著而為書，自堯、舜、禹、湯、文、武、周公、孔子、顏、曾、思、孟，論其所行之道，序其所傳之宗，蓋其用力積久，而真知深遠以為言者也。至于其所自得而指示學者，歷論世學之所以蔽，人心之所以晦，吾道之所以不明者，俾知其蒙之所在，而發之以求夫不遠之復。而曰：『不遠復者，入德之門也。嗟夫！此顏子之學也。』先生以顏子之學為學，而告諸學者，亦以顏子之學為學焉。今以學者欲求先生之學，不以顏子之學為學，豈先生之所以望于學者乎？」可參考。

東溪集十二卷

《東溪集》十二卷，_{館臣案：《文獻通考》作二十卷。}**迪功郎漳浦高登彥先撰。**

廣棪案：《宋史》卷二百八〈志〉第一百六十一〈藝文〉七〈別集類〉著錄：「高登《東溪集》十二卷。」與此同。登字彥先，漳浦人。迪功郎，有《東溪集》行世。《宋史》卷三百九十九〈列傳〉第一百五十八有傳。

考試潮州，策問忤秦相，謫死。

案：《宋史》登本傳載：「廣漕鄭鬲、趙不棄辟攝歸善令，遂差考試，摘經史中要語命題，策閩、浙水災所致之由。郡守李仲文即馳以達檜，檜聞震怒，坐以前事，取旨編管容州。漳州遣使臣謝大作持省符示登，登讀畢，即投大作上馬，大作曰：『少入告家人，無害也。』登曰：『君命不敢稽。』大作愕然。比夜，巡檢領百卒復至，登曰：『若朝廷賜我死，亦當拜敕而後就法。』大作感登忠義，為泣下，奮劍叱巡檢曰：『省符在我手中，無它語也。汝欲何為，吾當以死捍之。』鬲、不棄亦坐鐫一官。登謫居，授徒以給，家事一不介意，惟聞朝廷所行事小失，則顰蹙不樂，

大失則慟哭隨之。臨卒，所言皆天下大計。後二十年，丞相梁克家疏其事以聞。何萬守漳，言諸朝，追復迪功郎。後五十年，朱熹爲守，奏乞褒錄，贈承務郎。」可參證。

縟經堂集八卷

《縟經堂集》八卷，知盱眙軍_{廣棪案：元抄本、盧校本「眙」作「台」。}東平畢良史少董撰。文簡公士安五世孫。嘗陷敵，_{廣棪案：《文獻通考》「敵」作「虜」。}有從之游者，因為圖，名《縟經》，寫其訪問紬繹之狀。

　　廣棪案：《宋史翼》卷二十七〈列傳〉第二十七〈文苑〉二〈畢良史〉載：「畢良史字少董，自號死齋，上蔡人。文簡公士安五世孫。《解題》。第進士。……金人敗盟，開封陷，良史入于金不仕，乃教學，講《春秋》，有從之游者，因爲圖，名《縟經》，寫其訪問紬繹之狀。《解題》。……（紹興）十五年七月，加直祕閣知盱眙軍。《要錄》一百五十四。十八年，進直敷文閣。二十年八月卒于任。《要錄》一百六十一。著有《春秋正辭》二十卷、《縟經堂集》八卷《解題》。」可參證。

藥寮叢藁二十卷

《藥寮叢藁》二十卷，太常少卿上蔡謝伋景思撰。參政克家之子。

　　廣棪案：《宋史》卷二百八〈志〉第一百六十一〈藝文〉七〈別集類〉著錄：「謝伋《藥寮叢藁》二十卷。」與此同。伋，《宋史》無傳。《宋詩紀事》卷四十四「謝伋」條載：「伋字景思，上蔡人。參政克家之子。官至太常少卿。紹興初，侍父寓居黃巖，自號藥寮居士，有《藥寮叢藁》。」可參證。

巖壑老人詩文一卷

《巖壑老人詩文》一卷，左朝請大夫洛陽朱敦儒希真撰。

　　廣棪案：《宋史》卷二百八〈志〉第一百六十一〈藝文〉七〈別集類〉著錄：「朱敦儒《陳淵集》二十六卷，又《詞》三卷。」《陳淵集》殆其全集。《宋詩紀事》卷四十四「朱敦儒」條謂「有《巖壑老人詩文》一卷，

又有《獵校集》」。敦儒字希眞，河南人。《宋史》卷四百四十五〈列傳〉第二百四〈文苑〉七有傳。官至鴻臚少卿，而未嘗除左朝請大夫。未知《宋史》本傳有漏略否？

初以遺逸召用，嘗爲館職。

案：《宋史》敦儒本傳載：「朱敦儒字希眞，河南人。父勃，紹聖諫官。敦儒志行高潔，雖爲布衣而有朝野之望。靖康中，召至京師，將處以學官，敦儒辭曰：『麋鹿之性，自樂閑曠，爵祿非所願也。』固辭還山。高宗即位，詔舉草澤才德之士，預選者命中書策試，授以官。於是淮西部使者言敦儒有文武才，召之，敦儒又辭。避亂客南雄州，張浚奏赴軍前計議，弗起。紹興二年，宣諭使明橐言敦儒深達治體，有經世才，廷臣亦多稱其靖退。詔以爲右迪功郎，下肇慶府敦遣詣行在，敦儒不肯受詔。其故人勸之曰：『今天子側席幽士，翼宣中興，譙定召於蜀，蘇庠召於浙，張自牧召於長蘆，莫不聲流天京，風動郡國，君何爲棲茅如薺，白首巖谷乎？』敦儒始幡然而起。既至，命對便殿，論議明暢。上悅，賜進士出身，爲祕書省正字。俄兼兵部郎官，遷兩浙東路提點刑獄。會右諫議大夫汪勃劾敦儒專立異論，與李光交通。高宗曰：『爵祿所以屬世，如其可與，則文臣便至侍從，武臣便至節鉞；如其不可，雖一命亦不容輕授。』敦儒遂罷。十九年，上疏請歸，許之。」可參證。

既挂冠，秦檜之孫塤欲學爲詩，起希眞爲鴻臚少卿，將使教之，懼禍不敢辭。不久秦亡，物論少之。 廣校案：《文獻通考》闕「懼禍」以下各句。

案：《宋史》本傳載：「敦儒素工詩及樂府，婉麗清暢。時秦檜當國，喜獎用騷人墨客以文太平，檜子熺亦好詩，亦是先用敦儒子爲刪定官，復除敦儒鴻臚少卿。檜死，敦儒亦廢。談者謂敦儒老懷舐犢之愛，而畏避竄逐，故其節不終云。」可參證。

合有全集，未見。

案：〈宋志〉著錄敦儒有《陳淵集》二十六卷，應爲其全集，直齋未之見。

鶴溪集十二卷

《鶴溪集》十二卷，辟雍博士青田陳汝錫師予撰。

廣棪案:《宋史》卷二百八〈志〉第一百六十一〈藝文〉七〈別集類〉著錄:「陳汝錫《鶴溪集》十二卷。」與此同。汝錫,《宋史》無傳。慕容彥逢《摛文堂集》卷五〈制〉有〈將仕郎試辟雍錄陳汝錫可辟雍博士制〉曰:「勑:具官某博士,以經術訓迪多士,蓋《周官》師儒之選也。惟爾服在學校,休有譽言,宜膺命書,進踐厥次,往加勵勉,稱朕意焉。可。」是汝錫除辟雍博士之證。

紹聖四年進士,持節數路,帥越而卒。青田登科人自汝錫始。

案:《永樂大典》卷之三千一百四十五載:「**陳汝錫** 《處州志》:『汝錫,字師予。青田人。幼穎悟,數歲能屬文。或以其詩一聯示黃庭堅,曰:「閑愁莫浪遣,留爲痛飲資。」黃擊節稱賞。宋紹聖四年,由太學進士第,邑之登第自汝錫始。崇寧間,諸路學事始置提舉,首除提舉福建學事,官至浙東安撫使。有《鶴溪集》刊于郡齋。子原本缺。以父任,終通判潭州,著《蒙隱集》,刊于宜春。』」可參證。考汝錫子名棣,明人避成祖朱棣諱,故缺。余撰有〈讀《永樂大典》補闕一則〉,收入《碩堂文存四編》,考之甚詳。

希點子與,其孫也。

案:《攻媿集》卷九十八〈神道碑‧中書舍人贈光祿大夫陳公神道碑〉載:「公諱希點,字子與,處州青田人。陳姓出于有嬀,其來遠矣。九世祖名師訥,吳越王時爲銀青光祿大夫,積勳上柱國。曾祖圭,贈宣奉大夫。祖汝錫,擢紹聖四年進士第,仕至左朝請大夫,祕閣修撰,知紹興府,兩浙東路安撫,贈中奉大夫。高宗駐蹕會稽,朝廷草創,賴彈壓辦護之力爲多,威名甚聳,直道自將,不能與時高下,一斥不復,士論惜之。父棣,篤學有賢行,奉議郎,通判潭州,贈中大夫。妣葉氏、馮氏,俱封孺人,贈碩人。公葉出。碩人,石林先生從兄之女也。」是希點,汝錫孫,而棣之子也。

岳武穆集十卷

《岳武穆集》十卷,樞密副使廣棪案:《文獻通考》作「樞副」,元抄本、盧校本同。鄞郡岳飛鵬舉撰。

廣棪案:《岳武穆集》十卷,〈宋志〉未著錄。《四庫全書總目》卷一百五十八〈集部〉十一〈別集類〉十一著錄:「《岳武穆遺文》一卷,_{浙江巡撫採進本}。宋岳飛撰。飛事蹟具《宋史》本傳。陳振孫《書錄解題》載《岳武穆集》十卷,今已不傳。此《遺文》一卷,乃明徐階所編。凡〈上書〉一篇、〈劄〉十六篇、〈奏〉二篇、〈狀〉二篇、〈表〉一篇、〈檄〉一篇、〈跋〉一篇、〈盟文〉一篇、〈題識〉三篇、〈詩〉四篇、〈詞〉二篇。其〈辭鎮南軍承宣使〉僅有第三奏。〈辭開府〉僅有第四劄。〈辭男雲轉官〉僅有第二劄。〈辭男雲特轉恩命〉僅有第四劄。〈辭少保〉僅有第三劄、第五劄。〈乞敘立王次翁下〉僅有第二劄。〈乞解樞柄〉僅有第三劄。〈辭除兩鎮〉僅有第三劄。則其佚篇蓋不可殫數。史稱万俟卨白秦檜,簿錄飛家,取當時御札藏之以滅蹟。則奏議文字同遭毀棄,固勢有所必然矣。然宋高宗御書〈聖賢像贊〉,刻石太學,秦檜作〈記〉勒於後。明宣德中,吳訥乃磨而去之。飛之零章斷句,後人乃掇拾於蠹蝕灰燼之餘。是非之公,千古不泯,固不以篇什之多少論矣。」可參證。飛字鵬舉,相州湯陰人。紹興十一年授樞密副使,位參知政事上。《宋史》卷三百六十五〈列傳〉第一百二十四有傳。鄴郡即相州湯陰。

飛功業偉矣,不必以《集》著也。

案:《宋史》飛本傳載:「論曰:西漢而下,若韓、彭、絳、灌之為將,代不乏人,求其文武全器、仁智并施如宋岳飛者,一代豈多見哉!史稱關雲長通《春秋左氏》學,然未嘗見其文章。飛北伐,軍至汴梁之朱仙鎮,有詔班師,飛自為表答詔,忠義之言,流出肺腑,真有諸葛孔明之風,而卒死於秦檜之手。蓋飛與檜勢不兩立,使飛得志,則金讎可復,宋恥可雪;檜得志,則飛有死而已。昔劉宋殺檀道濟,道濟下獄,瞋目曰:『自壞汝萬里長城!』高宗忍自棄其中原,故忍殺飛,嗚呼冤哉!嗚呼冤哉!」是鵬舉固國之長城,其功業至偉也。

世所傳誦其〈賀和議成〉一表,當亦是幕客_{廣棪案:《文獻通考》「幕客」,「幕」、「幙」同。}**所為,而意則出于岳也。**

案:《宋史》飛本傳載:「初,檜逐趙鼎,飛每對客嘆息,又以恢復為己任,不肯附和議。讀檜奏,至『德無常師,主善為師』之語,惡其欺罔,悉曰:『君臣大倫,根於天性,大臣而忍面諛其主耶?』兀朮遺檜書曰:『汝朝夕

以和請，而岳飛方爲河北圖，必殺飛，始可和。』檜亦以飛不死，終梗和
議，己必及禍，故力謀殺之。以諫議大夫万俟卨與飛有怨，風卨劾飛，又
風中丞何鑄、侍御史羅汝楫交章彈論，大率謂：『今春金人攻淮西，飛略至
舒、蘄而不進，比與俊按兵淮上，又欲棄山陽而不守。』飛累章請罷樞柄，
尋還兩鎮節，充萬壽觀使、奉朝請。檜志未伸也，又諭張俊令劫王貴、誘
王俊誣告張憲謀還飛兵。」是飛素惡和議，即此〈表〉乃飛命幕客所爲，
自亦一時權宜之計，非眞心附和議也。

漢濱集六十卷

《漢濱集》六十卷，參政_{廣棪案：《文獻通考》作「修政」，誤。}襄陽王之望瞻
叔撰。

　　廣棪案：此書〈宋志〉未著錄。《四庫全書總目》卷一百五十八〈集部〉
　　十一〈別集類〉十一著錄：「《漢濱集》十六卷，《永樂大典》本。宋王之望
　　撰，之望字瞻叔，襄陽穀城人，後寓台州。登紹興八年進士第。累遷太
　　府少卿。孝宗即位，除戶部侍郎，充川陝宣諭使。洊擢至參知政事，勞
　　師江淮，爲言者論罷。乾道元年起爲福建安撫使，加資政殿大學士，移
　　知溫州卒。事蹟具《宋史》本傳。錢溥《祕閣書目》載有之望《漢濱集》，
　　而佚其冊數。焦竑〈經籍志〉作六十卷。然趙希弁、陳振孫兩家俱未著
　　錄，則宋代已罕傳本。後遂散佚不存。今從《永樂大典》中採撮裒綴，
　　所存什之三四而已。」考此書《解題》及《文獻通考·經籍考》均著錄，
　　宋代未罕傳，《四庫全書總目》誤矣。之望字瞻叔，襄陽穀城人。孝宗隆
　　興時拜參知政事兼同知樞密院事。《宋史》卷三百七十二〈列傳〉第一百
　　三十一有傳。

周益公為〈集序〉。

　　案：周必大《周文忠公集》卷五十三〈序·王參政文集序〉略曰：「公生
　　於羊杜成功之地，慕其爲人。博學能文，知略輻輳；學根於經，故有淵
　　源；文適於用，故無枝葉。奏箚甚多，皆可行之言。內制雖少，得坦明
　　之體。酷嗜吟詠，詞贍而理到。近世論文章、事業，公實兼之。豈與夫
　　一偏一曲之士較短量長而已。」可參考。

玉山翰林詞章五卷

《玉山翰林詞章》五卷，尚書玉山汪應辰聖錫撰。

> 廣棪案：《讀書附志》卷下〈別集類〉三著錄：「《玉山先生表奏》六卷。」與此非同一書。《宋史》卷二百八〈志〉第一百六十一〈藝文〉七〈別集類〉著錄：「汪應辰《翰林詞章》五卷。」即此書。應辰字聖錫，信州玉山人。孝宗時，除吏部尚書。《宋史》卷三百八十七〈列傳〉第一百四十六有傳。

紹興五年進士首選。本名洋，御筆改賜。

> 案：《讀書附志》卷下〈別集類〉三著錄：「《玉山先生表奏六卷》。右汪應辰聖錫之文也。本名洋，紹興五年進士第二，黃中以有官，遂升洋為第一。洋乞避遠祖嫌名，高宗以其與王拱辰皆年十八，遂賜今名。」《宋史》應辰本傳載：「汪應辰字聖錫，信州玉山人。幼凝重異常童，五歲知讀書，屬對應聲語驚人，多識奇字。家貧無膏油，每拾薪蘇以繼晷。從人借書，一經目不忘。十歲能詩，游鄉校，郡博士戲之曰：『韓愈十三而能文，今子奚若？』應辰答曰：『仲尼三千而論道，惟公其然。』未冠，首貢鄉舉，試禮部，居高選。時趙鼎為相，延之館塾，奇之。紹興五年，進士第一人，年甫十八。御策以吏道、民力、兵勢為問，應辰答以為治之要，以至誠為本，在人主反求而已。上覽其對，意其為老成之士，及唱第，乃年少子，引見者披而前，上甚異之。鼎出班特謝。舊進士第一人賜以御詩，及是，特書〈中庸篇〉以賜。初名洋，與姓字若有語病，特改賜應辰。」均可參證。《宋史》所記得其實。

天材甚高，而不喜為文，謂不宜弊廣棪案：《文獻通考》作「敝」。精神於無用，然每作輒過人。以天官兼翰苑近二年，所撰制詔廣棪案：《文獻通考》作「制誥」。溫雅典實，得王言體，朱晦翁稱為近世第一。

> 案：《朱文公文集》卷八十七〈祭文·祭汪尚書文〉曰：「惟公學貫九流，而不自以為足；才高一世，而不自以為名，道高德備，而不自以為德；位高勢重，而不自以為榮。蓋玩心乎文、武之未墜，抗志乎先民之所程。巍乎其若嵩、岱之雄峙！浩乎其若滄海之涵渟！」又《宋元學案補遺》卷四十六〈玉山學案補遺·附錄〉載：「朱子《玉山講義》曰：『昔日曾參見端明汪公，見其自少即以文章冠多士，致通顯而未嘗少有自滿之色，

日以師友前輩多識前言往行爲事。及其晚年,德成行尊,則自近世名卿,鮮有能及之者。乃是此邦之人,其遺風餘烈,尚未遠也。』是朱子固視玉山爲近世第一也。

太倉稊米集七十卷

《太倉稊米集》七十卷,樞密編修宣城周紫芝少隱撰。自號竹坡居士。

　　廣棪案:《宋史》卷二百八〈志〉第一百六十一〈藝文〉七〈別集類〉著錄:「周紫芝《大倉稊米集》七十卷。」「太」誤作「大」。《宋史翼》卷二十七〈列傳〉第二十七〈文苑〉二載:「周紫芝字少隱,號竹坡,宣城人。……（紹興）十七年十二月以承奉郎爲樞密院編修。……著有《竹坡詩話》一卷、《太倉稊米集》七十卷,傳于世。」可參證。

白蘋集四卷

《白蘋集》四卷,右文林郎單父龐謙儒_{廣棪案:《文獻通考》作「謙孺」。}祐甫撰。莊敏公籍之曾孫。用季父恩仕,不遂而死,韓南澗_{廣棪案:盧校注:「元吉」。}志其墓。

　　廣棪案:《宋史》卷二百八〈志〉第一百六十一〈藝文〉七〈別集類〉著錄:「龐謙孺《白蘋集藁》四卷。」即此書。謙孺,《宋史》無傳。韓元吉《南澗甲乙稿》卷二十二〈墓誌銘・祐甫墓誌銘〉載:「祐甫龐姓,謙孺其名,祐甫字也,單州武夷城人。皇祐中,有相仁宗而公于潁國諡莊敏者,其曾大父也。潁公之子朝奉大夫諱元中者,其祖也。大夫之子忠訓郎諱敏孫者,其父也。祐甫少孤,留落四方。紹興十年,季父莊孫以明堂恩,奏爲將仕郎。明年,監南嶽廟。丁母憂,服除,調泰州海陵縣尉。代歸,得兩浙西路提點刑獄司幹辦公事。以言者罷。居久之,得江南東路轉運司幹辦公事,以省員復罷。授鎮江府觀察推官,官爲右文林郎,如是而止爾。然世之稱祐甫者,以字不以官。知祐甫者,以詩與文。而祐甫性敏悟,讀書過目輒解。爲詩原于古樂府,有自得之妙;爲文欲如先秦古書,雅奧而奇出。爲騷詞,屈、宋以降則不學也。皆不蹈世俗畦畛,不肯以近代文士爲能,以是議論輒驚人,往往憚與之交,及見其

作，無不愛也。……乾道三年，權饒州景德鎮，五日而病作。……祐甫死時，年纔五十有一，蓋三月某日也，葬以十二月十三日。……有《白蘋文藁》十卷、《詩說》、《西漢刊誤》、《睡起錄》，皆未成書。」南澗，元吉號。惟《解題》名作「謙儒」，誤。

嘗客居吳興，故《集》名「白蘋」。

　　案：《南澗甲乙稿·祐甫墓誌銘》載：「始猶有田可食，既連蹇不遇，鬻幾盡。屏居吳興山閒，屋僅數椽，妻子不勝其憂。好事者至，則典衣具酒論文，誦詩終日不厭。親族有不能葬者，亦質田助之。且起蓬首曳杖，吟哦草中，田野之人識其爲祐甫也。」《宋詩紀事》卷五十七「龐謙孺」條載：「謙孺字佑甫，籍之曾孫。南渡居吳興，有《白蘋集》。」均可參證。惟《宋詩紀事》作「字佑甫」，則乃「祐甫」之誤。

南澗甲乙藁七十卷

《南澗甲乙藁》七十卷，吏部尚書潁川韓元吉无咎撰。

　　廣栻案：《宋史》卷二百八〈志〉第一百六十一〈藝文〉七〈別集類〉著錄：「韓元吉《愚戇錄》十卷。又《南澗甲乙藁》七十卷。」廣栻案：《南澗甲乙藁》七十卷，〈宋志〉原置於「張嗣良《敝帚集》十四卷」後，誤。元吉字無咎，開封雍邱人。孝宗淳熙四年除吏部尚書，《宋史翼》卷十四〈列傳〉第十四有傳。潁川即開封雍邱。

門下侍郎維之玄孫。與其從兄元龍子雲皆嘗試詞科不利。居廣信溪南，
館臣案：「廣信」原本作「廣德」，誤。今據《文獻通考》改正。**號南澗。**

　　案：《宋史翼》元吉本傳載：「韓元吉字無咎，開封雍邱人。門下侍郎維之元孫。《書錄解題》兄元龍，長於治，知天台縣，除司農寺主簿，升寺丞。《要錄》一百八十二。徙居信州之上饒，所居之前有澗水，號南澗。《江西通志》。詞章典麗，議論通明，爲故家翹楚。周必大《玉堂類稿》。嘗赴詞科不利，《書錄解題》。以蔭爲處州龍泉縣主簿。《雙蓮堂記》。」可參證。廣信，即信州上饒。元龍，《宋元學案補遺》卷三十五〈陳鄒諸儒學案補遺·茗溪門人〉「提刑韓先生元龍」條載：「韓元龍字子雲，其先眞定人，後徙宣城。少師維之元孫也。以蔭補官，仕終直龍圖閣、浙西提刑。先生性醇孝，

未嘗輒去其母，與弟尚書元吉友愛甚篤，俱以文學顯，時以比坡、潁云。《姓譜》。」可參考。

艇齋雜著一卷

《艇齋雜著》一卷，南豐曾季貍裘父撰。鞏之弟曰湘潭主簿宰，宰之孫曰大理司直晦之，季貍其子也。少從呂居仁、徐師川_{廣棪案：盧校注：「（呂居仁）名本中。（徐師川）名俯。」}遊，嘗_{廣棪案：《文獻通考》作「曾」。}一試禮部不中，乾、淳間名公多敬畏之，具見其子濰所集《師友尺牘》。此編_{廣棪案：《文獻通考》作「篇」。}蓋其議論_{廣棪案：元抄本、盧校本作「論議」。}古今之文，辭質而義正，可以得其人之大略。

廣棪案：此書《宋志》未著錄。《宋元學案》卷三十六〈紫微學案・紫微門人〉「隱君曾艇齋先生季貍」條載：「曾季貍，字裘父，臨川人，南豐先生弟宰之曾孫。先生嘗遍從南渡初年諸名宿，而學道以呂舍人居仁為宗，乾、淳諸老多敬畏之。嘗勉張宣公為范堯夫，而戒以勿輕言兵。隱居蕭然，布衣劉共父、張于湖爭薦之，謝不出。其《師友尺牘》，舍人居第一。先生嘗一試禮部，不中，終身不赴。有《艇齋雜著》一卷，乃議論古今之文，陳振孫稱其辭質而義正，可以得其人。蓋有所傳于伊洛之統者也。補。梓材謹案：《直齋書錄解題》云：『鞏之弟曰湘潭主簿宰，宰之孫曰大理司直晦之，季貍其子也，少從呂居仁、徐師川遊。』是先生又為徐氏門人。」《宋元學案補遺》卷三十六《紫微學案補遺・紫微門人》「補隱君曾艇齋先生季貍」條載：「梓材謹案：先生臨川人。《府志》本傳云：『先生師事韓子蒼、呂居仁，又與朱晦翁、張南軒書問往復。呂東萊數稱其學有淵源；南軒有「探古書盈室，憂時雪滿顛」；汪玉山有「四海曾裘父」之句。其為時賢稱服如此。自號艇齋，著《論語訓解》。』」《宋史翼》三十六〈別傳〉第三十六〈隱逸〉載：「曾季貍字裘父，臨川人。鞏弟宰之曾孫。師事呂居仁，又與朱子、張栻遊。栻被召，季貍戒其不當談兵，且勸以范文正、忠宣父子為法。郡守張孝祥、樞密劉珙薦於朝，皆不起。嘗一試禮部不中，終身不赴。隱居蕭然，自號艇齋。有《艇齋雜著》、《艇齋詩話》。《江西人物志》，參《陸放翁集》。」均可參證。濰，生平事蹟無可考。